베딕 점성학 지침서

입 문 서 I

베딕 점성학 입문서 I

발행일	2016년 10월 14일		
지은이	베스 림		
펴낸이	손 형 국		
펴낸곳	(주)북랩		
편집인	선일영	편집	이종무, 권유선, 안은찬, 김송이
디자인	이현수, 이정아, 김민하, 한수희	제작	박기성, 황동현, 구성우
마케팅	김회란, 박진관		
출판등록	2004. 12. 1(제2012-000051호)		
주소	서울시 금천구 가산디지털 1로 168, 우림라이온스밸리 B동 B113, 114호		
홈페이지	www.book.co.kr		
전화번호	(02)2026-5777	팩스	(02)2026-5747

ISBN   979-11-5987-149-8 04180 (종이책) 979-11-5987-150-4 05180 (전자책)
        979-11-5987-259-4 04180 (세트)

이 도서의 국립중앙도서관 출판예정도서목록(CIP)은 서지정보유통지원시스템 홈페이지(http://seoji.nl.go.kr)와 국가자료공동목록시스템(http://www.nl.go.kr/kolisnet)에서 이용하실 수 있습니다. (CIP제어번호 : CIP2016024922)

(주)북랩 성공출판의 파트너

북랩 홈페이지와 패밀리 사이트에서 다양한 출판 솔루션을 만나 보세요!

홈페이지 book.co.kr   1인출판 플랫폼 해피소드 happisode.co.kr
블로그 blog.naver.com/essaybook 원고모집 book@book.co.kr

Vault of the Heavens

베딕 점성학

입문서

I

베스 림 지음

북랩 book Lab

CONTENTS

(Uttar Ashadha) - 나중의 승리/쉬라바나(Shravana) - 듣는, 유명한/다니쉬타(Dhanishta) - 가장 유명한, 아주 부유한, 아주 빠른/샤타비샥(Shatabishak) - 100명의 의인들/푸르바 바드라파다(Purva Bhadrapada) - 이전의 행운발/우타라 바드라파다(Uttara Bhadrapada) - 이후의 행운발/레바티(Revati) - 부유한, 부자인

PREFACE

　꼬박 일 년을 두문불출하며 집필한 끝에 완성시킨 이 두 책은 사실상 베딕 점성학이라는 거대한 빙산의 표면만 살짝 건드린 것에 지나지 않는다. 아직 한국에는 잘 알려지지 않은 베딕 점성학을 소개하고자 현대 점성학자들 사이에서 신약성서처럼 다루어지고 있는 언스트 윌헴의 『하늘의 금괴: 베딕 점성학에 대한 지침서』에 대한 번역을 시작하였다. 그런데 막상 번역을 마치고 나니, 베딕 점성학에 관한 한국 대중들의 인식이나 관련된 한글자료들이 거의 전무全無한 상태에서, '베딕 점성학자들을 위한 지침서'가 가질 수 있는 유용성은 지극히 희박해 보였다. 그리하여, 이를 보완할 수 있는 베딕 점성학의 기초적 토대를 다룬 책들이 절실하다는 긴박한 마음으로 집필을 서둘렀다.

　하지만 오랜 외국생활을 통해 일상적으로 거의 사용하지 않던 녹슨 한글 실력을 끄집어내어 전문적 주제의 책을 쓰려고 하니 심각한 언어 장벽에 부딪쳤고 이겨 내기 위해선 가히 초인적인 인내심이 요구되었다. 그러나 어떤 경우에도 한 번 마음먹은 것은 끝을 보아야만 직성이 풀리는 끈기는 5,000년 민족 전통에 뿌리를 둔 웅녀의 딸로서 물려받은 귀한 정신적 유산이었다. 그리하여 계획했던 일 년 사이에 무난히 어려운 작업을 마칠 수 있었다.

　1992년 9월, 노란 눈에 흰 수염을 펄펄 날리던 물리학 교수에게 처음으로 베딕 점성학 차트 리딩을 받은 이후, 어느새 강산이 두 번하고도 반이나 바뀌었다. 하지만 그때부터 꽂힌 베딕 점성학에 대한 나의 열정은 하나도 변하지 않았다. 오히려 삶 안에서 실제로 작용하고 있는 행성의 힘을 직접 숨 쉬고 체험할 수 있었기에, 세월이 지날수록 베딕 점성학 속에 담긴 삶의 신비를 풀고 싶은 열망은 더욱 절실해져 갔다. 그럴 때 접하게 된 언스트 윌헴의 가르침은 그야말로 뜨거운 사막에서 만난 오아시스와도 같았다.

신을 만나 삶의 진리를 배우고 싶어 시작한 삶의 여행에서, 황소고집보다도 더 집요한 전갈자리의 끈질김으로 버티어 온 수십 년의 세월에 대한 달콤한 보상을 받을 수 있었던 것이다. 그런데 그러한 달콤함을 혼자서만 음미하기에는 너무나 벅찼다. 그리하여 내 놓게 된 이 책들은 현대적 삶의 짙은 어둠에 싸여 빛을 찾기 위해 허우적거리고 있는 많은 이들에게 삶의 길을 밝혀 줄 수 있는 '죠티쉬(Jyotish) - 베딕 점성학'의 적절한 입문서가 될 수 있기를 바라는 바람만이 간절하다.

2016년 8월 말레이시아의 수도, 쿠알라 룸포에서

베스 림

TESTIMONIAL

천문학天文學이라 하면 영어로 'astronomy'로 알고 있다. 그런데 천문학이라는 말을 글자 그대로 영역하면, 'Heaven literature' 곧 하늘의 문학이라는 뜻이 되어 우리가 알고 있는 행성을 포함한 별자리의 위치와 운행을 탐구하는 'astronomy'와는 거리가 있다. 반면에 점성학으로 번역되는 'astrology'라는 단어는 'astro(별의)'와 'ology(학문)'이라는 합성어로 오히려 천문학이라는 용어에 더 알맞은 번역이 된다.

천문이라는 단어가 어떻게 쓰였는지를 보면, 과거에 복희伏羲 씨(BC1195~1080 또는 BC2500)가 "앙이관어천문仰以觀於天文, 부이찰어지리俯以察於地理라 하여 위로는 하늘을 살피고 아래로 지리를 돌아본다."는 뜻의 글이 전해진다. 그런데 그것으로 무슨 의미인지 납득이 되지 않는다. 물론 태양과 관련된 절기를 알고 씨앗을 뿌리는 시기를 알아 그것으로 백성을 이롭게 한다는 간단한 의미로 천문을 해석할 수는 있다. 여기서 지리地理를 영어로 직역하여 'earthly science'쯤으로 번역해서 보면 분명하게 대조되는 것을 느낄 수 있다. 하늘에는 '글월 문文(literature)'을 쓰고 땅에는 '다스릴 리理(science)'를 써서 오히려 지리는 논리적 학문적 분석이 가능한 확고함이 스며있고, 하늘은 해석을 다양하게 할 수 있는 감성적이고 문예적 특성을 가질 있다는 뜻이 된다. 하늘의 글이란 뜻의 천문은 현대 천문학이 말하는 확고한 과학성을 갖는 그것이 아니고, 반면에 문학 또는 문예가 갖는 특성을 가지고 있다는 의미이다. 문학이란 인간의 사상과 감정을 언어로 표현하는 예술이다.

우리가 사회적으로 익숙한 개념은 인문人文과 자연自然이다. 복희 씨의 천문과 지리라는 단어에 이런 대조되는 특성이 있다. 인문학을 사람과 사람의 근본 문제, 인간의 사상과 문화에 대해서 탐구하는 학문이라 정의한다. 천문에는 인문학적 속성에 더한 무엇이 있다는 뜻이다.

천문이란 그러면 무엇을 뜻하는가? 하늘의 글, 혹은 하늘의 이야기가 무엇을 의미하는지 그것을 밝혀나가는 것이 본 저서의 의도이자 목표이다.

복희는 중국에서 전설적인 황제로 BC 2,800년경에 살았고 머리는 사람이고 몸은 뱀의 모양이었다고 한다. 전설이 허황된 상상으로 꾸며지는 것처럼 복희의 천문과 지리에 대한 구절도 같이 전설적인 이야기로 의미가 없는 것으로 간주할 수도 있다. 그런데 전설이나 신화가 허황된 내용으로 구성되어 세세연년 흥미위주로 이어지지만, 때로는 뜻 깊은 내용이 숨겨져 있다가 후대에 눈 밝은 자에 의해서 그 의미가 새롭게 발견되는 경우가 있다. 복희 씨의 천문과 지리는 그 대조되는 문장상의 역할로 볼 때, 간과할 수 없는 의미가 있음을 쉽게 눈치 챌 수 있다.

여기서 한걸음 더 나아가서 주역周易을 보면, "爲吉兇禍福(위길흉화복) 길흉화복을 알아내는 것이다. (중략) 이에 莫大於日月(막대어일월) 察變之動(찰변지동) 해나 달보다 큰 것이 없고, 변화의 움직임을 살필 때에, 莫著於五星(막저어오성) 오성五星(水金火木土)보다 확실한 것은 없다"고 한다. 이 글에서 발견할 수 있는 것은 일주일을 구성하는 '日月火水木金土', 즉 지구중심에서 목측으로 관찰될 수 있는 행성이 등장하고 그것이 인간의 길흉화복과 무관하지 않다는 것이며, 해와 달을 비롯한 다섯 행성을 가지고 판단한다는 뜻이다. 주周나라때 만들어진 역법인 주역이 복희 씨의 천문을 직접적으로 연결하는 내용이다. 그런데 주역은 여기까지이다. 어떻게 된 일이지 주역은 여기서 다른 방향으로 나아가 5행성과 관계없이 음양오행의 점술占術로 발전하였다. 그것은 복희 씨가 의도한 천문과는 다른 것이다. 만약 점술을 의미하는 것이었다면, 천문이라는 말 대신에 천점天占이라고 해야 맞을 것이다.

현재 'astrology'를 '점성占星學'이라 번역해서 쓰고 있다. 말 그대로 해석하면 별을 이용하여 점을 친다는 뜻이다. 별의 학문이라는 원래의 뜻과 전혀 다른 뜻으로 사용되고 있는 것이다. 쉬운 예를 들자면, 동전을 위로 던져서 앞뒤가 나오는 것에 따라 선택을 달리하는 것을 '점占'이라 한다. '성占'이란 모든 것을 고려해서 판단을 내리는데, 더 이상 고려할 것이 없고, 판단이 중립적이지만, 선택이나 결정을 해야만 하는 순간에 부딪쳤을 때, 사람이 무작위적 판단에 맡기고 미래를 결정하는 것이다. 'astrology'는 한 개인이나 집단의 알 수 없는 미래에 대해서 다루는 면이 있다는 점에서 약간의 공통점은 있다. 그러나 'astrology'에 대한 깊은 이해를 하고 나면 판단이나 결정을 무작위에 맡기는 '점占'과는 거리가 있다. 성격과 운명, 기질과 건강 등, 자신이 이미 가지고 있는 특질에 대해서 통찰을 얻으며, 앞으로 미래에 대해서는 어떤 사건이 일어날 수 있다는 예견을 가지는 정도이다. 그것은 어쩌면 실력이 출중한 심리학자나 지혜로운 이들에게서 가능한 일일 수 있다. 'astrology'를 점성학이라 하는 것은 마치 인문학人文學을 점인학占人學(?)이라 하는 것만큼 어울리지 않은 것이다.

　복희 씨의 천문은 해와 달과 오성이 만들어내는 인간의 이야기이다. 각기 다른 인간이지만, 그 개개인에 서로 다른 이야기를 만들어내어 들려준다. 그것이 참인지의 여부는 각자 자신이 삶에 비춰보면 된다. 사람은 한평생을 살아갈 뿐이다. 그런데 이 'astrology'는 각자 자신뿐만이 아니라 다른 사람의 다른 이야기도 하나의 체계에서 이야기하여준다. 그것이 옳고 그름을 떠나서 그런 이야기가 가능하다면, 비로소 하늘의 이야기라는 '천문天文'이라는 단어가 알맞은 어휘가 된다. 전설의 황제인 복희 씨는 그 정도의 식견은 가졌다고 보는 것이 편할 것이다. 원시인을 허황된 모양으로 그리고 허황된 글로서 대대손손 읽어왔다면, 그것이야말로 인간역사의 현명함을 부정하는 것이 되기 때문이다.

　이 천문에 입문하려면, 마치 세종의 훈민정음을 처음 배우는 사람이 겪어야 하는 고초를 거쳐야 한다. 훈민정음 28자를 충분히 익히는 동안은 자못 쓸모없는 일이라고 느껴지고 늘 새 기호를 외워야 하는 부담에 고초를 겪는다. 그것은 모든 언어, 모든 분야에 접근할 때 일어난다. 그 시간을 거치고 나서 28자를 익히고 나면 자신이 표현하고 싶은 무엇이든지 표현이 가능해지는 것처럼, 이 천문을 배우는데도 마땅히 그런 고초를 겪어야 할 부분이 있다.

좋은 점은 그것이 신화와 전설로 표현되어 있어서 이해하기 쉽다는 것이다. 하지만 그 많은 양과 숨겨진 의미, 그리고 상징을 파악하고 적용하는 것이 어렵다. 일정한 시간의 고초를 겪게 되면, 혜안이 자신의 마음속에 열리는 것을 발견하게 될 것이다. 이제 이 길을 가는 데 필요한 자료와 방법이 저자가 본 서적에 제공하고자 하는 것이고 이 책은 그 안내자가 되어 줄 것이다.

저자에 대해서는 이 추천글의 말미에 적었다. 시간을 절약하고 싶은 분은 뒷부분을 읽고 본문에 더 많은 시간을 배려해 주기 바란다. 여기서 첨가할 얘기는 낯선 분야와 마주칠 때 늘 부족하게 느껴지는 주변정보이다. 몇 가지 일어날 수 있는 의문사항에 대해서 미력하지만 대답을 마련하였다.

용어의 문제를 다루면서 천문학이란 개념에 혼돈을 일으켰다. 사람들의 혼돈을 피하기 위해서 이후의 글에서 필요한 경우 외에는 영어단어로 표기하여 혼돈을 피하도록 한다.

현재 천문학이라 해석하는 'Astronomy'는 별(astro)이라는 뜻과 법칙(nomy)이라는 뜻이 합쳐져서 별의 법칙이라는 뜻을 갖는다. 반면에 여기서 원래 천문학이라는 글자에 더 맞는다는 'astrology'는 별들의 위치와 운행이 인간사에 연계되어 있다고 주장하는 믿음체계로 정의되고 있다. 현재 천문학이라 일컫는 'astronomy'는 자연과학으로서 지구바깥에 위치하는 '성체星體' 및 그와 관련된 변동과정을 탐구하는 학문으로 정의된다. 성체에는 별과 은하, 달, 소행성, 혜성, 성단이 해당되며, 더 나아가서 초신성폭발, 감마선폭사, 고주파 복사 등의 과정도 이에 속한다. 성체의 물리, 화학, 진화 등도 대상에 포함된다. 이 'astronomy'는 계절이나 파종, 일 년 주기나 조석간만에 대한 올바른 예측 등의 필요에 의해서 오래전부터 인류의 필요에 의해 발전되었다. 메소포타미아, 그리스, 인디아, 중국, 중앙아메리카 등 인류의 문명발상지에서 공통적으로 발견된다.

'astrology'에 대한 역사도 또한 동일하게 발견된다. 사실 고대에 'astronomy'와 'astrology'가 뚜렷하게 구별되었던 것은 아니다. 서구적 관점의 'astrology'란 인간사와 지구상의 사건에 대한 예측 정보를 제공하기 위해서 천상 성체의 운동과 성체 사이의 상대적 위치를 탐구하는 학문이라고도 정의한다. 서구에서는 BC 2000년경부터 사용된 것으로 추정하나 이는 BC 19-17세기로 추정되는 메소포타미아 문명에서 그리스, 로마, 아랍으로 전파된 서구의 'astrology'를 말한다. 인도문명과 황하문명, 그리고 마야문명은 다른 역사와 체계를 갖고 있다. 일부학자는 인도나 황하권도 그리스의 문화에 영향을 받은 것으로 주장하지만, 인도는 인도가 앞선 계산법이 적용되었던 점을 내세워 독립적으로 발달된 것임을 주장하는 학자도 있다. 황하권은 불교의 전파와 함께 인도에서 중국으로 전해진 기록이 있으나, 복희 씨를 기원으로 내세운다면, 황하권의 기원은 BC 25세기를 거슬러 올라간다.

'astronomy'와 'astrology'가 서구사회에 분리되었던 시기가 코페르니쿠스의 지동설(1530)과 케플러 행성운동법칙이 발견된 시기와 일치한다. 케플러에 이르러 현대의 우주관과 다르지 않은 태양중심설이 정착하면서 과학적 정밀성이 높아진 'astronomy'는 'astrology'에서 떨어져 나간 것이라 볼 수 있다. 케플러를 중심으로 'astrology'에 대한 그 시절의 관점을 거론해 보겠다. 사실 'astrology'를 과학계에서 이단아로 취급하면서 천문이라는 하늘 이야기는 힘을 잃어버렸다. 밤에 별을 바라보며 사랑을 속삭이고, 먼 훗날을 약속하는 우리의 이야기가 사라져 버린 것이다.

'astronomy'와 'astrology'의 역사를 얘기하면 사실 케플러(Kepler, 1571-1630)와 그의 스승인 티코 브라헤(Tyco Brahe, 1546-1601)의 얘기를 언급할 수밖에 없다. 케플러의 스승 티코 브라헤는 덴마크 출신으로 13살에 일식이 일어나고, 그것이 예측될 수 있다는 사실에 관심을 가지고 그 시대의 예측방법들을 학습하였다. 예측방법으로 그 시절의 관측 자료를 이용하였으나 오래된 자료라는 것을 알고 나서, 그 관측 자료를 새롭게 개선하는데 자기의 삶을 보내고자 결심하였다. 그는 망원경을 사용하지 않고 도구를 사용하여 그 시대에 다른 관측자에 비해 5배의 정밀도로 행성을 관측하였다. 코페르니쿠스의 영향을 받아서 달은 지구 주위를 공전하고 행성들은 태양을 중심으로 공전한다고 보았다. 그러나 태양이 지구를 중심으로 공전한다는 믿음을 갖고 그것을 증명하려고 시도하고 있었다.

그는 'astrologer'로서 한 가지 예견기록을 가지고 있다. 하늘에 혜성이 출현하는 것에 근거하여 그는 "한 왕이 태어나서 독일을 쓸어내고 1932년에 사라질 것이다."라고 예언하였다. 현재의 스웨덴은 그때 지방권력으로 남아 있었다가 확장하여 하나의 국가로 성립할 수 있었는데, 그때 그 역할을 수행했던 스웨덴의 왕 구스타프 아돌프(Gustavus Adolphus)는 핀란드에서 태어나고 16세에 왕위에 올라 1932년 38살에 전장에서 죽음을 맞이하였다. 현재에도 스웨덴에서는 구스타프 아돌프를 건국의 아버지로 기리고 있다.

티코 브라헤의 태어난 시점과 장소에 대한 예측은 논란의 여지가 있어서 현재에도 토론이 이어지고 있다. 여기에는 잠시 생각해 볼 점이 있다. 만약에 한 국가의 권력이 지금 태어나는 누군가에 의해 위협받을 것이라고 믿는다면, 그 권력은 어떤 행동을 취하게 될 것인가? 대답은 간단하다. 예언자는 왕으로 태어나는 자의 때와 장소를 숨길 수밖에 없다. 브라헤가 그런 사유를 했는지의 사실여부는 알 길이 없으나, 'astrologer'가 그것을 확신한다면 때와 장소를 알리는 것이 옳은 것인가 여부 문제는 부딪칠 수밖에 없는 문제이다.

이제 브라헤가 왜 천상의 별들을 정밀하게 관측할 수밖에 없는지 배경을 알 수 있을 것이다. 한 나라의 국운을 예견할 수 있다는 믿음을 가지고 있었다면, 천상의 별을 하나하나 관찰하려고 하는 것이 당연하지 않겠는가? 그는 일생을 그렇게 보냈다. 그에게 어떤 사념이 지배했었는가는 그의 저서에서 발췌한 다음 구절로 요약된다. "아래를 내려다보면서 위를 안다(Despiciendo suspicio). 또한 위를 보면서 아래를 안다(Suspiciendo despicio)." 우연하게도 동양고전에서 복희 씨가 말하는 천문과 지리의 개념과 무관하지 않은 사념을 가지고 있었던 것을 발견하게 된다.

그는 왕가의 지원을 받아서 성체를 관측할 수 있는 영지를 얻을 수 있었다. 그 대가로 그는 왕가의 점성술가로 활동해야만 했다. 새해가 되면 청문회에 참석하여 천문역을 제시하고 매해 정치와 경제 전망에 대해 별들의 영향을 예측하였다. 왕자가 태어나면 별자리 위치를 보여주는 성체도를 준비하여 운명을 예언하는 일을 하였다.

나중에 덴마크의 왕과 이견을 가지게 되어 프라하로 망명하고 거기서 케플러를 조수로 쓰고 일 년을 함께 지낸 다음에 케플러에게 자신의 모델을 검증해 줄 것을 유언으로 남기고 죽음을 맞이한다. 연회에 참석하여 콩팥 통증을 앓았지만, 에티켓을 어기는 것을 두려워해서 자리를 떠나지 못했으며, 그것이 악화되었고 며칠 만에 사망하였다. 그는 묘비명으로 이렇게 써 줄 것을 당부하였다.

"성자처럼 살다가 바보처럼 죽었다."

'astronomy'의 선구자로서 그리고 왕가의 'astrologer'로서의 마감은 일반인과 다를 바 없는 평범한 것이었다. 그러나 그의 관찰 자료는 'astronomy'의 혁신자인 케플러에게로 넘겨졌고 그것이 지금도 그의 명성이 사라지지 않는 이유가 되었다.

케플러는 기울어지는 명문가의 아들로서 미숙아로 병약하게 어린 시절을 자랐다. 아버지는 5살 때 전쟁에서 잃었고, 여관집 딸인 모친은 치유와 허브 전문가였다. 6살 때 하늘에 혜성이 나타났을 때 모친은 아이를 데리고 높은 곳에 올라가 같이 구경을 하였고, 9살이 되던 해, 월식이 나타났을 때에도 밖으로 불러내어 보여 줬다고 한다. 어릴 때에 천연두를 앓았기 때문에 시력이 약했고 손이 불구가 되었다. 어릴 때부터 수학에 재능을 보이기 시작하여 학창시절에 뛰어난 수학 실력으로 유명해졌으며, 동시에 점성술에 능하여 동료들의 점성차트를 읽어주기도 하였다. 지동설과 천동설을 학습한 그는 학생토론에서 이론적인 관점에서 이론적으로 태양중심설을 옹호하였다. 23세에 그라즈에 위치한 개신교학교의 수학선생님이자 천문학자가 되었다. 25세에 딸이 있는 과부인 바브라 뮬러를 소개받았으나 방앗간 주인 아버지는 케플러의 신분 때문에 딸을 주기를 거부했다. 케플러가 학문적으로 유명해지기 시작할 때쯤인 27세에 허락받았다. 이것이 케플러의 첫째 결혼이었고, 두 자식을 두었으나 일찍 여의고 나중에 딸 하나와 아들 둘을 낳았다. 연대기에 관심을 가지고 음계에서 수학적 관계, 수학과 물리세계, 그리고 점성학적 관계에 대해서 연구를 넓혀갔다. 그의 연구는 종교에 반하는 것이 되어 그라하에서 계속 연구를 진행하기 어려웠고, 1599년에 그의 연구에 데이터의 정확성에 한계를 느끼고 나서 그해 12월에 브라헤를 찾아가게 된다. 브라헤는 그를 프라하로 초청하였고 케플러는 그가 사회적 재정적 문제는 물론 철학적 문제를 해결해 주기를 바랐다.

두 달 동안 손님으로 케플러는 브라헤의 관측소에 머물렀으며 화성의 관측 자료를 분석하였다. 브라헤는 그의 자료를 조금씩 내어주었으나 곧 케플러의 이론에 좋은 인상을 받아 자료를 더 내주었다. 케플러는 그의 이론을 적용하려면 적어도 2년이 걸릴 것을 예상하고 공식적으로 고용해줄 것을 요청했으나 결렬되었고 케플러는 관측소를 떠나려 했다. 브라헤는 재협상하여 케플러를 고용했고 지낼 수 있는 거주 환경을 제공하여 케플러는 가족을 데려올 수 있었다. 케플러가 가톨릭으로 개종하는 것을 거부했던 것도 그라즈를 떠나 브라헤에게로 가는 이유가 되었다. 케플러는 브라헤의 조수로서 신임을 얻어 왕가의 프로젝트를 같이 시작하게 되었으나 이틀 만에 브라헤가 서거함으로 말미암아 케플러는 브라헤를 계승하고 왕립수학자의 지위를 얻어 11년 동안 그의 일생에서 가장 생산적인 결과를 도출하게 된다.

왕립수학자로서 케플러의 첫 번째 의무는 황제에게 점성학적 충언을 드리는 것이었다. 케플러는 학생시절부터 친구나 가족, 지원자들에게 점성차트를 읽어주고 있었으며, 그것은 동맹국이나 외국원수에게까지 확대되었다. 왕은 그의 가족에게 충분한 수입을 보장해 주었으나, 왕실 세무의 확장은 그들에게 어려움을 가져왔고, 비브라 부인까는 하잘것없는 일로 다툼과 상처를 주고받고 있었다.

케플러는 우주에 대해서 태양은 태양계의 기본적인 힘의 원천이고 그 힘은 태양에서 멀어질수록 줄어든다고 생각했다. 이 때문에 행성은 태양에서 멀어질수록 늦게 움직이고 가까우면 빨리 움직인다고 보았다. 이 가정을 상정하고 있었기 때문에 천체의 질서를 끌어내는 수학적 관계를 이끌어낼 수 있었던 것으로 보인다. 지구와 화성의 근지점과 원지점을 측정한 자료에 의해서 행성의 운동속도는 태양에서 멀어질수록 거리에 반비례하는 공식을 도출하였다. 이것을 기하학적으로 쉽게 재구성한 것이 케플러의 제2 행성운동법칙(1602)으로 행성은 동일한 시간동안 태양과 연결한 직선은 동일한 면적을 쓸고 간다는 내용이었다. 그리고 나서 화성의 전체궤도를 분석했다. 달걀모양의 궤도 등을 무려 40회 시도한 끝에 설마하고 간과했던 타원궤도를 적용하여 모든 행성은 태양을 한 초점으로 타원궤도를 돈다는 케플러의 제1 행성운동법칙(1609)을 발표했다. 훨씬 뒤인 1618년에 케플러는 제3 행성운동법칙, 주기의 제곱은 평균거리의 세제곱에 비례한다는 내용을 발표한다.

이 행성운동법칙을 발표하는 동안에 케플러에게는 수난의 역사가 기다렸다. 1611년에 아내 바브라는 뇌척수막염을 앓았고, 발작 증세를 보였다. 바브라가 차도를 보이자 세 아이들이 천연두에 걸렸고 또 한 명의 아이를 잃게 된다. 갈릴레이가 교수자리를 추천해 주었으나, 그의 연구가 기존의 종교 질서에 위배되어 배척되었고, 오스트리아 린즈로 이사하여 교사 자리를 얻지만, 바브라는 병을 앓다가 사망한다. 1613년에 24세인 수잔나와 결혼하지만 새로 낳은 세 아이를 어린 나이에 잃었고 다시 낳은 세 아이는 키울 수 있었다. 케플러의 자서전에 따르면 이 결혼은 전에 비해서 훨씬 행복했던 것으로 기록된다. 1617년에 케플러의 모친은 마녀로 고발되었고 16개월을 감옥에 감금되었다가 1621년에 풀려났지만, 케플러는 모친을 변호하기 위해서 연구를 중단해야 했다.

이 시대에 케플러는 'astrology' 공개적 공격과 반론에도 개입하였다. 'astrology'를 폐기해야 된다는 페셀리우스의 주장에 대해서 한편에서는 과도한 'astrology' 옹호론과 그것을 적극 폐기해야 된다는 양쪽의 의견에 대해 중립적 의견을 준비하였고, 여기에 행성과 각 개인의 영혼과의 상호작용에 대한 가상적 기전을 제시하였다. 그는 'astrology'의 전통적인 방법을 "악이 숨 쉬는 똥"으로 간주하여 그것을 "사업양계장의 닭"으로 깎아내리면서, "틈틈이 곡물의 씨, 사실은 진주보다 더한 금덩이"가 양심적이고 과학적인 점성술가에 의해서 발견된다고 하였다. 롯지경은 이와 반대로 "케플러는 'astrology'에 대해서 거드름을 피우는 경향이 있다"고 하고, 그것은 "지속적으로 점성술에 대해서 공격하고 풍자적이지만, 사람들은 점성술에 돈을 지불하고, 케플러는 그것으로 살아갔기 때문"이라 하였다.

케플러는 인생후반에 여행을 다니며 시간을 보내다가 1630년에 루젠스버그에서 생을 마감하였다. 케플러의 삶은 가정적으로 고난의 연속이었으며, 연구를 지속하기 위해서 끊임없이 논술을 출판하였는데, 살기위해서 그때 제출한 개념이 후에 다른 발견을 추동하였다. 그의 연구범주는 수학, 광학, 천문학, 천체물리학, 물질구조, 화성학 등의 범주를 아우른다.

케플러의 법칙은 갈릴레이나 데카르트 등 동시대의 석학에 의해서 받아들여지지 않았으나, 1687년에 뉴튼의 만유인력 법칙의 발견에서 절정을 이루게 된다. 대중 과학자인 칼세이건은 케플러를 최초의 천체 물리학자이며 최후의 점성술가라고 묘사하였다. 케플러는 현재 천문학과 자연철학 분야의 기여를 넘어서 철학과 역사 편찬에까지 영향을 주었다. 어떤 이는 케플러의 메타 물리적 종교적 토론을 회의주의와 비난으로 몰아 부치는 데 비해서 자연철학자 사이에는 그의 성공에 그의 관점이 성공의 열쇠였다고 분석한다. 19세기에 와서 케플러를 과학방법론의 가장 진보된 형태를 보여 주었다고 하고 귀납적 과학의 천재로 인정하며, 케플러를 과학의 혁명에 열쇠라고 평가하기도 하였다. 아펠트는 케플러의 수학과 미적 감수성, 물리개념, 신학을 통일장적 사고방식을 구성하는 부분으로 간주하고 케플러의 삶과 업적에 대해서 폭넓게 분석하였다. 20세기에 들어와서도 케플러 시대의 과학혁명을 과학역사의 중심사건으로 간주하였고 그를 혁명의 주도자로 인정하였다. 1960년대 이후 케플러 장학금은 그의 점성학과 유성체학, 기하학, 업적에 있어서 종교적 관점의 역할 등의 연구에 주어진다. 과학철학자들은 비교불가, 분석논리, 허위입증, 그 외에 다른 철학적 개념들이 케플러의 논문에 발견된다고 하였다.

케플러의 행성운동법칙은 1680대에 뉴턴(1642-1727)의 만유인력법칙 발견으로 위대한 과학혁명의 토대가 된다. 만유인력의 법칙은 영국의 물리학자이자 수학자인 뉴턴에 의해서 발견되었으며, 그는 시대를 넘는 가장 영향력 있는 과학자이며 과학혁명의 주도자로 인정된다. 사람들은 그가 떨어지는 사과를 보고 만유인력을 발견했다고 하지만, 이것은 단지 만들어진 이야기일 뿐이다. 만유인력의 법칙은 구심력과 원심력의 평형을 수학적으로 표현할 수 있는 미적분의 발달 없이 세워질 수 없다. 미적분은 뉴턴에 의해 체계가 세워지면서 가능한 이야기이며, 복잡한 설명을 피하기 위해서 일화적으로 만든 이야기이다. 하늘에 멀리 보이는 달과 행성이 그 궤도를 따라 움직이는 데는 사과가 떨어지는 것처럼 힘이 두 물체 사이에 작용하기 때문이라는 내용을 이해하기 쉽게 풀이한 것이다.

하늘에 움직이는 성체들의 움직이는 운동과 지구상에서 사과가 떨어지는 것은 동일한 법칙에 의한다는 것이며, 하늘의 별들에 적용되는 법칙이 이 땅에 눈앞에 보이는 사과에도 동일하게 적용된다는 의미이다. 그래서 그는 혜성의 궤도를 설명할 수 있을 뿐만 아니라 조석간만의 원리 또한 설명해 낼 수 있었다.

위대한 과학자 뒤에는 불우한 운명이 기다린다. 뉴턴은 태어나기 3개월 전에 부친이 세상을 떠났고, 미숙아로 태어나서 키가 작았다. 그의 모친은 아이를 큰 머그잔에 넣을 수 있었다고 자주 언급했다. 그가 세 살이 되던 때에 모친은 재혼을 했고, 그는 외조모의 돌봄을 받고 자랐다. 어린 아이삭 뉴턴은 계부를 싫어하고 그녀와 결혼한 계부에게 적대감을 유지하여 19살까지 저지른 범죄목록에 "나의 계부와 모친을 집과 함께 태워버리겠다고 위협"했다고 썼다. 이후 평생 결혼하지 않고 지낸 것은 이 어린 시절과 무관하지 않을 것이다.

12살 때부터 17살 때까지는 학교에 다니면서 라틴어와 그리스어를 배웠으나 수학은 배우지 못했다. 두 번째로 과부가 된 어머니에 의해서 학교를 떠나야 했고 농부로 키워졌다. 뉴턴은 농사를 싫어했다. 학교 교장이 그의 모친에게 뉴턴을 다시 학교에서 공부를 마칠 수 있게 하라고 설득하여 다시 학교에 들어갔다. 학교의 불량 학생에게 적개심으로 복수하겠다는 집념이 생기면서 그는 최우등의 학생이 되었다. 나중에 트리니티 대학에 입학하게 되지만, 그는 삼위일체설에 대해 반대하였다. 그는 종교적인 관점에 대해서 언급을 하지 않았다. 만유인력법칙은 태양중심설에 대해서 어떤 반발이 허락될 수 없을 정도로 완벽하게 증명되었다.

'astronomy'는 뉴턴 이후 과학 분야로 발전하면서 소위 점성학이라는 'astrology'와는 멀어진다. 현재에 이르러서는 항성계가 어우러진 갤럭시, 갤럭시가 모여서 갤럭시 클러스터를 발견하고, 마침내 인류의 과학은 우주의 창조 형태까지도 탐색하는 수준에 이르렀다. 칼세이건 같은 대중 과학자가 잘 정리해서 아름다운 영상을 만들어주면 우리는 그것을 보며, 그 순간만큼은 우주는 광활하고 다양한 모양과 블랙홀 같은 괴이한 구성원들이 있다는 것을 알게 된다. 그리고 잠깐의 호기심은 끝나고 일상으로 돌아온다. 일상에는 어제와 오늘이 연속되는 희로애락의 삶이 기다리고 있기 때문이다. 과학지식으로 보여주는 'astronomy'는 우리 일상과 아무 관련이 없다. 그래서 프로그램이 끝나면 우리의 호기심도 떠나 버리는 것이다.

대중은 수만 년 전에 보는 모양과 다를 바 없는 하늘에 떠있는 별들이 반짝이는 것만을 볼 수 있다. 먼 별 나라 이야기는 과학자가 설명해 주면 그런가 보구나 하고 받아들일 뿐이다. 비록 눈과 코, 귀로 확인할 수 없지만 과학자들이 지식을 형성하는 방법에 대한 신뢰가 있으니까 받아들이는 것이다. 그러나 거기까지가 한계이다. 어떤 상상도 추론도 하기 어렵다. 그것은 과학자들만의 영역이다. 일반 대중은 지식의 소비자로서 만족해야 한다.

하늘의 별 이야기는 문학이나 문예와는 전혀 상관이 없는 것이 되어버린 것이다. 옛 사람은 천문이라 하여, 하늘의 글, 문예라는 의미로 썼던 것은 당연히 원시인의 무지일 것이라고 간주한다. 우리의 삶을 풍족하게 만들 수 있는 가능성을 과학자에게 빼앗긴 줄도 모르고서. 과거를 더듬어 보면 케플러의 시대가 대변하는 것은 'astrology'가 공존하고 있었다. 케플러가 철학적이며 논리적이고 과학적인 글을 제시하는데 반해 'astrology'에 대해서는 사업적 양계장의 닭과 같다는 비판을 하면서도 거기에 곡식 씨앗이 발견된다고 하였다.

'astronomy' 과학자는 모르는 것을 인정할 줄 안다. 우주간의 별들은 거리가 멀수록 빨리 멀어지는데, 그 멀어지는 속도가 광속이 되어버리면 어떻게 되는가에 대한 질문이다. 모든 물질은 광속보다 빠를 수 없다는 것이 물리법칙이다. 여기서 모순이 야기됨으로 과학자들은 모른다는 것을 인정한다. 결론을 유보할 줄 안다. 그러나 'astrology'에 대해서 관점이 야박하다. 케플러는 금덩이가 숨어있을 수 있다고 하지만, 대부분이 냄새나는 똥이므로 쓸모없는 것으로 치부되어버리는 것이다.

그런데 그것은 일반 대중이 볼 때 모순이다. 금덩이가 나올 수 있는 광구를 입구에 똥으로 막혀있다고 폐기해야 하느냐의 문제로 단순화할 수 있다. 똥과 금덩이가 같이 들어있는 광구라고 확신한다면, 누구도 광구를 버리지 않을 것이다. 과학자는 자신이 인지의 한계에 다다르면 모른다는 것을 인정하면서도 똥과 황금이 섞여있는 광구는 버리는 모순을 저지른다. 과학자가 버린다고 일반 대중이 버려야 할 이유는 없다. 왜냐하면 우리 삶도 똥과 황금이 섞여있고 거기서 황금을 찾아가는 것이고, 'astrology'도 다를 바 없기 때문이다. 케플러는 그러한 면에서 우리가 되돌아갈 수 있는 씨앗을 남겨놓고 있었던 것이다. 무지한 대중이 때로는 과학자 보다 더 현명하다.

과학과 과학자들의 한계를 다른 관점에서 바라볼 수 있다. 뉴턴의 힘 법칙은 탄도라는 물체의 궤적을 예측하기 위해서 개발되기 시작하였다. 탄도의 궤적은 이상적인 가정이 잘 들어맞는 조건이다. 행성의 움직임도 적용되는 힘이 중력 하나인 경우로서 공기저항을 무시할 수 있는 이상적인 환경에서 물체의 운동을 다루는 것이다. 태양이 지배적인 힘의 원천이고, 다른 행성의 힘이 무시될 수 있었기 때문에 케플러시대에 타원궤도를 찾을 수 있었다. 다른 힘이 없다는 가정이 잘 들어맞았기 때문이다.

만약에 태양이 둘이 있다면 케플러가 행성운동법칙을 발견하는 것이 쉽지 않았을 것이다. 물리적으로 작용하는 힘의 종류가 세 가지 이상이면 물체는 'chaotic(혼돈)' 운동을 한다. 혼돈 운동은 물체의 궤적이 항상 다른 경로가 되고 일정한 경로를 반복하지 않는다는 특징이 있다. 많은 분자가 섞여서 움직이는 경우에는 훨씬 복잡해진다. 이런 문제로 대표적인 것이 기상학 예보이다. 기상학은 지구표면에 공기분자의 운동을 다룬다. 뉴턴 식을 일일이 적용해서 기상을 예보하는 것은 불가능에 가깝다. 기상학은 그래서 슈퍼컴을 쓰기는 하지만, 늘 성능이 더 나은 슈퍼컴을 요구한다. 기상대는 기껏해야 일주일 이내의 예보를 그것도 자주 틀리게 예보한다. 그것은 미래에도 그다지 나아질 가능성이 적다.

그런데 사람의 일생의 수명을 60세라 놓고 예측한다고 생각해 보자. 한 사람이 태어나서 살아가는 궤적을 전체 예측하는 문제를 물리학자에게 제시하면, 그것은 행동학 분야의 일로 인문학자에게 물어보라 할 것이다. 사람이 살아가는 문제는 단순하지 않다. 동일한 궤적을 움직인다 해도 내면에서 느끼는 바는 서로 다를 수밖에 없다. 이 느낌은 또 그 다음 행동을 다르게 만든다. 사람의 행동을 예측하기 위해서는 감정을 정확하게 예측해야 된다는 명제로 넘어가게 된다. 과학이라고 하는 분야의 업적이 대단하다고 하지만, 사람에 이르면 한 발자국도 쉽지 않다는 얘기가 된다.

과학은 스스로 오류를 인정하고, 발전하는 학문이다. 진리로 인정되던 사실도 시간이 지난 후에 오류로 밝혀질 수 있다. 과학을 업으로 삼는 과학자 또한 한평생을 오류에 파묻혀 살아간다. 실수하지 않고 실패하지 않는 과학자는 없다. 결론적으로 인간의 삶을 다루는 'astrology'는 과학자가 다룰 수 있는 영역이 아니다. 과학자는 'astrology'를 비과학이라고 버리고 과학이 발전한 것은 당연하다. 과학에서 'astrology'를 지금까지 끼고 있었다면, 과학은 오늘날처럼 발전하지 못했을 수도 있다. 뉴턴처럼 냉정하게 비과학적 요소에서는 비판적일 수 있어야 과학은 발전이 가능하다. 뉴턴은 종교에 대해서 부정적이었고, 'astrology'에 대해서는 언급을 하지 않았다.

인간에게 '참'은 과학이 아닌 이야기 속에서 발견된다. 감동을 주는 이야기, 인간의 따뜻한 면모를 느끼게 하는 이야기, 존경할 만한 행동을 한 사람들의 이야기, 더 나아가서 우리 이웃과 정을 나누며 오순도순 살아가는 이야기 등이다. 반대로는 실패한 이야기, 슬프고 가혹한 운명의 이야기, 어리석음 속에 고통 받는 이야기 등이 있는데 이런 것들은 문학, 문예로서 전달되는 것이다. 우리는 이런 것들을 인문人文이라 한다. 그렇다면 천문天文은 어떻게 설명할 것인가?

그리스 시지프스 신화에 이런 얘기가 있다. 영리함을 자랑하며 신, 제우스에게 도전한 시지프스는 결국 무거운 돌을 지고 비탈진 산을 오르는 형벌을 받는다. 오르다가 한 순간에 실수로 무거운 돌이 산 아래로 굴러가 버리고 시지프스는 다시 내려와서 그 돌을 지고 오른다. 그것이 끊임없이 반복된다. 카뮈는 이런 시지프스 신화를 인간의 삶에 비유했다. 부질없는 일에 땀을 흘리며 한 발씩 산을 오르지만, 한순간에 헛일이 되어 버리고, 또 다시 시작하는 것이 삶이라고 보았던 것이다.

시지프스 신화처럼 인간의 삶도 산에 오르는 것으로 비유할 수 있다. 정상을 향해서 가는 것은 누구나 같다. 그러나 경로는 사람마다 다르고, 거기서 겪는 경험 또한 사람마다 다르다. 그런데 인생의 산을 오르는 경로는 임의적으로 선택하지만, 한번 들어서면 일어날 사건은 이미 배치되어 있다. 그 길을 가는 본인에게는 시간에 따라 사건이 일어나지만, 이미 배치되어 온 길을 그가 걸어가는 것뿐이다. 자신은 모르지만 이미 배치되어 있는 사건일 뿐이다. 그것이 어디에 배치되어 있는가? 인간의 장소 개념과는 다르지만, 해와 달과 오행성에 의한다는 관점이 천문이다. 천문은 그래서 가보지 않았지만, 인간이 가는 길이 새겨진 이야기라는 관점에서 인문과 다르다 할 수 있다. 인문은 과거를 살펴서 보는 인간의 이야기이다. 천문은 한 개인의 과거, 현재, 미래의 이야기이며, 모두의 이야기이기도 하다.

그리 기분 나쁘지 않은 소식일 것이다. 여러분 자신은 이 태양계 행성이 그려주는 천문의 한 부분이자 하늘 이야기의 주인공이기 때문이다. 그것이 어떻게 가능한가를 묻고 싶을 것이지만, 아직은 명확히 대답하기 어렵다. 언젠가는 인간의 의식진화와 기술진보가 그것을 설명할 수 있을 때가 도래할 것이지만 아직은 아니다. 이렇게 생각하자, 의료기술이 발달하지 않은 과거에도 우리는 육체를 써서 살았고, 앞으로도 그럴 것이다. 인지능력으로 인지하지 못한다고 해서 육체가 존재하지 않은 것은 아니다. TV가 어떻게 드라마를 전달하는지 모르지만 우리는 TV 앞에서 울고 웃는다. TV기술을 모른다고 TV 드라마를 보지 않겠다는 일은 있을 수 없다.

한국의 문화에 이 하늘과 인간을 동일시하는 개념이 널려 있다. 세종대왕이 창제한 훈민정음도 천지인天地人의 합성으로 만들지 않았는가. 훈민정음 창제 원리에서 땅과 사람이란 개념은 명확한데 하늘이란 개념은 어떻게 연관되는지 알기 어렵다. 훈민정음에서 하늘은 점하나로 표시한다. 그 점하나로 모음을 전부 만들어내지 않던가? 인간과 이 땅위에 모든 것을 그려내는 것이 하늘이다. 얼마나 통쾌한 개념인가. 세계 어느 글자, 어느 문화에도 발견되지 않는 하늘의 개념을 쓰는 것이 훈민정음이다. 하늘이란 속성은 그저 공중에 떠 있는 저 공간이 아니라 모든 변화를 만들어낸다는 무엇이다. 그것이 좀 더 확장된 개념으로 인간의 삶에 적용하면 수많은 이야기가 나올 수 있는 무엇이 된다. 인간 모두의 드라마를 펼쳐내는 것,

아니 드라마의 과거와 현재와 미래가 펼쳐져 있고, 그것을 구성하는 것, 그것을 하늘이라 하는 것이다. 그리고 그것을 읽어내는 것이 천문, 곧 하늘 이야기라는 것이다.

　이 하늘 이야기에서 주인공은 우리 자신이다. 그래서 흥미가 더할 수 있다. 자신이 주인공으로 펼쳐지는 드라마를 보지 않겠다면, 그 사람을 어떻게 생각해야하는가? 지금 삶이 고달프다고 너무나 힘들고, 이 비천한 삶을 더 이상 지속하고 싶지 않다고 해도, 여러분의 한 사람의 삶은 여러분만이 것이 아니고 여러분이 주인공으로 출현하는 하늘에 새겨진 이야기이다. 아마도 하늘에 천사와 선녀들이 여러분의 인생드라마를 보면서 같이 눈물 흘리고 웃고 있을지도 모르는 일이다. 그리고 그것은 'astrology'라는 도구에 의해서 같은 인간인 우리가 엿볼 수 있다는 것이다. 그 도구의 학문이 본래는 천문학이어야 하고, 그것이 전설적인 복희 씨가 오천 년 전에 남긴 천문과 지리에 담겨 있는 뜻일 거라는 주장이다.

　'astrology' 도구가 있다고 해서 그것이 타고난 삶을 송두리째 바꿀 수 있는 것은 아니다. 'astrology'의 역사에 등장했던 인물의 삶을 다시 보고 이런 면을 살펴본다. 티코 브라헤는 군주의 지원을 받아 행성을 관측하기 위한 장소를 얻지만, 그는 나중에 종교인과 군주가 기피하는 인물이 되면서 덴마크에서 쫓겨나는 신세가 된다. 군주가 브라헤를 쫓아내고 관측 시설을 쓸 수 있는지 조사관을 보냈었다. 조사관은 쓸 수 있는 것이 아무 것도 없다는 보고를 하였다. 브라헤의 성깔을 보여 준다. 그리고 브라헤는 다른 나라에서 살아가기 위해서 예의에 치중하다가 하룻밤 사이에 생명을 잃고 말았다. 성자처럼 살았지만, 자기가 하고 싶은 일을 끝내지도 못하고 에티켓에 메이다가 바보처럼 삶을 마감한다는 묘비명을 남긴 것이다. 티코 브라헤는 'astrologer'이지만, 자기 삶의 무게는 어쩔 수 없는 것이다. 어쩌면 케플러의 수학모델이 티코 브라헤의 자료와 만나기 위해서 잘못된 모델을 지닌 티코 브라헤는 일찍 떠날 수밖에 없는 운명이었는지도 모른다.

케플러 또한 행성의 운동법칙이라는 인류사에 지울 수 없는 업적을 남겼지만, 자신은 미숙아로 태어나 건강하지 못했으며, 자식은 여럿 낳았으나, 잃은 자식이 더 많았다. 부잣집 딸인 첫 번째 부인과는 늘 불화였고, 상처를 하고 다시 재혼으로 행복을 찾았다. 늘 재정적인 압박 때문에 생활을 이어가기 위해 다양한 분야에 대해서 실적을 제시해야 했으며, 그 많은 실적이 동시대에 인정을 받지도 못했다. 오히려 종교와 대중비판에 더 노출되었다. 나중에 그의 업적이 인류에게 더 큰 유산이 된 것은 삶의 아이러니가 아닐 수 없다. 남들에게 'astrology'로 충언을 하지만, 자신의 삶의 무게는 자기가 짊어져야 했다.

뉴턴은 평생을 결혼하지 않고 홀로 지냈다. 그것은 그의 어린 시절 성장과정과 별개로 보이지 않는다. 두 번 결혼을 하고 실패하고 자신을 농사꾼으로 만들려했던 모친에 대한 애증의 그림자가 그의 삶에 그림자처럼 드리워진 것으로 보인다. 과학사에 혁명을 일으킨 이로서 역사의 인물로 남겨지지만 개인의 삶은 일반인의 기준에서 모자람의 연속이었고 그것이 뉴턴에게 주어진 삶이었다.

수많은 사람들의 삶을 이야기할 수 있는 'astrology'는 어떻게 구성되는가? 이는 연극을 구성하는 방법과 같다. 주요 배역이 있고, 무대가 만들어지며, 무대 뒤에 배경이 설치되어 시나리오에 따라서 연극이 상연되듯이, 하늘 무대에는 동서양이 동일하게 '日月五星(수금화목토)'이 주요 배역으로 등장한다. 배경은 하늘의 무수한 별들이 된다. 색다른 점은 '日月五星'이 설정된 궤도를 따라 움직이고, 그들의 상대적 위치에 따라 영향이 달라지며 수많은 이야기가 만들어진다는 것이다. '日月五星'의 주요배역은 각기 다른 성격을 갖는 배우와 같다.

20세기 초반에 잠자는 예언자로 알려진 미국의 에드가 케이시(1877-1945)는 잠이 든 상태에서 사람이 질문하면 대답해 주었으나, 깨어나서는 전혀 기억하지 못하는 사람이었다. 잠이 든 상태에서 사람의 질병에 대한 조언과 전생, 인류의 과거 역사, 그리고 미래에 대해서 얘기한 것으로 널리 알려졌다. 에드가 케이시에 있어서 잘 알려지지 않은 색다른 점은 사람의 영혼에 대해서 각 행성에서 '거주(sogourn)한 경험'이라는 독특한 단어를 썼다는 것이다. 각 행성은 고유한 특성이 있고, 그 특성은 한 사람의 캐릭터를 구성하는 요소들이다. 영혼이 각기 다른 행성에서 경험이 한 사람의 영혼을 구성하는 주요한 부분을 차지한다는 의미이다. 에드가 케이시의 자료에 대해서 한마디 더 붙이자면, 영혼은 각기 다른 행성의 경험을 통해서 캐릭터를 발전시켜나가며, 능력과 경험이 여러 행성의 거주를 통해서 충분히 다져졌을 때, 이 지구라는 행성에 더 이상 거주할 필요성을 느끼지 않고 다른 항성계로 나아간다는 관점을 가진다.

하늘 이야기를 들으려면, 각 배역이 무엇을 맡고 있는지 알아야 한다. 본 저서는 그 길을 안내해 줄 것이다. 화성이 단순한 질량 덩어리가 아니고, 하늘 배역이 있다는 것을 알아야 밤하늘에 반짝이는 화성이 이야기를 들려줄 수 있다. 사람도 그렇지 않은가. 한사람을 고깃덩어리로 인식한다면, 우리는 그 사람에게서 들을 이야기가 없다. 한 사람이 인생의 배역이 있었고, 그 배역을 어떻게 소화하고 있는지에 관심을 가지면, 한 사람의 인생이야기는 밤을 새워서 얘기해도 끝나지 않는 이야기가 된다. 하늘 이야기도 마찬가지이다.

'astrology'가 종국에 인간에 던지는 결론은 무엇이냐고 물을 수 있다. 서구 'astrology'와 동양 'astrology'는 일상의 길흉화복古凶禍福이 관건이다. 그러나 인도 'astrology'는 깨달음을 추구하는 인도철학에 영향을 받아서 인간의 깨달음으로 가는 길을 제시한다. 이것은 에드가 케이시의 'astrology'와 유사하다. 에드가 케이시의 'astrology'는 영혼이 태양계 거주를 마감하고 다른 영혼을 도와주기 위해서 스스로 태양계에 남기를 선택하든가 아니면 다른 항성계로 떠난다는 관점을 갖는다. 마치 태양계는 영혼들의 인격을 완성해 나가는 학교와 같다는 뜻이다.

인도 'astrology'는 죠티쉬라고도 불린다. 인도의 죠티쉬는 오늘날 인도중심으로 널리 쓰이지만, 과거에는 왕가의 유물이었다. 행성의 위치를 측정하고 예측하는 일은 그것을 업으로 삼고 사는 사람만이 가능하며, 그것을 지원할 수 있는 것은 왕족이나 귀족이기 때문이다. 오늘날 인도정부는 대학교에서 죠티쉬를 전문적으로 연구하고 가르치는 죠티쉬학과를 개설하는 것을 승인하였다. 물론 인도 국내외의 과학자와 지성인들의 격렬한 반대가 있었음은 물론이다. 학계에서 전문적인 발전을 보장한 결과로 죠티쉬는 오류를 줄이기 위한 노력이 진행될 수 있었으며, 탁월한 전문가를 배출할 수 있었다. 독자들은 이해할 것이다. 똥과 황금이 가득찬 광산에서 똥을 제거하는 노력이 이루어질 수 있다면, 무엇이 남게 될지를.

2016. 8. 17.
워싱턴 DC 근교에서
동양대학교 전자전기공학과 교수 이상무

about the Author

    저자 임봉숙씨는 평범하게 한국에 태어났으면서도 자기만의 길을 걸어서, 쉽게 만날 수 없는 평범하지 않는 사람이다. 지방의 어려운 가정에서 모친의 도움으로 학교를 마치고, 직장을 다녔다. 자본주의 경제가 활성화되어 활기차게 발전하는 시대에 사회에 발을 내디뎠다. 집안이 어려웠던 서민의 입장에서는 일자리를 마련하고 경제적으로 안락함을 꿈꾸며 사는 것이 바람직하게 여겨졌던 시절이었다. 그때 사회의 한 구석에서는 외국에서 도입된 다양한 문화가 조금씩 알려지고 있었고 저자는 우연한 계기로 명상 쪽에 눈을 돌리게 되었다. 직장에서 평범한 생활을 영위할 수도 있었지만, 명상을 생활에서 실천하고 내면에서 조용히 일어나는 열정에 그는 귀를 기울일 수 있었다. 어려움 속에 자랐지만, 직장을 가지고 조금씩 나아지는 삶이 그에게 깊은 인상을 주지는 못하였다. 명상을 통해 얻는 그의 경험은 그를 더 넓은 세상으로 나아가는 데 주저하지 않을 수 있게 하였고, 그는 가볍게 한국 생활을 정리하고 미국으로 향했다.

    유학생 신분으로 미국에 발을 디디고, 인도 명상을 중심으로 운영하는 학교에서 명상이라는 주제를 통해서 세계인들과 함께 교류를 시작했다. 채식 위주의 식생활과 함께 아침, 저녁 명상을 하면서 자신이 스스로 의식세계를 탐구해 나갔으며, 동시에 선구자적인 지성에 의해 정선된 인도 철학 체계와 현대 과학에 대해서 함께 학습할 수 있었다. 그 시절에는 아직도 체계화가 완전하게 이루어진 것은 아니지만, 현대와 과거를 심도 깊게 고려하여 세워진 캠퍼스의 생활로 지나치게 인도 전통에 얽매이지 않으면서도 현재의 과학적 상식을 수용하는 균형된 시각을 가질 수 있었다.

    명상대학은 인도철학을 의식의 과학으로 체계화하고 그 바탕에서 인도철학인 리그베다를 비롯한 철학적 내용과 간다르바 베다(음악), 야주르 베다(전통의학) 등을 현실적 생활에 적용할 수 있게 가르쳤으며, 동시에 수학, 물리학, 재활, 복지, 치유, 경영 등 현대적으로 필요한 분야를 통합적으로 제공하였다. 저자는 과거 현인들이 가르친 고대철학과 현대과학을 체계적으로 조화시킨 환경에서 짧은 시간동안에 색다르면서도 선진적인 교육환경을 경험할 수 있었다.

좋은 스승을 만나는 것은 인생에 행운이다. 죠티쉬는 명상대학의 정규과정에 포함되지 않은 분야이다. 단기적으로 학생에게 소개하고 학습하는 기회가 주어졌고, 이때 저자는 남다른 관심을 가지고 주변사람을 놀라게 하는 수용능력을 보여줬다. 명상대학은 인도에서도 명성이 높은 'Mr. Rao'를 초청하여 죠티쉬를 학교에 소개하였고, 저자는 죠티쉬를 접하기 시작하였다. 죠티쉬는 사실 초기에 접근하기가 어렵다. 마치 집을 짓는데, 집을 짓는 요령을 나열식으로 가르친 다음에 그것을 복합적으로 조립해서 집을 짓는 것은 자신이 알아서 하라는 것과 같다. 충분한 경험과 기술이 없이 설계할 수 없고 적절한 순서로 조립할 수도 없으며, 짓고 나서도 적당한 주거환경이 되기 어렵다. 죠티쉬를 배우는 것도 이와 같다. 기본 원칙을 익히고 그것을 활용하는 것을 오랫동안 유능한 스승 아래서 배워야 가능한 것이다. 그러나 저자는 마치 전생에 이미 학습을 하고 나타난 사람처럼 빠르게 학습하여 스승에게 좋은 인상을 남겼다.

명상대학에서 죠티쉬가 정규 과목으로 선택되지는 않았다. 그러나 저자는 그런 학교의 체제에 구속되어 자신의 관심을 바꾸는 사람이 아니었다. 저자는 지속적으로 죠티쉬를 탐구해 나갔고, 학교를 통해 만난 전통 의학자와 결혼하고 말레이시아에 정착하여 평범하지만 평범하지 않은 삶을 보냈다. 한 가정을 꾸리고 사회인으로서 살아간다는 면에서는 평범하지만, 단순한 삶을 꾸리며 명상과 죠티쉬를 탐구하며 스스로 식견을 높여갔다는 면에서는 구도자의 삶이고 그것이 인도도 아니고 한국도 아닌 사회에서 이루진 것이라는 면에서 평범하다고는 할 수 없다.

자신의 길을 가는 사람에게 기준은 자기 자신뿐이다. 저자는 죠티쉬를 안면이 없는 주변사람들에게 적용하고 수없이 확인하는 가운데, 문제점을 발견하였다. 틀리는 경우가 있다는 사실을 알고 나서, 그 자신은 양심에 비추어 더는 지속할 수 없었다. 그래서 저자는 한동안 모든 것을 덮어야 했다. 그러던 중에 'astrology'의 연구가들이 현대 과학기술에 맞추어 발전된 체계를 세워놓은 것을 발견하게 된다. 그것을 기준으로 저자는 다시 실험에 들어가고, 대상자들과 피드백을 거치는 과정에서 정도가 향상되었다는 것을 확인하였다. 20여 년 만에 다시 만난 저자에게서 다년간에 경험에서 다져진 연륜을 느낄 수 있었다.

저자는 한국의 문화에서 인생의 고락을 함께 하면서 자랐고, 그 가운데 스스로 얻은 삶에 대한 통찰을 기반으로 하여 명상을 중심으로 운영되는 대학에서 의식에 대한 철학적 지식과 경험을 얻었으며, 동시에 지성인들이 체계를 갖추어 놓은 현대의 실용학문에 대해서도 필요한 학습을 하였다. 그리고서 세속과 물들지 않고, 죠티쉬와 오랜 시간을 자기만의 연구에 몰두하였다. 그 결실을 오늘에 와서 여러 사람과 나눌 수 있게 된 것이고, 우리는 우리와 친근한 문화로 얘기하면서도 새롭고 놀라운 우리의 이야기를 들을 수 있게 되었다.

저자는 자신의 관심을 국경을 넘어 추구하였다. 국적을 불문하고 옳다고 생각할 때는 아무런 거리낌 없이 뛰어난 자에게 다가가고 제자로 배우기를 청하였다. 배울 때는 자신의 삶을 내 던져 배우고, 스승의 한마디 가르침도 소홀히 하지 않았다. 그리고 자신이 스스로 익혀나갈 때에는 세파에 흔들리지 않고 수십 년간의 세월을 몰입하였다. 나름의 배움을 집대성하여 세상에 내놓는 것 또한 주저하지 않았다. 진리는 스승에게서 제자에게로 이어진다. 스승에게 배우고 스스로 혁신하며, 다시 자신의 앎을 세상에 널리 알려 스승의 기대에 부응하는 면모는 구도자로서 귀감이 된다 하겠다.

저자가 이제 자신의 경험과 지혜를 책으로 정리하여 한국어로 출판하는데, 오래 알고 지낸 한 사람으로서 기쁘기 그지없다. 비록 인도 죠티쉬라는 테두리에서 설명하지만, 읽어 가다보면, 늘 우리와 같이하는 이웃의 이야기와 한국의 속담, 생활상을 접하게 되고, 그러다 문득 오랜 수행의 명상가가 들려주는 인생의 철학을 맛볼 수 있다. 그리고 그 밑바탕에는 현대과학이 견고하게 깔려 있다는 것도 발견하게 된다.

2016. 8. 17.
워싱턴 DC 근교에서
동양대학교 전자전기공학과 교수 이상무

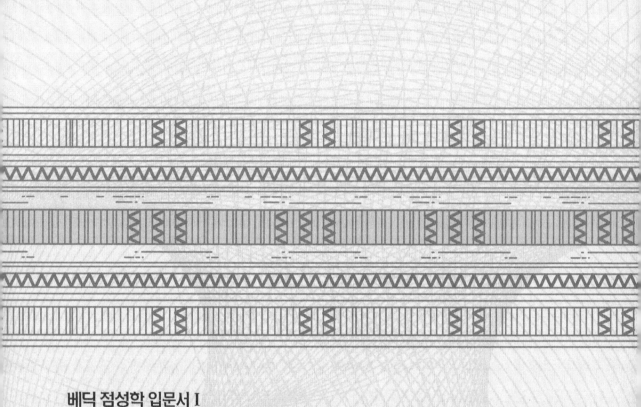

베딕 점성학 입문서 I

Vault of the Heavens

1

하늘과
땅이
만나는 자리

🔲 점성학이란?

점성학은 영어로 'Astrology'이며 기본어원 'astro(떠 있는 것, 별)'에 'ology(이르기, 말하기, 학문)'가 덧붙여진 단어이다. 하늘에 떠도는 행성이나 별들의 천문적인 움직임과 상대적 위치에 따라 이들이 인간 삶이나 자연적 현상에 미치는 영향을 연구하는 학문이라는 뜻이다. 그런데 한글에선 자주 'astrology'를 점성술占星術로 번역하고 있다. 보통 점성술이라고 하면 천체현상을 관찰하여 인간의 운명이나 장래를 점치고자 하는 밀법密法이나 비교적祕敎的 성격이 강하게 된다.

그러나 점성학은 정확한 천문학적 자료에 근거하여, 어떤 원인이 있으면 그에 따르는 결과가 반드시 있다는 인과법칙을 풀어나가는 하나의 학문으로서 어떤 비법이나 믿음을 필요로 하는 점술과는 성격이 다르다. 다시 말해, 점성학은 어떤 신념이나 믿음 체계와 상관없이, 밤과 낮의 교대, 사계절의 순환, 생명 있는 모든 것에게 필연적인 생로병사 현상과 같은 '객관적 사실들'을 다루는 천문 과학과 인문 과학이 합성된 하나의 뚜렷한 학문이라고 할 수 있다.

점성학은 근대 과학이 도래하기 전까지만 해도 우리 인류가 고안해 낸 지식 체계들 중에서 가장 오래된 진정한 과학이었다. 최초 우주 철학의 기본을 형성하였으며 고대인들은 점성학을 이용해 우주의 구조와 움직임을 이해하려 하였다. 점성학은 운명 과학으로서 하늘에 있는 별과 행성의 움직임을 통해 우리가 살고 있는 땅에서 일어나는 일련의 사건을 예측하고 이해하기 위해 사용되었다. 즉 점성학은 우주에서 실제로 일어나고 있는 현상을 관찰하고 연구하는 물질과학들 중의 한 분야일 뿐만 아니라, 마음과 영혼을 다루는 중요한 내면적이고 영적인 과학으로서, 삶의 어떤 영역에서든 그 배후에 작용하고 있는 힘에 대한 우주적인 근원과 배경을 보여 주고 있다.

점성학적 지식은 여러 고대문명을 통해 다른 과학적 지식들과 같은 수준 혹은 더 우선적인 수준의 과학으로 다루어졌다. 이집트, 바빌로니아, 인도, 중국, 멕시코 같은 고대국가들의 종교적, 영적 문명의 발달이 점성학적 원리에 기반을 두고 이루어진 것이 그 좋은 예다. 이들 국가에서는 모든 과학이나 사회제도가 점성학과 밀접한 관련을 가지고 발달되었다. 그들 사회에서 점성학은 정통적인 물질적, 심리적, 그리고 치료 의술적 과학이었다.

어느 시대를 막론하고 점성학은 전 세계적으로 항상 존재하고 있었다. 그중에서도 이집트나 바빌로니아 같은 고대 종교적 문명에서 가장 보편적으로 사용되고 있었다. 그러다가 의식을 중요시하던 유럽이나 중동지역 문화 등에서는 천주교나 이슬람교 같은 중세시대 종교들로 대체됐다. 물론 이러한 중세기 문명에서도 점성학이 어느 정도 꾸준히 사용되었지만 더 이상 주도적이지는 않았다. 유일신을 강조하는 종교에서 더 이상 다수 신들의 존재를 용납할 수 없었기 때문이다.

그런데 예외적으로 인도에서는 아주 오래 전부터 종교적으로나 문화적으로 점성학이 계속 활발하게 사용되었고 고유의 정통성도 그대로 유지할 수 있었다. 그들 사회에서는 다른 외부적 시대 여건의 변천에도 불구하고 계속하여 다수 신들을 섬기며 점성학을 신의 의식이나 순수 의식의 성취를 추구하는 수단으로 사용하였기 때문이다. 문화적으로는 영성이나 종교적인 영역에서 독립적인 자유를 유지하고 있었다. 외부적으로 어떤 절대적인 유일신을 강요당하거나 본성이나 초월성을 부인하는 교회의 권위적 힘 등의 영향을 받지 않았기 때문이다. 그리하여 인도에서는 가장 오래되고 완전한 형태의 점성학이 현시대까지 고스란히 살아남을 수 있었다.

오늘날 인도에서 치러지고 있는 의례 의식들은 모두 별의 운행에 기준을 두고 있다. 그들은 태양을 비롯한 뭇 행성을 다수 신이나 우주적 힘으로 여기고 있으며, 일반적으로 템플 등에서 행해지고 있는 각종 의례 의식들도 삼천여 년 전에 바빌로니아나 이집트에서 행해지던 방식 그대로 유지되고 있다. 반면, 서양에서 점성학은 지난 몇 백년간에 걸쳐 어떤 르네상스적 변화들을 지나왔다. 중세기 시대에서 유래된 정신적 틀에서 자유롭기 위해 좀 더 근대적이고 과학적이며, 또 심리학적인 접근 방식이 점성학 분야에 더해지게 되었다. 그리하여 현대 점성학계에서는 서양 점성학과 인도 점성학이 주요한 두 부류를 형성하고 있다.

▨ 서양 점성학과 인도 점성학의 차이 - 아야남샤(Ayanamsa)

서양 점성학과 인도 점성학의 차이점은 사용하는 조디액(Zodiac)이 서로 다르다는 데 있다. 지구가 태양 주변을 돌고 있다는 지동설은 천문학적 사실이다. 그러나 점성학에서는 편의상 태양이 지구 주변을 돈다는 천동설을 가정한다. **조디액은 하늘을 배경으로 하는 태양의 길을 말한다.** 태양이 조디액을 한 번 회전하는데 걸리는 시간, 즉 태양이 매년 산양자리의 첫 포인트로 되돌아오는 춘분점을 서양 점성학에서는 365.2422일이라고 하는 '트로피칼 조디액(Tropical Zodiac)'을 사용하고 인도 점성학에서는 365.2564일이라고 하는 '사이더리얼 조디액(Sidereal Zodiac)'을 사용한다.

이러한 차이를 '춘분점의 진행(Procession of Equinox)'라고 하는데, 두 조디액이 일 년에 약 50초 정도씩 서로 멀어지고 있다. 기원후 285년경에 두 조디액이 일치하였다가 현재 약 24도 정도의 간격이 있다. 약 25,000년마다 두 조디액이 서로 일치하는데, 이 차이점을 '아야남샤(Ayanamsha)'라고 부른다. 그러나 정확한 아야남샤를 계산하는 방식은 현대 점성학계에서 가장 큰 논쟁을 겪고 있는 부분이다. 현재 점성학자들 사이에 사용되고 있는 아야남샤의 종류는 열 가지가 넘는다. 어떤 조디액이나 아야남샤가 더욱 정확한가 하는 것은 아직까지 현대 점성학계에서 의견이 분분하기 때문에, 점성학도들의 직접적인 삶의 경험이나 연구 결과에 따른 개인적인 선택에 맡겨놓을 수밖에 없다. 인도정부에서는 공식적으로 '라히리 아야남샤(Lahiri Ayanamsha)'를 인정하고 있으며, 근대 인도 점성학자들이 가장 일반적으로 적용하고 있는 아야남샤이기도 하다. 라히리 아야남샤는 북극성을 기준으로 '치트라(Chitra)'라고 하는 낙샤트라에 조디액을 조율하기 때문에 '치트라팍샤 아야남샤(Chitrapaksha Ayanamsha)'라고도 부른다. 그래서 처음 인도 점성학을 접하는 이들은 거의 대부분 사이더리얼 조디액과 치트라팍샤 아야남샤를 사용하는 시스템을 따르게 된다.

▨ 모든 점성학의 공통분모

어떤 점성학 시스템이나 아야남샤를 사용하느냐 하는 기술적인 문제와는 별개로, 모든 점성학이 공통적으로 하늘의 움직임과 상응하는 인간 삶의 관계를 다루고 있다는 사실은 동일하다. **그리하여 점성학을 한마디로 정리한다면, 하늘의 움직임에 관련하여 우리들 삶의 움직임을 이해하고자 하는 학문이라고 할 수 있다.** 대우주와 소우주간의 상응법칙에 의해 우리 출생 차트를 통해 나타난 행성이나 별들과의 관계는 바로 우리가 가지는 우주와의 관계, 우리의 영혼과 내면적 자아를 그대로 반영하고 있기 때문이다.

점성학이 개인적인 삶의 차원에서 가장 중요한 의미를 가지게 되는 순간은 우리 영혼이 하나의 육체를 가진 개체적 존재로서 이 땅에 태어나게 되는 출생의 순간이다. 탄생 전까지는 아직 하나의 영혼으로서 어머니 몸 주변을 맴돌거나 자궁 속에 있는 태아로서 감각기관들이 형성되고 몸이 자라는 동안 주변에서 일어나고 감지되는 여러 경험을 축적하고 있었다.

그러다가 출생을 하며, 우리의 작은 몸은 우주적 일체와도 같았던 자궁에서 나오게 된다. 어떤 추상적인 형태로 우주 어딘가에 속해 있던 영혼이, 하늘과 땅이 만나게 되는 탄생의 순간을 통해, '나'라는 뚜렷한 개인성을 가진 한 존재로서 지상에서의 삶을 시작하는 것이다. 그러한 시작점은 당시에 일어나고 있던 우리들의 주변, 하늘과 땅의 이야기를 그대로 반영하고 있다. 그리고 시작점은 다음에 이어질, 마치 지도처럼 빼곡한 삶의 장면들에 대한 이야기를 순서대로 나열하고 있다.

점성학은 비단 개인의 삶뿐만 아니라, 어떤 집단이나 그룹들 혹은 대내외적으로 발생한 특정한 사건들에 대해서도 같은 원리로 적용될 수 있다. 어떤 그룹이나 집단 혹은 국가가 형성되는 순간 또는 어떤 프로젝트의 시작점을 기준으로 한 하늘의 천문학적 움직임들을 계산한 지도 혹은 '차트(Horoscope)'를 산출해 낸다면, 그러한 그룹이나 사건에 연관된 내용이나 특질을 알 수 있다. 이러한 지도들은 삼차원적인 우주를 이차원적인 차트로 나타낸 것이며, 점성학은 이에 대한 '해석'을 특정한 원리, 원칙에 따라 풀어 나가는 우주과학적인 정신 학문이다.

우리를 둘러싼 세상의 모든 것은 우리 자신에 대한 반영이다. 세상은 언제나 끊임없이 움직이고 있으며, 계속해서 변화하고 반응을 일으키고 있다. 그중에서도 정기적으로 예측 가능한 움직임은 하늘에 있는 행성과 별들의 움직임이다. 그리하여 특정한 순간에 그들의 움직임을 나타내는 차트를 통해 마치 지도를 읽듯이 그러한 순간이 함축하고 있는 효과나 결과들을 신빙성 있게 예측할 수 있다. 이러한 방법이 바로 수천 년 인류역사를 통해 체계적으로 형성되진 점성학인 것이다.

▨ 인도 점성학의 현실적인 한계

점성학은 인류 문명의 가장 오래된 인문과학이라고 할 수 있다. 특히 인도의 베다 문화에서 전해져 오는 인도 점성학은 가장 오래 되었고 보존도 제일 잘 되어 있다. 현재 까지 전해지는 인도 점성학 고서들은 엄청나게 많으며 내용도 상상을 초월할 만큼 방대하고 다양하다. 아쉽게도 대부분의 지식들이 감추어져 있기 때문에 현 시대에 일반적으로 알려져 있고 사용 가능한 점성학적 지식들은 겨우 1퍼센트 정도밖에 지나지 않는다. 시대적, 문화적 차이 때문에 우리의 현실에 그대로 적용하기도 어려우며, 단지 테크닉만 발췌하여 사용할 수 있을 뿐이다. 그렇지만 테크닉도 여전히 숨겨져 있기 때문에, 현시대 점성학자 대부분은 과학적인 점성학의 테크닉에 의존하기보다는 고서에 기술된 내용을 여기저기 뽑아내어 단순한 정보를 지닌 점성학 책에만 의존하고 있는 것이 현실이다. 이처럼 인도 점성학이 자체적으로 보유하고 있는 방대한 양의 지식이나 테크닉에도 불구하고 일반 사람들에게 친화나 근접이 불가한 연유는 다음과 같은 네 가지 주요 장애를 들 수 있다.

첫째, 고서에 있는 내용이 어떤 점성학 공식으로 쓰여 진 게 아니라, 산스크리트 이름만 줄줄이 나열해 놓은 방식으로 쓰여 있다는 것이다. 그래서 산스크리트어에 능통하지 않는 한, 이러한 이름에 숨겨져 있는 의미나 테크닉을 절대로 이해할 수 없다. 둘째, 모두 천문학적 사실들만 나열하여 행성이나 별자리 위치들을 계산하는 방법만 주어져 있을 뿐, 어떻게 사용하라는 식의 설명은 전혀 없다는 것이다. 그래서 점성학 차트를 산출해 놓고도 어떻게 해석하고 적용해야 할지 알 수 없다. 셋째, 행성의 여건이나 상태를 수학적으로 계산하는 방식이 주어져 있지만, 어디서 어떤 식으로 사용하라는 설명은 전혀 없다. 그저 배우고자 하는 사람들이 알아서 하라는 식으로 되어있다. 넷째, '재미니(Jamini)'라는 성자가 쓴 『재미니 우파데샤(Jamini Upadesa)』라는 고서에, 정확하고 체계적인 방식의 예측 공식이 주어져 있다. 이 책에 숨겨진 테크닉을 그대로 적용하면, 최소한 80~90프로 정확한 점성학적 예측을 할 수 있다. 그런데, 이 책은 산스크리트어로 된 코드 형식으로 쓰여 있기 때문에, 설령 산스크리트어를 안다고 해도 오랜 시간 동안 집중, 묵상, 숙고 헌신, 수행의 과정을 거치지 않으면 절대로 코드의 실마리들이 점성학자 의식 속에서 풀릴 수 없다. 그리하여, 인도 점성학의 방대한 지식에도 불구하고 제대로 사용하고 있는 사람들은 현재까지 아주 극소수에 불과하게 되었다. **이러한 모든 한계를 극복할 수 있는 트로피칼 시스템의 베딕 점성학을 발견한 이가 바로 '언스트 윌헴(Mr. Ernst Wilhelm)'이다.**

▨ 트로피칼 베딕 점성학(Tropical Vedic Astrology)

인도 점성학을 처음 접하는 사람이면 누구나 그러하듯이, 저자 역시 1992년 후반에 인도 점성학을 처음 배울 때 사이더리얼 시스템으로 시작하였다. 그러다가 1994년에 현존하는 인도 점성학자들 중에서 최고 권위적인 스승으로 알려진 미스터 라오(Mr. K.N Rao)에게 직접 가르침을 받게 되면서, 이후 인도 점성학은 마치 종교처럼 저자의 삶을 인도하는 정신적 지주 역할을 하였다. 미국에서 5년간의 학업을 마치고 1997년에 말레이시아에 이주하여 현지인들에게 요가와 명상을 가르치며 사는 오랜 세월 동안에도, 학생들이나 주변인들에게 점성학 상담을 간간히 해 주면서 나름대로 점성학 공부와 연구를 꾸준히 해 나갔다. 그러나 완전히 만족스러운 결과를 얻지 못하고 있다가 우연히 '살아 있는 백과사전'이라고 불리는 독일계 미국인 천재 점성학자, **'언스트 윌헴'**을 알게 되었다. 그리고 그가 20년 넘게 연구한 결과의 산물인 **'트로피칼 베딕 점성학**(Tropical Vedic Astrology)'을 통해 비로소 그동안 가지고 있던 많은 의문점을 풀 수 있었으며, 어떤 점성학보다 훨씬 더 정확한 시스템이라는 확신도 얻을 수 있었다. 무엇보다도 그동안 알 수 없었던 저자만의 독특한 삶의 길, 오직 혼자의 외고집으로만 버티며 오랜 세월 외길로 살아왔던 전갈 같은 집요한 성향에 대하여 완벽한 납득과 이해를 시켜 주었다. 그리하여 그동안 종교처럼 신봉해 오던 인도의 사이더리얼 시스템을 사용하는 베딕 점성학에서, 보다 합리적이고 논리적이며 과학적인 서양의 트로피칼 시스템을 사용하는 베딕 점성학으로 전향하게 되었다.

트로피칼 베딕 점성학은 사이더리얼 조디액이 아니라 트로피칼 조디액을 사용하며, 은하계 센터를 기준으로 '물라(Mula)'라고 하는 낙샤트라의 중심에 조디액을 조율하는 '디루바 갤럭틱 센터(Dhruva Galactic Center, Middle of Mula)' 아야남샤를 적용하고 있다. 트로피칼 베딕 점성학은 오늘날까지 거의 오리지널 수준으로 보존되어 내려오는 인도 점성학 고서 중에서도 가장 높은 권위를 가진 **'브리핱 파라샤라 호라 샤스트라**(Brihat Parashar Hora Shastra, **이하 BPHS)'** 점성학과 **'재미니**(Jamini)' 점성학에 주 기반을 두고 있다. 두 점성학 고서는 마치 수학공식과 같은 점성학적 공식을 제시하고 있으며, 이러한 공식을 지시대로 따르면 어떤 원인과 결과들에 대한 예측이 정확도 높게 가능할 수 있다(이하 간결성을 유지하기 위해 **베딕 점성학**이라는 표현을 사용하기로 한다).

▨ 베다(Vedas)와 베딕 점성학의 유래

베다(Vedas)는 인도의 영적인 전통이 유래된 방대한 분량의 고대문학으로서 베딕 하늘(Vedic Sky)의 신들로부터 직접 전수된 가르침들을 기록하고 있는 신성한 문학의 선집이다. 이러한 책들은 산스크리트(Sanskrit) 원어로서 기술되어 있는데, 다양한 베딕 의식(Vedic rituals)에 대한 규율이나 베딕 하늘에 나오는 신과 인물을 찬양하는 시, 이야기들을 그 내용으로 담고 있다. 그리고 이러한 베다는 힌두이즘(Hinduism)의 기본 골격을 형성하고 있다. 베다문학의 저자들은 모두 위대한 성자이거나 높은 경지의 깨달음에 달한 남녀들이었는데, 그러한 인물을 '**리쉬**(Rishi)'라고 부른다. '리쉬'는 '보다'라는 뜻으로 '진리를 보다'라는 의미를 가지고 있다. 베다 문학은 기원전 1000년 정도부터 기록되기 시작한 것으로 추정되고 있다.

베다에는 네 가지 종류가 있다. 그중에서도 가장 오래되고 가장 많은 학문의 대상이 되고 있는 베다는 '**리그베다**(Rig Veda)'로서 베딕 전통의 음률들을 담고 있다. 다음으로는 '**야주르 베다**(Yajur Veda)'인데, 베딕 의식에 사용되는 기도문을 담고 있다. '**사마 베다**(Sama Veda)'는 베딕 찬팅(Chanting, 음색)을 담고 있다. 그리고 마지막으로 '**아타르바 베다**(Atharva Veda)'가 있는데, '베딕 주술'을 담고 있다. 이러한 베다에 기록된 음률이나 기도문은 모두 대자연 현상에 대한 깊은 경외감을 표현하고 있으며, 그 안에 나오는 여러 신들이나 인물 중에, 가장 중요한 몇몇 신들은 모두 대지와 하늘에 연관되어 있다. 이러한 베다에 담긴 시나 철학적 내용은 분명한 기술적 기법을 사용한 것이 아니라, 은유적이고 의미가 애매모호하거나 복합적인 경우가 더 많다.

이렇게 네 가지 주요한 베다를 중심으로 다른 부수적 베다가 계속 발전되었는데, 그러한 부수적 베다 중에 '**베당가**(Vedanga)'라고 부르는 '**베다의 수족**'에 해당하는 학문이 있다. 이러한 베당가의 '눈'에 해당하는 분야로서는 '**죠티쉬**(Jotish)'가 있다. 죠티쉬는 '빛' 혹은 '천상의 인물'을 연구하는 학문으로서, '점성학, 천문학, 수학'이 함께 섞인 베딕 과학이다. 오늘날에는 이 세 가지 학문이 따로 분류되어 있지만 고대 인도에서는 그렇지 않았다. 당시에 이러한 죠티쉬의 주 사용 목적은 베딕 의식을 행하는데 길조를 줄만 한 적합한 시간을 산출해 내는 데 있었다. 의식을 잘 치름으로써 왕국의 번영이나 왕, 그리고 무사계층 등의 안녕을 확고히 하도록 하기 위해서였다. 그러나 시간이 흐름에 따라 왕을 위한 의식을 행하는 목적으로만 사용되던 죠티쉬가 점차적으로 일반적이고 개인적인 목적으로 활용 범위가 확장되게 되었다.

죠티쉬 혹은 베딕 점성학은 몇 가지 다른 분야로 나누어져 각자 다른 삶의 영역을 다룬다. 다양한 점성학 분야는 서로 다른 목적으로 사용되는데 모두 아주 정교하면서 독특한 고도의 테크닉을 가지고 있다. 그중에서 **나탈(Natal) 점성학(혹은 자타카(Jataka) 점성학)**이 보편적으로 사용되고 있는데, 개인적인 삶을 다루는 분야이다. 그리고 **무후르타(Muhurta) 점성학(혹은 일렉션(Election) 점성학)**은 개인적으로나 대내외적으로 계획하고 있는 어떤 중요한 이벤트와 연관하여 가장 길조적인 시점을 선택할 수 있게 하는 분야이다. 그리고 **프라샤나(Prashna) 점성학(혹은 호라리(Horary) 점성학)은 어떤 질문에 대한 대답을 구할 수 있게 하는 분야이다. 이외에도 비바하(Vivaha) 점성학**이라고 하여 나탈과 무후르타 점성학 요소가 가미된 분야로서 결혼을 위한 남녀의 궁합 여부를 다루는 분야가 있고 또 다른 몇 가지 분야의 점성학들이 있으나 앞에 언급한 점성학들만큼 중요하게는 다루어지지 않고 있다.

▨ 베딕 신들과 행성

베딕 점성학이 유래된 고대인도 베다 문화에서는 태양이나 달 등의 행성을 신으로 다루고 있다. 고대 인도인들은 행성을 신으로 보며 우주에 대한 경외감을 표현하고 별들과 행성이 우주적 지성의 근원적인 힘이라고 보았다. 그들은 이러한 우주적 힘이 자신의 내면에 있는 영혼이 가진 힘과 같은 것으로 보고 경외하였다. 우리의 진정한 본성은 마음의 영역 너머에 있는 영혼의 영역에서 비롯되었기 때문이다. 예를 들면, 그들은 태양이 외부 세계에만 있는 존재가 아니라 우리의 심장 한 가운데의 내면적 공간에도 있다고 여겼다.

근대의 물질적 시각의 편견으로 보면, 그들이 신을 자연적인 힘에 대한 상징으로 단순하게 인격화시킨 것이라고 볼 수도 있다. 어떤 두려움이나 미신 때문에 혹은 외부 세상에 대한 과학적인 지식이 부족하여 그런 것이 아니라, 그들이 느끼던 어떤 우주적 직관에 대한 표현이었기 때문이며, 그들이 가지고 있던 우주적 은유를 반영하고 있는 것이다. 신화와 전설도 마찬가지로 상징적인 언어를 무의식적으로 사용하고 있다. 이러한 무의식은 단순히 억압된 욕구나 어떤 본능적인 요소들만 말하는 것이 아니라, 그 안에 보다 깊숙이 내재하고 있는 우리의 영혼이나 우주적 마음도 포함한다.

가장 근본적인 상징과 정신이 가진 주요한 원형은 스핑크스의 수수께끼처럼 시간(Time)에 관한 것이다. 삶에 가장 근원적인 문제는 탄생과 죽음, 그리고 초월적 존재에 대한 의미다. 우리의 신화와 상징이 자연적으로 시간에 관련된 것처럼, 행성이나 별들에 관해서도 마찬가지이다. 그들에 관련된 신화들은 우리의 영혼과 우주적 에너지 사이에 일어나는 대화를 반영하며, 그러한 대화의 유형들은 행성을 통해 이전된 것이다. 상징적인 언어, 깊은 무의식 세계의 언어는 그 안에 감추어진 우리의 가장 높은 의식을 나타내기도 한다. 이것이 바로 점성학의 가장 본질적인 언어이다.

신들(Gods)은 우리의 가장 깊숙한 의식 속 한복판에 있는 우주지성의 힘을 나타낸다. 세상과 우주에 작용하는 법칙에게 미치고 있는 어떤 구조적인 영향을 의미하는 것이다. 그래서 신들에 대한 어떤 집합적인 신화나 우리가 꾸는 꿈에 관한 것이거나 혹은 내면에서 만들어 내는 신화이거나 이러한 모든 신들의 다양한 이야기들이 바로 점성학에서 사용하는 별들과 행성의 언어다. 이러한 별들이나 행성이 우리의 신체를 만든다는 뜻이 아니라, 우리들 정신에 가장 근원적인 요소를 제공하고 있다는 의미다. 그리하여 우리가 믿든 안 믿든, 의식하든 안하든, 그들의 힘은 우리들의 마음속에서 계속 작용하면서 영향력을 발휘하고 있는 것이다.

고대인들은 우주를 살아 있는 어떤 하나의 개체로 보았다. 대우주와 소우주 간의 상응 법칙, 외면과 내면은 서로를 반영한다는 법칙, 위와 아래는 서로가 같다는 법칙 등을 통해서도 알 수 있듯이, 우리는 모두 거대한 우주적 네트워크의 한 부분으로 이 세상에 존재하고 있는 것이다. 우리의 마음 안에 존재하는 세상은 바로 우주적 거대한 세상의 존재가 계속하여 돌아가고 있음을 나타낸다.

외면적으로 태양을 비롯한 일곱 행성은 창조적 세계의 일곱 가지 색깔의 빛을 나타낸다. 이러한 일곱 가지 힘은 자연에 존재하는 일곱 요소들과 에너지들로 삶의 모든 영역들에서 작용하고 있다. 내면적으로 이러한 일곱 가지 빛은 오각과 함께 이성과 마음의 감정적 레벨들을 만들어 낸다.

그리하여 이 책의 1부는 이러한 베딕 하늘의 신들과 신격화된 행성의 이야기들에 집중하였다. 베딕 점성학을 마스터 할 수 있는 가장 빠르면서도 효율적인 방법은 이러한 이야기들이 내포하고 있는 상징을 먼저 이해하고 습득하는 것이다. 한국인들에겐 낯선 베딕 신들의 개념이나 이름, 그리고 힌두이즘에 대한 종교·문화적인 이질감을 극복하는 것이 초기에는 약간 생소하거나 힘들 수도 있다. 그러나 단순한 암기나 분석 정리 등을 통해 건조하면서도 딱딱한 학문적인 방식으로 배우는 것보다 이야기를 음미하면서 배우는 방식이 더 흥미롭고 효과적이다. 때문에 비단 점성학뿐만 아니라 다른 베다 문학들도 대부분 이야기 형식을 취하고 있다. 그리하여 힌두이즘의 베다 문학은 일찌감치 역사 속으로 사라진 다른 고대문명들과는 달리 오늘날까지도 거의 순수한 형태로 보존되어 올 수 있었던 것이다.

이 책의 2부는 그동안 베일에 가려져 있던 그림자 행성인 라후와 케투의 실체를 밝히고 이들이 삶의 운명적 기로를 결정하는 데 얼마만큼 중요성을 가졌는지 자세히 설명하였다. 라후와 케투는 하늘에 실체를 가지고 있는 일곱 행성과는 달리, 일식과 월식을 일으키는 단순한 수학적 포인트들이다. 그럼에도 베딕 점성학에서는 다른 행성과 똑같이 제 8, 9의 행성이라는 지위가 있다. 그러나 이들에 대한 충분한 지식이나 정보는 지금까지 거의 없었다. 라후와 케투는 빛의 원천이자 생명의 본질인 태양과 달마저도 일시적으로 사라지게 만드는 힘이 있는 행성으로서, 삶의 이면에서 작용하고 있는 카르마의 법칙과 깊이 연관되어 있다. 특히 이들은 남녀 관계에서 전혀 예상치 못한 운명적 실타래로 엮어 서로에 대한 카르마의 채권채무 관계가 해소될 때까지 꼼짝도 못하게 만드는 무서운 힘을 가지고 있다. 2부의 후반부는 이러한 원리들을 실제로 잘 알려진 유명 인사들의 차트에 적용하여 분석한 예들로 이루어져 있다. 그리하여 관심 있는 점성학도들의 이해력과 응용력을 향상시키는 데 실질적인 도움이 될 수 있도록 했다.

1-1

시간이 신이다

▨ 시간(Time)은 신이다

전 세계적으로 인도 문학의 대서사시 마하바라타(Mahabharata)는 세 번째로 긴 대서사시로서, 인도 고대문학의 중요한 유산이다. 종교적으로나 철학적으로 인도인들에게 지대한 영향을 미치고 있는 마하바라타는 '위대한 바라타 왕국'이라는 뜻으로 정의를 상징하는 판다바(Pandavas) 왕자들과 악을 상징하는 카우라바(Kaurava) 왕자들 사이에서 왕위를 놓고 벌이는 전쟁을 이야기한 것이다. 한두 경전과도 같은 바가바드기타(Bhagavad Gita)는 마하바라트 내의 부속 이야기이기도 하다.

이러한 마하바라타의 첫 구절은 '시간은 신이다'라는 소절로 시작한다. 시간(Time)은 전 우주를 다스리고 있는 원초적인 힘이다. 모든 것이 시간을 통해 나오게 된다. 세상이 바로 시간이며, 모든 시간의 순간 안에 전 우주의 창조와 파괴가 함께 공존하고 있다. 시간의 법칙은 모든 것의 구조를 자우는 기본적인 법칙이다. 우리는 생명의 탄생을 경이롭게 생각하며 죽음을 두려워한다. 삶의 순간에 가치를 매기며 시간을 세고 따지며, 영원히 살고 싶어 한다.

시간은 우리들이 살고 있는 영역이며, 시간의 리듬이 우리들이 하는 모든 행동의 기본을 이루고 있다. 시간은 우주를 다스리는 위대한 신이다. 시간은 신의 호흡으로서 우주적 생명과 형태를 창조하고 유지하고 파괴한다. 시간은 위대한 신의 춤이며, 위대한 여신의 아름다움과 공포로서 내재한 힘을 표출시킨다. 고대 문명에서 신들은 시간을 개체화시킨 존재들이었다.

신들의 시간은 태양, 달, 그리고 행성이라는 채널을 통해 태양계에 흐르는 에너지들로 나타내었다. 행성의 신들과 시간들은 같은 존재였으며, 행성은 시간의 움직임을 통해 모든 것을 관장하고 있는 우주 지성이 가진 힘을 반영하였다.

근대 과학에 의하면, 시간은 단순한 공(空)의 연속이거나 추상적인 개념이 아니라, 어떤 힘의 영역이다. 어떤 특정한 물질을 소유하고 있는 영역인 것이다. 이러한 물질은 어떤 물체가 가진 중력에 의해, 태양이나 다른 행성이 가진 힘에 의해 결정된다. 행성은 아주 커다란 전자장과 중력장을 가지고 있다. 우리가 행성이라고 부르는 것들은 거대한 에너지장의 네트워크 안에 있는 특정한 빛의 덩어리들을 의미한다. 이러한 행성은 어떤 섬세한 힘의 영역에 의해 절묘한 방식으로 엮어서 태양계를 하나의 거대한 생명체처럼 연결하고 있다. 멀리서 보면 행성은 작은 빛들의 덩어리로 보일 수 있으나 그들이 내뿜는 에너지 장은 지구상에 존재하고 있다. 이것은 지구상의 많은 생명을 형성하는 책임을 가지고 있으며, 우리들의 몸과 마음에도 영향을 미치고 있다.

고대인들은 시간은 어떤 특정한 리듬을 가지고 있는 운동이라고 말했다. 시간은 생명의 강이며 공간적 음률에 따라 흐르고 있다. 시간은 형상화하고자 하는 것들을 공간으로 표출시킨다. 시간은 생명을 낳고 모든 것을 유지하고 또 파괴시킨다. 마치 파도처럼 끊임없이 생성되고 사라지는 흐름이 영원성으로 이어지고 있는 것이다.

행성의 운동은 그들이 가진 에너지와 자질을 각기 다른 시간적 사이클을 통해 우리들이 살고 있는 세상에 분출하고 있다. 그들의 움직임은 우리들 삶을 영위하는 어떤 특정한 힘을 유지시켜 주는 세력이다. 지구는 자전적 운동으로 하루를 설정하고 달은 지구 주변을 회전함으로 한 달을 설정한다. 태양은 지구 주변을 회전함으로써 일 년을 설정하고 토성의 회전은 30년 주기를 설정한다. 이러한 힘들을 영위하고 있는 세력이 바로 시간인 것이다.

▨ 행성 - 시간과 카르마의 로드

행성은 시간의 로드(Lord)이자, 카르마 혹은 운명의 로드기도 하다. 카르마(Karma)란 '행위'라는 뜻으로 원인이 있으면 결과가 있고 결과가 있으면 원인이 있다는 연쇄작용과 관계의 함수관계, 즉 인과법칙을 의미한다. 그리고 개인의 점성학 차트(Horoscope)는 인과법칙에 따라, 차트 주인이 과거, 현재, 미래를 통해 치르고 해결해야 할 숙제를 행성의 상징으로 나타내고 있는 도표와도 같다.

보통 '카르마'라는 단어는 부정적인 의미로 이해되거나 사용되고 있다. 하지만 카르마 자체는 좋은 것도 나쁜 것도 아니며, 단지 과거, 현재, 미래가 시간이라는 세력 안에 함께 지속하고 있는 행위의 중립성을 나타낼 뿐이다. 행성은 이러한 카르마들의 로드이자 우리가 계발하고 있는 우주적 에너지 혹은 빛들로서, 어느 레벨에서 어떠한 수준의 계발들이 지금 일어나고 있는지 또한 앞으로 어떻게 일어날 지를 나타낸다. 그들은 우리에게 위태롭거나 해를 끼칠 수도 있는 세력을 보여 준다.

우리는 행성을 통해 분출된 우주적 세력과 영향들의 대양 속에 살고 있다. 우리는 자신에 대해 잘 알지 못하고 진정한 우주적 지식이 결여된 채, 마치 장님처럼 그 안에서 허우적거리고 있다. 그렇게 전혀 의식하지 못하고 있다가 어떤 큰 위기를 당하게 될 수도 있다. 삶의 부정적인 사건들, 질병이나 갈등, 죽음과 같은 트라우마를 통해 우주적 에너지들의 부정적인 면을 경험하게 되는 것이다. 집합적인 수준에서는 이러한 부정적인 카르마의 영향이 전쟁이나 전염병, 큰 격변 등의 형태로 나타나게 된다. 그런데 이러한 대부분의 경험들은 우리 내면의 눈이 열리면 피해갈 수 있다. 점성학은 우리가 이러한 내면의 비전을 열 수 있도록 도와준다. 그리하여 삶의 우주적 대양을 안전하게 항해해 나갈 수 있게 한다.

점성학은 이번 생의 사건들만 나타내는 것이 아니다. 행성은 과거와 미래의 삶의 조건들까지 보여준다. 그들은 모든 시간의 트렌드를 같이 보여준다. 모든 시간은 삶과 죽음이라는 비슷한 리듬을 따른다. 우주를 포함하여, 어떤 살아 있는 것 중에 무수한 생명과 죽음의 사이클을 거치지 않은 것은 아무도 없다. 태어난 것은 반드시 죽어야 하며, 죽은 것은 반드시 다시 살아나게 되어 있다. 시간은 우리가 오늘을 있는 그대로 보고 어제와 내일 역시 있는 그대로 보며, 모든 존재와 세상을 있는 그대로 혹은 앞으로 어떻게 되든 있는 그대로 보고 우리가 지금 어떠한 모습이든 혹은 어떤 모습이 될 것이든 있는 그대로 보게 해 준다.

행성은 시간의 에너지로서 영원성 속으로 흘러 들어가고 있다. 행성은 각자 특정한 시간의 줄기, 영원성의 한 줄기를 다스리고 있으며, 시간의 매 순간 자체가 영원성의 살점과도 같다. 행성은 우리가 가진 시간의 제약을 보여 주며, 또한 그러한 제약으로부터 자유로워질 수 있는 법을 보여 준다. 어떻게 하면 우리가 영원성으로 들어갈 수 있는지를 가르쳐 준다.

행성을 통해 작용하고 있는 우주적 세력들에 대해 깨어 있으면, 우리는 그들의 지배적 영향을 넘어 설 수 있다. 그들의 힘을 우리들 내면에서 융합시키는 것이다. 창조세계를 우리들 가슴 안에서 재정립하여, 가장 내면적 자아와 영혼의 대변인인 우주적 인간과 재조정시키는 것이다. 그리하면 창조 세계 전체를 지배할 수 있다. 우주는 단지 수를 놓으며 즐길 수 있는 태프스트리가 되며 더 이상 온갖 욕망이 뒤엉킨 그물이나 망網이기를 멈추게 된다. 우리의 무지를 다스리는 행성의 빛줄기는 우리가 영혼으로서 가진 영원성과 불멸성을 나타내는 일면들이기 때문이다.

▧ 시간의 영원성과 사이클 - 유가(Yuga)

고대의 깨달은 이들에 의하면 지구의 생명은 별로부터 생성된 광대한 우주 세력의 지배하에 있다고 한다. 지금 우리가 살고 있는 이 땅과 개인적인 삶에서 일어나고 있는 일은 엄청난 원거리에 있는 우주에서 생성되어 나오는 어마어마한 세력의 결과라는 것이다. 이러한 세력들은 단순히 근대 과학이 발견한 어떤 우주 물질적 세상만이 아니라, 훨씬 까마득한 영역에서 나오는 우주적 마음의 실체, 창조의 세력들이 솟아나고 보이지 않는 우주의 법칙들이 자리하고 있는 신비로운 원천적 세력들이다. 이러한 세력들이 우리가 살고 있는 시간의 성격을 결정하고 있다. 그러나 우리는 마치 대양 속에 헤엄치고 있는 물고기와도 같이, 파도처럼 끊임없이 순간적으로 일어나고 사라지는 온갖 개인적 혹은 사회적 삶의 사건과 맞서서 싸우느라 이러한 거대한 세력에 대한 의식을 하지 못하고 있는 것이다.

일 년에는 사계절이 있고 삶에는 젊음과 늙음이 있는 것처럼, 우리들 역시 개인이나 집합적으로 다양한 시간의 사이클 영향하에 있다. 모든 개인, 나라, 종교, 인류들이 각자 나름대로 그러한 사이클을 가지고 있는 것처럼 행성 역시 그러하다. 우리는 모두 탄생, 성장, 퇴화 그리고 죽음이라는 사이클의 진행 과정 중 어딘가 있는 것이다. 우리의 신체만 그러한 것이 아니라, 우리의 마음과 영혼도 그러하다. 그렇지만 쳇바퀴 돌듯이 기계적으로 반복되는 것이 아니라, 이러한 시간의 사이클 뒤에는 의식 진화가 계속 진행되고 있다. 마치 나무가 일 년 사이에 성장과 퇴화라는 사이클을 함께 거치면서 해를 거듭하는 성장을 해 나가는 것과 같다. 모든 것은 내면적 성장 과정을 거쳐야 한다. 그리하여 우주적 에너지와 의식이 삶을 거듭하면서 계속 계발될 수 있게 된다.

시간과 우주의 영원성을 나타내는 사이클을 **유가(Yugas)**라고 한다. 인류의 사이클, 인간이 겪는 계절이 계속 진행 중에 있음을 나타내는 말이다. 약 24,000년이 인류의 한 해에 해당한다. 베딕 점성학에 따르면 사실은 태양이 두 개가 있는데, 유가는 태양과 동행자인 그림자 태양이 서로 교대하는 기간들을 나타낸다. 태양은 두 개가 하나로 된 별이며, 동행자 태양은 어두운 난쟁이와 같은 별로서 자체적으로 진짜 빛을 가지고 있지는 않다고 한다. 근대 천문학자들 사이에서도 실제로 그러한 별이 존재하고 있을지도 모른다는 사실에 대한 의문이 생겨나기 시작했다.

우리는 태양계의 중심인 태양으로부터 받는 빛뿐만 아니라 은하계 중심부, 즉 은하계의 태양에서부터 나오는 빛들의 영향도 받고 있다. 은하계 태양빛의 대부분은 눈으로 확인될 수 있는 파장들이 아니다. 그렇지만 어떤 천문학자들은 은하계 중심에 있는 은하 핵, 퀘이사(quasar)에서 나오는 빛이 전체 은하를 다스리고 있다고 믿고 있었다. 베딕 점성학에 따르면 은하계 중심에서 나오는 빛은 지구상의 생명에게 특별한 영향을 미치고 있다고 한다. 인류가 가진 지성을 유지하고 발전시키는 역할을 하는데 이러한 지성은 물질적인 이지가 아니라 진정한 지성, 모든 것에서 참된 것이나 신성을 인지할 수 있고 또 신의 의지에 따라 행동할 수 있는 능력을 나타내는 것을 의미한다.

은하계를 중심으로 회전하는 태양이 궤도 옆, 즉 측면으로 있을 때, 동행자 태양은 태양과 은하계 중심부 사이에 들어오게 된다. 그럴 때 우리가 받는 우주적 빛의 강도는 훨씬 줄어들게 된다. 그렇게 되면 지구상에 어두운 시대 혹은 물질적 의식이 팽배하는 시대가 도래 하게 된다. 태양이 궤도의 맞은편에 있으면, 우리는 은하계 태양 빛을 완전히 받을 수 있게 된다. 그리하면 지구상에 영적 빛의 시대 혹은 골든(Golden) 시대가 오게 된다. 그럴 때 인류는 신이나 디바인의 힘을 대변하는 우주적 지성에 맞춰 조화롭게 행동하게 된다. 그러므로 태양의 동행자인 그림자 태양은 은하계에서 나오는 우주적 빛이 지구상에 도달하는 것을 방해하는 역할을 하고 있다. 그리하여 인류 문명의 진보와 퇴화를 교체시키는 어떤 특정한 주기들을 만들게 된다.

근대 점성학자들은 이러한 주기를 약 25,900년 정도 되는 것으로 추정하고 있다. 그러나 햇수의 길이가 똑같이 고정되어 있는 것처럼은 보이지 않기 때문에 어렴풋이 짐작만 할 수 있을 뿐이다. 베딕 문명에서 인류의 법정자는 **마누(Manu)**이다. 마누는 인류의 진행주기를 약 24,000년 정도라고 하였다.

인도의 고대 점성학자들은 인류의 시대를 네 가지 주기로 나누었다. 골든 시대, 실버 시대, 브론즈 시대, 아이언 시대이다. 산스크리트 원어로는 '유가(Yugas)' 혹은 '세상의 나이'라고 하는데, 사티야(Satya) 유가, 트레타(Treta) 유가, 드바파라(Dwapara) 유가, 칼리(Kali) 유가라고 한다. 마누는 이러한 시대의 주기를 4,000년, 3,000년, 2,000년, 1,000년으로 각각 배당하였다. 그리고 각주기 사이에 1/10에 해당하는 적응기간을 각 시대 전후에 배정하였다. 그리하여 골든 시대의 총 주기는 4,800년, 실버 시대는 3,600년, 브론즈 시대는 2,400년, 아이언 시대는 1,200년, 전체적으로 네 시대는 12,000년이 된다. 총체적으로 네 시대의 진행은 향상과 하향이라는 두 개의 주기를 가지고 있다. 그래서 향상의 주기 12,000년, 하향의 주기 12,000년을 합하면 총 24,000년 이라는 진행주기, 즉, 유가(Yugas)를 가지게 되는 것이다.

어떤 베딕 점성학자에 따르면 기원후 약 500년경에 태양의 궤도가 은하계로부터 가장 먼 거리에 있었다고 한다. 이때가 바로, 서양 점성학과 인도 점성학 사이에 춘분점이 산양자리 첫 포인트에서 합치하던 때이다. 이때는 지구상의 인류에게 가장 어두웠던 시절이었으며, 이후 서서히 빛의 강도가 점차적으로 증가하기 시작하였다. 그 시기를 전후하여 역사적으로는 석가모니, 예수, 공자 등과 같은 저명한 영적 스승들이 가장 많이 나타났던 때이기도 하다.

춘분점이 언제 산양자리 첫 포인트에서 합치했는지에 대한 관점은 현재 동서양 점성학계 사이에서 '아야남샤(Ayanamsha)' 논쟁이 일어나고 있는 부분이다. 소수 서양 점성학자들 사이에선 예수가 탄생하였던 시기에 춘분점이 산양자리 첫 포인트에 있었다고도 한다.

근대 인도의 유명한 구루인 파라마한사 요가난다(Paramahansa Yogananda)의 스승이자 베딕 점성학자였던 쉬리 유크테스와라(Sri Yukteswara)는 그의 저서 『신성한 과학(Holy Science)』를 통해 베딕 유가들의 시간들을 다음과 같이 밝히고 있다.

하향 유가	시대	향상 유가
기원전 11501년 – 6701년	골든(사티야)	기원후 7699년 – 12499년
기원전 6701년 – 3101년	실버(트레타)	기원후 4099년 – 7699년
기원전 3101년 – 701년	브론즈(드바파라)	기원후 1699년 – 4099년
기원전 701년 – 기원후 499년	아이언(칼리)	기원후 499년 – 1699년

지구상의 인류가 가진 진정한 지성은 각 유가마다 사분의 일씩 감소된다고 한다. 골든 시대의 정점에서는 인류의 지성이 100%였다가, 아이언 시대에는 가장 낮은 25%에 불과하게 된다. 브론즈 시대에는 50%가 되며 실버 시대에는 75%가 된다. 이러한 유가는 다르마(Dharma, 진리)의 상징인 황소가 매 유가마다 다리를 하나씩 잃는 것으로 비유되기도 한다.

하향하는 유가 시간에는 영적 에너지가 줄어든다. 마치 달이 보름에 충만함이 최고에 달한 뒤 서서히 줄어드는 것과 마찬가지이다. 반면에 향상하는 유가 시간에는 영적 에너지가 늘어나며 초승달에서 점점 보름달의 충만함으로 팽창하는 것과 같다. 하향하는 문명들에선, 마치 동양의 전통적·보수적이고 권위적인 문화들과 비슷하다. 그들은 과거시대 진리의 빛, 지난 유가의 빛을 보존하려고 애를 쓴다. 대부분의 고대문명이 이러하였다. 고대 이집트 문명이 전형적으로 하향하던 문화의 좋은 예이다. 그들은 얼마나 과거에 집착을 하였는지 죽음을 숭배하는 컬트(cult)로 타락하였으며, 종래에는 자체적 관성에 의해 무너지게 되었다. 반면 향상하는 유가 시간에는 비전통적이고 자유로우며 혁신적이다. 그들은 미래를 위한 진리의 빛을 향해 나아간다. 오늘날 미국 문화가 향상 유가의 에라고 할 수 있는데, 미국 역사가 아직 몇 백 년 정도밖에 되지 않기 때문에 좀 더 제한적이지만 어쨌든 향상하고 있는 브론즈 시대(드바파라 유가)라고 할 수 있다. 드바파라 유가는 빛과 진리를 찾으려 한다는 특징을 띠는데 피상적인 방식으로 하게 된다.

오늘날 우리가 살고 있는 세상에서도 하향하는 문화와 향상하는 문화들 사이에서 많은 오해나 갈등이 빚어지고 있는 것을 볼 수 있다. 하향하는 문화에서는 좀 더 고고한 영적 진리에 바탕을 두고 있는 반면, 너무 경직되고 전통적이며 정형적이어서 본래의 의미는 왜곡되는 경우들이 잦다. 오늘날 인도의 카스트 제도가 좋은 예이다. 향상하는 문화에서는 좀 더 개방적이고 창조적이며, 생각과 의문의 자유가 있다. 그렇지만 지나치게 독단적이어서 정말로 진리에 기반을 둔 것과는 아주 거리가 멀 수도 있다. 그들은 미숙하고 물질적이며, 지나치게 감각적일 수도 있다. 중요한 것은 양쪽의 문화적 영향을 긍정적인 방식으로 조합해야 한다는 점이다. 향상하는 문화가 가진 자유와 인간적 존엄성의 특질은 하향하는 문화가 가진 경외감과 영성적 특질들과 조화를 이룰 수 있어야 한다. 하지만 쉽지 않은 과제이다. 오늘날 우리들 시대에서 동서양 간의 서로 다른 문화, 지나치게 영적이거나 물질적인 문화, 고대 혹은 근대 문화들 사이에 겪고 있는 갈등들이 이러한 어려움들을 나타내는데, 우리들의 마음 자세가 얼마나 강한지 잘 알 수 있다.

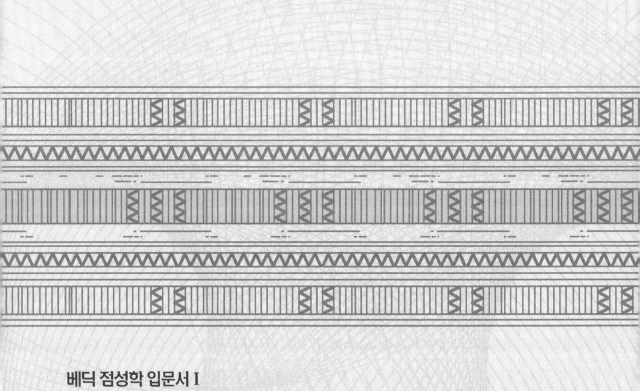

베딕 점성학 입문서 I

Vault of the Heavens

2

베딕(Vedic)신들과
아홉 행성
이야기

행성은 산스크리트 원어로 '그라하(Graha)'라고 하는데 '잡고 놓아 주지 않는다'라는 뜻이다. 항상 일정한 궤도를 따라 하늘을 회전하고 있던 행성이 개인이 출생하는 순간, 바로 하늘과 땅이 만나는 시간의 접점에서 그를 잡고 평생 놓아 주지 않는다는 의미를 가지고 있다. 우리의 얼굴 표정은 시시각각 변하지만, 한 장의 사진에 찍힌 모습은 변하지 않듯이, 출생 시에 행성의 위치를 나타내는 차트(Horoscope) 역시 마찬가지이다. 그 순간에 포착된 행성의 모습은 평생을 두고 변하지 않는다. 즉 차트 주인을 잡고 놓아 주지 않는 것이다. 차트 주인이 무엇을 가지고 어떤 모습과 환경에서 태어났으며, 어느 정도의 잠재성과 역량을 가졌는지 하는 사항은 고정되어 있다. 그렇지만 행성이 어떤 방식으로 행동할지는 의식의 분야에 속한다. 행성은 궤도를 따라 계속 움직이고 있기에 의식적 행동의 결과는 유동적이기도 하다는 변수를 가지고 있다. 이렇게 출생 차트에 나타난 행성 간의 위치가 나타내는 함수와 현재의 변수관계에 따라 개인의 생을 수학공식처럼 풀고 예측하고자 하는 점성학이 나탈(Natal) 점성학이다.

베딕 점성학에서는 아홉 행성을 사용한다. **태양, 달, 화성, 수성, 목성, 금성, 토성** 등 일곱 개의 행성과 **라후와 케투**이다. 라후와 케투는 하늘에 실체를 가지고 있는 행성이 아니라, 태양의 길과 달의 길이 서로 교차할 때 생기는 식蝕점들로서 북쪽 포인트가 라후이며, 남쪽 포인트가 케투이다. 둘은 항상 180도 간격으로 서로 마주하고 있다. 평소에는 모습이 보이지 않다가 일식이나 월식이 일어날 때만 확인이 가능한 수학적 포인트들이기에 그림자 행성이라고도 불린다. 태양계 밖에 있는 원거리 행성인 천왕성, 해왕성, 명왕성은 베딕 점성학에서는 다루지 않는다. 지구상의 생명들에게 직접적인 영향을 미치기에는 너무 먼 거리에 있기 때문이다. 서양 점성학에 의하면, 그들은 보다 집합적인 의식에 영향을 미치는 것으로 알려져 있다. 이러한 원거리 행성이 가진 성격이나 특질은 베딕 점성학에서 다루는 라후나 케투와 많은 유사한 점을 가지고 있다. 하지만 라후와 케투는 원거리 행성보다 개인적 삶에 훨씬 더 직접적이고 강한 영향력을 미치고 있기에 고대 베딕 점성학자들은 비록 그들의 존재를 알고 있었지만 굳이 베딕 점성학 내에 포함하지는 않았다.

베딕 점성학을 배우고자 할 때 가장 중요한 기반은 베딕 하늘(Vedic Sky)에 살고 있는 베딕 신들(Vedic Gods)과 아홉 행성에 얽힌 신화를 먼저 익히는 것이다. 마치 그리스 신화처럼, 베딕 신화에 나오는 베딕 신들과 아홉 행성은 우리 인간처럼 다양하면서도 뚜렷한 개성과 특징들을 가지고 있다. 인간들이 사는 세상과 마찬가지로, 베딕 하늘 세상에도 나름의 규율과 법칙이 있다. 그러나 이러한 천상의 법칙은 인간 세상의 것들과는 기준이 많이 다르며 시간 개념도 과거, 현재, 미래라는 일직선이 아니라 보통 억만 년 등을 단위로 시공을 넘나드는 다차원적 수준이다. 행성에 얽힌 신화를 소개하기 앞서 힌두이즘에 익숙하지 않은 점성학도들을 위해 먼저 기본적인 인물이나 개념, 용어정리 등이 필요하여 간단하게 소개한다. 대부분 산스크리트 원어나 영어로 표기된 이러한 인물의 이름이나 개념들은 한글로 일일이 번역을 하게 되면 원래의 의미를 그대로 전달하기가 어렵다는 한계점이 있다. 그래서 원어의 특성을 유지하기 위해서라도 소리 나는 대로 표기하기로 하였다.

⊠ 저주: 분(Curse, Boon)

힌두이즘에서 가장 자주 사용되는 용어이기도 한 **'커스와 분'**을 직역한다면 '저주와 은혜'라는 개념에 가깝다. 힌두 신들이나 높은 의식 수준을 가진 성자, 성인들이 어떤 연유로 인해 화가 났거나 만족했을 때 관련된 이들에게 내리게 되는 '언약'의 성격을 가지고 있다. **커스 혹은 저주**는 모욕이나 화를 당했을 때 내리는 보복의 성격을 띠고 있으며, 분은 어떤 결의를 이루고자 지극정성으로 쏟은 노력에 대한 대가로 은혜를 내려 준다는 의미를 가지고 있다. 저주나 **분**은 주는 이나 받은 이들이 근본적으로 아주 순수하고 진실해야 효과를 발휘할 수 있다. 그리고 일단 내뱉은 저주나 분은 이를 내린 본인조차도 무효로 돌릴 수 없으며, 반드시 효력이 생긴다.

⊠ 다르마, 아타, 카마, 목샤(Dharma, Artha, Kama, Moksha)

힌두이즘에서는 인간이 추구해야 하는 네 가지 삶의 목표를 분류하고 있다. 첫째는 **다르마**(Dharma)로서 정의와 도덕적 가치를 일컫는다. 둘째는 **아타**(Artha)로서 부와 경제적 가치들을 일컫는다. 셋째는 **카마**(Kama)로서 즐거움과 쾌락, 사랑 등 심리적인 가치들을 일컫는다. 넷째는 **목샤**(Moksha)로서 자유와 행복, 깨달음 등 영적 가치들을 일컫는다. 네 가지 모두가 중요하나 가치간에 마찰이 생길 때는 그중에서도 다르마가 가장 중요한 가치로 여겨진다. 목샤는 인간 삶의 가장 이상적이고 최종적인 목표로 간주된다.

▣ 카스트 제도(Caste System)

카스트 제도는 자손 대대로 세습하는 사회신분제도를 말한다. 산스크리트어로는 '바르나(Varna)'인데 '색깔'이라는 뜻이다. 카스트 제도는 주요 네 계층으로 나누어져 있다. 첫 번째는 **브라민**(Brahmins) 계층으로, 성직자나 학자 등의 그룹이다. 두 번째는 **크샤트리야**(Kshatriyas) 계층으로, 왕족이나 귀족, 무사 등의 그룹이다. 세 번째는 **바이샤**(Vaysas) 계층으로 농민이나 상인 등의 그룹이다. 네 번째는 **수드라**(Shudras) 계층으로 하인 등의 그룹이다. 이러한 카스트 제도 밖에 속하는 **불가촉천민**(Untouchables) 계층이 있다. 이들은 보통 사회악으로 취급되어 회피의 대상이 되었다. 인도인이 아닌 외부인들, 사회의 더럽고 어려운 일들을 하거나 시체를 다루는 일을 하는 그룹이다. 그리고 아예 카스트 제도에도 없는 **아웃카스트**(Out Caste)가 있다. 이들은 보통 인도 종족이 아닌 사람들을 의미한다. 정통적으로 인도는 순수한 혈통을 지키기 위해 서로 다른 카스트끼리는 혼인을 하지 않는 관습이 있었다. 이 제도의 원래 목적은 사람을 계급으로 나누기 위한 것이 아니라 직업 분업을 하기 위해서였다. 세습대로 물려오는 일을 하게 되면 그만큼 효율성이 높아질 수 있기 때문이었다. 그래서 오늘날, 인도인이 아닌 다른 문화권의 사람들에게 카스트 제도는 타고난 신분이 아닌 직업에 따라 분류된다. 예를 들어, 가르치는 직종에 있으면 브라민 카스트, 정치인이나 직업 군인이면 크샤트리야, 사업을 하는 사람이면 바이샤, 서비스 직종에 종사하는 사람이면 수드라, 범죄자들이면 불가촉천민, 그리고 외국인이면 아웃카스트에 해당한다고 볼 수 있다.

▣ 데바-아수라(Devas-Asuras), 압사라-락샤사(Apsara-Rakshasa)

데바는 '천상의, 디바인, 아주 훌륭한 것'이라는 뜻을 가지고 있는데 베딕 하늘에 사는 천사들과 같은 개념이다. 데바는 '남성적' 표현이며, 데비(Devi)는 '여성적' 표현이다. 데비 외에도 **'압사라'**가 있는데, 이들은 구름과 물을 다스리는 요정과 같은 존재로서 여성적 표현이다. 이들은 정의롭고 은혜롭고 초자연적인 힘을 지닌 천상의 존재를 의미하는데, 절대적 신을 일컫는 '신(Gods), 로드(Lord)'의 주재하에 있다. **아수라**는 크리스천들이 사용하는 악마의 개념보다는 그리스 신화에 나오는 거인과 비슷하다. 항상 데바들과 대조하여 사용되는데, 아주 파워풀한 반신반인들로서 좋고 나쁜 자질을 함께 가지고 있다. 아수라는 '남성적' 표현이며, 아수리(Asuri)는 '여성적' 표현이다. **락샤사**는 귀신이나 괴물과 같은 존재들로서 남성적 표현이며 **락샤시**(Rakshasi)는 '여성적' 표현이다.

▨ 브라마, 비슈누, 쉬바(Brahma, Vishnu, Shiva) 그리고 배우자들

힌두이즘의 가장 주요한 삼신으로서, **브라마는 창조주, 비슈누는 유지주, 쉬바는 파괴주이다.** 브라마, 비슈누, 쉬바는 하는 역할이 각자 다르지만, 원래는 '위대한 이스바라(Supreme Ishvara)'라는 하나의 대자연적 신의 존재가 세 힘으로 형상화한 형태이다. **이들의 배우자들은 사라스와티, 락씨미, 파바티**(Saraswathi, Lakshmi, Parvathi)이다. 사라스와티는 '스피치와 지식'의 여신이며, 락씨미는 '부'의 여신, 파바티는 '대모(Mother Goddess)' 여신으로 추대 받고 있다.

브라마는 창조주로서 창조하기 바쁘다. 브라마의 역할은 창조하고 태어나게 하는 데 있기 때문에 사람들은 보통 브라마 신을 섬기지 않는다. 대신에 배우자인 사라스와티 여신을 많이 섬긴다. 배움과 정화를 담당하는 여신으로서 교육과 영적 계발을 통해 자신의 인격을 정화시키도록 도와준다고 믿기 때문이다.

유지주 비슈누가 하는 주 역할은 다르마를 보호하고 세상과 우주의 질서를 유지하는 것이다. 비슈누는 세상이 어지러워지거나 필요할 때마다 세상에 인간이나 다른 모습으로 자주 환생한다. 무너진 정의와 질서를 바로 세워 균형을 회복하게 하기 위해서다. 그는 사람들이 각자의 다르마에 맞게 살도록 부추긴다. 배우자인 락씨미는 세상에서의 삶을 유지하는데 필요한 온갖 물질적 자원들을 제공하는 여신이다.

분노와 파괴의 신 쉬바는 모든 악과 낭비 혹은 과잉소모를 하는 것들을 파괴시킨다. 쉬바는 부정적인 의미에서의 파괴의 힘이 아니라, 새로운 것에 전도하여 일어나는 파괴를 의미한다. 파괴는 창조의 필수적인 과정이다. 파괴가 없이는 새로운 것을 창조할 수가 없기 때문이다. 마치 동전의 양면처럼 파괴와 창조는 서로에게 의존하고 있다. 배우자 파바티는 대자연을 대변하는 대모 여신이다.

▨ 인드라, 가네샤(Indra, Ganesha)

베딕 신화에서 주요 삼신 외에 자주 언급되고 중요한 신들 중에는 인드라(Indra)와 가네샤(Ganesha)가 있다. **인드라**는 천상 세계 신들의 왕이며, 날씨와 전쟁을 다스리는 신이다. 그는 천둥번개를 내리치는 무기를 가지고 있으며 아이라바타(Airavata)라는 이름을 가진 흰 코끼리를 타고 다닌다. 가네샤는 코끼리 머리를 한 신으로서 쉬바와 파바티의 아들이다. 그가 어떻게 해서 코끼리의 머리를 가지게 되었는지에 대한 이야기는 토성 신화에서 밝혀져 있다. **가네샤**는 지혜, 지식 그리고 새로운 시작을 다스리는 신이다. 신념을 주어 모든 의심이나 장애를 제거하고 항상 모든 것에서 밝은 면을 볼 수 있도록 인도해 준다. 그래서 힌두 템플에서나 교육, 사업 등 어떤 일을 시작할 때 먼저 가네샤에 대한 기도를 올리는 경우가 일반적이다. 장애물을 극복하도록 도와주는 신으로 인도인들에게 가장 잘 알려졌으며 따르는 신자들도 가장 많다.

▨ 리쉬 드바사(Rish Durvasa)

드바사는 위대한 성자 아트리(Atri)와 아내 아나수야(Anasuya) 사이에서 태어난 아들이었다. 그런데 로드 쉬바의 화신이기도 하다. 한번은 브라마와 쉬바가 아주 심한 언쟁을 하게 되었다. 언쟁 후에 쉬바의 분노가 얼마나 심했던지 모든 데바들은 무서워서 벌벌 떨며 그를 피해 달아났다. 쉬바의 아내인 파바티도 이제는 함께 살기가 불가능할 정도라고 불평했다. 자신의 분노가 일으키고 있는 부조화의 여파를 깨달은 쉬바는 분노의 기를 떼 내어 아트리의 아내 아나수야(Anasuya)에게 불어 넣었다. 그리하여 태어난 아들이 드바사였다. 드바사(Durvasa)는 말 그대로 '함께 살기가 힘든 이'라는 뜻이다. 그는 로드 쉬바의 '분노의 기'를 가지고 태어났기 때문에 고약한 성격을 가지게 됐다. 그는 아주 급하고 불같은 성격을 가진 리쉬로 유명하기 때문에 어디를 가든지 인간이나 데바들이 모두 두려워하며 조심스럽게 대한다. 자칫 잘못 건드렸다간 바로 저주를 내리기 때문이다. **은하를 휘젓는 신화(The Churning of the Ocean of Milk)도 드바사의 저주로 일어났다.**

한번은 리쉬 드바사가 깨달음의 환희에 젖어 지상을 돌아다니고 있을 때였다. 그때 공중을 날고 있던 공기 요정인 압사라가 천상의 화환을 머리에 쓰고 있던 것을 보게 되었다.

드바사는 요정에게 화환을 내 놓으라고 요구했다. 그래서 압사라가 정중하게 바친 화환을 이마에 쓰고 드바사는 방랑을 계속하였다. 그러다가 인드라가 코끼리를 타고 다른 신들이 뒤를 따르고 있는 행렬을 보게 되었다. 아직까지 환희 상태에 젖어 있던 드바사는 화환을 집어 인드라에게 던졌다. 인드라는 화환을 받아 코끼리의 이마에 씌웠다. 그러자 코끼리는 화환이 내는 향기에 거슬려서 코로 화환을 집어 바닥으로 던져 버렸다. 자신의 선물이 함부로 내던져지는 것을 본 드바사는 분노하여 인드라에게 저주를 내렸다. 꽃다발이 내던져진 것처럼 왕 인드라도 자신의 지위에서 내쳐지게 될 것이라고 했다. 인드라는 바로 무릎을 꿇고 열심히 용서를 빌었지만 드바사는 저주를 거두거나 약하게 조정시킬 것을 거부하고 가던 길을 계속 가 버렸다.

이러한 드바사의 저주로 인해 데바들의 힘이 약해져서 광채를 잃기 시작했다. 데바들이 약해진 틈을 잡아 아수라들의 왕인 발리(Bali)는 신들에게 전쟁을 선포하여, 많은 신과 데바들이 희생당하게 되었다. 그리하여 신들은 브라마에게 달려가 도움을 요청하게 되었는데, 브라마는 그들을 비슈누에게로 보냈다. 은하를 휘젓는 신화는 이렇게 해서 생겨나게 되었다. (이후의 이야기는 라후와 케투 신화에서 계속 이어진다.)

▨ 우주의 시간 - 칼파(Kalpa)

베딕 문학의 주요한 저서들 중 하나인 푸라나(purana)에 따르면 지금 우리가 살고 있는 물질적 우주는 제한된 생명의 시간을 가지고 있다. 이러한 우주의 시간은 칼파들의 사이클로 표기된다. 칼파(Kalpa)마다 인류의 선조인 마누(Manu)는 총 14명인데, 칼파 내에서 시간이 바뀔 때마다 한 명씩 차례대로 태어난다고 한다. 현 세상은 일곱 번째 마누인 바이바스바타 시대이며, 다음 시대는 여덟 번째 마누로서 사바르니의 시대라고 한다. 바이바스바타와 사바르니는 다음에 이어지는 태양의 신화를 통해 알 수 있듯이, 태양의 두 부인으로부터 태어난 아들들이다. 칼파는 '영원한'이라는 의미로서 우주의 영겁, 무궁한 시간, 우주의 시간을 의미하고 있다. 한 개 칼파는 창조주 브라마의 하루에 해당하는데, **네 개의 유가(사티야, 트레타, 드바파라, 칼리 시대) 사이클이 천 번이나 반복되는 시간의 길이다.** 사티야(Satya) 유가는 높은 도덕과 지혜, 최고의 영성을 누리며 무지나 편견이 전혀 없는 시대이다. 트레타(Treta) 유가에는 도덕이나 지혜가 줄어들고 편견이 처음으로 들어오는 시대이다.

드바파라(Dvapara) 유가는 도덕이나 지혜의 수준이 더욱 줄어들며, 편견의 수준은 한층 늘어나는 시대이다. 그리고 칼리(Kalia) 유가에는 투쟁이나 갈등, 무지, 비종교성과 편견이 팽배하며, 참된 도덕이나 지혜는 거의 존재하지 않는 시대이다. 이러한 유가 사이클이 천 번 반복되는 것이 브라마의 하루에 해당하며, 다른 천 번은 브라마의 하룻밤에 해당한다. 창조주 브라마는 그러한 '해'의 '100년'을 사는데, 지상의 시간적 개념으로는 총 311조 4백억 년에 해당한다.

이어지는 이야기들은 베딕 문학에서 찾아볼 수 있는 행성에 관련된 이야기와 각 행성을 지칭하는 이름에 관한 내용이다. 이러한 이야기들과 이름의 의미를 잘 숙고하면 행성이 가진 자질이나 특성, 그리고 행성 간 상호관계를 이해하는 데 많은 도움이 될 수 있다. 이것을 이해하는 것이 베딕 점성학에서의 가장 근본적 원리를 파악할 수 있게 해 준다. **아홉 행성에 관한 신화는 『위대한 토성(The Greatness of Saturn: A Therapeutic Myth)』에서 부분적으로 발췌하여 번역하였다.**

2-1

태양(수리야, Surya)

▨ 태양의 아내들과 자녀들에 얽힌 이야기

태양은 태양계의 왕으로 가장 밝은 행성이다. 태양을 중심으로 지구를 포함한 나머지 다른 행성이 주변을 돌고 있다. 그리스 신화에 나오는 제우스처럼, 눈부신 품위와 전지전능한 힘, 절대적 권위를 갖춘 태양은 무한한 자신감과 흔들리지 않는 확고함으로 자신의 왕국인 태양계를 다스리고 있다. 가장 으뜸가는 행성인 태양에 누구든 겸허한 마음을 가지고 꾸준하게 경배하면 온갖 걱정이나 질병, 가난 등 삶의 모든 어둠이 한 번에 사라지고 바라는 모든 것이 성취되며 최상의 축복을 얻을 수 있게 된다.

태양에게는 산기야(Samjna)라는 이름을 가진 아내가 있었는데 둘 사이에서는 세 명의 자녀가 태어났다. 첫째 아들은 '바이바스바타(Vaivasvata)'였다. 다음으로는 쌍둥이 자매인 '야마(Yama)'와 '야미(Yami)'가 있었다. 그리고 두 번째 아내인 차야(Chaya)와의 사이에서 또 다른 세 명의 자녀를 두었다. 첫째는 사바르니(Savarni), 둘째는 토성, 셋째는 타파티(Tapati)였다. 그 후 태양은 첫째 아내 산기야와의 사이에서 세 명의 자녀를 더 두게 되었는데 그녀가 말로 변신해 땅에 내려와 있던 중에 태어난 아쉬비니(Ashvini)라고 하는 말 쌍둥이였다. 아쉬비니는 '절대 거짓이 아닌'이라는 뜻이다. 그리고 레반티(Revanti, 부유함)가 있다.

태양이 이처럼 두 명의 아내를 가지게 된 데는 다음과 같은 신화가 전해져 내려오고 있다.

    태양의 첫 번째 아내 산기야는 하늘나라 건축사인 '비쉬바카르마(Vishvakarma)'의 딸이었다. 산기야라는 이름은 '상호 이해하다, 동의하다'라는 뜻이다. 그녀는 자신의 이름에 걸맞게 오랜 세월 남편인 태양의 뜨거운 열을 이해하고 참으며 지냈다. 그러는 동안 세 명의 자녀들(바이바스타바, 야마, 야미)을 낳게 되었다. 하지만 어느 날, 남편이 끊임없이 뿜어내는 극심한 열을 더 이상 견딜 수가 없어진 산기야는 잠자고 있던 그림자를 깨워서 자기와 똑같이 생긴 '차야(Chaya)'라는 여인을 만들어 내었다. 차야에게 자신을 대신하여 태양과 아이들에게 아내와 엄마로서의 임무를 맡긴 산기야는 친정아버지인 비쉬바카르마의 집으로 갔다. 그녀는 아버지에게 태양의 뜨거운 열 때문에 더 이상 버티기가 힘들다고 하소연하였다. 비쉬바카르마는 딸의 고충이 충분히 납득 갔지만 그래도 도리가 아니라며 딸에게 남편과 아이들에게 돌아갈 것을 부드럽게 타일렀다. 하지만 산기야는 아버지의 충고대로 태양에게 다시 돌아가는 대신에 인간 세상, 땅으로 내려와 버렸다. 그리고는 말로 변신해 깊은 숲 속에서 홀로 은둔생활을 하기 시작했다. 언젠가는 남편의 뜨거운 열을 버틸 수 있는 내공이 쌓이기를 희망하며 내내 마른 풀만 먹으면서 극심한 수행을 하고 지냈다.

    한편, 아무 것도 모르는 태양에게 산기야를 대신하여 아내의 역할을 수행하고 있던 차야는 자신이 돌보던 산기야의 자녀들(마누, 야마, 야미) 외에 또 다른 세 명의 자녀들을 낳게 되었다. 사바르니, 토성, 그리고 타파티였다. 이들은 비록 그림자로부터 태어났지만, 절대로 시시하거나 덧없을 인물이 아니었다. 첫째는 마누의 여덟 번째 화신이 될 사바르니(Savarni), 둘째는 위대한 토성, 그리고 세 번째는 타파티(Tapati) 여신이었다. 그녀는 인도의 신성한 강들 중 하나인 타파티 강의 여신이자, 마하바라타에 나오는 쿠루(Kuru)황족의 시초 어머니이기도 하다.

    그런데 차야는 자신의 아이들이 태어나자 산기야의 아이들보다 더욱 사랑하기 시작했다. 차야가 친어머니가 아닌 것을 알 리가 없는 야마는 매사에 심하게 편애를 하는 어머니가 몹시 서운하고 속상했다. 어느 날 어머니의 불공평함을 더 이상 참을 수 없게 된 야마는 홧김에 차야를 발로 차 버리려는 시늉을 하게 되었다. 비록 야마가 자신을 진짜로 찬 것은 아니었지만 무례한 행동에 화가 치민 차야는 야마의 다리가 몸에서 떨어져 나가 버리라는 저주(Curse)를 내리고 말았다.

그러자 겁을 먹은 야마는 울면서 아버지 태양에게 달려가 "살려 주세요, 살려 주세요!" 하고 소리 질렀다. 아들이 울면서 하소연하는 차야의 저주 이야기를 들은 태양은 깜짝 놀랐다. 그래서 얼른 벌레를 만들어 야마 다리의 살결을 약간 먹게 한 뒤 땅으로 떨어지게 함으로 저주의 효과를 일단 무마시킬 수 있었다. 이렇게 아들의 다리가 완전히 잃게 되는 것을 막은 뒤 아직도 겁에 질려 울고 있는 아들을 태양은 따뜻하게 위로해 주었다.

사태가 이쯤 되자, 태양은 지금껏 자신이 아내라고 믿고 있던 여자가 진짜 아내인 산기야가 아닐지도 모른다는 의심을 하기 시작했다. 아무리 자식이 무례해서 화가 났더라도, 도대체 어느 어미가 자식의 다리가 떨어져 나가라는 저주를 내릴 수 있단 말인가? 그래서 차야를 호명한 태양은 굳은 얼굴로 엄격하게 연유를 물었다.

"당신은 어찌하여 모든 자식들을 동등하게 대하지 않는 것이오? 왜 이처럼 자식에게 잔인한 저주를 내릴 정도로 아이들을 편애하는 것이오?"

태양이 아무리 다그쳐도 차야는 묵묵부답이었다. 만족한 대답을 들을 수 없자, 태양은 격노하여 활활 타올라서 분노의 불로 차야를 내리치기 위해 손을 위로 들었다. 태양의 불타는 분노가 두려워진 차야는 마침내 모든 사실을 털어 놓을 수밖에 없었다. 전말을 들은 태양은 그 자리에서 바로 차야를 쫓아내고 장인 비쉬바카르마에게 달려갔다. 비쉬마카르마는 화가 머리끝까지 오른 사위를 위로하며 딸 산기아의 고충을 알려주었다. 그리고는 해결책을 제의하였다. 태양은 디바인(Divine) 건축사 장인의 제의를 받아들이기로 했다. 그러자 비쉬바카르마는 태양을 밀링 기계에 묶은 뒤 태양 둘레에 있는 강력한 빛 가장자리를 조금 갈아냈다. 이렇게 해서 깎여진 태양의 눈부신 빛 조각들은 유지주 비슈누(Vishnu)의 디스크, 파괴주 쉬바(Shiva)의 삼지창, 부의 신 쿠베라(Kubera)가 하늘을 날 때 타는 마차, 그리고 신들의 최고 사령관인 카르티케야(Karttikeya)가 휘두르는 창으로 사용되게 되었다.

이제 발광하는 빛이 한결 수그러질 수 있게 된 태양은 산기야를 찾기 위해 땅으로 내려왔다. 암말로 변신해 숲에서 홀로 은둔 생활을 하고 있는 산기야를 발견한 태양은 자신도 종마의 모습으로 변신해 고혹적인 에너지를 풍기며 그녀에게로 다가갔다. 한편 자신에게 흑심을 품고 접근하고 있는 종마가 남편 태양임을 알 리가 없는 산기야는 겁을 먹고 도망가려 하였다. 그녀가 달아나자 산기야를 향한 욕구가 더욱 강력해진 태양은 얼른 그녀를 따라 잡아서 입안에다 자신의 정액을 분출하였다. 이상한 종마가 자신의 남편이 아닌 것을 두려워한 산기야는 코를 통해 정액을 모두 토해냈다. 그렇게 떨어진 태양의 귀한 씨에서 말 쌍둥이 아쉬비니(Ashwini)가 바로 튀어나오게 되었는데, 베다에서는 아쉬비니를 '절대 거짓이 아닌' 신들로서 숭상을 하고 있다. 이후 종마가 남편임을 깨닫게 된 산기야는 한결 부드러워진 태양의 빛에 행복해 하고 둘은 다시 부부로서 화합을 이루어 살게 되었다. 이후에 그들 사이에서는 '레반티'라는 아들도 태어났다.

이렇게 해서 태양은 아내 산기야와 그림자 아내 차야로부터 총 아홉 명의 자녀들을 두게 되었다. 그런데, 태양에게는 비공식적인 방법으로 태어난 또 다른 한 명의 아들이 있었는데 이름은 카르나(Karna)였다. 카르나는 인간 여자 쿤티(Kunti)에게서 태어난 태양의 사생아였다.

쿤티는 마하바라타 이야기의 주인공인 다섯 명의 판두 왕자(Pandus)들의 어머니였다. 그러나 그녀에게는 남들이 모르는 비밀이 하나 있었다. 바라타 왕국의 왕 판두에게 시집오기 전 어린 소녀 시절에 실수로 태양의 아들 카르나를 가지게 되어 남몰래 갓난아기를 강물에 띄워 보낸 사연이 있었던 것이다.

쿤티 왕국의 공주였던 쿤티는 왕국을 방문했던 성질 고약하기로 유명한 리쉬 드바사(Rish Durvasa)를 잘 봉양하였던 대가로 파워풀한 만트라(mantra, 진언)를 분(Boon)으로 받게 되었다. 어떤 신이든 쿤티가 원하는 신을 향해 진언을 외게 되면 그 신의 아들을 얻을 수 있는 저력을 가진 만트라였다. 하지만 겨우 여덟 살의 어린 소녀였던 쿤티는 리쉬 드바사가 자신을 잘 섬긴 것에 대한 선물로 만트라 진언을 가르쳐 주려고 하자, 아직 시집도 안 간 어린 처녀가 어떻게 아이를 가지겠냐며 사양하고자 했다. 그러나 드바사는 나중에 꼭 필요하게 될 거라며, 어린 쿤티에게 만트라를 가르쳐 준 뒤 왕국을 떠났다.

드바사가 떠난 뒤 여느 어린 소녀가 그러하듯 쿤티는 한동안 만트라를 까맣게 잊고 지냈다. 그러던 어느 날 혼자 방안에 있다가 쿤티는 문득, 드바사가 가르쳐 주고 간 만트라를 상기했다. 어린 소녀의 호기심이 발동한 그녀는 정말 만트라가 효험이 있는지 어떤지 궁금해 졌다. 혹시 리쉬 드바사가 어린 자기에게 그냥 장난을 친 것일지도 모른다는 의구심이 들었다. 한번 시험해 보기로 마음을 먹은 쿤티는 어떤 신이 좋을까 잠시 생각에 잠겼다. 그때 대낮의 하늘 한가운데서 눈부시게 빛나고 있던 태양에게 눈이 멈췄다. 쿤티는 눈을 감고 태양을 마음에 떠 올린 뒤, 드바사가 가르쳐준 만트라를 조용하게 외웠다. 그러자 갑자기 태양이 사라지면서 주변이 깜깜해 지는가 싶더니 눈부신 광채가 나면서 장엄한 모습을 한 태양신이 쿤티 앞에 서 있었다. 느닷없는 태양신의 출현에 어쩔 줄 모르고 당황하는 그녀에게 태양신은 깊고 권위 넘치는 목소리로 물었다.

"쿤티야, 나를 호출한 이유가 무엇인가?"

"아! 저는 그냥 리쉬 드바사께서 가르쳐 주신 만트라가 효험이 있는지 없는지 시험해 보고 싶었을 뿐입니다. 이제 효험이 있는 걸 알았으니, 그냥 다시 돌아가시면 됩니다. 저는 아무 것도 원하는 것이 없습니다!"

놀란 어린 쿤티는 황급하게 대답을 했다.

"우리 같은 신이 인간 앞에 일단 나타나게 되면, 아무것도 주지 않고는 절대로 그냥 돌아갈 수가 없다. 네가 외운 만트라는 아이를 주어야 하는 힘을 가지고 있다. 너에게 내 아들을 내리겠다."

"그렇지만 저는 아직 어린아이고 시집도 안간 처녀입니다. 저에게 아이를 주시면 어찌하라고 그러십니까? 제 아버지께서 아시면 큰일 납니다!"

"그래도 나는 만트라의 힘을 실행해야 할 의무가 있다. 자! 여기 아이를 받거라."

태양신의 말이 끝나기가 무섭게 쿤티의 품 안에는 갓난아기 카르나가 안겨져 있었다. 그리고 태양은 다시 하늘로 돌아가 언제 그랬냐는 듯 중천에서 빛나고 있었다.

카르나(Karna)라는 이름은 '귀'를 의미하는데 갓난아이의 귀에는 귀걸이가 달려 있고 가슴에는 아주 눈부신 갑옷이 있었다. 이러한 귀걸이와 갑옷은 모두 아기의 몸에 붙어 있었고 신체의 일부분이었다. 카르나는 너무나 잘생기고 귀한 광태가 나는 멋진 아기였다. 하지만 쿤티는 겨우 여덟 살의 소녀로서 혼자서 아기를 키울 능력도 없거니와 왕인 아버지나 왕국의 다른 사람들이 알까 두려워서 남몰래 카르나를 바구니에 담아 강물에 띄워 보냈다. 그리고 카르나는 마하바라타 이야기의 장님 왕 드리타라쉬트라(Dhritarashtra)의 마부였던 아디라타(Adhiratha) 부부에 의해 발견되어 자신의 태생에 대해서는 전혀 모른 채 마부의 아들로 자라게 되었다. 이후 마하바라타 전쟁이 일어났을 때, 카르나는 자신의 태생에 대한 비관과 열등감으로 악의 편에 서서 큰 활약을 하게 된다.

이렇게 해서 태양은 아내 산기야 사이에서는 바이바스바타, 야마, 야미를 낳았으며, 그림자 아내 차야 사이에서 사바르니, 토성, 타파티를 낳았다. 태양과 산기야가 말이 되었을 때 세 명의 아이들을 더 낳게 되었다. 쌍둥이 아쉬비니와 레반타(Revanta)였다. 그리고 인간 여자 쿤티를 통해 사생아 카르나를 포함하여 총 열 명의 자녀를 갖게 되었다. 이들은 모두 힌두 신화에서 중요한 역할을 담당하고 있다.

첫째 아들 바이바스바타는 인류의 선조 법정자인 마누(Manu)의 일곱 번째 화신이다. 야마와 야미는 쌍둥이였다. 여자 쌍둥이 야미는 밤을 관장하는 여신이 되었으며, 남자 쌍둥이 야마는 죽음을 다스리는 신인 동시에 다르마를 지키는 왕이 되었다. 그림자 아내와의 아들 사바르니는 마누의 여덟 번째 화신이다. 싸니는 토성이 되었으며, 여자 아이 타파티는 삼바라나(Samvarana)왕과 결혼하여 쿠루(Kuru)를 낳게 되었다. 쿠루는 마하바라트 이야기에 나오는 주인공 인물인 판다바스(Pandavas)와 카우라바스(Kauravas)들의 아버지이다. 말 쌍둥이 아쉬비니는 언제나 많은 도움을 주고 진실만을 말하며, 스물일곱 낙샤트라 중에 첫 번째 낙샤트라를 다스리는 주재 신들이다. 레반티는 재물을 다스리며 부유함을 선사한다.

⊠ 태양을 칭하는 이름

태양은 다른 어느 행성보다 많은 이름을 가지고 있다. 가장 눈에 두드러지는 것으로서 고대 베딕 문화(Vedic culture) 때부터 사람들이 날마다 의례를 올리던 숭상의 대상이었기 때문이다. 태양이 가진 많은 이름 중에, 가장 흔히 사용되는 이름은 '수리야(Surya)'로서 '으뜸가는 빛'이라는 뜻이다. 다음으로는 '라비(Ravi)'가 있는데 '불새'라는 뜻이다. 이것은 하늘에 치솟는 뜨거운 물체를 의미한다. 또 다른 이름은 '아르카(Arka)'로서 '빛줄기'라는 뜻인데 세상에 빛과 열을 주는 원천적 빛줄기임을 반영하고 있다. 태양은 또한 '아디티야(Aditya)'라고도 불리는데 아디티(Aditi)의 아들이라는 뜻이다. 아디티는 모든 신들의 어머니로서 자유로움, 무한함, 완벽함, 영원함 등 모든 이상적인 자질을 상징하고 있다. 그래서 태양이 아디티야라고 불리는 것은 이러한 자질들이 최대한으로 계발될 수 있는 능력을 가지고 있다는 것을 뜻하는 것이다.

'낮'을 일으키는 태양의 역할을 강조할 때는 '디나크리티, 디나카르타, 디바카라(Dinakrit, Dinakarta, Divakara)'라는 이름을 사용하는데 모두 '낮을 만드는 이'라는 뜻이다. 낮을 만드는 이로서의 태양은 밤의 어둠을 사라지게 할 뿐만 아니라 자아의 무지가 일으키는 어둠도 사라지게 해 준다. 태양을 '디네샤(Dinesha)'라고 칭할 때 '낮을 관장하는 로드(lord)'라는 사실을 재확인하는 것이며, '타모한타(Tamohanta)'라고 칭할 때는 '어둠을 죽이는 이'라는 사실을 재강조하는 것이다.

태양 빛은 정화시키는 힘을 가진 것으로 잘 알려져 있다. 그래서 태양을 '푸샤, 푸샨(Pusha, Pushan)'이라고 부를 때는 '최고의 정화인'이라는 것을 의미한다. 출생 차트에서 태양은 몸을 정화시키는 불을 대변할 뿐만 아니라, 절대 꺾일 수 없는 자아(self)가 가진 힘을 나타낸다. 이러한 신체적 정화와 굽히지 않는 자아의 힘을 통해 우리들이 행하는 모든 행위와 가진 욕구를 마침내 승화시킬 수 있게 만들어 준다.

태양은 '사비타(Savita, 생명을 주는 이)'라고도 불린다. 모든 것에게 에너지를 충만시켜 주고 추진력을 불어넣어 주기 때문이다. '이나(Ina, 파워풀한 이)'라고 불리는 것은 지구에 대한 가장 큰 힘을 가지고 있음을 나타낸다. 태양으로 인해 계절이 생겨나며, 날씨가 변하고 지구가 태양 주변을 돌게 만들기 때문이다. 그래서 태양은 출생 차트에서 가장 강력한 힘을 쥐고 있다.

태양은 영혼을 상징하므로 '함사(Hamsa, 백조)'라고도 부른다. 백조들은 영혼의 상징이다. 백조의 흰색은 영혼의 순수함을 대변하고 있으며, 일 년에 평균적으로 6천 킬로미터 이상의 거리를 이주하는 백조의 속성은 환생을 거듭하는 영혼의 속성을 대변하고 있다.

태양은 '미트라(Mitra)'로서 친구라는 뜻을 가지고 있다. 이 이름은 우리가 가진 유일하게 진정한 친구는 영혼임을 의미한다. 우리가 내면에 있는 영혼을 발견함에 따라, 다른 모든 이들에게 진정한 친구가 될 수 있음을 나타낸다. 이처럼 자아발견을 한 사람들은 역사를 통해 인류에게 가장 진정한 친구들이 되었음을 알 수 있다. 태양은 또한 '슈라(Shura, 영웅)'이라는 이름을 가지고 있다. 위대한 업적을 성취하기 위해서는 무엇보다도 자신을 이길 수 있어야 하는데, 태양은 이러한 영웅적 힘을 가져다준다.

좀 더 분명하게 태양을 대변하는 이름으로서는 틱시남샤(Tikshnamsha, 뜨거운 빛줄기), 타파나(Tapana, 타는), 프라바카라(Prabhakara, 광채를 만드는 이), 바누(Bhanu, 빛), 바스카라(Bhaskara, 빛을 만드는 이) 등이 있다. 태양의 색채적 속성을 나타내는 이름으로는 '아루나(Aruna)'가 있는데, 새벽하늘에 해가 떠오를 때 나타나는 불그레한 색채를 의미한다. '디바마니(Divamani, 낮의 보석)', '듀마니(Dyumani, 하늘의 보석)'이라는 이름은 태양이나 그것이 상징하고 있는 것들이 가진 가치를 보여 주고 있다.

점성학도들에게 무엇보다도 중요한 것은 태양이 '그라하 라기야, 그라하 파티(Graharajna, Grahapati)'로 알려져 있다는 사실이다. '행성의 왕이며 로드'라는 뜻인데, 모든 행성이 태양을 중심으로 돌고 있음을 강조하는 이름이다.

흥미로운 사실은 중세기 베딕 점성학자들은 태양을 '헬리(Heli)'라는 이름으로 부르기도 했다는 것이다. 특히 '브리핱 자타카(Brihat Jataka)'라는 고서에서 많이 인용되고 있는 '헬리'라는 태양의 이름은 그리스어로 태양을 뜻하는 단어이다. 이 사실로 짐작해 보건대, 알렉산더 대왕의 시대를 전후하여 그리스와 인도 학자들 사이에 교류가 있었다는 사실을 알 수 있다.

2-2

달(챤드라, Chandra)

▨ 달의 탄생 이야기와 날마다 변하게 된 사연

　태양계에서 태양이 왕이라고 한다면, 달은 여왕과도 같다. 다른 행성은 단순히 빛의 덩어리인데 반해, 태양과 달은 지구의 생명체에 직접적으로 영향을 미치는 생명의 원천, 빛의 발광체이기 때문이다. 그런데, 다른 행성은 태양을 중심으로 회전하고 있는 반면, 달은 지구를 중심으로 회전하고 있다. 그래서 달이 우리들에게 미치는 영향력은 태양보다 훨씬 더 가깝거나 뚜렷하고 명백하며 또 우리 피부로도 느낄 수 있다. 이것은 베딕 점성학에서 달이 차지하는 비중이 태양보다 훨씬 더 크고 광범위 하며 무게 있게 다뤄지는 이유이기도 하다.

　달은 모든 것이 가진 마음이며, 감각과 감정들을 관장하는 로드이다. 달을 지극정성으로 숭상하는 사람들은 모든 질병으로부터 자유로워지며 행복하게 된다. 달은 낙샤트라(Nakshatras, 27개 별자리들)의 로드이며, 우주의 파괴주 쉬바가 초승달을 이마에 올려놓을 만큼 경배를 받는 막강한 존재이다. 달의 탄생과 그에 얽힌 신화들을 통해 우리는 의식과 마음이 가진 잠재력과 힘을 이해하는 데 많은 도움을 얻을 수 있다.

　　달은 창조주 브라마의 분(Boon)을 받고 태어났다. 아주, 아주 오래 전에, 아트리(Atri)라는 이름을 가진 위대한 리쉬(Rishi)가 있었다. 그는 팔을 벌려 하늘을 향해 올린 채 눈을 한 번도 깜빡이거나 움직이지 않은 채, 삼천 년을 서 있는 수행을 하고 있었다. 그러자 아트리의 몸은 귀하디귀한 소마(Soma, 에센스와 같은 달의 주스)에 완전히 적셔져서, 아트리가 소마 자체가 되어, 하늘 위로 솟아올랐다. 그런데 소마 주스가 얼마나 그를 가득 채웠는지 흘러넘치기 시작했다. 아트리의 눈에서 흘러넘치는 소마는 온 천국을 달빛으로 가득 채우게 되었다. 그러자 십방十方에 있는 모든 여신들이 몰려들어 집단적으로 함께 소마를 자신들 자궁에 담으려 하였다. 하지만 얼마나 넘쳐나는지 그리 오랫동안 담고 있을 수가 없었다. 그리하여 소마로부터 나온 태아가 땅으로 떨어지게 되었는데 흰하디 흰한 달의 모습을 하고 있었다. 창조주 브라마는 떨어지는 달을 받아 마차에 태웠다. 그렇게 해서 태어난 달은 모든 신들로부터 숭배를 받았다. 열 마리의 백마가 모는 마차를 타고 밤하늘을 나르는 젊고 아름다우며 눈부시게 하얀 달의 모습에 모든 여신들은 사랑의 열병을 앓았다. 나중에 달은 27개 낙샤트라의 남편이 되었는데, 낙샤트라들은 창조주 브라마의 아들인 닥샤(Daksha)의 딸이었다.

창조주 브라마에게는 많은 자손들이 있었는데, 특히 닥샤는 브라마가 가장 아끼는 귀한 아들 네 명 중에 한 명이었다. 닥샤는 이처럼 고귀한 태생일 뿐만 아니라 하늘나라에서 광범위한 영역을 다스리는 파워풀하고 위대한 왕이었다. 그에게는 27 낙샤트라 딸들 외에도 200여 명이 넘는 딸들이 있었는데, 그중에서 가장 잘 알려진 딸은 파괴주 쉬바의 아내인 사티(Sati)였다. 그러니까 닥샤는 달의 장인일 뿐만 아니라 우주에서 가장 파워풀한 신 쉬바의 장인이기도 했다. 이러한 화려한 배경과 엄청난 힘을 가진 닥샤는 그래서 성격이 성급하고 오만한 면이 있었다.

어쨌든 달은 27명의 아내가 있었지만 모두를 공평하게 대하지 않았다. 자매지간인 스물일곱 낙샤트라들 중에 달은 네 번째 낙샤트라인 로히니(Rohini)만을 편애하여 항상 그녀의 맨션에만 머물러 있었다. 그때 당시에 밤하늘을 올려다보면, 달은 항상 둥근 보름달이었으며 밤마다 로히니 별자리에만 고정되어 있는 것을 볼 수 있었다.

이렇게 되자 다른 26명의 아내들은 전혀 기쁠 리가 없었다. 그녀들 역시 남편인 달과 함께 시간을 보내고 싶어서 달에게 자기들도 돌아가며 방문해 달라고 하소연하였다. 그렇지만 달은 그녀들의 요구를 무시한 채, 계속해서 로히니만을 사랑했다. 그러자 나머지 아내들은 울면서 아버지에게 몰려가 달에 대한 불만을 털어 놓았다. 딸들의 불평을 들은 닥샤는 거대한 하늘나라 왕국의 군주로서 사위인 달에게 행동을 조신하라는 엄한 경고를 두 번이나 내렸다. 그렇지만 달은 개의치 않았다. 결국 세 차례나 딸들이 몰려가 불평을 하는 지경에 이르자 닥샤는 불같은 성질이 발동하여 달에게 에너지가 다 소모되어 버리라는 저주를 내리게 되었다.

닥샤의 저주에 걸린 달은 날마다 크기가 점점 줄어들기 시작하였으며 빛나던 광채와 소마 주스도 모두 잃기 시작했다. 어떤 야기야(Yagya, 희생의식)도 달을 낫게 할 수가 없었다. 그리하여 세상의 모든 식물들이 성장을 멈추었으며, 얼마 지나지 않아 달빛의 영양공급을 받지 못한 생물들은 모두 달처럼 쇠진하게 되었다. 지구에 있는 모든 생명들이 이처럼 쇠진해져 사라져 버릴지도 모르는 위급 상황이 닥치자, 하늘나라의 신들은 모두 긴장하기 시작했다. 그래서 달과 닥샤 사이의 불화를 어떻게든 중재시켜보려고 그들을 달래었다. 닥샤는 달이 만약 잘못된 행동을 바로 고친다면 한 달 중 절반은 에너지가 소모되는 저주에서 자유로워질 것이라는 조건을 내걸었다. 징벌을 받은 달은 이제 27개 낙샤트라들을 차례대로 돌아가면서 방문하게 되었다. 이러한 연유로 인해 달이 공평하게 모든 낙샤트라를 하루씩 방문하는 동안 한 달의 절반은 커지게 되고 나머지 절반은 줄어들게 되는 달의 주기를 가지게 됐다.

이러한 닥샤의 저주로 인해 달은 비록 27명의 많은 아내들이 있었지만 자식을 한 명도 얻을 수가 없었다. 하지만 나중에 스승이었던 목성의 아내 타라(Tara)와의 정사를 통해 수성(Mercury)을 얻게 되었다. 그러니까 수성은 달에게 유일한 외아들인데, 그의 탄생에 얽힌 신화는 나중에 수성의 이야기를 통해 자세하게 밝히기로 한다.

⊠ 달을 칭하는 이름

달을 칭하는 가장 흔한 이름은 '챤드라(Chandra, 빛나는)'이다. 비슷한 이름으로는 챤드라마, 챤드리카, 챤드라카(Chandrama, Chandrika, Chandraka)가 있는데, 모두 달이 밤하늘에서 빛나는 둥근 물체라는 것을 칭하는 이름이다. '인두(Indu, 밝은 방울)'라는 이름 역시 흔하게 사용되고 있다. 베딕 신화에서 달과 별이 가진 밀접한 관계는 아주 중요한 비중을 차지하고 있다. 그래서 '우두파티 혹은 우두나타(Udupati, Udunatha)'라고 부르는데 '별들의 로드'라는 의미다. '낙샤트라나타(Nakshatranatha)'라고도 하는데 '낙샤트라들의 로드'라는 뜻으로 달이 그들의 남편임을 의미한다.

　태양에 비해 달의 빛은 선선하다. 그래서 '시타구, 시탐슈, 시타라시미, 히만수(Shitagu, shitamshu, Shitarashmi, Himanshu)'라는 이름이 있는데 이는 모두 '선선한 빛을 가진'이라는 뜻이다. '시타듀티(Shitadyuti)'라는 이름은 '선선하게 밝음'이라는 뜻이다. 달은 밤에 가장 선명하게 볼 수 있다. 그래서 '라자니파티, 라트리샤(Rajanipati, Ratrisha)'라는 이름은 '밤의 로드'라는 뜻을 가지고 있으며, '라트리마니(Ratrimani)'는 '밤의 보석', 그리고 '니샤카라(Nishakarka)'는 '밤을 만드는 이'라는 뜻이다. 달은 또한 '비두(Vidhu)'라고도 알려져 있는데, '외로운, 고적한'이라는 의미다.

　스물일곱 명의 아내가 있음에도 달이 외로움을 탄다는 것은 아이러니한 사실이다. 그처럼 많은 아내가 있음에도 여전히 달은 사랑의 굶주림을 달래기 위해 하늘을 돌아다닌다. 목성의 아내와 관계를 가졌음에도 불구하고 그의 외로움은 여전히 달래지 못한 채 남아 있다. 그래서 출생 차트에서 달이 안 좋은 영향에 있으면, 정사를 가지게 되는 경향이 있다.

　달은 '쿠무디니파티(Kumudinipati)'라고도 불리는데 '흰 연꽃들의 로드'라는 뜻이다. 흰 연꽃들은 밤에만 핀다. 이러한 호칭은 달이 밤에 활동적인 모든 것을 다스린다는 의미로도 통할 수 있다.

　다른 여느 행성에 비해 달은 아주 들쑥날쑥 하는 경도를 가지고 있다. 그래서 달을 '샤시(Shashi)'라고도 부르는데 '토끼가 있다'는 뜻이며, '샤시안카(Shashanka)'라는 이름은 '토끼 마크가 있다'는 뜻이다. 달이 토끼처럼 통통 뛴다는 의미가 있다. 달은 또한 '므리안카 (Mriganka)'라고도 하는데 '사슴 마크가 있다'는 뜻이다. 달 표면에 사슴과 비슷한 무늬가 있기 때문에 생긴 이름인데, 이는 또한 사슴처럼 순한 본성을 가졌음을 의미하기도 한다.

　'사무드라카(Samudraka)'는 '대양의'라는 뜻을 가졌는데 달이 조류에 미치는 영향을 의미한다. 혹은 간단하게 '글라우(Glau)'라고도 부르는데 '둥근 덩어리'라는 뜻이다. 이 이름은 달이 지구로부터 떨어져 나간 덩어리임을 의미하고 있을 수도 있다. 마지막으로 가장 흔하면서도 가장 중요한 달의 이름은 '소마(Soma, 주스)'인데, 특히 식물들이 가진 주스와 비슷한 수액을 의미한다. 그래서 달을 식물과 채소의 로드로 칭하는 것이다. 또한 이러한 주스는 동물들의 피를 의미하기도 하며, 달이 불로영생수를 받아 모든 생명에게 나누어주고 영양을 공급하는 역할을 하고 있음을 나타내는 이름이기도 하다.

2-3

화성(망갈, Mangal)

▨ 화성의 탄생 이야기

화성은 태양계에서 지구의 궤도 밖 제일 첫 자리에 위치하고 있다. 요일 순서로 보더라도 태양과 달이 다스리는 일요일, 월요일 바로 다음으로 오는 화요일을 다스리고 있다. 화성은 이처럼 왕과 여왕 가장 가까이에 있으면서 그들을 보좌하고 왕국을 어떠한 위협으로부터도 안전하게 지키는 참모, 대장군의 역할을 수행하는 행성이라고 할 수 있다. 화성은 유아기를 거치지 않고 바로 성인인 무사의 모습으로 태어났다. 젊은 청년이 그러하듯 화성은 굉장히 빠르면서도 용감하며, 잔인하면서도 단순하고 불처럼 성급하면서도 칼날같이 예리하다. 그리고 태어난 모습 그대로 변하지도 늙지도 않은 채 항상 청춘의 모습을 그대로 유지하고 있는 행성이다. 그래서 출생 차트에서 화성이 두드러지는 사람은 실제 나이에 비해 내외면적으로 많이 젊은 경향이 있다. 이러한 화성의 탄생에 얽힌 이야기는 다음과 같다.

아주 오래 전에, 닥샤(Daksha)는 향후 이어지게 될 군주 혈통들 중에서 자신을 제일 시초의 자리로 굳히기 위해 엄청난 규모의 야기야(Yagya, 희생 의례의식)를 치르게 되었다. 이 거대한 축제는 강가(Ganga)와 야무나(Yamuna), 두 개의 강이 합류되는 지점에서 열렸다. 닥샤는 천국의 모든 신, 신인, 성자 그리고 우주의 다른 중요한 인물을 모두 초청하였다. 하지만 위대한 우주 의식의 화신 자체이며, 자신의 사위이기도 한 로드 쉬바(Lord Shiva)만을 고의로 초청하지 않았다. 닥샤는 헝클어진 매트 같은 머리를 귀신처럼 늘어뜨리고 먼지를 뒤집어쓴 채 늘 깊은 명상에만 잠겨 있는 사위 쉬바가 처음부터 마음에 들지 않아 평소에도 많이 무시했다.

한편 닥사가 벌이는 축제에 대해 들은 로드 쉬바의 아내이자 닥사의 딸인 사티(Sati, 진실 자체)는 친정아버지가 자기 부부를 고의로 초청하지 않은 것을 알고 몹시 상처받았다. 그래서 로드 쉬바가 신경 쓰지 말라고 부드럽게 말렸지만 혼자서라도 축제에 가겠다고 우겼다. 사티가 축제에 나타나자, 닥사는 딸을 못 본 척하며 아예 무시하였다. 그리고는 쉬바처럼 후줄근한 이는 고상한 상류사회에 어울리지 않는다며 수많은 손님들 앞에서 모욕적인 발언을 하였다. 아버지의 이러한 몰상식한 행위에 엄청난 치욕을 느낀 사티는 닥사에게 말했다.

"제 위대한 남편에 대해 이런 식으로 모욕을 하시는 아버지를 저는 참을 수가 없습니다. 남편께서는 전 우주에서 최상으로 위대한 존재이십니다. 그런데 단지 제가 아버지의 딸이라는 이유만으로 감히 이런 식으로 함부로 말씀을 하시는 겁니까? 그렇다면 지금 바로 이 자리에서 아버지께 받은 이 육체를 회수하겠습니다. 저는 이 육체 안에 한 순간도 더 있기를 거부합니다. 안 그러면 당신의 지나친 자만심 때문에 더욱 오염되게 될 것이니까요."

말을 마친 사티는 의지력을 통해 자의적으로 몸 안에서 불을 일으켜 내장부터 태운 뒤 몸 전체를 모두 활활 태우는 자살을 감행하였다. 나중에 사티는 파바티(Parvati, 산의 딸)로 다시 태어나 오랜 고행을 거친 후 마침내 로드 쉬바와 다시 결합하게 된다.

한편 산 위에서 깊은 명상에 잠겨 있던 로드 쉬바는 아내 사티의 자살에 관한 전말을 초월의식을 통해 감지할 수 있었다. 먼저 형언할 수 없는 깊은 슬픔으로 인해 로드 쉬바는 꼼짝도 할 수 없었다. 화를 잘 내기로 유명한 쉬바인지라 이내 엄청난 분노가 내면에서 솟아올라왔다. 얼마나 들끓을 정도로 분노하였는지 초승달이 걸려 있는 쉬바의 이마에서 분노의 땀방울이 떨어졌다. 이미 닥사는 다른 사위인 달에게도 저주를 내려 고충을 겪게 하였었다. 이제는 달이 쉬바의 이마에서 분노의 땀방울이 맺혀 나오게 함으로서 닥사에게 닥칠 파괴를 부추겼던 것이다.

이렇게 흘러나온 땀방울이 땅에 닿자마자, 엄청나게 용맹한 힘을 지닌 불같은 무사가 지하세계에서 땅을 쪼개고 솟아올라와 일곱 개의 거대한 대양을 불바다로 만들었다. 이 무사는 비라바드라(Virabhadra, 길조로운 영웅)라고 알려져 있으며, 마치 훨훨 타는 불덩어리 같은 모습을 하고 있었으며, 많은 머리와 눈, 몇만 개의 팔다리를 가지고 있었다. 이렇게 쉬바의 막강한 집중력으로부터 태어나게 된 비라바드라는 전 우주에서 최상의 존재인 아버지 앞에 경건하게 두 손을 합장한 채 서서 "명령을 내려주십시오!"라고 말했다.

로드 쉬바는 명령했다.

"가거라! 가서 닥샤와 그의 축제를 파괴하거라!"

명령을 받은 비라바드라는 즉시 영혼과 죽은 이들의 혼을 모아 자신의 지휘를 따를 거대한 군대를 만들었다. 한편 닥샤의 축제 장소는 사티의 자살로 인해 큰 혼란에 빠져 웅성거리고 있었다. 그곳에 모여 있던 하늘의 손님들은 마치 폭풍 전야처럼 가라앉은 주변의 위태로운 공기에 불안해져서 모두 벌벌 떨고 있었다. 그러던 차에 갑자기 비라바드라가 엄청난 무력을 전시하며 나타나자, 경악한 손님들은 공포에 질려 서로 목숨을 건지기 위해 사방으로 달아나고 숨기 시작했다. 비라바드라는 먼저 닥샤의 희생 의식을 단숨에 파괴하였다. 그리고 닥샤를 잡아 목을 쳤다. 옆에 있던 리쉬 브리구(Rish Bhrigu)가 불쌍한 닥샤를 구하려 했지만 아무런 소용이 없었다.

성공적으로 임무를 수행한 비라바드라가 쉬바에게 돌아가서 보고하자, 로드는 말했다.

"수고했다. 닥샤의 야기야를 잘 파괴하였구나. 이제 우주를 충분히 소각시켰으니, 다시 잘 진정시키도록 하거라. 그리고 너는 이제부터 하늘에서 영원히 살게 될 것이다. 행성 중에서 가장 앞자리에 있을 것이다. 오, 대지의 아들이여! 이제부터 너는 앙가라카(Angaraka, 신의 용감한 무사)라고 불리게 될 것이다."

이 말을 들은 비라바드라는 불덩이 같던 모습이 바로 수그러지면서 한 개의 위대한 행성으로 변하였다.

이후 로드 쉬바는 닥샤가 마치지 못한 야기야가 마무리될 수 있게 허락해 주었으며, 우주에는 다시금 평화가 되찾아질 수 있었다. 하지만 닥샤의 제의식이 파괴되는 바람에 세상에는 많은 질병들이 나타나게 되었다. 난장판이 된 축제 장소에서 달아난 이들은 굴마(gulma, 흉부와 복부 사이가 불어 오르는 종양)라는 병을 얻게 되었으며, 제물을 먹은 이들은 나병과 당뇨병에 걸렸다. 또 다른 이들은 두려움, 슬픔, 충격 등으로 인한 정신질환이 생겼으며, 공격하던 영혼들의 불결한 손길에 닿은 이들은 간질병에 걸리게 되었다. 비라바드라 자신은 세상이 앓는 '고열'이 되었다. 지금 세상에 퍼져 있는 여덟 가지 중대 질환 중 일곱 가지는 모두 '욕심, 악의, 화로 인해 생겨나게 되었던 것이다. 여덟 번째 질환은 '에너지 쇠진증'인데 닥샤가 달에게 내린 저주로 인해 생겨난 질병이다. 그러므로 세상에 존재하는 이러한 고약한 질환들은 모두, 닥샤의 오만함으로 인해 생겨나게 된 것이었다.

❈ 다른 버전의 화성 탄생 이야기

인도 신화에서 카르티케야(karttikeya)는 전쟁과 승리의 신이자 신들의 대장군이다. 그런데 카르티케야가 바로 화성이라는 신화도 전해져 내려온다. 카르티케야는 크리티카(Krittika) 별자리를 칭하는 힌두 이름으로서, 서양 천문학에서 플레이다스 성단(Pleiades)과 동일하다. 힌두 신화에 따르면 카르티케야는 로드 쉬바의 정액에서 바로 태어났다고 한다. 카르티케야의 탄생에 연관된 신화에는 몇 가지 약간 다른 버전들이 있는데 그중 하나만 소개하기로 한다.

아주 오랜 옛날에 타라카(Taraka)라는 이름을 가진 아수라가 있었다. 그는 창조주 브라마의 분을 얻기 위해 오랫동안 극심한 수행을 감행하였다. 마침내 그의 정성에 감동한 브라마는 타라카 앞에 모습을 드러내어 원하는 것이 무엇이냐고 물었다. 그러자 타라카는 전 우주에서 아무도 자신을 파괴시킬 수 없을 정도로 무적불패의 능력을 달라고 부탁했다. 그의 요구를 들은 브라마는 속으로 움찔할 수밖에 없었다. 어떤 수행자를 막론하고 일단 신을 자기 앞에 불러낼 수 있을 정도로 극심한 수행을 거쳤다면, 신은 그가 원하는 것이 어떤 것이든 들어주어야 하는 의무가 있었다. 하지만 아무리 오랜 수행을 했더라도 타고난 속성은 변하지 않는 법이기에, 만약 타라카 같은 아수라에게 이 엄청난 능력을 주었다간 어떤 결과가 따를지는 너무도 뻔했다. 그래서 브라마는 타라카의 원을 들어주되 한 가지

조건을 붙였다. 로드 쉬바의 아들만 제외하곤 그 어느 누구도 타라카를 죽일 수 없을 것이라는 분이었다.

타라카는 그 조건을 흔쾌히 받아들였다. 당시 쉬바는 아직 자녀가 없었을 뿐 아니라, 아내인 사티가 닥사의 축제 장소에서 자살을 한 이후 깊은 슬픔에 빠져 외진 숲으로 들어가 혹독한 고행에만 몰두하며 완전한 독신의 삶을 살기로 작정하고 있었기 때문이다. 그러므로 타라카는 쉬바의 아들이 미래에도 있을 리가 없다고 내심 확신했다. 타라카는 브라마의 분을 얻은 후 기고만장해져서, 전 우주의 창조 세계를 돌아다니며 온갖 악행을 저지르고 다녔다. 인드라(Indra)는 자신의 애마를 빼앗기게 되었으며, 위대한 성자 자마다그니(Jamadagni)는 온갖 소원을 다 이루어주는 성스러운 소 카마데누(Kamadhenu)를 빼앗기게 되었다. 그리고 많은 데바들은 천국에서 쫓겨나 산속에서 방랑하고 다녀야만 했다.

이렇게 점점 타라카가 부리는 행패의 여파가 세지자, 걱정이 태산 같아진 브라마와 신들은 타라카를 퇴치할 수 있는 방법을 강구하기 위해 회의를 열었다. 유일한 방법은 로드 쉬바가 다시 혼인을 하여 아들을 낳는 방법밖에 없었는데, 아직까지 죽은 아내 사티를 잊지 못하고 카일라쉬(Kailash) 산에서 홀로 깊은 명상에 빠져 있는 쉬바를 유혹해 낼 수 있는 능력을 가진 여인이 과연 어디에 있을 수 있단 말인가? 신들은 죽은 사티를 히말라야 산의 딸로 다시 태어나게 해서 파바티(Parvati)라고 이름 하였다. 파바티는 너무나 아름다웠을 뿐 아니라 쉬바에 버금가는 특출한 잠재성을 가지고 있었다. 파바티가 성장하여 자신이 타고난 삶의 미션을 이해하게 되자, 그녀는 쉬바의 관심을 끌 수 있는 힘을 얻기 위해 오랫동안 수행을 하였다. 하지만, 아무리 노력해도 모든 욕망의 불길을 끊고 깊은 명상에만 빠져 있는 쉬바를 깨우는 것은 역부족이었다.

사태가 이 정도에 이르자 신들은 사랑과 욕망의 신인 카마(Kama)를 호출하여 카일라쉬 산으로 보냈다. 자청하여 금욕적 상태에 있는 쉬바를 어떻게든 흔들어서 파바티에 대한 욕망을 일으키게 하기 위해서였다. 카일라쉬 산으로 간 카마는 주변을 한동안 돌아다니며 방법을 물색해 보기 시작했다. 때마침 파바티가 산속에서 뜯은 꽃들을 모아 명상에 잠겨있는 쉬바에게 바치기 위해 다가가고 있는 것을 보았다. 좋은 기회임을 간파한 카마는 화살을 쏘아 쉬바의 가슴에 명중을 시켰다. 그리고는 불같은 성격으로 유명한 쉬바의 분노가 두려워 얼른 숨었다. 느닷없는 가슴의 통증에 눈을 뜬 쉬바는 바로 눈앞에 있는 파바티를 보게 되었으며, 순식간에 그의 내면에서는 그녀에 대한 욕망의 불길이 올라왔다. 하지만 이내 카마를 발견하고 사태를 감지한 로드 쉬바는 극도로 분노하였다. 쉬바는 이마에 있는 제3의 눈을 통해 불길을 발사하여 카마를 재로 만들어 버린 뒤 다시 눈을 감고 명상에 빠져들었다.

하지만 이미, 깨어난 육체적 욕망을 다시 조용하게 재우는 것은 무리였다. 그래도 참고 인내하며 계속 명상 상태를 유지했다. 쉬바의 마음 변화를 감지한 파바티는 자신의 힘을 더욱 높이기 위해 다시 몇 년 동안 깊은 수행에 몰입했다. 그러는 동안 타라카의 행패는 더욱 극악무도해져서 신들과 창조 세계의 모든 존재들이 받는 피해나 고통은 더 심각해져만 갔다. 마침내 자신의 육체적 욕구를 충족시켜야 할 필요를 수긍한 쉬바는 파바티와의 혼인에 동의하게 되었다. 창조주 브라마와 여러 다른 신들은 무척 기뻐했으며 둘의 혼인을 축하하는 거대한 축제를 주관했다.

쉬바와 파바티가 혼인을 한 뒤 오랜 시간이 지났는데도 자식이 없었다. 다시 걱정이 된 브라마는 불의 신 아그니(Agni)를 카일라쉬 산으로 보내 연유를 알아보도록 했다. 아그니가 카일라쉬 산에 도착했을 때는 마침 쉬바와 파바티가 오랜 시간에 걸친 환희의 교합을 끝내고 막 자리를 뜬 뒤였다. 비둘기로 변신하여 주변을 돌던 아그니는 그들이 있던 자리에 남겨져 있던 쉬바의 정액을 발견하는 행운을 얻게 되었다. 기쁨에 넘친 아그니는 쉬바의 정액을 입에 물고 신들이 기다리고 있는 곳으로 날아가기 시작했다. 그러나 아그니는 쉬바의 전지전능한 힘이 담긴 씨앗을 오랫동안 운반할 수 있는 힘이 부족했다. 얼마 날지 못하고 지친 아그니는 씨앗을 떨구게 되었는데 그것은 갠지스 강둑에 떨어지게 되었다. 떨어진 자리에서는 아기가 생겨났는데 달처럼 훤하니 아름답고 태양처럼 눈부신 빛이 났다.

그곳에는 플레이다스(Pleiades)라고 하는 여섯 명의 파워풀한 왕들의 여섯 딸이 살고 있었다. 그처럼 아름다운 아기가 주변에 아무도 없이 홀로 울고 있는 것을 본 그녀들은 가엾이 여기고 아기를 품에 안고 목욕을 시키기 위해 강으로 데려갔다. 그리고 자동적으로 모성 본능을 불러일으키는 아름다운 아기에게 젖을 물리게 되었다. 그리하여 카르티케아는 여섯 플레이다스 자매들의 젖을 동시에 받고 온갖 사랑을 받으며 자랐다. 이후 자라서 타라카를 퇴치하고 자신의 타고난 미션을 완성할 수 있게 되었으며, 전 우주 창조 세계에는 다시금 평화가 되찾아질 수 있었다.

▨ 화성을 칭하는 이름

화성이 가진 가장 흔한 이름은 쿠쟈(Kuja)인데 '땅에서 태어났다'는 뜻이다. 바우마(Bauma)라는 이름도 '땅에서 나온다'는 뜻인데 같은 의미다. 이러한 이름은 화성이 땅에서 나오는 모든 것을 대변한다는 힌트를 주고 있는데, 특히 미네랄이나 보석을 주로 일컫고 있다. 좀 더 다채롭게 화성을 땅에 연관시키는 이름으로는 '부수타바디디티(Bhusutavadidhiti)'가 있는데 '땅에서 가져온 빛'이라는 의미다. 이러한 이름 역시, 이 땅에서의 삶이 어떤 것인지 얼마나 군부적이고 삶이란 마치 계속되는 전쟁과 같은 것인지에 대한 아이디어를 전달하고 있다.

또 다른 흔한 이름은 망갈라(Mangala)가 있는데 '행운의, 운이 좋은'이라는 뜻이다. 화성은 땅에서 나오는 온갖 운 좋은 것들을 나타내며, 그러한 것들을 찾는 사람들은 얼마나 행운인지를 나타낸다. 잘 알려진 것처럼 황금이나 귀한 미네랄, 다이아몬드 같은 보석들이 모두 어떤 운 좋은 사람들에 의해 우연히 발견되었다. 그런데 이보다 더 중요한 점은 길조적인 화성을 잘 타고난 사람은 이 땅에서 살아남을 수 있는 행운을 가지게 된다는 사실이다. 생태계 먹이사슬 구조를 살펴보면 다른 생물이나 동물들은 모두 다른 강자들의 먹이가 되어 사라진 반면 쥐나 곤충은 가장 마지막까지 살아남을 수 있었다. 이는 그들이 강해서가 아니라 단순히 행운이 따랐기 때문이다. 비록 사람은 이러한 생태계 구조의 일부분은 아니지만, 계속해서 화재나 폭풍, 지진 등 무수한 자연재해의 위협 대상이 되어왔다. 이러한 자연재해들로 인해 어떤 사람들은 피해를 입거나 집이 파괴되는 반면, 바로 옆에 있는 이웃들은 무사할 수 있는 것도 모두 그들의 출생 차트에 있는 화성의 역할 때문이다. 삶의 무수한 어려움들을 잘 헤쳐 나갈 수 있기 위해서는 길조적인 화성이 아주 필요하다. 화성은 땅이 내리는 어려움을 극복하는 것을 즐긴다. 그래서 화성은 크쉬티난다나(Kshitinandana, 땅을 즐기는)로 알려져 있다.

화성은 길조적인 면이 많지만, 동시에 가장 잔인한 행성으로 여겨진다. 그래서 크루라네트라(Kruranetra, 잔인한 눈을 가진) 혹은 크루라드릭(Kruradrik, 잔인한 시선을 가진)으로 알려져 있다. 지구의 관점에서 보면, 화성의 움직임은 다른 행성에 비해 아주 다르게 나타난다. 그래서 천문학상으로 화성은 약간 흥미로운 이름을 가지고 있다. 화성은 '아라(Ara, 재빠른)'라고 알려져 있는데, 다른 행성보다(태양과 달은 자체발광 행성) 훨씬 빠르게 움직이는 경우가 자주 있기 때문에 붙여진 이름이다. 그래서 화성은 '속도'를 나타내기도 한다. 또한

'바크라(Vakra, 뒤틀린)'라는 이름도 가지고 있는데 다른 행성에 비해 불규칙적인 운행을 하고 있기 때문이다. 그래서 '차라(Chara, 움직이는 변하는)'라는 이름을 가지고 있기도 하다.

육안적으로 보면 화성은 붉은색이다. 그래서 락타(Rakta)라는 이름을 가지고 있는데 '붉은 팔다리'라는 뜻이다. 그가 가진 붉은색을 가장 두드러지게 표현하는 이름으로 가가놀무카(Gaganolmuka, 하늘에 있는 붉은색의 밴드)와 콜무카(Kholmuka, 하늘에 있는 붉은 공간)라는 의미를 가지고 있다. 그리고 비슷한 의미로, 앙가라카(Angaraka)라고도 알려져 있는데 '석탄'이라는 뜻이다.

화성을 쉬바와 연관해 부를 때는 쉬바가르마자(Shivagharmaja)라고 부르는데 '쉬바의 열로부터 태어난'이라는 뜻을 가지고 있다. 이러한 이름은 화성이 '고행과 쉬바의 행성'이라는 역할을 담당하는 것을 나타낸다. 쉬바는 바로 수행을 하는 요기들의 로드이기 때문이다.

2-4

수성(붓다, Buddha)

▨ 수성의 탄생 이야기

수성은 지구의 궤도 안에 있는 두 행성 중에 태양과 가장 가까이 있는 행성이다. 앞에서 수성이 달의 사생아임을 이미 밝힌 바 있는데, 화성이 왕과 여왕을 보좌하는 참모이자 왕국을 어떤 위협이나 위험으로부터 보호하는 대장군이라면, 수성은 태양계의 왕자다. 그래서 아무런 근심걱정이나 주어진 의무도 없이, 그저 왕족혈통으로서 누릴 수 있는 온갖 혜택을 즐기고 재미있거나 흥미로운 일만 골라서 할 수 있는 사치를 가졌다. 어떻게 수성이 달의 사생아로 태어났는지는 다음과 같다.

달은 성인이 되자 수행을 열심히 한 덕분에 삼세를 정복하는 힘과 능력을 가지게 되었다. 그래서 아홉 여신들이 달의 수발을 들게 되었다. 그들 여신은 '초승달과 그믐달의 여신들(시니발리, Sinavali, 쿠후 Kuhu), 아름다운 몸의 여신(바푸스, Vapus), 영양營養의 여신(푸시티, Pushti), 광채의 여신(프라바, Prabha), 아주 훌륭함의 여신(바수, Vasu), 유명함의 여신(키르티, Kirti), 확고함의 여신(드리티, Dhriti), 풍요로움의 여신(락시미, Lakshmi)'이었다. 이처럼 흔하지 않은 영광을 성취하게 된 달은 아주 거만하고 기고만장해졌으며, 다른 이들의 재산이나 영역들을 침해하는 일도 잦아졌다.

그러한 달이 목성의 제자가 되었다. 목성은 천국 데바들의 스승이었는데 아내는 타라(Tara, 별)였다. 그녀는 달이 가진 개성이나 심성, 아름다움에 반하여 목성의 제자들 중에서도 달을 가장 아끼고 사랑했다. 그러던 어느 날 목성이 데바의 심부름을 하기 위해 집을 며칠 비우게 되었다. 그 사이에 달과 타라는 같이 도망을 가게 되었다. 이들이 서로 사랑에 빠져서였는지 타라가 달을 유혹했는지 아니면 달이 타라를 강제로 유괴했는지 등 여러 추측만 난무할 뿐, 어떻게 둘이 같이 달아나게 되었는지 확실한 사실을 아는 이는 아무도 없다. 하지만 며칠 후 목성이 귀가했을 때 아내가 사라진 것을 보고 당장 수색하여 그녀가 어디에 있는지를 알게 되었다. 그래서 달에게 아내를 돌려보내라고 몇 차례나 경고를 정중하게 보냈다.

그렇지만 달은 목성의 요구에 응할 것을 번번이 거절하였다. 타라는 스스로 원해서 자신을 따라온 것이기 때문에, 그녀가 자신에게 질릴 때까지 떠나지 않을 거라는 것이 이유였다. 이러한 응답에 목성을 분노하였다. 그래서 제자인 인드라(Indra)와 소통하여 달에게 경고장을 보냈다. 달이 인드라의 경고에도 굴하지 않자, 인드라는 전쟁을 선포했다. 금성과 아수라들은 전쟁에서 달의 편에 들었다. 금성과 목성은 언제나 서로 경쟁 관계에 있었기 때문이다. 반면 루드라(Rudra, 전쟁의 신이자 쉬바의 화신)는 데바의 편을 들게 되었다. 쉬바가 목성의 아버지였던 리쉬 앙기라(Rishi Angira)에 대해 가지고 있던 존경심 때문이었다.

그런데 서로 힘이 막상막하여서 전쟁이 오랫동안 계속되었다. 위대한 리쉬(Rishi, 성자)들은 세상의 종말이 곧 오게 될 것 같아 불안해졌다. 그래서 리쉬 앙기라는 창조주 브라마에게 도움을 요청하였다. 브라마는 달을 호출하여 타라를 돌려보낼 것을 명령하였다. 마침내 달은 브라마의 명에 응하여 타라를 돌려보내게 되었다. 하지만 타라는 이미 임신을 하고 있었다. 아내가 임신한 사실을 알게 된 목성은 분노하여 호통을 쳤다.

"이 연약한 여자여! 지금 당장 당신의 자궁에서 태아를 추출하시오. 당신의 자궁은 오로지 나의 씨앗만을 담아야 하는 곳이므로, 다른 이가 심은 씨앗을 용납할 수 없소. 지금 바로 당신을 재로 만들어야 마땅하나 그러지 않는 이유는 내 씨앗을 당신의 자궁에 심어야 하기 때문이오!"

그러자 타라는 수줍어하며 태아를 자궁에서 나오게 만들었다. 태아는 남자아기였는데 마치 황금처럼 눈부신 빛이 났다. 막상 광채가 나는 아이를 보자, 마음이 변한 목성과 달은 욕심이 생겨 서로 자기가 아버지라고 우기게 되었다. 그들은 타라에게 진짜 아버지가 누구인지 밝히라고 요구하였지만 타라는 부끄러움에 사실을 말할 것을 거부했다. 그러자 갓난아기는 화가 나서 타라에게 소리 질렀다.

"왜 당신은 일부러 부끄러운 척 하면서 자신의 음행을 감추려 하십니까? 사실을 말씀하세요!"

그러나 타라는 여전히 침묵을 지키고 있었다. 할 수 없이 브라마가 다시 개입하게 되었다. 브라마는 타라를 조용히 불러 진짜 아버지가 누구인지 물었다. 마침내 타라는 달이 그처럼 잘생기고 멋진 아기의 진짜 아버지라는 사실을 브라마에게 밝혔다. 이 아기가 바로 수성이었다.

▨ 수성, 달, 그리고 목성의 삼각관계에 얽힌 이야기

달, 수성, 목성, 그리고 금성은 축복과 행운을 가져다주는 아주 유익한 길성이다. 그런데 이들에 얽힌 신화를 살펴보면 알 수 있듯이, 그들 모두는 나름대로 캐릭터의 약점을 보여 주고 있다. 특히 달은 스승의 아내와 정사를 가져 사생아까지 낳게 되는 도덕적으로나 종교적으로 씻을 수 없는 큰 죄악을 저지르게 된다. 그럼에도 잘못을 뉘우치기 보다는 오히려 자신의 종족 데바들과는 적의 관계에 있는 금성, 아수라들과 합세하여 싸움까지 벌였다. 그리고 훌륭한 정치인인 금성은 달의 잘못을 처벌하기보다는 오히려 군사적인 지지를 해 주었다. 단지 서로 라이벌 관계에 있는 목성을 견제하기 위해서였다.

한편 목성은 데바들을 가르치는 스승이면서, 정작 자신의 아내가 다른 이와 달아나게 만들 정도로 허술함을 보였으며, 돌아온 아내가 임신을 한 것을 알고 분노하며 당장 태아를 퇴출시키라는 명령을 내렸다. 그런데 막상 눈부시게 아름답고 뛰어난 지성을 가진 아이를 보자 마음이 돌변해서 도리어 자신이 아버지라고 주장하는 나약함을 보였다. 그처럼 잘생기고 특출한 재능을 가진 아들을 소유하고 싶은 욕심에서 거짓말을 한 것이었다. 수성도 잘못을 저질렀다. 연유가 어찌되었던 어머니에게 그런 식으로 화를 내며 모욕을 해서는 안 되는 것이었다. 어머니가 아니었으면 결코 태어날 수 없었을 것이기 때문이다.

이렇게 수성의 탄생을 두고 그에 얽힌 신화와 행성 간에 벌어진 에피소드는 점성학 차트를 해석하는 데 아주 중요한 비중을 차지한다. 수성은 양아버지인 목성을 미워하고 친아버지인 달을 오매불망 기다리게 되는데, 정작 달은 그처럼 많은 아내들을 가졌음에도 자손을 얻을 수 없었으며, 혼외정사를 통해 태어난 유일한 외아들인 수성을 오히려 아주 미워하고 해하고자 하는 갈등을 일으킨다. 꼬인 가족사의 좋은 예라고 할 수 있다.

◩ 수성이 양성이 된 이야기

수성은 라후, 케투와 함께 양성을 가진 행성으로 다루어진다. 수성이 이처럼 양성이 된 연유로는 다음과 같은 이야기가 있다.

태양의 첫째 아들인 바이바스바타(Vaivasvata)가 낳은 첫째 아이는 '일라(ila)'라고 하는 딸이었다. 바이바스바타는 첫아이가 아들이기를 소망하였는지라 브라민들에게 제의식을 올릴 것을 명한바 있었다. 그런데 막상 딸이 태어나자, 도대체 어디서 잘못되었는지 제를 치른 브라민들을 추궁하였다. 알아본 결과 바이바스바타의 아내 쉬라다(Shraddha, 믿음)는 딸을 먼저 가지기를 원하였다. 그래서 제를 담당하던 브라민들 중에 책임자를 꼬셔서 만트라를 외울 때 약간의 변동을 하도록 만들었다. 그리하여 태어난 아이가 일라였다.

바이바스바타는 아내의 이러한 바람을 승낙할 수 없었다. 그래서 리쉬 바시스타에게 명령하여 로드 나라야냐(Narayana, 비슈누의 화신)에게 제를 올려 일라를 남자아이로 바꾸게 만들었다. 그리하여 일라는 수듐나(Sudyumna)라는 남자아이로 성별이 바뀌게 되었다.

수듐나는 아주 잘생기고 재능이 뛰어난 왕자로 자라났다. 어느 날 하루는 사냥을 나갔다가 어떤 숲에 들어가게 되었다. 갑자기 수듐나와 같이 따라온 신하들이 모두 여자들로 모습이 바뀌어 버렸다. 놀라서 사연을 알아보니, 이전에 로드 쉬바가 아내 파바티와 함께 그 숲에서 부부관계를 즐기던 중에 갑자기 데바에게 들키게 되어 쉬바는 아내 파바티가 느낄 수치심을 막기 위해 누구든 그 숲에 들어오는 이들은

(자신만 제외하고선) 모두 여자로 변하게 될 것이라는 주문을 걸어놓았던 것이다. 뒤늦게 이러한 사연을 알게 되었지만, 수둠나는 이미 아리따운 여자인 일라로 변한 뒤여서 달리 어찌할 방도가 없었다. 그리하여 같이 여자들로 변신한 신하들과 숲 속을 방랑하다가 수성이 살고 있던 오두막에 도착하게 되었다. 수성과 일라는 서로 첫눈에 반하게 되었다. 그리하여 둘 사이에는 아들이 태어났는데 이름은 푸루라바스(Pururavas)였다. 그는 태양의 증손자인 동시에 달의 손자였다.

이후에, 수둠나는 다시 남자가 되기를 원했다. 그래서 리쉬 바시스타에게 부탁하여 남자로 돌려주는 제를 올리도록 하였다. 리쉬 바시스타는 이전에 그가 여자아기였을 때 남자아기로 바꾸었던 적이 있었다. 바시스타는 로드 쉬바에게 제의식을 올렸다. 쉬바는 숲에 연관된 자신의 말을 지키는 동시에 바시스타의 원도 들어줄 수 있는 방편을 내었다. 수둠나가 한 달은 남자가 되고 한 달은 일라라는 여자가 되는 것이었다. 그리하여 수둠나는 왕이 되어 이 땅을 잘 다스렸는데, 신하들은 정기적으로 성을 바꾸는 자신들의 왕을 완전히 존경하는데 어려움을 겪었다. 오랜 시간이 지난 후에, 수둠나는 아들 푸루라바스에게 왕위를 물려주고 숲 속으로 들어가 은둔승려로 살게 되었다. 푸루라바스는 이후에 천국의 요정인 우라바쉬(Urvasi)와 사랑에 빠져 결혼을 하게 된다.

▨ 수성을 칭하는 이름

수성을 가장 자주 칭하는 이름은 붓다(Budha, 깨어있는)로서 의식을 일깨우는 지성을 의미한다. 보다나(Bodhana)라는 이름 역시 비슷한 의미를 가진 수성의 호칭이다. 이러한 이름은 수성이 이지를 다스리고 있는 행성임을 나타낸다. 이지(intellect)는 마음(mind)의 작용으로서 이해(understanding)에 도달할 수 있게 해 준다. 이해하는 방법에는 두 가지가 있는데 직관적으로 바로 얻거나 혹은 영적인 묵상을 통해 얻을 수 있다. 직관적인 이지는 지각할 수 있는 것으로부터 이해를 추론하는데, 항상 진실이라고 확신할 수는 없다. 직관적 이지로부터 추론한 이해는 개인적인 지각, 느낌, 감정 등에 의해 왜곡될 수도 있기 때문이다. 그래서 이지적으로 발달이 된 사람들은 많은 것에 대해 의견들이 엇갈리고 쉽게 서로 동의하지 않는 경향들이 있는 것이다. 다시 말하면, 직관적인 이지는 우리에게 제한된 이해를 줄 수 있을 뿐이며 진리에 도달하게는 하지 못한다.

영적인 묵상을 통해 발현되는 이지는 붓다(Budha)로 알려져 있는데, 사물의 참모습을 향해 끌리게 한다. 그래서 무엇이 진짜인지를 알게 하는 데 도움을 준다. 붓다로서 수성은 이러한 두 가지 형태의 이지가 깨어나는 것을 나타낸다. 먼저 우리를 인식하는 존재로 만들어 주고 우리의 인식이 진짜인 어떤 것을 향해 끌리도록 함으로써 수성은 우리의 이해를 일깨워 준다. 비슷한 맥락으로 수성은 비드(Vid, 알고 있는), 즈나(Jna, 현명한)라는 이름도 가지고 있다.

수성이 달의 아이라는 사실을 나타내는 중요한 이름이 있다. 인두푸트라, 소마자, 비두수타(Induputra, Somaja, Vidhusuta)인데 모두 '달의 아이'라는 뜻이다. 비슷한 이름으로 사움야(Saumya)가 있는데 '달에게 속하는'이라는 뜻을 가지고 있다. 달은 의식을 대변하며, 수성은 달의 아이로서 '의식으로부터 나오는 어떤 것'을 가리킨다. 인식과 이지가 바로 그것이다. 수성은 달의 아이이기 때문에 출생 차트에서 좋은 여건에 있으면, 행여 달이 안 좋은 여건에 있더라도 흉조적인 효과들을 보완할 수 있게 된다. 그렇지만 안 좋게 위치한 달은 수성의 근본이 약하다는 것을 의미하기 때문에 수성 자체가 길조적일 수는 없다. 달과 수성, 두 행성은 서로 상호작용하는 관계에 있기 때문에 한쪽에 대한 충분한 고려 없이 다른 쪽을 완전하게 평가할 수가 없다.

수성은 우호적이기 때문에 프리야크리트(Priyakrit, 친절하게 행동하는), 수실라(Sushila, 좋은 천성의)라는 이름도 가지고 있다. 수성은 다른 행성만큼 그다지 밝지가 못하다. 그래서 간혹 시야망가(Syamanga, 어두운 팔다리를 가진)라는 이름으로 불릴 때도 있다. 육체적으로 수성은 짙은 머리카락을 주는 경향이 있다.

2-5

목성(구루, Guru)

다섯 번째 행성인 목성은 직경이 지구의 약 11배이며 질량은 약 3배가 넘을 정도로 태양계에서 사이즈가 가장 크고 무거운 행성이다. 목성은 아홉 개 행성 중에서 가장 위대한 길성으로서 아주 드문 경우를 제외하고는 지속적인 축복과 은혜, 보호를 보장해 주는 출생 차트에서 구원주 같은 역할을 하는 행성이다. 인드라를 포함한 하늘의 모든 신들이 목성의 지시를 따를 만큼 추대를 받고 있으며, 데바의 스승이자 멘토로서 모두가 그의 조언을 구하고 있다. 목성은 자비로우며 그가 가진 지혜는 비범할 정도로 심원하다. 그래서 목성에게 진심과 정성으로 기도를 올리는 이들은 세상의 모든 괴로움을 쉬이 극복할 수 있고 원하는 것들도 모두 성취할 수 있게 된다. 리쉬의 아들인 목성의 탄생에 얽힌 이야기는 다른 행성과는 달리 간략하다. 그러나 그의 위대함을 전시하는 비범한 행적들에 대한 이야기들은 목성의 중요성과 자질을 이해하는 데 많은 도움이 된다.

▧ 목성의 탄생과 행적에 얽힌 이야기

목성의 아버지는 창조주 브라마의 아들인 앙기라(Angiras)였다. 앙기라는 베딕 천문학의 저자로 유명한 리쉬이다. 어느 날 브라마는 천상에서 유희를 즐기고 있던 아리따운 압사라(apsaras, 요정)들을 목격하고 강력한 열정을 느껴서 정액을 유출하게 되었다. 브라마는 흘러나온 정액을 불에다 넣었는데, 거기에서 마리치(Marich), 브리구(Bhrigu),

앙기라(Angiras) 그리고 다른 위대한 리쉬들이 태어났다. 목성의 아버지가 앙기라라는 이름을 가지게 된 연유는 '살아 있는 석탄(angara)'에서 태어났기 때문이다. 목성의 아버지인 앙기라에게는 네 명의 아내가 있었다. 첫째 아내는 스므리티(Smriti, 기억력), 두 번째는 쉬라다(Shraddha, 믿음), 세 번째는 스바다(Svadha, 잘 베푸는), 네 번째는 사티(Sati, 진실)였다. 목성을 포함한 아홉 명의 아들들이 앙기라와 네 아내들 사이에서 태어나게 되었다. 목성을 또한 불(Fire)의 신의 아들이라고도 부른다. 앙기라가 불의 화신이기 때문에 가지게 된 이름이다.

목성은 아주 어려운 고행을 감내 함으로서 마침내 데바(Devas)들의 스승이라는 직위를 얻게 되었다. 그리하여 목성은 어떻게 하면 아수라들을 물리치고 데바들의 힘을 늘릴 수 있을지 방법을 강구하는 데 자신이 가진 모든 에너지를 집중하였다. 그러던 어느 날, 아수라들의 스승이었던 금성이 로드 쉬바를 천년 동안 경배하는 의식을 치르기 위해 히말라야 산으로 떠나게 되었다. 데바들을 파괴시킬 수 있는 진언(mantra)을 얻기 위해서였다. 금성이 수행을 하느라 바쁜 동안, 인드라는 자신의 딸 자얀티(Jayanti)를 금성에게 보냈다. 금성이 얻게 될 진언을 자얀티가 속임수로 배우게 하기 위한 의도였다. 자얀티는 금성이 쉬바의 진언을 얻을 때까지 그의 제자이자 시종이 되어 오랜 시간 동안 온갖 수발을 들게 되었다. 마침내 진언을 얻은 금성이 아수라들에게 돌아가려고 하자, 자얀티는 금성을 남편으로 받아들였다. 금성은 오랫동안 같이 있어 준 자얀티에 대한 익숙함 때문에 그녀의 요구를 차마 거절할 수 없었다. 그래서 십 년 동안만 자얀티의 남편이 되어줄 것을 약속했다. 그렇게 금성과 자얀티가 부부의 연을 맺어 지내는 십 년 동안 그들은 세상에서 완전히 사라져서 아무도 볼 수가 없었다.

목성은 금성이 사라지고 없는 십 년의 기회를 잘 이용하기로 결심했다. 그는 금성의 모습으로 변신하여 아수라들에게로 갔다. 아수라들은 자기들 스승이 마침내 아주 오랜 수행을 마치고 돌아온 것으로 여기고 목성을 크게 환영하였다. 그렇게 금성을 위장하여 있는 십 년 동안 목성은 아수라들을 가르쳤다. 그리하여 그들이 가지고 있는 온갖 증오나 미움, 파벌주의 등의 감정들을 제거하는데 성공할 수 있었다.

약속한 십 년이 지나자 금성은 자얀티를 돌려보내고 아수라들에게로 돌아왔다. 그런데 두 명의 금성을 본 아수라들은 혼란에 빠졌다. 그래서 지난 십 년 동안 자신들을 가르친 목성이 진짜 금성이라고 선언했다. 진짜 금성은 제자인 아수라들의 어리석음과 배은망덕함에 경악하였다. 분개한 금성은 떠나면서 아수라들이 곧 멸망해 버리라는 저주를 내리게 되었다. 얼마 후 목적을 달성한 목성은 자신의 본 모습으로 바꾸어 천상으로 돌아가 버렸다. 이제 아수라들은 마치 양치기가 없는 양떼처럼 되어 다시 금성에게 접근하여 용서를 빌었다. 결국에 금성은 그들을 용서하고 다시 아수라들의 스승이 되었지만 이미 내린 저주의 효과는 거둘 수가 없었다. 그래서 아주 오랜 시간 동안 아수라들은 데바들을 대적하기에 너무나 힘이 약하여 어려움을 겪어야만 했다.

그런데 한번은 입장이 바뀌어, 이번에는 인드라가 목성에게 제대로 예를 갖추지 않고 잘못 행동하는 일이 일어났다. 인드라의 신전에 있다가 모욕을 당한 목성은 화가 나서 자리를 박차고 일어나 어디론가 사라져 버려 행적을 알 수가 없었다. 이러한 사태를 알게 된 금성은 재빨리 아수라들에게 공격을 가할 것을 명령했다. 스승이 없어 힘이 약해진 데바들은 전신에 심한 상처들을 입고 창조주 브라마에게 가서 무릎을 꿇으며 도움을 요청했다. 그런 데바들에게 브라마가 말했다.

"아수라들이 스승인 금성을 거부했을 때 그들의 힘이 아주 약해졌다. 이제 그들은 다시 스승을 극진하게 모시고 따랐던 덕에 예전의 힘과 부를 되찾을 수 있었다. 너희들은 어떻게 감히 스승도 없이 그들을 대적하여 이길 수 있단 말인가? 당장에 비쉬바루파(Vishvarupa)에게 가서 도움을 요청하고 배우도록 하거라."

그리하여 비쉬바루파는 데바들의 임시 스승이 되었다. 비쉬바루파는 데바들의 건축사인 트바쉬트리(Tvashtri, 비쉬와카르마의 다른 이름)와 아수라였던 아내 라차나(Rachana) 사이에서 태어난 아들이었다. 비쉬바루파는 세 개의 머리를 가지고 있었는데, 소마, 술, 음식 등을 각각 다른 머리로 취하고 있었다. 그런데 그의 어머니가 아수라였기 때문에 비쉬바루파는 술을 마시던 머리를 이용하여 남몰래 아수라들의 번영을 기원하는 의식을 하고 있었다. 그런데 이러한 사실을 알게 된 인드라는 충동적으로 그의 세 개 머리들을 모두 잘라버렸다. 잘려진 머리는 모두 새가 되어 날아갔다.

하지만 비쉬바루파가 그의 스승이었기 때문에 인드라는 '스승의 살인죄'라는 엄청난 죄를 저지르게 되었다. 이러한 악한 카르마들은 인드라를 더욱 어려운 상황들로 몰고 갔다. 아들을 잃고 슬픔에 빠진 트바쉬트리는 복수를 하기 위해 거대한 악마 브리트라(Vritra)를 만들어 호출하였다. 트바쉬트리는 브리트라에게 아들의 죽음을 복수하라고 명령을 내렸다. 브리트라에게 공격을 당한 인드라는 엄청난 고전 끝에 겨우 브리트라를 죽일 수 있었다. 하지만 브리트라는 비쉬바루파의 아들이었기 때문에, 인드라는 또다시 고귀한 성자의 아들을 죽인 죄를 쓰게 되었다. 그리하여 인드라는 이러한 악업들을 씻기 위해 외진 연못에 피는 연꽃 안에 갇혀서 천년 동안 어려운 수행을 해야만 했다. 이렇게 고된 어려움들을 거쳐 마침내 인드라는 목성이 있는 곳을 알게 되었으며, 다시 목성을 데바들의 스승으로 환대하여 모실 수 있었다. 인드라의 별은 다시 빛날 수가 있었으며, 아수라들보다 월등한 힘도 얻을 수 있었다.

이처럼, 목성은 바른 자세와 마음가짐으로 경배를 하면 모든 적들을 파괴시켜주고 보호해주지만, 잘못 처신하게 되면 모든 부를 파괴하는 힘을 가지고 있다.

▨ 목성을 칭하는 이름

목성이 가진 가장 흔한 이름은 구루(Guru)이다. 구루는 단순하게 '무거운'이라는 의미다. 태양 주변을 돌고 있는 행성 중에 가장 무거운 행성임을 나타내는 이름이다. 구루가 가진 두 번째 의미는 '가진 지식이 더 무거운'이라는 뜻인데, 사람이 가진 진정한 무게를 나타내는 이름이다. 그러므로 구루는 영적인 스승으로서 목성의 역할을 상징하는 이름이라고 할 수 있다. 데바들의 스승인 목성이 하는 역할은 영성적, 정신적, 행위적 바른 지침들을 제공하는 것이다. 목성이 내리는 조언들은 우리들의 영적인 본성을 상기시키며 일상에서 접하게 되는 문제들을 딛고 일어나 신성을 깨닫게 도와준다. 그래서 목성은 데바들의 스승인 것이다. 신들의 스승이기 때문에 수레쉬타(Sureshta, 신들이 원하는 이)라는 이름을 가지고 있다.

목성은 또한 바차스파티, 바기샤(Vacaspati, Vagisha)라는 이름을 가지고 있는데

'스피치의 로드'라는 뜻이다. 바차삼파티(Vacasampati)라는 이름은 '고상함의 로드'라는 뜻을 가지고 있다. 이러한 이름은 목성이 스피치를 주는 행성인 것처럼 여겨질 수도 있는데, 스피치는 수성이 다스리는 영역이다. 목성은 성대에서 나오는 소리를 다스린다. 그러한 소리는 수성을 통해 스피치로서 의미를 가지게 되는 것이다.

목성을 스피치의 로드로 칭하는 이유는 자신이 하는 말에 완전한 책임을 지며 오로지 가치가 있는 말들만 하기 때문이다. 그래서 사실상 목성은 아주 말수가 적다. 그렇지만 그가 하는 말들은 아주 들을 만한 가치가 있다. 그는 말의 힘을 낭비하지 않는다. 목성이 가진 만트라(mantra, 힘을 가진 진언)라는 이름은 그가 힘과 중요성을 지닌 말을 다스린다는 것을 나타낸다. 또한 만트라는 생각을 일으키는 도구를 제시하는데, 이는 목성이 바로 두뇌를 다스리는 행성이라는 의미를 가지고 있다. 철학적인 측면에서 목성이 가장 흔한 이름은 브리하스파티(Brishaspati)인데 '기도의 로드'라는 뜻이다. 목성이 스피치를 함부로 낭비하지 않으며 진정으로 가장 중요한 것만 말하게 하는 행성임을 재확인할 수 있다.

목성의 존엄함을 나타내는 몇 가지 이름도 있는데, 아리야(Arya, 존중할 만한), 이지야(Iijya, 존중 받는), 수리(Suri, 성자) 등이다. 목성은 또한 앙기라수나(Angirasuna)라는 이름을 가지고 있는데 '리쉬 앙기라의 아들'이라는 뜻이다. 앙기라는 힌두 신화에서 가장 위대한 일곱 명의 리쉬(Rish, 성자) 중 한 명이다. 행성 중에서 상담자 역할을 하고 있는 두 행성, 목성과 금성 만이 리쉬의 직계 자손이라는 특성이 있다. 이것은 아주 중요한 사실인데, 적절한 상담을 해 주기 위해선 상담자들이 상담 받는 사람들과 직접 공감할 수 있어야 하고 그들을 이해할 수 있어야 한다. 목성과 금성은 비록 데바이긴 하지만, 리쉬에게서 태어났는지라 인간으로 환생한 모습이다. 그래서 다른 행성처럼 인간으로 환생하지 않은 데바들로부터 태어난 행성보다 인간이 겪는 고통이나 상태를 더 잘 공감하고 이해할 수 있다. 리쉬 앙기라는 리그베다(Rig Veda)를 지은 작가들 중 한 명이며, 목성은 이러한 아버지의 영적인 지식을 공유하고 있다. 그래서 목성은 리그 베다를 다스린다. 목성이 가진 이름 아프레메야(Apremeya)는 '잴 수 없는'이라는 뜻을 가지고 있다. 가늠할 수도 잴 수도 없는 에테르적 지식을 다스리고 있기 때문에 갖게 된 이름이다.

목성은 특히 어떤 일을 최상의 방식으로 성취시키는 능력을 가지고 있는데, 그래서 삼시디카르마(Samsiddhikarma, 성공적인 일들과 연관됨)라는 이름을 가지고 있다. 진정으로 위대한 것들은 모두 목성이 영향을 미치고 있을 것이다. 설사 어떤 출생 차트가 아무리 절망적으로 보이더라도 목성만 잘 위치하고 있으면 구원의 가능성이 있다. 이러한 능력 때문에 그가 가진 지혜와 더불어 목성은 푸루후타(Puruhuta, 많은 이들이 원하는)라는 이름으로도 불린다.

마지막으로, 가장 중요한 이름은 지바(Jiva)인데 '살아 있는 것들 혹은 살게 만드는'이라는 뜻이다. 목성은 생명을 만드는 데 중요한 역할을 한다. 목성은 간을 다스리는데, 태아는 탯줄에 연결된 간을 통해 영양 공급을 받게 되며 생명을 유지할 수 있다. 더 중요한 사실은 목성은 잉태와 자녀들을 다스리고 있다는 것이다. 지바라는 목성의 이름은 만트라라는 이름과 깊은 수준에서 같은 맥락을 유지하고 있음을 알 수 있다. 만트라는 단순히 힘을 가진 진언이라는 수준보다 훨씬 더 깊은 의미를 가지고 있다. 로드 쉬바에 따르면, 만트라는 모든 살아 있는 생명의 삶을 유지하고 있다고 한다. 들숨과 날숨, 한낱 미개한 벌레일지라도, 브라마가 창조한 모든 살아 있는 생명들을 지키고 있는 힘을 만트라라고 한다. 만트라에 대한 적절한 이해와 사용 그리고 들숨과 날숨의 조화를 통해 우리는 영적으로 깨달을 수 있게 된다. 그리하여 목성은 프라나야마(Pranayama)와 같은 호흡법에 집중하는 영적 수행법들을 다스린다.

2-6

금성(수크라, Sukra)

아수라들의 스승인 금성과 데바들의 스승인 목성은 둘 다 창조주 브라마의 손주로서 사촌관계이면서 견제하는 사이다. 두 행성은 태생부터 맡은 역할과 성향 등이 많이 비슷하다. 둘 다 리쉬 자손이며 스승의 위치에 있는 것도 그렇고 아홉 행성 중에서 으뜸가는 길성으로서 따르는 이들을 항상 보호하고 지지해 주며, 아주 드문 경우를 제외하고는 언제나 차트 주인의 최대 행복과 안녕을 보장해 주며, 지속적인 성장과 성취를 부추긴다는 점에서 둘의 우열을 가리기가 어렵다.

목성이 훌륭하고 바람직한 모든 선善을 상징하는 데바들의 스승이라는 점에서 짐작할 수 있듯이, 성격이나 취향, 자질이 바르고 강직하며, 곧고 선과 악에 대한 의견이나 분별이 뚜렷한 경향이 있다. 반면, 인간이 가진 온갖 욕망과 욕구, 다채로운 감정을 상징하는 아수라들의 스승인 금성은 성격이나 태도가 보다 유연하며 세련되고 복잡하면서도 정교하고 또 사교적이거나 외교술수적이다. 금성은 까다롭지 않고 친절하며 부드럽고 완만한 방식으로 조화로움을 지향한다.

▨ 금성의 환생에 얽힌 이야기

금성은 창조주 브라마의 아들인 리쉬 브리구(Bhrigu)와 아내 풀로마(Puloma) 사이에서 태어났다. 아버지 브리구가 만다라(Mandara) 산에서 고난도의 수행을 감행하고 있을 때, 당시 아직 어린 소년이었던 금성은 옆에서 시중을 들고 있었다. 어느 날, 아버지가 깊은 명상에 빠져 있을 때 금성은 홀로 하늘만 바라다보며 외로움에 젖어 있었다. 그런데 그때, 비쉬바치(Vishvachi)라고 하는 눈부시게 아름다운 압사라(Apasaras)가 하늘을 날고 있는 것을 보게 되었다. 그녀를 본 순간 소년의 심장은 기쁨으로 가득 차서 미동도 하지 않은 채 앉아 있었다. 넋을 잃게 하는 그녀의 매력에 빠져서 그의 머릿속은 온통 비쉬바치에 대한 생각으로만 가득했다. 금성은 그녀에 대한 생각을 떨구어 버리기 위해 마음을 인드라 신에게로 옮겨 그의 세계를 방문했다. 인드라는 금성을 아주 기쁘게 환대하였다. 그렇게 인드라의 천국을 구경하고 있는 동안, 금성은 놀랍게도 방금 전에 보았던 아리따운 비쉬바치와 마주치게 되었다. 그녀에 대한 생각을 떨구어 버리기 위해서 왔던 것인데 오히려 그녀와 정면으로 만나게 된 것이었다.

둘은 서로에게 첫눈에 반해 사랑에 빠졌다. 그래서 금성은 천국의 한 모퉁이에 두꺼운 잎들로 오두막을 짓고 비쉬바치와 함께 어둠 속으로 잠적해 버렸다. 그렇게 서로 사랑을 나누며 지내는 동안 오랜 세월이 흘렀다. 마침내 금성은 가지고 있던 좋은 카르마가 모두 소진되어서, 천상에서 달로 떨어지게 되었다. 그곳에서 금성의 혼은 비를 타고 땅으로 내려와 논바닥에 닿게 되었다. 그곳에서 나는 쌀을 먹었던 브라만(Brahman)의 정액을 통해 브라만 아내의 자궁으로 들어갔다. 그리하여 금성은 브라만 가족에게 다시 환생하게 되었다.

브라만으로 다시 태어난 금성은 메루(Meru)산에 들어가 아주 오랫동안 금욕적 삶을 살게 되었다. 그런데 다시 암사슴으로 태어난 비쉬바치와 마주치게 되어 그들은 또다시 사랑에 빠져 관계를 맺게 되었다. 그리하여 인간 아기가 태어났는데, 금성이 명상을 하는데 계속 방해를 받게 되었다. 얼마 지나지 않아 브라만이었던 금성은 독사에 물려 죽게 되었으며, 또 다시, 마드라(Madra) 왕국의 왕자로 환생하여 오랫동안 왕국을 잘 다스렸다. 이후에도 금성은 많은 환생을 거쳐야 했는데, 한번은 숲의 대나무로, 한번은 독사로 태어나기도 했다. 그러다가 마침내 갠지스 강 근처에 사는 성자의 아들로 태어나게 되었다.

한편, 금성의 원래 몸은 바람과 비, 햇볕 등에 노출되어 이미 오래 전에 땅에 떨어져 있었다. 하지만 아버지 브리구의 영적 파워가 금성의 몸이 썩거나 먹히는 것으로 부터 방지하고 있었다. 그렇게 천 년이라는 천상에서의 시간이 지난 뒤, 마침내 브리구는 긴 명상에서 깨어나 눈을 열었다. 눈을 뜨자 옆에 살아 있던 아들은 온데간데없고 대신에 굶주리고 말라비틀어진 몸 하나만 가까이에 놓여 있었다. 작은 새들이 마른 피부의 주름 사이에 집을 짓고 살고 있었으며 개구리가 움푹한 갈비뼈의 공간 안에 숨어 지내고 있었다. 어린 아들의 이른 죽음을 깨달은 브리구는 노여움에 차서 죽음의 신 야마(Yama)에게 저주를 내리려 하였다. 그러자 야마가 나타나서 브리구를 진정시켰다.

"공연히 저에게 저주를 내림으로써 당신의 귀한 영적 힘을 낭비하지 마십시오. 모든 태어난 존재들은 저의 음식이 되게 되어있습니다. 저는 이미 수도 없이 많은 우주들을 삼켰습니다. 그리고 당신의 아들은 스스로의 카르마로 인해 이렇게 되었습니다."

그렇게 야마는 슬픔에 빠진 아버지에게 아들에게 일어난 이야기들을 모두 설명해 주었다. 그리고는 말했다. "지금 그는 갠지스 강둑에서 고행을 하고 있습니다. 당신 내면의 눈을 열어 직접 확인해 보십시오."

야마는 다시 금성의 몸을 재생시켰다. 깨어난 금성은 아버지에게 무릎을 꿇고 엎드려 절을 올렸다. 그 자리에서 브리구는 소년 금성에게 과거 생에 대한 이야기를 들려주고 영적인 성공을 거둘 수 있는 길을 보여 주었다. 금성은 로드 쉬바의 은총을 얻기 위한 수행에 들어갔다. 하지만 천 년 동안이나 쉬바를 경배하였지만 아무런 결과를 얻을 수 없었다. 그리하여 금성은 또 다른 천 년을 연기로만 연명하며 고행을 계속하기로 결심했다. 마침내 쉬바가 금성의 앞에 나타나서 그에게 축복을 내렸다. 금성이 나중에 쉬바의 아들이 될 것이라는 사실도 알려 주었다.

그리고 쉬바는 금성에게 산지바니 비드야(Sanjivani Vidya)라는 만트라를 전수했다. 죽은 자를 다시 살아나게 만드는 힘을 가진 진언이었는데, 그때까지만 해도 오직 쉬바, 파바티, 그리고 두 아들인 가네샤(Ganesha)와 스칸다(Skanda, 화성을 전쟁의 신으로 칭할 때의 이름)만 알고 있던 만트라였다. 이에 더하여, 쉬바는 금성을 행성 중에 최상의 행성이라고 말하며, 그가 하늘에 떠오르는 시각에 모든 길조적인 야기야(희생 의례의식)를 시작되게 될 것이라고 말했다. 이러한 이유로 인해 인도에서는 금성이 하늘에 떠오를 때 비로소 결혼식을 시작될 수 있게 되었다. 금성 자신도 많은 아내들과 자녀들을 얻는 축복을 누릴 수 있게 되었다.

금성이 쉬바의 아들이 되게 된 이야기는 다음과 같다.

한번은 파바티가 장난스럽게 쉬바의 눈을 두 손으로 막았다. 그러자 전 우주가 칠흑 같은 어둠에 잠기게 되었다. 깜짝 놀란 파바티가 얼른 손을 떼자 우주에는 다시 빛이 돌아왔는데 그녀 앞에 느닷없이 어린 소년이 서 있었다. 그녀가 남편에게 어디서 이 아이가 나타난 거냐고 묻자, 그는 웃음을 터뜨리며 말했다.

"오, 나의 여신이여! 바로 당신이 어둠을 일으켜서 저 아이를 만들어 낸 것이오. 저 아이는 당신의 아들이오. 아이를 안다카(Andhaka, 어둠)이라고 부릅시다."

그렇지만 파바티는 그를 아들로 인정하기를 거부했다. 쉬바는 할 수 없이 안다카를 아수라였던 히란야크샤(Hiranyaksha)에게 양아들로 보냈다.

안다카는 빠르게 성장하여 난공불락의 덩치를 가진 악마가 되어 데바들을 사정없이 해치고 다녔다. 그러다가 한번은 데바들과 전쟁에서 그들의 막강한 힘에 밀려 안다카의 군대가 패배를 당하게 되었다. 안다카는 재빠르게 스승인 금성에게로 달려가 피했다. 금성은 안다카를 위로하고 전쟁에서 희생을 당한 아수라들을 산지바니 비드야 만트라를 사용해 모두 되살려 냈다.

금성의 이러한 술수에 분노한 로드 쉬바는 금성을 잡아서 삼켜 버렸다. 그렇게 금성이 쉬바의 몸 안에 갇혀 있는 동안, 아수라들은 전쟁에서 패배를 당하고 있었다. 금성은 쉬바의 몸 안에서 천상의 백 년이라는 시간을 지내야 했다. 금성은 그 안에서 온갖 우주, 데바들, 아수라들, 그리고 전쟁까지 목격했다. 결국에는 다른 탈출 방도가 없어 금성은 쉬바의 성기를 통해 나오게 되었다. 그리고는 위대한 쉬바 앞에 무릎을 꿇고 엎드려 경의를 표했다. 금성의 이러한 놀라운 능력에 감탄한 쉬바는 그를 수크라(Sukra, 하얀, 금성, 정액)라고 이름하고 아들로 인정하였다. 그리하여 이전에 쉬바가 금성에게 하였던 약속을 이행하였다. 이러한 연유로 인해 금성인 수크라는 쉬바의 아들로서 산지바니 비드야의 힘을 지닌 행성이 되었던 것이다.

⊠ 목성의 아들, 금성의 딸 그리고 산지바니 비드야(Sanjivani Vidya) 만트라 이야기

금성은 오랜 수행을 통해 직접 쉬바에게 죽은 자를 회생시킬 수 있는 힘을 가진 산지바니 비드야 만트라를 전수받게 되었다. 그래서 금성을 스승으로 모시고 있는 아수라들은 데바들과의 전쟁에서 훨씬 이로운 입장에 있었다. 싸우다가 죽은 아수라들을 금성이 만트라를 외워 즉시로 회생시키곤 했기 때문이다. 한편 데바들은 금성만이 알고 있는 산지바니 비드야 만트라를 어떻게든 캐내지 않는 한, 계속해서 자신들이 불리한 처지에 있을 거라는 사실을 파악하고 스승인 목성을 강제로 졸랐다. 목성의 아들인 카챠(Kacha)를 금성에게 보내 그의 시중을 들고 제자로 가르침을 받으며 살다 보면 언젠가는 산지바니 비드야도 배우게 되지 않을까 하는 생각에서였다. 심지어 데바들은 카챠가 금성의 신뢰를 얻기 위해선 금성의 아름다운 딸 데바야니(Devayani)를 유혹하는 게 가장 좋은 방도라는 발상까지 했다. 그래서 카챠에게 데바야니와의 관계를 열심히 시도하라는 충고까지 했다.

아수라들이 살고 있는 도시에 도착한 카챠는 바로 금성에게 가서 신분을 밝히고 배우고 싶으니 앞으로 천 년 동안 자신을 제자로 받아들여 달라고 공식적으로 요청하였다. (인도 관습에 의하면, 브라민 계층의 아이들은 청소년기가 되면 집을 떠나 다른 브라민 스승의 집으로 가서 살면서 학습을 하도록 되어 있다.) 모든 아수라들은 금성이 카챠를 제자로 받아들이는 것을 반대했다. 만약 카챠가 만트라를 배우게 되면 분명히 데바들이 전쟁에서 자기들을 이기기 위해 사용할 것이라는 걸 잘 알고 있었기 때문이다. 그러나 금성은 카챠의 의도를 알고 있었지만, 아수라들에게 대답했다.

"나는 절대로 누구든지 내게 배움을 얻으려 온 자들을 돌려보내지 않을 것이다. 데바들은 그들 스승의 아들을 내게 보내 배우도록 할 만큼 충분한 겸손함을 보였다. 나는 그를 가르칠 것이다. 그는 충분히 가르칠 만한 자질을 가지고 있기 때문이다. 그리고 저 아이를 잘 대하는 것이 그의 아버지 목성에 대한 예의이기도 하다."

이처럼 금성은 자기에게 가장 적인 목성의 아들을 가르칠 만큼 도량이 아주 크고 넓었다.

하지만 스승의 이러한 결정에 여전히 동의할 수 없던 아수라들은 비록 금성에게 직접적으로 불만을 표현하지는 않았지만 뒤에서 행동했다. 수차례에 걸쳐 카챠를 살해하였던 것이다. 그런데 처음부터 소년을 죽이고자 했던 것이 아니었다. 나중에 데바야니가 카챠에게 반해서 사랑을 고백하자 카챠도 응수를 하였기 때문이다. 그녀는 카챠를 진심으로 사랑하였지만 카챠는 숨은 의도를 가지고 있었다. 그는 데바야니를 목적을 달성하기 위한 수단으로만 보았다. 그래서 아수라들은 행동으로 실천할 수밖에 없었는데, 만약 카챠가 데바야니와 결혼이라도 하게 되면 산지바니 비드야를 물려받게 될 것을 알고 있었기 때문이다. 그들은 기회를 엿보면서 오백 년을 참고 기다렸다가 마침내 카챠를 죽였다. 그리고는 늑대와 자칼들이 카챠의 시체를 뜯어 먹도록 내버려 두었다.

그렇지만 데바야니는 카챠가 살해된 것을 알고 아버지에게 고하여 산지바니 비드야 만트라로 그를 재생시키게 하였다. 한 번만 그런 것이 아니라 세 차례나 그러한 일이 일어났다. 두 번째는 카챠를 죽인 뒤 가루로 만들어 바다에 뿌려 버렸다. 그럼에도 금성은 다시 카챠를 살려 내었다. 그러자 아수라들은 세 번째로 카챠를 죽인 후에, 몸을 가루로 만들어 와인에다 섞은 뒤 자신들의 스승인 금성에게 바쳤다. 금성은 아무런 의심도 없이 제자들이 바치는 와인을 아수라들의 번영을 위해 같이 건배하고 마셨다.

카챠가 다시 죽어 사라진 것을 알게 된 금성은 딸 데바야니에게 그만 그를 잊도록 충고하였다. 아수라들이 어떻게든 카챠를 죽이고자 하고 있으며, 언제든 모든 이들이 결국 죽게 되어 있다고 딸을 위로하였다. 하지만 데바야니는 아버지가 카챠를 다시 살려내지 않으면 자신도 죽어버리겠다고 위협했다. 사랑하는 딸의 간청에 금성은 할 수 없이 카챠를 찾아보았는데, 이번에는 자신의 뱃속에 있는 것을 알고 경악했다. 이제는 다른 방도가 없었다. 금성은 딸 데바야니에게 산지바니 비드야를 가르쳐 줄 수밖에 없었다. 그렇게 금성이 딸에게 만트라를 가르치고 있는 동안 금성의 뱃속에 듣고 있던 카챠도 배우게 되었다. 데바야니가 만트라를 외어 카챠를 소생시키자 금성은 바로 그 자리에서 배가 갈라져 죽게 되었지만, 데바야니는 만트라를 외어 금성을 소생시킬 수 있었다.

금성은 어리석은 아수라들에게 저주를 내렸다. 키챠가 산지바니 비드야를 배우는 것을 막으려다 오히려 부추긴 셈이 되었기 때문이다. 그리고 술에도 저주를 내렸다. 술에 취하게 되면 말하지 말아야 할 것을 말하게 만들기 때문이었다. 그리고는 금성은 카챠에게 데바야니와 결혼할 것을 권했다. 이제 둘 다 산지바니 비드야를 알고 있기 때문이었다.

하지만 카챠는 이렇게 말하며 거절했다.

"이제 저는 스승님의 뱃속에서 나왔으니 아들이나 마찬가지입니다. 제가 만약 데바야니와 결혼을 하게 되면 이는 마치 오빠와 여동생이 결혼하는 것과 같게 됩니다."

그러자 데바야니가 말했다.

"우리들의 사랑은 오빠와 여동생간의 사랑보다 더 이상입니다. 저는 세 번이나 아버지를 졸라서 당신을 되살렸습니다. 당신은 제게 생명의 빚을 지었습니다. 그런데 어떻게 저와 합치는 것을 거부할 수 있습니까?"

하지만 이미 목적을 달성한 카챠는 데바야니의 사랑을 더 이상 상관할 필요가 없었기에 데바야니의 청을 거절했다. 그러자 데바야니는 자신과 결혼해 주지 않는 카챠에게 저주를 내렸다.

"당신은 산지바니 비드야를 얻기 위한 목적으로만 저를 사랑한 거군요. 이제 제가 당신에게 저주를 내립니다. 당신이 가진 지식은 앞으로 당신에게 아무런 효험이 없게 될 것입니다."

그러나 당하고만 있을 카챠가 아니었다. 자신에게 저주를 내리는 데바야니에게 카챠도 맞먹는 저주를 내렸다.

"내가 이 지식을 사용할 수 없게 된다고 해도, 다른 사람들이 사용하도록 내가 가르쳐 줄 수는 있어요. 그러나 당신이 내게 저주를 내렸기 때문에 나도 되돌려 줄 겁니다. 당신은 절대 브라민과 혼인할 수 없을 거예요. 당신은 왕이나 왕자와 결혼을 하게 될 겁니다!"

이렇게 속임수를 써서 마침내 목성도 산지바니 비드야 만트라를 획득할 수 있었다. 그리고 데바야니는 이후, 카챠의 저주대로 브라민의 신분임에도 불구하고 크샤트리야 계층인 야야티(Yayati)라고 하는 왕과 결혼을 하게 되었다.

▨ 금성을 칭하는 이름

금성을 칭하는 가장 흔한 이름은 수크라(Sukra, 밝은 흰)인데 가장 밝은 행성임을 나타낸다. 시타(Sita)와 아차(Accha)라는 이름은 '그림자가 없는 투명한'이라는 뜻인데 금성이 '눈이나 안경' 같은 투명한 것들을 다스리고 있음을 의미한다. 금성은 또한 카마(Kama, 욕망, 사랑) 그리고 우샤나(Ushana, 욕망으로)라고도 불린다. 이러한 이름은 금성의 위치를 저하시키고자 함이 아니라, 단지 금성은 욕망하는 것과 그에 따르는 대가에 대해 분명하게 알고 있다는 것을 의미하고 있다. 욕망으로 가득 찬 세상을 안전하게 조율하며 살 수 있기 위해서는 이 두 가지에 대해 잘 알고 있어야 한다. 이러한 이유로 인해 금성은 크리타기야(Kritajna, 적절한 행위에 대해 알고 있는)라고 불리며, 매너와 예절을 다스리는 행성이기도 하다.

금성은 비자니디(Bijanidhi, 씨앗의 창고)라는 이름을 가지고 있다. 그래서 모든 곡식과 씨앗 종류 그리고 정액을 다스린다. 씨앗은 유전적 물질을 저장하고 있다. 그래서 금성은 유전자인 DNA, RNA를 다스린다. 금성을 리쉬 브리구의 아들로서 브리구수타, 바르가바(Bhrigusuta, Barghava)라고도 칭한다. 리쉬 브리구는 한두 신화에서 유명한 일곱 리쉬들 중에 한 명이 아니다. 그러나 브리구와 아들인 금성은 모든 점성학자들 중에서도 최상의 점성학자로 알려져 있다. 전해 오는 신화에 의하면 금성은 목성보다 더 훌륭한 점성학자다. 위대한 리쉬의 아들로서 금성은 카비야, 카비(Kavya, Kavi)라는 이름도 가지고 있는데, 둘 다 현명하고 통찰력이 있는 성자라는 뜻을 가지고 있다.

금성은 다이티야푸자(Daityapujya, 악마들에게 숭상 받는), 다이티야구루(Daityaguru, 악마들의 스승)이라는 이름도 있다. 이것은 데바들의 스승인 목성의 역할과는 대조된다. 베딕 신화에 나오는 악마들은 천주교나 기독교 신화에서 상상하는 악마들처럼 펄펄 끓는 불 속에 살고 있는 괴물들이 아니다. 그보다는 그리스 신화나 북구 신화에 나오는 거인들과 비슷하다. 악마들의 스승으로서 금성이 조언하고 있는 영역은 비세속적인 것이다. 금성은 점성학적 예언을 할 때에 있어 삶의 무게를 덜어줄 수 있는 실리적인 충고를 제공한다. 금성은 '네가 만약 이렇게 한다면, 이러 이러한 일들이 일어날 것이다.'는 식으로 쉽게 납득하고 상식적인 예측을 내릴 수 있는 마스터적 능력을 가지고 있다. 이렇게 실질적인 조언과 예측을 해 줌으로서 금성은 사람들이 가진 온갖 두려움, 걱정, 의심, 불안 등을 덜어 줄 수 있다. 그래서 금성은 두려움, 의심, 불안함 등의 악마들의 스승인 것이다.

　금성이 가진 또 다른 이름은 디나베기야(Dinavejya)인데 '괴로운 이들을 도와준다'는 의미로, 간호, 위안, 조언을 해 주는 역할을 강조하는 이름이다. 쇼다샴슈(Shodashamshu)라는 이름은 '열여섯 줄기의 빛'이라는 뜻으로 열여섯은 금성이 제공할 수 있는 위안을 상징하는 숫자이다.

2-7

토성(샤니, Shani)

행성 중에서 가장 원거리에 있는 토성은 모든 이들이 두려워하는 제일 파워풀한 흉성으로서 이별이나 불행을 관장한다. 만약 누구든 토성의 친애를 얻을 수 있으면 일개 거지라도 왕국을 내려 줄만큼 큰 성공을 보장한다. 그러나 자칫 잘못 하다간 신분고하를 막론하고 일순간에 팬티 한 장도 남지 않을 만큼 모든 것을 빼앗아 가는 무서운 행성이기도 하다. 토성의 은총을 입으면 삶이 마냥 행복할 수 있지만, 분노를 얻게 되면 세상에 이름조차 남지 않고 잊혀 질 만큼 철저히 망가지게 된다. 시간(Time)의 로드인 토성은 수명과 죽음을 다스린다. 천상천하에서 아무리 위대한 왕이나 신이라도 모두 제한된 생명의 시간을 가지고 있다. 그래서 모든 신들이나 그들의 왕인 인드라조차 토성이 가까이에 있으면 두려워한다.

▨ 토성의 힘에 봉변 당한 이야기

토성은 태양의 아들로서 그림자 아내 차야(Chaya)의 둘째 아들이다. 토성은 태어나자마자 아버지인 태양에게 눈길을 보냈다. 그러자 태양에게는 백반증白斑症이 생기게 되었다. 그리고 토성은 태양의 마차꾼에게 눈길을 돌렸는데 그는 그만 마차에서 떨어져 허벅다리가 부서졌다. 그리고는 태양의 마차를 모는 일곱 마리의 말을 쳐다봤는데 말 모두 눈이 멀게 되었다. 태양은 황급하게 이러한 봉변을 무마하려고 애썼지만 아무런 방법도 통하지 않았다. 하지만 토성의 눈길이 떠나자 태양의 피부가 깨끗해졌으며, 마차꾼의 다리도 나아졌으며 일곱 마리 말들도 모두 시력을 되찾게 되었다.

이후 토성은 아주 극심한 고행을 통해 쉬바의 은총을 얻어서 행성으로 승진될 수 있었다. 하지만 자신의 은인인 로드 쉬바조차도 토성의 봉변을 면할 수가 없었다. 쉬바의 둘째 아들인 가네샤(Ganesha)가 태어나자 파바티는 자신의 멋진 아들을 모두에게 자랑하고 싶어 했다. 그래서 모든 신들과 리쉬들을 초청하여 성대한 파티를 벌이고 갓난아기 가네샤는 모두의 축복을 받게 되었다. 파티에는 토성도 초대를 받아 오게 되었다. 파바티가 자랑스럽게 토성에게 가네샤를 보여 주려 하자 그는 눈을 아래로 내리깔고 아기를 바로 쳐다보기를 거부했다. 서운함을 느낀 파바티는 토성에게 아기를 바로 쳐다볼 것을 고집했다. 아무리 토성이 사양을 하고 경고를 해도 소용이 없었다.

파바티의 청을 끝까지 거절할 수 없었던 토성은 머뭇거리며 한쪽 눈으로만 가네샤 아기를 쳐다보았다. 그러자 가네샤의 머리는 단숨에 한줌의 재가 되어버렸다. 황당해진 파바티가 분노하여 전 우주를 파괴해 버리는 것을 막기 위해 쉬바는 북쪽에서 처음으로 마주치는 생명이 어미이면서 자식에게 머리를 돌리고 있다면 그 어미의 새끼 머리를 가져오라고 지시하였다. 파티장에 있던 로드 비슈누는 황급하게 전용 독수리인 가루다(Garuda)를 타고 북쪽을 향해 날아갔다. 얼마 날지 않아 어미 코끼리가 막 교접을 끝낸 뒤 피곤하여 아기 코끼리로부터 머리를 돌린 채 잠들어 있는 걸 보게 되었다. 비슈누는 아기 코끼리 머리를 잘라 로드 쉬바에게 가져갔다. 그리하여 쉬바는 가네샤의 몸 위에 코끼리의 머리를 성공적으로 붙여 아이를 살려낼 수 있었다. 이리하여 힌두이즘에서 가장 사랑을 받고 있는 신들 중에 하나인 가네샤가 코끼리의 머리를 가지게 된 것이다.

▧ 토성을 칭하는 이름

토성의 가장 흔한 이름은 샤니(Shani)와 만다(Manda)인데 둘 다 '느린'이라는 뜻을 가지고 있다. 하늘을 한 번 도는 데 가장 오랜 시간이 걸리는 행성이기에 생긴 이름이다.

그래서 토성은 느린 것들을 관장한다. 비슷한 뜻으로 샤나이시차라(Shanaishcara, 천천히 움직이는)라는 이름이 있다. 왜 토성이 천천히 움직일 수밖에 없는가 하면, 판구(Pangu, 절름발이)이기 때문이다. 토성이 절름거리게 된 이유는 태양의 첫 번째 아내 산기야의 아이 중 한 명이 토성에게 화가 나서 발을 내려쳤기 때문이다. 그래서 천천히 움직이게 된 토성은 어떤 식으로든 신체적 장애가 있거나 부분적으로만 작동하는 모든 것을 다스린다.

토성은 육안으로 볼 수 있는 행성 중에 가장 멀리 있기 때문에 그다지 잘 보이지 않는다. 그래서 다른 행성보다도 더 색이 어둡다. 그리하여 크리쉬나 칼라(Krishana, Kala, 어두운)라는 이름을 가지게 되었으며, 아시타(Asita, 밝지 않은)라는 비슷한 의미를 가진 이름도 있다.

토성은 부모인 태양과 그림자와 자주 연관되서 불리는데, 수리야푸트라(Suryapurta), 아르키(Arki), 타라니타나야(Taranitanaya), 사우리(Sauri)라는 이름은 모두 '태양의 자식'이라는 뜻이 있다. 차야수누(Chayasunu), 차야수타(Chayasuta), 차야타나야(Chayatanaya)라는 이름은 '그림자의 아이'라는 뜻이다. 토성이 가진 보다 중요한 자질은 이처럼 그의 태생을 통해 잘 이해할 수 있다.

태양과 차야, 빛과 그림자인 그들은 두 개의 서로 타협할 수 없지만 분리할 수 없는 양극을 나타낸다. 그리고 토성은 이 둘의 자식이다. 사실상 첩의 아들이다. 그렇기 때문에 토성은 언제나 괴로우며, 우리가 가진 복잡한 심리상태를 나타낸다. 태양은 영혼이 표출된 것이며, 그로 인해 그림자 즉 어두움이 생기게 된다. 이러한 어두움으로부터 두려움, 염려, 취약함 등 토성이 상징하는 자기존중의 상실이 오게 되는 것이다. 대영혼(Self)이 소영혼(self)으로 표출될 때, 신의 의식과 개체 의식의 분리가 생겨나게 된다. 이러한 분리의식으로 인해 토성이 대변하고 있는 온갖 괴로움들이 일어나는 것이다. 만약 출생 차트에서 태양이 안 좋게 위치하고 있더라도 태양의 아들인 토성이 잘 위치하고 있다면, 빈약한 태양으로 인해 생기는 낮은 자기존중 의식의 피해를 그다지 심각하게 입지 않는다. 다른 한편으로는 아버지가 약하기 때문에 토성이 두려움에 저항할 수 있는 힘은 강할 수가 없다. 비슷한 맥락으로, 만약 토성이 좋지 않게 위치하고 있으면 더욱 극심한 두려움이나 취약성을 나타낸다. 그러나 태양이 잘 위치하고 있다면 차트 주인은 토성이 만들어 내는 어려움에 저항할 수 있는 근본적 토대가 더욱 강하게 된다. 이렇게 태양과 토성은 서로 상호관계에 있는데, 어느 한쪽만 고려해서는 출생 차트에 대한 완전한 판단을 내릴 수가 없다.

토성은 또한 종종 야마(Yama)라는 이름으로 불리기도 한다. 토성을 주관하는 신은 야마(Yama)인데, 야마는 죽음의 신으로서 육체를 벗어난 영혼들을 각자가 쌓은 메리트(merits, 덕과 부도덕)에 따라 더욱 어둡거나 혹은 더욱 밝은 별의 세상으로 인도한다. 그래서 토성은 한 개인이 가진 메리트의 측정치인데, 특히 나쁜 메리트에 대한 기록이다. '야마'라는 단어는 '억제하는'이라는 뜻이다. 그리하여 토성은 자기억제의 행성이며, 아주 중요하고 어려운 일들을 계속 할 수 있는 '포기하지 않는 파워'를 나타내는 행성이다.

토성이 가진 의외의 이름으로 프라싯다(Prasiddha)가 있는데 '아주 성취한'이라는 의미다. 잘 위치하고 있는 토성은 차트 주인을 가장 많이 성취한 사람으로 만들어 준다. 반대로 안 좋게 위치한 토성은 어떤 성취도 불가능하게 만든다. 어떤 일이든지 모두가 하기 싫어하는 지루하고 갑갑한 면을 가지고 있다. 좋은 토성 없이는 아무런 위대한 일도 이룩해 낼 수가 없다. 왜냐하면 그처럼 지루하고 갑갑한 면을 완벽하게 해낼 수 있는 인내심 없이는 어떤 일도 완성하기가 어렵기 때문이다. 또한 어떤 위대한 성취를 하기 위해 필요한 재능, 아이디어, 마음과 신체 등을 완벽하게 연마하는 과정에서는 혼자서 고독을 버틸 수 있는 능력이 요구된다. 훌륭한 토성이 없이는 이처럼 필수적인 고독의 과정을 즐길 수가 없다. 이러한 연유로 인해 토성은 프라티타카르마(Pratitakarma, 인정받은 일)이라고도 불리고 있다.

2-8

라후와 케투(Rahu, Ketu)

베딕 점성학에서 다루고 있는 아홉 개의 행성 중에서 가장 무섭고 파워풀하면서 미스터리한 행성은 '라후와 케투'라고 할 수 있다. 그런데 라후와 케투는 다른 행성처럼 하늘에 육안으로는 확인할 수 있는 실체를 가지고 있지 않다. 그들은 단지 태양의 길과 달의 길이 서로 교차할 때 일어나는 일식과 월식 시에만 존재가 확인되는 수학적 포인트일 뿐이다. 태양과 달이 지구를 뒤로 하고 정확한 일직선으로 정렬하게 될 때 일식이 일어나며, 지구를 중간에 두고 정렬하게 될 때는 월식이 일어나게 된다. 라후와 케투는 항상 180도 간격으로 마주하고 쌍으로 움직이는 노드(Nodes, 길)로서 북쪽의 노드가 라후, 남쪽의 노드가 케투이다. 이들이 가진 막강한 힘은 하늘의 중심인 태양과 달, 두 개의 가장 중요한 행성이 이들의 노드 안에 들어서게 되면 사라져 버리고 만다는 상징에서 쉽게 추론할 수 있다. 실체가 없기 때문에 그림자 행성이라고도 부른다.

우리와 늘 함께 있지만 평소에는 존재감을 느낄 수 없는 그림자처럼, 차트에서 그들이 다스리는 영역은 우리들 영혼과 마음속에 가지고 태어난 어떤 것들, 그리고 앞으로도 늘 따라다니며 삶을 어떤 방향으로 나아가게 하는 숙업과 운명의 영역들을 나타낸다.

⊠ 라후와 케투의 탄생, 일식과 월식이 생기게 된 연유

라후와 케투는 원래 스바바누(Svabhanu)라는 이름을 가진 한 몸의 아수라였으나 은하(Ocean of Milk, 은하수)를 휘젓는 과정에서 로드 비슈누에 의해 머리와 몸이 따로 잘라져 머리 부분은 라후가 되고 몸 부분은 케투가 되었다.

인드라에게 분노한 리쉬 드바사가 내린 저주로 인해 데바들은 힘이 약해지기 시작했다. 그들이 가진 빛나는 광채, 영광, 부 등도 현저하게 줄어들어 갔다. 이러한 기회를 틈타 공격을 가한 아수라들에게 난파당한 데바들은 처절하게 망가지고 절망에 빠져 창조주 브라마에게 가서 조언을 구하였다. 그러자 브라마는 그들을 유지주 비슈누에게 보냈다. 비슈누는 찾아온 데바들에게 말했다.

"현재는 너희들의 적인 아수라들에게 더 유리한 시기이다. 시간이 다시 너희들에게 이롭도록 돌아올 때까지 참고 기다리는 수밖에 없다. 그러는 동안 너희는 아수라들과 평화조약을 맺어서 은하를 휘젓는 대사를 같이 할 수 있도록 하거라. 은하를 휘저으면 암리타(Amrita, 영생불로수의 넥타)를 얻을 수 있을 것이다. 암리타를 마시게 되면 너희들은 다시 번영하게 될 것이다."

암리타 넥타를 얻기 위해선 만다라(Mandara, '북극성'을 일컬음) 산으로 은하를 휘저어야만 했는데, 아수라들의 도움 없이는 불가능한 일이었다. 비슈누는 자기도 같이 도울 것이며 나중에 암리타를 얻게 되면 아수라들은 일체 가질 수 없도록 분명히 하겠다고 다짐했다. 그런데 대양을 휘젓는 동안 많은 보물들이 나올 것인데 아수라들이 원하는 것이면 뭐든지 다 양보해 주고 오로지 암리타만 얻는 데 집중하라고 비슈누는 데바들에게 주의를 주었다.

그리하여 데바들은 아수라들에게 평화협정을 제의하여 암리타를 공평하게 나눠가지겠다는 약속을 하고 그들의 도움을 동의 받을 수 있었다. 맨 먼저 만다라산을 대양으로 같이 옮기기 시작했는데 너무 무거워서 많은 데바들과 아수라들이 깔려 죽게 되었다. 그때 비슈누가 나타나서 산을 번쩍 들어 올려 대양으로 운반했다. 그리고 거대한 뱀들의 왕인 바수키(Vasuki)가 로프처럼 산 주변을 감았다. 로드와 데바들은 뱀의 머리 쪽으로 가서 손으로 잡았다. 그러자 아수라들은 화를 내며 뱀의 꼬리

쪽을 잡는 것은 자신들 위신에 떨어진다며 꼬리 쪽으로 가기를 거부했다. 그래서 로드는 아수라들이 머리 부분을 잡도록 허락해 주었다. 그렇게 같이 대양을 휘어 젓기 시작했는데, 얼마 지나자 산이 너무 무거워서 바다 밑으로 가라앉기 시작했다. 로드는 이런 일이 생겨날 줄 알고 있었다. 왜냐하면 대양을 휘젓는 거사를 시작하기 전에 먼저 로드 가네샤(Lord Ganesha)에게 축복을 염원하는 기도를 올릴 것을 잊었기 때문이었다. 로드는 바다 밑바닥으로 내려가서 거대한 거북이, 쿠르마(Kurma)로 모습을 바꿨다. 그리고는 산 밑으로 가서 등에 올린 뒤 바다 위로 떠올랐다. 하지만 소수만 이렇게 산이 가라앉고 또다시 떠오를 수 있었던 사실을 눈치 챈 가운데, 대양을 휘젓는 작업이 다시 계속되었다. 한편 로프처럼 감겨있는 자신의 몸이 계속 당겨지다 보니 뱀이 지치기 시작했다. 지친 뱀의 입에서 엄청난 불과 독가스가 뿜어져 나오자 머리 부분에 있던 많은 아수라들이 죽어갔다.

대양을 휘젓는 어려운 작업이 계속되는 동안 고귀하고 아름다운 많은 보물들이 바다에서 쏟아져 나왔다. 데바들은 오로지 아수라들이 원하지 않은 것들만 가져갔다. 마침내 디바인(Divine) 모습을 한 신인이 암리타 넥타가 담긴 호리병을 들고 대양 위로 떠올랐다. 그러자 아수라들은 재빨리 암리타를 낚아챈 후 달아났다. 그리고는 서로 먼저 마시기 위해 자기네들끼리 싸우기 시작했다. 데바들은 로드에게 하소연하였다. 로드는 데바들에게 걱정하지 말라고 안심을 시켰다. 그들이 암리타를 얻게 될 것이라고 이미 언약을 받지 않았던가.

그런 아수라들에게 모히니(Mohini)라는 이름의 여자가 홀연히 나타났다. 얼마나 아름다운지 아수라들은 싸움을 멈추고 넋이 빠져라 그녀를 쳐다보고 있었다. 아수라들은 암리타를 그녀에게 건네주면서 자기들 중 누가 제일 먼저 암리타를 마셔야 할지 결정해 달라고 했다. 그녀는 자신이 어떻게 분배를 하던 불평하지 않고 그대로 받아들이겠다고 약속을 해 주면 그러겠다고 말했다. 모히니의 아름다움과 황홀한 자태에만 눈이 먼 아수라들은 선뜻 동의를 했다.

사실 여인은 로드께서 위장한 모습이었다. 로드께선 아수라들이 잔인한 본성을 가지고 있기 때문에 암리타를 가져서는 안된다는 걸 알고 있었다. 여인의 모습을 한 로드는 데바들과 아수라들을 각각 다른 두 그룹으로 나눠 앉혔다. 그녀는 아름다운 미소와 사랑스러운 눈길을 모두 아수라들에게 던지며 현혹하는 동안, 한편으로는 몰래 데바들에게 암리타를 죄다 나눠주고 있었다. 그녀가 아수라들에게 씌운 주문은 지금 일어나고 있는 상황에 대해 아수라들이 제대로 깨닫지 못하게 막고 있었다. 그들은 여인이 가진 아름다움에 완전히 빠져서, 암리타에만 혈안이 되어 저토록 아름다운 여자도 안중에 없는 데바들이 너무나 딱하기만 했다. 그들은 데바들이 먼저 암리타를 마셔도 괜찮다고 생각하며 저렇게 아름다운 여자가 자신들을 속일 리는 없다고 확신했다.

그러나 그들 중에 스바바누(Svarbhanu)라고 하는 아수라는 다른 아수라들처럼 쉽게 속아 넘어가지 않았다. 그래서 데바의 모습으로 위장하고선 태양과 달 사이에 끼어 앉아 분배되던 암리타 한 모금을 받아 마셨다. 그런 스바바누의 진짜 정체를 알아챈 태양과 달은 로드에게 일러바치고 로드는 챠크라(Charkra, 비슈누 신의 무기)로 아수라의 머리를 즉각 잘라 쳐서 스바바누의 몸을 두 동강 냈다. 하지만 그는 벌써 암리타를 받아 마셨는지라 이미 영생불멸이 되어 있었다. 사실 은하를 휘젓는 일이 있기 오래 전에 창조주 브라마는 스바바누 아수라에게 행성이 되게 해주겠다는 분(Boon)을 내린 바 있었다. 그러한 사실을 알고 있던 로드는 고의적으로 스바바누가 암리타를 마실 수 있도록 한 것이었다. 이렇게 해서 잘려진 스바바누의 머리 부분은 라후(Rahu)가 되고 몸 부분은 케투(Ketu)가 되었다. 라후와 케투는 그때부터 자기를 고자질한 태양과 달에 대한 복수심을 계속 갖게 되었다. 그리하여 일식과 월식이 일어나는 동안 라후와 케투가 정기적으로 태양과 달을 '삼키게' 된 연유이다.

▨ 라후를 칭하는 이름

달의 북쪽 노드(Node)를 칭하는 가장 흔한 이름은 라후(Rahu, 붙잡는 이)이다. 식蝕들이 일어나는 동안 태양과 달을 붙잡는 데서 연유된 이름이다. 라후는 특히 달을 삼키는 것을 즐기기 때문에 비둠투타(vidhumtuda, 달을 못 살게 구는)라고도 부른다. 같은 조건하에서 달은 케투에게 삼키는 것보다 라후에게 삼키는 경우에 더욱 심한 어려움들을 만들어 내게 된다. 라후는 빛을 반영할 수 있는 실체가 없기 때문에 아구스(Agus, 빛줄기가 없는)라고 불리며, 타마(Tama, 어두움, 암울함)라고도 불린다. 이러한 이름은 출생 차트에서 우리가 무지한 어떤 영역을 나타내는 라후의 본성을 의미하고 있다.

라후는 뱀처럼 음흉하다고 간주되기 때문에 사파, 파니, 부장가, 부자가, 아히(Sarpa, Phani, Bhujanga, Bhujaga, Ahi)라는 뱀의 이름을 가지고 있다. 그러한 이름 중에서 파닌드라(Phanindra)는 뱀들 왕의 이름인데, 라후가 그냥 평범한 뱀이 아니라 아주 중요한 존재임을 나타내고 있다. 파닌드라는 천 개의 머리를 가진 위대한 뱀으로서 로드 비슈누가 잠들어 있을 때 그를 가리고 기대게 해 주는 신성하고 거대한 뱀 세샤(Shesa)와 동일한 인물이다.

라후는 또한 스바바누(Svarbhanu)라는 이름으로도 불린다. 앞의 이야기에서 비슈누에 의해 몸이 두 동강 난 아수라이다. 스바바누는 '빛의 공간'이라는 뜻을 가지고 있는데, 아마도 달이 회전하고 있는 공간을 의미할 수도 있다. 이 공간은 로드 비슈누의 유명한 무기인 수다르샤나 챠크라(Sudarshana Chakra)와 같은 것이다. 수다르샤나 챠크라는 태양의 궤도인 조디액을 의미한다. 반으로 잘린 스바바누는 각각 라후와 케투가 되었다. 라후는 원래 아수라였기 때문에, 아수라(Asura)라고도 불린다. 그렇지만 암리타 넥타를 마셔서 영생으로 되었기 때문에 다른 어떤 아수라들보다 더 파워풀하고 중요하다. 그렇지만 여전히 아수라로 칭해지고 있다.

라후를 좀 더 수준이 낮은 존재로 의미하는 두 개의 이름이 있다. 가타(Ghata, 파괴), 파타(Pata, 떨어지는)이다. 만약 출생 차트에서 라후가 안 좋게 위치하고 있으면, 이렇게 파괴를 시키거나 떨어지게 만드는 힘을 가지고 있다. 그는 우리가 원하는 것을 파괴할 수 있으며, 지위로부터 떨어지게 하고 은총을 잃고 몰락하게 만들 수 있고 또 절망 속에 떨어지게 할 수도 있다. 파타(Pata)는 또한 '내려오는'이라는 뜻도 가지고 있는데, 라후는 우리가 반드시 지상으로 내려와야 한다는 것을 나타내고 있다.

▨ 케투를 칭하는 이름

달의 남쪽 노드(Node)를 칭하는 가장 흔한 이름은 케투인데 '깃발'이라는 뜻이다. 같은 뜻을 가진 또 다른 이름은 드바자(Dhvaja)이다. 깃발은 우리가 정복한 어떤 영역을 의미한다. 케투는 출생 차트에 있는 깃발로서, 우리가 가까운 과거에 가장 활발하게 활동을 하였던 영역을 나타낸다.

케투는 라후처럼 실체가 없다. 그러므로 다른 행성처럼 빛을 반영할 수가 없다. 그러나 라후처럼 어둡게 만드는 역할은 거의 하지 않는다. 그리하여 라후처럼 어두운 이름보다는 두마(Dhuma, 연기가 낀, 안개가 낀)라는 이름과 두므라(Dhumra, 연기가 낀, 침침한)라는 이름을 가지고 있다. 케투는 머리가 잘려진 아수라 스바바누의 나머지 몸 부분이다. 그래서 푸차(Puccha, 꼬리)라고도 불린다. 스바바누가 잘려짐으로 인해, 비단 케투 뿐만 아니라 모든 혜성들이 스바바누의 몸 아래 부분에서 온 것으로 여겨지고 있다. 그리하여 쉬키(Shikhi, 꼬리가 달린 불길), 아날라(Anala, 불)이라고도 불리는데, 혜성들이 하늘에 불길처럼 나타나는 것을 의미한다.

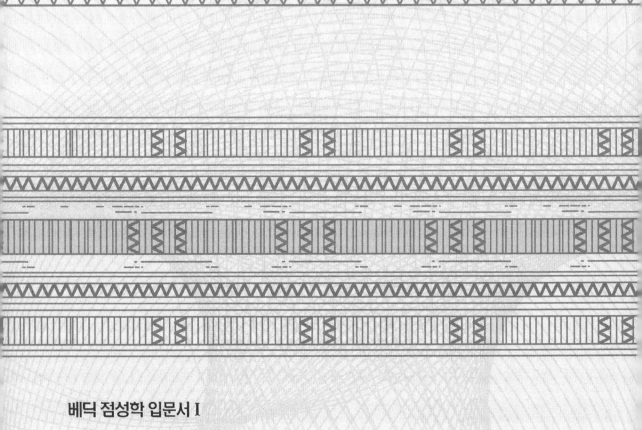

베딕 점성학 입문서 I

Vault of the Heavens

3

우리는
태양과 달의
후예들이다

'태양과 달은 왕족 행성으로서, 태양이 왕이고 달은 왕비이다. 화성은 군총지휘관
이다. 수성은 황태자이다. 목성과 금성은 대전각료들이다. 토성은 하인이다. 라후와
케투는 군대를 형성한다.'
 — BPHS

점성학에서는 태양과 달을 행성(Planets)이라고 부른다. 행성은 하늘에 떠 있는 물체로서
보통 고정되어 있는 별(stars)들과는 달리 일정한 주기를 가지고 자신의 궤도를 따라 계속해서
움직이고 있다. 우리가 살고 있는 지구도 행성으로서 태양계 내에서 세 번째에 위치하고
있다. 태양계에는 지구 외에 다섯 행성이 있는데, 수성, 금성, 지구, 화성, 목성, 토성의
순으로 이어진다. 이들 중에서 수성과 금성은 지구의 안쪽에 있기 때문에 '내행성(Inner
Planets)'이라고 하며, 화성, 목성, 토성은 바깥쪽에 있기에 '외행성(Outer Planets)'이라고
부른다.

달은 태양이 아니라 지구를 중심으로 돌고 있다. 점성학에서는 편의상 우주의 중심으로
태양이 아닌 지구를 두고 있다. 그리하여 태양도 하나의 행성으로 다루고 있으며, 달뿐만
아니라 다른 행성도 마찬가지로 지구 주변을 회전하고 있는 것으로 가정한다. 즉, 지동설이
아니라 천동설적인 관점에서 시작하는 것이다. 하지만 태양과 달은 '발광체' 행성이라는
점에서 다른 행성과 구분된다. 이들은 빛의 원천 체들로서 지구상의 낮과 밤을 결정하며,
옛날부터 하늘에 떠 있는 가장 중요한 물체들로서 신봉되어 왔다. 태양과 달은 인간이 가진
영적 의식과 직접 관련되어 있으며, 다른 행성은 영적 의식이 발현할 수 있는 물질적인 틀을
마련해 주는 역할을 하고 있다.

비단 점성학에서뿐만 아니라 역사적으로도 태양과 달이 인류의 일상생활과 깊은 연관을
가진 어떤 인간적 존재들로 여겨왔던 예들을 흔히 찾아볼 수 있다. 고대인들은 두 행성이
인간의 존재에 신비로운 영향을 미치고 있으며, 우리의 운명을 조정한다고 믿고 있었다. 또한
태양과 달은 우리의 조상들이나 영웅들 혹은 수호인들 같은 존재로서 사후에 하늘나라에
승천하여 이 땅에 살고 있는 후예들인 우리를 지켜보고 보호해 준다고 믿었다. 이러한
숭배적인 신화의 바탕에는 태양이 위대한 아버지이며, 달이 위대한 어머니라는 기본개념이
깔려 있다. 아주 오랜 시간 동안 사람들은 이들을 막강한 힘을 가진 생명체적 존재들로
여겨왔던 것이다.

이처럼 태양과 달은 서로 다른 성별을 가진 이성으로 여겨졌다. 태양은 아버지로서 남자이며, 달은 어머니로서 여자를 상징하는 것이 일반적이었다. 그러나 간혹 그렇지 않은 예들도 있었다. 예를 들면 호주에서는 달이 남자이고 태양이 여자로서 붉은 캥거루 가죽코트를 두르고 새벽에 나타나는 것으로 묘사하고 있다. 셰익스피어(Shakespeare)는 달을 '그녀'라고 칭하였으며 페루에서는 달을 어머니이면서, 태양의 아내이고 여동생이라고 믿었다. 동양의 여러 문화에서는 태양과 달을 남편과 아내 혹은 오빠와 여동생으로 여겼다. 그리고 많은 신화들에 따르면 그들의 결혼생활은 그다지 행복하거나 좋지 않았다고 한다. 그래서 계절이나 날씨의 변화들이 생기는 이유들이라고 믿었다.

베딕 점성학은 태양계라는 왕국에 대한 이야기들이다. 태양은 왕이고 달은 여왕이다. 수성은 왕자이며 화성은 로얄 패밀리를 보좌하고 왕국을 지키는 대장군이다. 목성은 영성과 종교, 철학을 담당하는 승직자이며, 금성은 내각을 관장하는 대수상이다. 토성은 온갖 궂은일을 담당하는 하인이며, 라후와 케투는 왕국 밖에 살고 있는 아웃 카스트들이다.

이러한 태양계가 대우주라고 한다면, 지구상에 살고 있는 우리들은 모두 하나의 소우주에 비유할 수 있다. 대우주와 소우주는 서로를 반영하고 있다. 그리하여 태양계라는 대왕국은 출생 차트라는 소왕국과 서로 상호관계에 있는 것이다. 태양은 자체 발광하는 빛의 원천으로서 영원한 생명의 근원, 즉, 우주의식을 상징한다. 출생 차트에서 태양은 이러한 우주의식에서 나온 아트만(atman), 즉, 우리의 영혼을 나타낸다. 달은 뜨거운 태양 빛을 받아 영양분이 가득한 소마(Soma) 주스로 전환시켜 지구상의 생명들에게 일일이 나누어 주는 개체 의식을 상징한다. 그래서 달은 우주의식의 반영인 지바(Jeeva), 즉, 우리의 개인의식인 마음을 나타낸다. 다른 행성은 개인의 의식이나 마음을 보좌해 주는 역할을 하는 다단계적 심층 의식분야를 나타낸다. 점성학의 출생 차트는 태양과 달의 후예들인 우리들 각자의 소우주에 대한 다양한 이야기를 담고 있다고 할 수 있다. 하늘에 있는 태양과 달의 원래 모습은 한결같고 불변하지만, 그들의 빛이 언제 어디에 비춰지고 어떻게 담기느냐에 따라 사용할 수 있는 용도나 형상화되는 모습들도 아주 달라진다. 그렇지만 거대한 태양계가 눈에 보이지 않는 어떤 강력한 세력으로 인해 어떤 분명한 조화를 이루며 유지되고 있듯이, 다양한 형태의 이야기들로 나타나는 개인들의 출생 차트 이면에는 이러한 우주적 세력과 연결된 막강한 태양과 달의 힘이 받쳐 주고 있는 것이다.

그리하여 태양의 길과 달의 길이 만나는 자리에서 바로 '나'라는 개인들이 모인 지구상에서의 역사가 시작된다. 태양의 길은 계절을 형성하고 달의 길은 조류를 형성하면서, '일, 월, 년' 이렇게 시간의 흐름을 같이 이끌어 가고 있다. 그러한 흐름 속에, 수많은 생명들이 태어나고 또 사라진다. 마치 거대한 대양의 무수한 파도처럼 끊임없이 밀려오고 또 밀려나가고 있다. 우리의 영혼은 도대체 어디에서 시작되었고 어디에서 끝이 나는지 아무도 알지 못한다. 단지 지금 이 순간에, '나'라는 의식으로 이 육체 안에 존재하고 있다는 사실 하나만은 명백할 뿐이다. 그러므로 살아 있는 동안, 각 개인은 최대한 행복하고 충족된 삶을 누릴 수 있어야 함이 아주 중요하다. 삼국지에서 제갈공명은 구름이 흐르는 방향, 나뭇가지나 풀의 움직임, 바람의 소리 등에 귀를 기울임으로써 자연의 기류를 파악하고 전쟁을 승리로 이끌 수 있었다. 마찬가지로, 하늘과 땅이 만나는 순간에, 나의 출생장소에서 포착된 찰나적 우주적 흐름은 '나'라는 사람의 삶이 가진 기류를 잉태하고 있다. 이러한 흐름을 잘 파악하여 승리의 게임으로 만들 것인지 아닐지는 '운명運命'의 힘에 달려있다. 운명이란 영혼과 의식의 조합에서 흘러나오는 자연적 기류, 생각이나 이지가 아닌, 마음을 통해서 가만히 귀를 기울여야만 들을 수 있는 행성의 아주 미세한 속삭임이다. 그러한 속삭임들을 더 잘 파악하면 할수록 자신이 원하는 대로 운명의 흐름도 성공적으로 이끌어 갈 수 있을 것이다.

우리는 태양과 달의 후예들이기에, 선조들에 대해 더 잘 이해할수록, 주어진 삶이나 끊임없이 흐르고 있는 운명적 힘도 더 조화롭게 잘 이끌어 갈 수 있을 것이다. 이어지는 내용은 태양과 달, 그리고 개인의 삶의 길에 대한 전반적인 흐름을 파악하는데 도움이 될 기본적인 윤곽이라고 할 수 있다.

3-1

태양의 길 - 조디액(Zodiac)

▨ 조디액이란?

태양이 왕국을 한 차례 회전하는 데 일 년이라는 시간이 소요된다. 이러한 태양의 길은 이클립틱(ecliptic)이라고 부르며 조디액(Zodiac)의 중심에 놓여있다. 지구를 둘러싼 커다란 천구를 가상적으로 그렸을 때 조디액은 천구 한가운데 놓인 약 18도 정도 넓이의 벨트와도 같다. 이클립틱은 이러한 조디액 벨트의 중심을 가로지르는 가상의 선이다. 그리고 천구는 북극성을 기준으로 하여 지구를 둘러싸고 있는 360도 가상의 대원형(Great Circle)이다. 조디액 벨트는 천구의 적도에서 약 23도 28분 각도로 동서방향으로 기울어진 채로 놓여 있으며, 삼십도씩 열두 개 등분으로 나누어져 산양자리(Aries), 황소자리(Taurus), 쌍둥이자리(Gemini), 게자리(Cancer), 사자자리(Leo), 처녀자리(Virgo), 천칭자리(Libra), 전갈자리(Scorpio), 인마자리(Sagittarius), 악어자리(Capricorn), 물병자리(Aquarius), 물고기자리(Pisces) 등의 이름이 붙여져 있다.

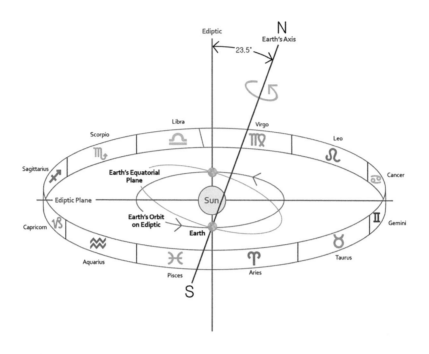

　　그런데 이러한 조디액 사인(Sign)의 이름은 실제 별자리들이 아니라, 조디액을 30도씩 열두 등분하면서 편의상 각 구간에 이름을 붙인 것에 지나지 않는다. 우리가 태어나면 다른 사람들과 분간하기 위해 각자의 이름이 붙여지는 것과 같다. 그러나 산양자리, 황소자리 등, 조디액 구간의 이러한 이름은 실제 별자리들과는 전혀 다른 별개의 것이다. 별자리들은 태양이 지구 주변을 회전하고 있는 길, 즉, 조디액의 뒤 배경에 속하는데 천문학상으로 산양자리, 황소자리 하는 식으로 이루어진 별자리들의 그룹은 없다. 이들은 단순히, 지구를 회전하고 있는 태양과 달, 그리고 일곱 행성의 위치를 추적하는 데 사용하기 위한 구간 표시 마크와 같은 것이다.

　　베딕 점성학에서는 조디액을 기준으로 태양을 비롯한 다른 여덟 행성의 위치를 계산하고 겹으로 스물일곱 낙샤트라(별자리)를 따라 행성의 위치를 같이 계산한다. 다음 장에서 자세히 다루겠지만, 달의 길인 스물일곱 낙샤트라가 바로 천구가 놓여 있는 하늘의 배경, 별자리들이다. 이러한 낙샤트라들은 고대 인도 천문학에서 사용한 별자리 이름인데, 서양 천문학에서 사용하는 별자리 이름과 상당한 일치한다.

▨ 사이더리얼 베딕 점성학과 서양 점성학의 차이

베딕 점성학이 유래된 인도에서는 현재 사이더리얼(Sidereal) 점성학이라는 학파가 주류를 이루고 있다. 사이더리얼 점성학에서는 낙샤트라들을 각자 일정한 범위(13도 20분)로 나누어서 조디액 벨트 내에 위치가 고정되어 있다고 가정한다. 첫 번째 낙샤트라 아쉬위니의 시작점과 산양자리의 시작점을 같이 출발시키는 것이다. 총 27개의 낙샤트라가 있으니, 13:20 × 27 = 360도, 총 12개 자리들이 있으니, 30:00 × 12 = 360도가 같이 맞아 떨어진다. 그래서 마지막 낙샤트라 레바티는 열두 번째 물고기자리와 같은 점에서 끝난다.

하지만 실제로 하늘에 고정되어 있는 것은 아무 것도 없다. 태양을 비롯한 우주의 모든 물체들은 항상 움직이면서 끊임없이 변화하는 과정에 있다. 행성만 움직이는 것이 아니라 모든 별들도 계속해서 움직이고 있다. 그러나 별들은 행성에 비해 상대적으로 움직임의 정도가 미세하기 때문에 사이더리얼 점성학에서는 낙샤트라들이 천구 내에서 고정되어있다는 관점에서 시작하고 있는 것이다. 낙샤트라는 달이 지구를 중심으로 회전하고 있는 '길'을 나타내는데, 모든 낙샤트라들을 한 번 회전하는데 음력으로 약 한 달의 시간이 소요된다. 달의 신화에서 보았듯이 낙샤트라들은 모두 달의 아내들이며, 하루에 한 아내씩 돌아가며 방문해야 하는 달의 이야기와 연관이 있다. 달은 4번째 모히니 낙샤트라만 편애하다가, 장인 닥샤의 저주로 인해 한 달 중에 절반은 커지고 절반은 지게 되는 주기를 가지게 되었던 것이다.

서양에서 주류를 이루고 있는 트로피칼(Tropical) 점성학 혹은 서양 점성학은 별자리들은 무시한 채 태양의 움직임만을 중심으로 하고 있다. 그래서 '솔라 점성학(Solar Astrology)'이라고도 부른다. 지구상에는 태양의 움직임으로 인해 뚜렷한 사계절의 구분이 일어나게 된다. 매년 3월 21일경에 태양이 조디액의 첫 사인(Sign)인 산양자리에 들어오면서 춘분이 일어난다. 그리고 한 달을 주기로 다음 사인으로 계속하여 옮겨가고 있다. 네 번째 게자리에 들어오면 하지가 되며, 일곱 번째 천칭자리에서 추분이 되며, 열 번째 악어자리에서 동지가 된다. 동지는 태양이 북쪽을 향해 상향을 시작하는 시점이며, 하지는 남쪽을 향해 하향을 시작하는 시점이다. 동지와 하지는 밤과 낮의 길이가 달라지는 시점이며, 춘분과 추분은 같아지는 시점이다. 이렇게 태양이 열두 개 사인을 모두 회전하는 데는 일 년이란 시간이 걸린다. 그리하여 오늘날 전 세계가 공통적으로 사용하고 있는 시간의 단위는 일

년이라는 태양의 주기를 기준으로 하고 있다. 이러한 태양의 움직임을 기준으로 하는 서양 점성학에서는 전통적으로 태양을 포함한 일곱 행성과, 원거리 행성(천왕성, 해왕성, 명왕성)을 함께 다루고 있다. 반면 동양에서 사용하는 음력의 개념과도 비슷한 낙샤트라들을 서양 점성학에서는 다루지 않는다. 낙샤트라들은 베딕 점성학만의 독특한 시스템이다.

여기에서 사이더리얼 점성학계와 서양 점성학계 사이의 관점차이가 생기게 되었다. 두 점성학이 서로 유사한 점성학 용어들을 사용하고 있지만, 각자 적용하고 있는 기본 구조는 확연하게 다르다. 태양과 달의 길을 같이 사용하는 사이더리얼 점성학에서는 두 행성의 운행 기준들이 분명히 다름에도 불구하고 같이 묶어서 사용하고 있다. 사이더리얼 시스템에서는 천구를 북극성에다 기준으로 하여 열네 번째 낙샤트라인 치트라(Chitra)에다 고정을 시킨다. (마치 둥근 공이 구르지 않도록 한 점에다 고정시켜야 하는 이치와 같다.) 그래서 사이더리얼 점성학은 치트라파샤(Chitrapaksha) 시스템 이라고도 부른다. 그러나 북극성은 약 25,600년마다 위치가 움직이고 있으며, 별자리들은 매 1,000년마다 약 3도 정도씩 움직이고 있다. 그래서 치트라 낙샤트라의 정확한 위치는 약 A.D 500년경에는 일치하였다가 현재는 약 2~4도 정도 오차가 있다. 이러한 오차로 인해 현재 인도에서 태양의 북쪽 상향시기를 실제 동지보다 약간 늦게 치르고 있다. 현재 인도에서는 태양이 악어자리에 들어오면서 시작되는 북쪽 상향 시기, 즉, 동지를 12월 22일경보다 약 3주 정도 늦은 1월 중순경에 치르고 있다. 한편, 태양의 길만을 사용하는 서양 점성학에서는 태양계 밖에 있는 원거리 행성은 사용하면서 정작, 지구상의 조류를 형성하는데 직접적인 영향을 미치고 또 생명들에게 가장 밀접한 영향을 미치는 달의 영향은 거의 무시하고 있다. 그리하여 두 점성학이 모두 오차의 범위들을 가지고 있는 것이다.

▨ 트로피칼 베딕 점성학과 Mr. 언스트 윌헴(Ernst Wilhelm)

이러한 두 점성학 시스템의 오차를 발견한 이가 Mr. 언스트 윌헴(Ernst Wilhel)이다. 그는 원래 서양 점성학자였다가 이후에 베딕 점성학자로 전환하였다. 그는 태양의 길인 조디액과 달의 길인 낙샤트라들을 각자 분리하여 계산한다. **행성은 태양의 길인 조디액을 따라 운행하지만 달의 길인 낙샤트라들은 조디액이 아니라 지구를 중심으로 회전하고 있기 때문이다. 그리고 천구를 북극성이 아니라 은하계 센터를 향해 정렬하여**

열아홉 번째 물라(Moola, 뿌리) 낙샤트라에 고정을 시킨다. 물라 낙샤트라는 여섯 번째 아드라(Ardra, 촉촉한)로부터 180도 정면으로 마주하고 있으며, 두 낙샤트라는 은하계센터로부터 일직선상으로 위치하고 있다. 아드라 낙샤트라는 하늘에서 가장 밝은 오라이언(Orion)별자리의 바로 옆에 위치하고 있는데, 고대 베딕 신화를 좀 더 깊이 연구해 보면 아드라 낙샤트라가 가장 중요한 낙샤트라로 다루어지고 있었음을 알 수 있다. 그런데 근대에 이르러서는 그러한 지식이 잊혔거나 감추어져 있었다. 그런데 윌헴은 지금껏 베일에 가려져 있던 고대 인도의 천문학과 수학의 코드를 깨뜨리고 현대 베딕 점성학에 내재하고 있던 오차를 극복할 수 있었다. 이십여 년이 넘는 시간 동안 동서양의 모든 점성학들을 깊이 연구하고 실습한 그는 번역본에 의지하는 기존 베딕 점성학자들과는 달리 본인이 직접 산스크리어를 익혀서 원어로 된 점성학 고서의 코드를 깨뜨리는 데 성공할 수 있었기 때문이다. 그리하여 현재 시중에 번역되어 있는 점성학 관련 주요 고대 문헌들을 모두 재해석할 수 있었을 뿐 아니라, 컴퓨터 전문 프로그래머인 인도인 아내와 공동 작업을 해 천문학이나 수학상으로 정확한 계산을 할 수 있는 베딕 점성학 전문 소프트웨어 '칼라 프로그램'도 창조하였다. 동시에 나사(NASA) 천문학 부서와의 공동연구를 통해 베딕 신화 내에 코드 형식으로 감추어져 있던 은하계의 신비를 확신한 후, 마침내 새로운 관점의 **트로피칼 베딕 점성학(Tropical Vedic Astrology)**을 증명할 수 있게 되었다.

이러한 그의 연구로 인해, 일반 사람들이 별자리 이름으로 이해하고 있던 산양자리, 황소자리 등 열두 개 자리들은 실제로 하늘에 있는 별자리들이 아니라, 태양의 길인 조디액을 열두 등분하여 각각 이름을 붙인 것에 지나지 않는다는 지극히 기본적인 사실도 주목 받을 수 있었다. 그리하여 별자리와 조디액은 서로 별개라는 확연한 사실에도 불구하고 기존 사이디리얼 점성학에서 같이 접합을 시키고 있는 오차를 천문과학적인 증명을 통해 극복할 수 있었다.

◼ 별개의 의식을 가진 낙샤트라(별자리)와 조디액

낙샤트라는 고대 힌두 천문학에서 유래된 별자리로서 근대 천문학상 별자리들과 위치나 이름과 유사한 점이 많다. 그러나 달의 길이기 때문에, 태양의 길을 나타내는 조디액과 같이 병렬하여 움직일 수가 없다. 그리스 신화들이 별자리에 얽힌 이야기와 많은 연관이 있듯이, 베딕 신화들을 살펴보면 낙샤트라도 모두 신격화가 되어 지구상 생명체들 삶에 아주 밀접한 연관이 있다. 그래서 낙샤트라들은 '하늘'이라는 우주적 인물, 살아 있는 거대한 생명체의 일부분이라고 할 수 있다. 이러한 낙샤트라들 위를 회전하는 달의 움직임으로 인해 지구상에는 조류가 형성되고 식물들이 자랄 수 있게 된다. 그러나 조디액은 낙샤트라처럼 신격화 되지도 않았고 사람들이 숭배를 올리지도 않는 무의식 상태의 길에 지나지 않는다. 이처럼 평소에는 무의식 상태로 있는 태양의 길에 '의식'을 상징하는 태양이나 다른 행성이 들어서게 되면 비로소 그러한 구간들이 생명력을 부여 받아 조디액은 활성화가 되는 것이다. 그렇게 활성화가 된 조디액을 나타내는 것이 바로 출생 차트(Horoscope)이다. 나라는 생명체가 태어나기 전까지는 잠재적으로 있던 우주의 힘들이 내 삶에서 활성화가 되는 즉 생명을 가지게 되는 이야기를 담고 있는 차트인 것이다.

베딕 점성학에서는 조디액 구간들을 '라시(Rasis)'라고 부른다. 그 뜻은 '30도 범위'라는 것으로서, 단순하게 '조디액을 양분한 더미'들을 나타낸다. 달의 길인 낙샤트라들과는 직접적인 연관성이 없다. 마치 하늘이 옷을 두 겹으로 입고 있는 모습으로 비유하면 아마 더 이해하기 쉬울 것이다. 약 1,500년 전에는 태양이 산양자리에 있는 첫 번째 아쉬위니 낙샤트라에 들어올 때 춘분이 일어났다. 즉, 두 겹 옷의 처음 단추들 위치가 서로 일치하고 있었던 것과 같다. 그러나 조금씩 이동하고 있는 별자리들(춘분점의 진행, The procession of equinox)의 움직임으로 인해, 현재는 태양이 산양자리에 들어올 때 일어나는 춘분점이 1번째 아쉬위니에 떨어지는 것이 아니라, 27번째 레바티 낙샤트라와 일치하고 있다. 더 이상 같은 위치에서 첫 단추가 정렬되지 않고 있는 것이다. 그런데 사이더리얼 점성학에서는 태양의 옷 두 번째 단추를 달의 옷 첫 번째 단추에 억지로 끼워놓고 전체적 모양새가 반듯하다고 주장하고 있는 것과 비슷한 입장이다.

그리하여 현재 사이더리얼 점성학에서 계산하는 조디액의 위치는 실제 트로피칼 조디액(Tropical Zodiac)과 약 23도 48분 정도 차이가 난다. 이러한 조디액 각도의 차이를 '아야남샤(Ayanamsa)'라고 하는데, 많은 점성학자들이 각자 다른 아야남샤 계산법을 사용하고 있는 실정이다. 그리하여 인도 정부에서는 다양한 종교 문화적 행사를 위한 기일들을 산출할 때 생기는 혼란과 분쟁을 막기 위해, 공식적으로 '치트라팍샤 아야남샤(Chitrapaksha Ayanamsha)'만을 인정하고 있다. 이러한 치트라팍샤 아야남샤에 따른 조디액의 계산법으로 인해, 현재 인도에서는 태양이 북쪽으로 상향을 시작하는 동지를 12월 22~23일보다 실제 동지보다 약 삼 주 정도 늦은 1월 14~15일 경에 경축하고 있는 이유이다.

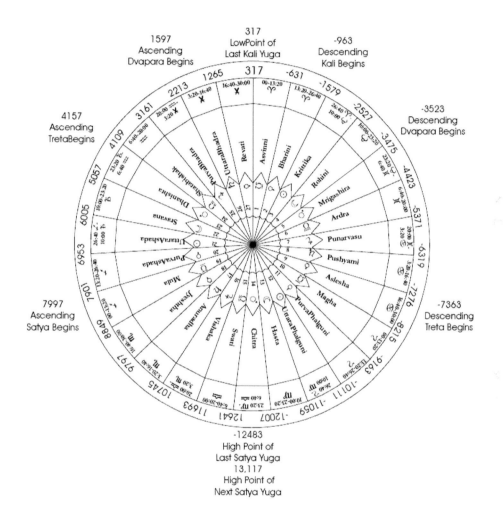

317
LowPoint of
Last Kali Yuga

1597
Ascending
Dvapara Begins

-963
Descending
Kali Begins

4157
Ascending
TretaBegins

-3523
Descending
Dvapara Begins

7997
Ascending
Satya Begins

-7363
Descending
Treta Begins

-12483
High Point of
Last Satya Yuga
13,117
High Point of
Next Satya Yuga

▨ 조디액은 비슈누의 환생

"눈에 보이지 않는 비슈누, 자나르다나(Janardana)는 시간의 모습을 취하고 있다.
그의 신체부분들은 무의식상태로 있는 라시들로써 산양부터 시작된다."   — BPHS

베딕 신화에서 비슈누는 신(God)의 절대적인 면을 나타낸다. 비슈누는 우주 전체의 모습으로 환생하여 자신 안에 우주만물의 모든 것을 포함하고 있는 유지주이다. 그는 이러한 환생을 시간(Time)의 개념을 통해 하게 되는데, 천문학적으로는 조디액을 의미하고 있다. 조디액은 **칼라루파**(Kalarupa, 시간의 모습), 그리고 **칼라푸루샤**(Kalapurusha, 시간이 인물화된)라고 알려져 있다. 비슈누를 **자나르다나**(Janardana)라고 칭할 때는 '인간을 자극시키는 두려움과 걱정을 일으키는'이라는 의미를 가지고 있다. 비슈누가 조디액의 모습을 취할 때는 무의식적인 상태, 깊은 잠에 빠진 상태에 있다. 행성은 비슈누가 의식적인 상태로 환생한 모습이다. 이들은 의식을 가진 생명체들로서 무의식 상태로 있는 조디액 영역들에 대한 주도권들을 쥐고 있다. 그리하여 그들은 라시들의 로드(Lord)들이 되는 것이다.

• 라시들의 로드십(Lordship)

물고기:목성	산양:화성	황소:금성	쌍둥이:수성
물병:토성			게:달
악어:토성			사자:태양
인마:목성	전갈:화성	천칭:금성	처녀:수성

그러므로 점성학을 공부하고자 하는 것은 사실상 비슈누 혹은 신(God)을 공부하고자 하는 것이다. 비슈누가 조디액이며, 또 행성이기도 하기 때문이다. 다시 말하면 조디액과 행성은 비슈누라는 신의 절대적인 면이 창조 세계의 모든 것으로 환생한 것이기 때문에, 점성학을 공부하는 사람들은 삶과 세상의 모든 것을 신의 일부로 볼 수 있게 된다. 그래서 점성학은 '베다의 눈, 죠티쉬(Jyotish)'로 알려져 있으며 점성학 공부를 통해 우리가 진리를 볼 수 있게 해 준다. 비슈누가 주재하는 행성은 수성이다. 만약 차트에서 수성이 영적인 삶의 영역에 영향을 미치게 되면, 수성은 차트 주인에게 비슈누의 개념을 이해할 수 있는 능력을 준다. 그리고 점성학의 공부는 세상에서 일어나는 모든 일들, 모든 것, 모든 사람들에서 신을 볼 수 있도록 도와준다. 그래서 점성학도들이 점성학을 공부하는 이유가 흥미롭기 때문에, 그리고 자신의 철학적, 종교적 욕구를 충족시켜 주기 때문에 계속하는 것이라면, 순전히 미래를 알거나 예측하기 위해 공부하는 사람들보다 훨씬 많은 보상을 얻을 수 있게 된다.

▨ 라시들의 자질과 특성들

"산양, 황소, 쌍둥이, 게, 사자, 소녀, 저울, 전갈, 활, 악어, 물병, 그리고 물고기 순으로 라시들이 이어진다. 머리, 얼굴, 두 팔, 가슴, 복부, 골반, 골반의 삼각부, 음부, 엉덩이, 허벅지 정강이, 발 등의 순서로 머리는 산양 라시 등 이렇게 진행된다."

— BPHS(4장 라시의 특성, 4절과 5절)

♓ Pisces Meena	♈ Aries Mesha	♉ Taurus Vrishabha	♊ Gemini Mithuna
♒ Aquarius Kumbha			♋ Cancer Kataka
♑ Capricorn Makara			♌ Leo Simha
♐ Sagittarius Dhanus	♏ Scorpio Vrischika	♎ Libra Thula	♍ Virgo Kanya

조디액을 공부하는 데 있어, 열두 개 라시들의 이름이 가진 상징을 먼저 이해하는 것이 가장 중요한 과정이다. 라시의 이름이 유래된 동물이나 상징을 깊이 연구하게 되면, 그러한 라시들이 가진 깊은 의미들도 실타래처럼 풀어질 수 있기 때문이다. 이어지는 설명은 라시들을 보다 쉽게 파악하고 이해하는데 도움이 되기 위해 이들이 가진 다양한 자질과 특성들을 이야기 형식으로 푼 것이다('행성의 품위'에 관한 보다 상세한 정보는 '하늘의 금괴, 제6장' 참조).

· 산양 라시(Aries - Mesha): 머리

> "붉은색이고 몸집이 크며, 네 발을 가졌고 밤에 씩씩하며, 동쪽에서 살고 있다. 왕들의 친척이며 바위가 많은 곳에서 움직이며 라자스로 차 있다. 뒷부분부터 올라오며, 불같은 이가 화성이 다스리는 산양이다."

산양 라시는 화성의 물라트리코나 라시이며, 태양이 고양의 품위를 얻고 토성이 취약의 품위를 얻는 라시이다. 산양 라시는 '머리 부분'에 해당하며 가장 이상적인 사인이다. 산양은 머릿속에 있는 대로 행동한다. 머리는 우리의 모든 생각, 아이디어, 지성 등이 있는 곳이다. 산양 라시는 뛰어난 사고력을 준다. 우리의 정신적 힘과 지성은 모두 머리에 있다. 수성은 정보에 뛰어난 지성을, 목성은 지혜와 창조지성을 나타내는 행성이다. 그러나 태양은 최고 지성을 나타내는 행성이기 때문에 지성적인 산양 라시에서 고양의 품위를 획득한다. 차트에서 태양이 약한 사람들은 생각할 수 있는 능력이 부족하다.

우리는 머리에서부터, 우리가 실현하고자 하는 이상적인 생각과 아이디어에 대한 영감을 받는다. 산양은 머리 부분에 뿔이 나 있다. 뿔이 난 자리는 영적인 눈, 제 3의 눈이 있는 곳으로 우리가 직관과 영감을 받는 곳이다. 아수라들은 머리에 뿔이 나 있다. 뿔은 '디바인 의식'을 상징하는데 양미간 사이에 있는 영성의 눈, 제3의 눈이 있는 곳에서 자란다. 그러므로 머리에 뿔을 가진 아수라들이 원래는 디바인 혈통이었음을 말해 준다. 산양은 머리 부분이 두드러지게 크며, 몸은 상대적으로 작다. 그래서 산양은 영성의 잠재성을 가지고 있으며, 산스크리트어 **람**(Ram, 산양)은 영적인 환경을 의미한다. 머리는 '의식'을 보는 곳이다. 그래서 태양이 산양 라시에서 최고의 품위를 획득하게 되는 것이다. 다른 행성은 산양 라시에서 역량을 잘 발휘하지 못한다. 그러나 태양은 자신이 영성 자체인 행성이기 때문에 산양 라시에서 역량을 최고로 발휘할 수 있게 된다. 산양은 산이나 언덕 같은 어려운 환경에서 잘 지내고 모험을 즐기며, 항상 다음의 모험, 어려운 일 등 다양한 것을 성취하기 위해 돌진한다. 화성에게 아주 적합한 기질이기 때문에 산양 라시는 화성이 근본적 원동력을 제공받는 물라트리코나 라시이다.

머리는 또한 우리가 집중력을 발휘하는 곳이기도 하다. 그러므로 산양 라시는 이상적이고 집중하고 있다. 단순히 머릿속에 있는 생각들대로 행동해야 한다는 것을 알고 있으며, 또 그렇게 함으로써 쉽게 기쁨을 느낀다. 시선 안에 들어오는 어떤 것을 향해 뿔이 난 머리를 들이대고 돌진하는 산양들의 무리를 우리는 상상해 볼 수 있다. 혹은 칠흑같이 어두운 밤에 높은 산의 바위 위에서 홀로 달빛을 받고 있는 산양의 모습도 쉽게 떠 올릴 수 있다. 이처럼 산양은 고적함을 즐기는 동시에 무리로 움직이는 동물이다. 산양 라시인은 가족이나 친구, 사랑하는 사람들과 함께 보내는 것을 즐기며, 모험 성향이 강하다. 산양들은 가는 곳마다 먹이나 풀을 하나도 남기지 않고 죄다 먹어버리는 동물이다. 그래서 산양 라시인들은 미래에 대해 걱정하지 않는 경향이 있으며 늘 현재에 살고 있다. 항상 다음의 모험거리를 찾아다니며, 높은 산을 타는 것을 무척 즐긴다.

태양은 불변하는 우리의 영혼, 아트만(Atman)을 나타낸다. 지구의 자전 현상으로 인해 밤과 낮이 일어나지만, 날마다 태양이 떠오르고 사라지는 듯이 보인다. 하지만 사실 태양은 언제나 그 자리에서 머물며 강렬한 빛을 발사하고 있다. 우리의 영혼도 마찬가지다. 시시각각 변하는 마음의 작용에 의해 영혼은 가려지기도 드러나기도 한다. 하지만 우리의 내면에 있는 영혼, 아트만은 불변하며 항상 같은 자리에서 빛나고 있다. 그러한 아트만을 태양이 상징하고 있다. 태양이 산양 라시에 들어오게 되면 새로운 시작, 춘분이 일어난다. 아트만에 잠재되어 있는 내면의식이 가장 활발하게 가능성을 발현할 수 있게 하는 곳이 산양 라시이다.

· 황소 라시(Taurus - Vrisha): 얼굴

"흰색이며 금성이 다스린다. 길고 네 발을 가졌으며 밤에 강하다. 남쪽 형이고 마을에서 살며, 상인이다. 토속적이고 라자스이며 뒷부분부터 올라오는 이가 황소이다."

황소 라시는 금성의 오운 라시이며, 달이 고양의 품위를 얻는 라시이다. 황소 라시는 '얼굴 부분'에 해당한다. 얼굴은 거의 모든 감각기관들이 위치하고 있는 곳이다. 황소 라시는 쾌락을 즐길 수 있는 능력을 부여한다. 감각기관이 하는 주작용은 주변의 위험을 감지하여 우리에게 경고음을 울리는 것이다. 그리하여 우리가 살아 있도록 해 준다. 더 중요한 것은 얼굴은 입과 코를 포함하고 있다는 사실이다. 입으로 우리는 영양분을 섭취한다. 코를 통해 생명의 가장 필요한 요소인 공기를 들이마시게 된다. 그러므로 황소 라시는 우리를 돌봐주고 살아 있게 해 주는 본질적으로 가장 중요한 것들을 나타낸다. 황소 라시인들은 다른 이들을 부양하거나 먹여 살리는 것을 좋아하며, 평화로운 본성을 가졌다. 또한 부지런하고 참을성이나 인내심이 강하고 만족을 잘하며 행복한 사람들이다.

편안하고 사치스러운 것을 좋아하는 황소 라시는 금성이 주관한다. 황소 라시는 다른 사람들을 돌봐주거나 먹여 살리는 것을 무척 즐기기 때문에 달이 가장 편안함을 느낀다. 달이 가장 편애하는 로히니 낙샤트라가 있는 곳이기도 하다. 그래서 달은 황소 라시에서 고양의 품위를 얻게 된다. 달은 우리의 마음, 개인성을 나타낸다. 달이 하는 일은 '성장'이다. 성장하기 위해선 물질적인 것들이 필요하다. 황소 라시에 있는 달은 다른 사람들을 위해 뭐든지 다 해 주고 베풀고 싶어 한다.

· **쌍둥이 라시(Gemini -Mithuna):** 두 팔

"앞부분부터 올라오며 곤봉과 루트를 들고 있는 커플이다. 서쪽이고 공기형이며 두 개의 발을 가졌다. 밤에 강하고 마을에서 돌아다니며 바타이다. 몸집은 보통이고 풀 색깔을 한 이가 수성이 다스리는 쌍둥이다."

수성이 관장하는 쌍둥이 라시는 '두 팔 부분'에 해당한다. 팔은 온갖 일을 다 하는 신체다. 팔은 우리의 자유 의지를 행동으로 표현할 수 있도록 해 주며 주변에 있는 것들을 사용해 일을 하고 또 뭔가를 이루어 낼 수 있도록 해 준다. 그래서 쌍둥이 라시는 자신이 하고자 하는 일을 하는 사람을 나타내는 라시이다. 쌍둥이 라시는 다양한 재질과 능력들을 부여하며 창조해 낼 수 있는 도구들을 제공해 준다. 또한 BPHS에는 나타나 있지 않지만, 쌍둥이 라시는 목과 일곱 개 경부 척추들을 다스리기도 한다. 팔을 양 옆으로 벌리고 서 있는 사람을 상상해

보면 두 팔과 목은 같은 영역에 속한다는 것이 분명해진다. 목은 우리가 머리를 이리저리 돌리는 것을 가능하게 해 준다. 그래서 바로 눈앞에 있는 것에만 한정할 것이 아니라 주변을 두루두루 살펴서 다른 가능성들도 고려할 수 있게 해 준다. 이처럼 쌍둥이 라시는 주어진 변수들을 연구하고 시험도 할 수 있게 하는 능력을 주기 때문에 깊은 연구나 실험 등을 하는 데 좋으며 다양한 재능이나 재주들도 뛰어난 라시이다. 그래서 수성이 전적으로 주관하며 고양의 품위를 얻는 행성이 아무도 없다.

쌍둥이 라시는 '쌍둥이'가 아니라 '커플(곤봉을 들고 있는 남자, 루트를 들고 있는 여자)'을 나타내며 연인들이나 서로 포옹을 하고 있는 남녀를 상징한다. 그리고 본질적인 이중성을 의미하기도 한다. 곤봉은 파괴적인 힘을 나타내며 루트는 악기로서 창조성을 나타내는데, 이 둘이 서로 가까이서 껴안고 있기 때문이다. 그래서 쌍둥이 라시는 가장 위험하고 잔인할 수도 있으며 동시에 아주 창조적이고 명석할 수도 있는 라시이다.

· 게 라시(Cancer - Karka): 가슴

> "핑크색이고 물에서 움직이며 브라민이다. 밤에 씩씩하고 움직이는 다리가 많으며 맵집 있는 몸을 가졌다. 사트바로 차 있으며 물기가 있고 뒷부분부터 올라오는 이가 달이 다스리는 게 라시이다."

달이 관장하는 게 라시는 목 아래와 횡격막 윗부분 사이의 '가슴'을 나타낸다. 가슴은 우리가 감정을 경험하는 곳이다. 산스크리트어로 가슴은 흐릿(Hrit)이다. 심장 혹은 가슴은 '느낌과 감정의 자리'라는 의미를 가지고 있다. 폐도 가슴 부분에 속한다. 만약 어떤 격한 감정이 일어날 때 우리는 먼저 호흡의 변화부터 경험하게 된다. 그러므로 게자리는 감정들을 경험하는 곳일 뿐만 아니라 감정에 대한 반응들을 보이는 곳이기도 하다. 게 라시와 산양 라시를 비교해 본다면, 게 라시는 우리가 감정을 경험하고 감정에 대한 반응을 '보이는' 곳이다. 반면에 산양 라시는 우리가 떠오르는 영감을 경험하고 생각들에 대한 반응을 '하는' 곳이다. 산양 라시에서의 영감들은 집중을 하도록 만드는 반면, 게 라시에서의 감정들은 변화와 적응을 할 수 있게 한다. '마음이 바뀌었다'라는 유명한 말이 이러한 게 라시의 특성을 잘 표현하고 있다. 산양 라시와 게 라시는 같은 유동적 그룹에 속하는 라시들로써 서로 앵글의 위치에 있기 때문에 이처럼 항상 서로에게 영향을 미친다. 그래서 산양이 먼저 어떤 아이디어를 떠올리게 되면, 나중에 게가 어떻게 느끼는지 아이디어가 마음에 드는지 아닌지 고려해 보고 만약 맘에 들면 그러한 아이디어를 생각으로 옮기고 맘에 안 들면 행동으로 옮기지 않는다.

게 라시인들은 물건들을 모으는 것을 좋아하며 자신이 가진 소유물들과 동일시한다. 게는 강한 껍질이 있어 겉으로는 세 보인다. 그러나 안의 살들은 아주 부드럽다. 연약한 내면을 스스로 보호하기 위해 강한 척하는 것이다. 그들은 자기 의식을 하는 경향이 있다. 싹싹하고 사랑스러워 보이지만 그러나 안으로는 아주 세다. 게들이 옆으로 걷는 것처럼 그들은 간접적인 행동방식을 가지고 있다.

목성은 게 라시에서 고양의 품위를 얻는다. 목성의 지혜가 가장 큰 기쁨을 느낄 수 있는 곳이다. 지혜의 목적은 행복을 주기 위한 것이기 때문이다. 목성이 산양 라시에 있으면 생각을 더 잘하게 하고 명석하게 만든다. 그러나 게 라시처럼 행복하게 해 주지는 않는다. 지혜가 있는 사람들은 어디에 있건 설령 다른 사람들이 불행하게 느낄 상황에서도 항상 행복할 수 있는 이유를 찾을 수 있다. 그래서 목성은 게 라시에서 가장 행복하다.

· 사자 라시(Leo - Simha): 복부

> "사자는 태양이 다스리고 사트바이며 네 발을 가졌다. 또한 크샤트리샤이고 나무숲 속에 살고 있으며 앞부분부터 올라온다. 몸집이 크고 바이올렛 색깔이며 동쪽 형이다. 그리고 낮에 씩씩하다."

태양이 관장하는 사자 라시는 '복부'를 나타낸다. 복부는 생명을 유지하는데 중요한 장기들이 있는 곳이다. 사자 라시는 생동력을 나타낸다. 우리가 가진 모든 힘들이 사자 라시에서 온다. 먹은 음식으로 힘을 얻게 해 주는 장기(위, 간, 신장, 췌장, 비장 등)가 있는 곳이기 때문이다. 특히 신장은 기본 체력을 담당하고 있는 장기이다. 그러므로 사자 라시는 소화력만 담당하는 것이 아니라, 자존감이나 자신감처럼 개성 있는 힘도 나타낸다. 신체에서 가슴 부분은 우리의 모든 중요한 장기들을 담고 있을 뿐만 아니라, 우리가 '공허함'을 느끼게 되는 영역이기도 하다. 그래서 우리가 '뭔가 허전하다'라는 표현을 할 때 손으로

배를 어루만지게 된다. 그리고 위는 우리가 알고 있는 가장 공간적인 장기, 우리가 먹을 때 채워지는 구멍이다. 허전함을 느끼면 뭔가로 채우고 싶은 욕망이 일어난다. 그래서 사자 라시는 충족시키고 싶은 욕구와 충족을 느낄 수 있는 능력을 나타낸다. 우리는 공허하게 살기보다는 품위 있게 삶을 살 수 있을 때 가장 뿌듯함을 느낀다. 사라 라시에 있는 행성은 목적하는 바를 달성하기 위해 차곡차곡 채워가게 만든다. 만약 목성이 있으면, 지식과 지혜로 채우고 싶어 하며 금성이 있으면 사랑과 자부심 그리고 생동력으로 채우고자 한다.

사자는 자신의 영역 안에 앉아 조용히 지켜보고 있는 왕이다. 자신이 가진 것으로 충분히 행복하며 산양 라시처럼 그다지 모험적이지 않다. 대신에 자신의 영역을 지키고 관리하는 것을 좋아한다. 새로운 영역을 정복하는 것을 좋아하지만 군이 찾아 나설 필요를 느끼지는 않는다. 사자 라시는 근본적으로 만족스러운 상태에 있지만, 필요할 때면 일어나서 새로운 영역으로 확장시킬 수도 있는 파워풀한 능력을 스스로 가지고 있다. 그래서 태양이 전적으로 주관하는 사자 라시에서는 고양의 품위를 얻는 행성이 아무도 없다.

· 처녀 라시(Virgo - Kanya): 골반

> "산 속에 살고 있는 이가 여자아이 라시이며 낮에 힘이 주어진다. 앞부분부터 올라오며 몸집이 보통이다. 두 개의 발을 가졌고 곡식과 불을 들고 남쪽에서 움직이며 바이샤이다. 깨끗하거나 투명하며 폭풍과도 같고 젊다. 또한 타마스와 연관이 있으며 어린이들 사이에 있고 수성이 다스린다."

처녀 라시는 '골반' 부분을 나타내는데 엉덩이 뼈 윗부분부터 대퇴골이 들어가는 곳까지를 말한다. 이 부분은 대·소장이 있는데 살찐 사람들은 이 부분의 배부터 나오는 경향이 있다. 골반은 몸이 정화하는 데 가장 중요한 장기와 대장이 있는 곳이다. 그러므로 처녀 라시는 정화하는 일을 나타내는데, 동시에 가장 쉽게 게을러질 수 있는 곳이기도 하다. 처녀 라시는 '흙'으로서 육체적 면에 대해 많은 신경을 쏟는다. 그리고 흙처럼 지긋하게 감정적인 무게나 고통을 감당할 수 있는 능력도 가지고 있다. 또한, 대장大腸처럼 고된 일을 하고 어떤 것이든 정화를 할 수 있는 능력이 있기에 깊은 연구나 실험을 하는데도 아주 적합하다.

척추의 허리 부분도 처녀 라시에 속한다. 영어로 '럼바(lumbar) 영역'이라고 하는데, 아픈 몸을 질질 끌고 다닌다는 '럼버링(lumbering)'이라는 표현이 유래된 단어이다. 처녀 라시는 조디액에서 6번째 사인(Sign)으로서, 지연이나 어려움들을 나타내는 6번째 하우스와 같은 의미다. 그래서 어떤 행성이든 처녀 라시에 있으면 질환을 앓을 가능성이 크다. 척추 아래의 영역은 사람들이 대부분 많은 건강 문제를 겪고 있는 곳이다. 몸에서 가장 중요한 정화작용이 이루어지고 있기 때문이다. 신장도 우리 몸을 정화하는 작용을 하지만 대·소장처럼 꼼꼼하게 하지는 않는다. 사실상 소변은 마셔도 아프지 않지만, 대변은 가장 독소가 심각한 배설물이기 때문에 잘못 먹으면 죽을 수도 있다. 대·소장은 몸에서 가장 중요한 기능인 소화를 담당하는 장기이다. 그래서 자연 치료를 할 때, 만약 건강에 어떤 문제가 생겼더라도 대·소장이 잘 작용하고 있으면 그냥 아픈 것을 견디어 내는 것이 정화를 위해 최선의 방법일 수도 있다. 하지만 대·소장이 잘 작용하지 않고 있으면 병이 깊어질 수도 있으니 적절한 치료를 해야 한다.

처녀 사인의 상징은 꼬리 부분이 안으로 묶여서 아직 잠자고 있는 쿤달리니 에너지를 상징한다. 이러한 에너지는 첫 성경험으로 깨어나게 된다. 처녀 라시는 순수함의 상징이며 젊고 생동력이 넘친다. 산스크리트어로 처녀 라시는 '칸야(Kanya)'인데 '숫처녀'라는 뜻이 아니라 사춘기 전의 어린 소녀를 의미한다. 그러므로 처녀 라시는 삶의 철학에 의해 아직 오염이 안 된 어린아이의 순수한 의식 상태를 나타낸다. 세상의 어떤 것들에 대해 옳고 그름을 매기는 것은 이성의 작용에 의해 생겨난다. 처녀 라시는 삶을 있는 그대로 감사하는 순수함을 나타낸다. 어린 소녀의 삶이 그러하듯 아주 영적인 라시이다. 어떤 형태로든 바로 눈앞에 있는 신(God)을 볼 수 있는 능력을 가지고 있다.

처녀 라시는 수성이 관장하고 있다. 이지를 다스리는 수성은 처녀 라시에서 고양의 품위를 얻는다. 반면에 금성은 처녀 라시에서 취약의 품위를 얻는다. 처녀 라시는 무거운 짐을 지고 어려운 일들 해내는 라시이기 때문에 편안하고 안락함을 추구하는 금성에겐 썩 내키지 않는다. 수성은 금성처럼 결과에 대한 기대 없이, 일하는 자체에 더 큰 의미를 느끼는 행성인지라 처녀 라시에서 고양의 품위를 얻게 되는 것이다.

처녀 라시는 삶에서 그저 참고 견디는 것 외엔 다른 방도가 없는 일들을 나타낸다. 궁극적으로 삶이란 신이 환생한 모습인지라, 어려운 일을 누가 하든(내가 하든지 네가 하든지) 아무런 차이가 없다. 모두 신이 신의 일을 하는 것에 지나지 않기 때문이다. 처녀 라시는 그러한 자세를 가지고 있으며 수성이 이겨낼 수 있도록 도와준다.

그러나 금성은 그런 식으로 통하지 않는다. 금성은 편안함과 가치를 추구하는 행성이다. 어떤 일을 하든지 할 만한 가치가 있어야 한다. 그렇지 않으면, 충족을 느낄 수 없다. 그러나 처녀 라시는 고된 일을 상징하는 곳인지라 금성에게는 편안하지가 않다. 만약 카르마 요가라면, 결과에 집착함이 없이 단순히 해야 할 일을 하는 것에만 집중하는 처녀 라시가 아주 적합하다. 이해력을 주는 수성은 내가 이 일을 하든, 저 일을 하든 궁극적으로 별반 차이가 없다는 사실을 알게 해 준다. 자신이 하는 일에 대해 아무런 보상도 기대하지 않고 완전히 집착하지 않을 수 있는 능력을 준다. 수성은 이러한 이해를 통해서만 유일하게 위안을 느낄 수 있다. 그래서 금성이 추구하는 편안함이나 가치성은 처녀 라시에게 잘 맞지 않는다. 처녀 라시에겐 몇 시간씩 TV앞에 앉아 넋을 빼는 것이나 땅을 갈면서 정신을 뺏는 것이나 별반 차이가 없다. 양쪽 행위가 모두 시간을 채우기 위해 사용되었다는 점에서는 같기 때문이다. 그래서 처녀 라시인들은 일반적으로 행복하기 어렵다. 우리 신체 부분에서 다른 부분은 아파도 쉽게 치유가 가능하지만, 허리 아래쪽이 아프면 낫기가 아주 어렵다. 금성은 아픈 것을 낫게 하거나 재생시키는 행성이다. 그렇지만 처녀 라시에서는 제대로 작용할 수가 없다. 쉽게 재생시키기가 어렵기 때문이다. 그래서 금성은 처녀 라시에서 취약의 품위를 얻게 된다.

· 천칭 라시(Libra - Tula): 골반의 삼각형

> "앞부분부터 올라오며 낮에 힘이 넘친다. 푸른색이며 라자스가 주어졌다. 또한 서쪽 형이며 땅에서 움직이며 죽이거나 파괴하며 수드라이다. 몸집이 보통이며 두 개의 발을 가졌다. 금성이 다스린다."

천칭 라시는 '골반의 삼각형' 부분을 나타낸다. 그 안에는 방광과 대장의 마지막 부분인 직장直腸이 들어있다. 직장은 방광의 맨 윗부분부터 시작하여 항문까지 계속 되는 부분이다. 다섯 개의 척추 뼈가 함께 뭉쳐진 천골 엉치뼈 부분도 천칭 라시에 속한다. 방광과 직장은 우리 몸에서 원하지 않는 것을 내보내는 하수구 문과도 같다. 방광과 직장 안에 들어 있는 내용물은 몸에 아무런 도움이 되지 않으므로 밖으로 내보내야 한다. 반면에 천골 엉치뼈를 나타내는 'sacrum'은 라틴어로 '신성한 뼈'라는 의미다. 가장 신성하거나 가치 있는 것을 상징한다. 천골 엉치뼈는 다섯 개의 척추가 함께 뭉쳐져 있다. 그러므로 천칭 라시는 무엇을 놓아야 할지 또 무엇이 바람직한지 못한지를 본질적으로 알고 있으며 가치 있는 것들은 지킬 줄도 아는 능력을 나타낸다. 이러한 자질은 천칭 라시인을 아주 성공적인 사업가로 만들어 주며 최상의 결정을 내릴 수 있는 능력을 준다. 또한 천칭 라시는 우리가 희생을 치를 용의가 있는 어떤 신성한 것들을 나타낸다.

금성은 편안함, 행복, 충족을 얻기 위해서 필요한 일들을 하도록 하고 또 죽은 것을 재생시키는 행성이다. 금성이 주관하는 천칭 라시는 '저울을 들고 있는 남자'의 상징으로 나타낸다. 물라트리코나 라시로서 금성이 정력이나 생동력을 얻게 되는 라시이기도 하다. 건강하게 무병장수할 수 있기 위해선 기나 정력을 잘 보존해야 하는 것이 중요하다. 천칭 라시가 손상된 사람들은 문란한 성생활, 음식이나 약물 중독 같은 무분별함으로 정력을 낭비하게 된다. 저울이 상징하듯 천칭 라시는 두 개를 놓고 양쪽에 대한 적절한 평가를 내릴 수 있는 능력을 준다. 어떤 것이 가치가 있고 어떤 것이 노력하고 희생할 가치가 있는지 혹은 없는지 등의 선택을 두고 저울질하게 만든다.

우리는 노력한 만큼 혹은 노력하지 않는 만큼 정당한 대가를 받게 된다. 그리하여 결과적으로는 모든 것이 공정하게 된다. 만약 유명한 뮤지션이나 운동선수가 되고자 한다면, 하루에 몇 시간씩 몇 년 동안 고된 연습을 하면서 무명의 시간을 보내는 대가를 치러야만 한다. 천칭 라시가 손상된 사람들은 그만큼 가치가 없다고 여겨서 노력을 하지 않게 된다. 그래서 원하는 사람이 될 수 없다. 노력을 쏟을 가치가 있다고 여기는 사람은 노력한 만큼 그에 응당한 가치, 원하는 사람이 될 수 있다. 그래서 토성은 천칭 라시에서 고양의 품위를 얻는다. 인내력을 나타내는 토성은 엄청난 고통을 감당할 수 있는 능력을 가지고 있다. 하지만 이러한 인고의 대가로 결국에는 최종 승리자로 만들어 준다.

· 전갈 라시(Scorpio - Vrischika): 음부

> "몸집이 작고 많은 발을 가졌으며 브라민이다. 구멍 안에 있으며 북쪽에서 지낸다.
> 낮 동안 힘이 넘치고 오렌지색이며 물과 땅에 드러나 있고 거센 털이 많으며 아주
> 날카롭게 튀어나온 이가 화성이 다스리는 전갈이다."

전갈 라시는 밖으로 '돌출된 성기'를 나타낸다. 외부의 충격으로부터 막아주거나

강화시키는 뼈도 없는 취약한 장기 부분이다. 마찬가지로 성기의 나머지 부분도 예민하다. 그래서 전갈 라시는 '취약함'을 나타내며 취약한 것들을 보호하고자 하는 의도를 의미한다. 전갈 라시는 자신의 취약성에 대해 아주 잘 인식하고 있다. 그래서 뭐든지 취약하고 보호받을 필요가 있는 것들은 전갈 라시로 상징된다. 어떤 행성이든 전갈 라시에 있으면, 우리가 취약하게 느끼는 대상, 영역 등을 의미한다.

또한 전갈 라시는 '곤충'이다. 곤충은 생태계를 통틀어 가장 오래 살아남을 수 있었던 부류이다. 한 번 문 것은 절대로 놓지 않을 만큼 집요하기도 하다. 그런데 전갈은 다른 곤충들과는 달리, 살기 위해서 죽일 수도 있는 곤충이다. 공격적이지는 않지만 살아남아야 할 필요가 있을 땐 죽이는 것도 마다하지 않는다. 암컷 전갈은 알을 낳은 뒤 새끼들을 먹이기 위해 수컷 전갈을 죽인다. 그들은 더 위대한 어떤 것을 위해 큰 희생을 감행할 수 있다. 이들은 새끼들을 지키기 위해 행복하게 죽을 수도 있다. 전갈 라시는 가치 있다고 여기는 어떤 아이디어나 목표를 위해서는 엄청난 희생도 마다하지 않을 능력을 가지고 있다.

전갈은 구멍 안으로 들어가 숨는 것을 좋아하며 생명을 유지하는 데 아주 적은 양의 영양분만 필요하다. 그래서 적게 먹으며 필요한 것만 유지하는 경향이 있다. 또한 사적이며 섬세한 신경계와 대체로 작은 체구를 가졌다. 전갈 라시는 조디액의 8번째 라시로서 8번째 하우스가 상징하는 초자연적인 신비적 성향도 가지고 있다. 달은 전갈 라시의 첫 3도 내에서 취약의 품위를 얻는다. 섬세한 행성인 달은 섬세한 사인(Sign) 전갈 라시에 있을 때 지나친 감정적 기복을 경험하거나 예민해진다.

· 인마 라시(Sagittarius - Dhanus): 엉덩이

> "뒷부분부터 올라오는 이가 목성이 주재하는 활의 인사이다. 사트빅이며 황금색이고 밤에 씩씩하며 불과 같고 크샤트리아이며 앞에는 두 개의 발이, 뒤에는 네 개의 발이 있다. 몸집이 보통이고 활을 쥐고 동쪽에 서 있으며 대지 위에서 움직이며 브라마가 화려하게 만들어 주었다."

인마 라시는 '엉덩이'를 나타낸다. 엉덩이는 사람의 신체에서 가장 큰 근육들이 있는 곳이며 몸의 거의 모든 움직임을 책임지고 있다. 과학자들에 따르면 인간이 다른 동물들에 비해 단한 가지 신체적 장점이 있다면, 바로 엉덩이 근육이다. 인간에게는 세상의 어떤 동물들보다 하루에 가장 먼 거리를 갈 수 있는 능력이 있다. 짧은 거리에서는 동물이 인간을 능가하기도 하지만 긴 마라톤일 경우에는 사람이(건강하고 적절한 체력의 사람이면) 어떤 동물도 이길 수 있으며 더 많은 거리를 갈 수 있다. 엉덩이 근육은 우리 몸을 움직이게 하는 주요 부분이기 때문에 인마 라시가 다스리는 것처럼 삶의 방향과 목적에 대한 책임을 가지고 있다. 사람이 가진 삶의 목적은 장기적이며 구체적이다. 반면에 다른 동물들이 가진 목적은 즉각적이고 본능적이다. 그러므로 인간은 엉덩이 근육이 더 잘 발달되었으며 어떠한 경주에서든 다른 동물보다 훨씬 길게 계속할 수 있는 능력이 있다. 유명한 사이클 선수나 축구선수들은 공통적으로 아주 발달된 엉덩이 근육을 가지고 있다.

또한 인마 라시는 꼬리뼈를 다스린다. 꼬리뼈는 네 개의 척추 뼈가 함께 뭉쳐진 것이다. 꼬리가 하는 역할은 움직일 때 균형을 잡아주는 일이다. 사람이 가진 꼬리뼈는 짧으며 육체적 균형을 잡는 데 아무런 효과도 없다. 그러나 '균형'이라는 아이디어에 대한 상징을 의미하고 있다. 사람이 가진 목표는 어떤 더 큰 위대한 목표와 균형을 이루고 있어야 한다는 아이디어를 상징한다. 그러므로 인마 라시는 우리가 가진 철학과 믿음을 나타내는데, 균형을 이루도록 항상 체크하는 역할을 한다.

인마 라시의 상징은 활에서 화살을 당기고 있는 반인반마의 모습이다. 활은 목표를 꿰뚫기 위한 무기이다. 목표를 달성하기 위해, 과녁하고 있는 어떤 것을 향해 보이는 집중력을 나타낸다. 그들은 먼 미래를 내다보며 무슨 일이 일어날지 정확하게 볼 수 있기 위해 겨냥하고 있다. 그리고 아무리 나쁜 상황에 있더라도 늘 어떤 희미한 희망을 찾기 위해 노력한다. 그들은 항상 미래의 어떤 목표, 어떤 잠재성을 향해 앞을 내다보고 있다. 인마 라시는 장기적인 목표를 주며 어떤 행성이던 인마 라시에 있으면 목표지향적이 된다.

· 악어 라시(Capricorn - Makara): 허벅지

"토성이 다스리며 타마스이며 토속적이며 남쪽 형이며 밤에 씩씩하며 뒷부분부터 올라오며 몸집이 크고 얼룩지거나 다색이며 물기 있는 곳에 움직이며 앞에는 네 개의 발을 가졌으며 뒤에는 발이 없으며 늪에서 사는 이를 짐작한다."

악어 라시는 '허벅지' 부분을 나타낸다. 산스크리트어로 허벅지는 '자누(Janu)'이다. 그런데 종종 '무릎'으로 잘못 번역되어 사용되었다. 무릎은 허벅지 뼈와 정강이를 연결하는 단순한 마디일 뿐이다. 악어 라시는 무릎의 일부인 허벅지 뼈의 아랫부분까지 다스린다. 무릎의 나머지는 정강이의 윗부분까지인데 물병 라시에 의해 다스려진다. 몸의 움직임을 가만히 살펴보면 마치 허벅지가 모든 일들을 다하는 것처럼 보인다, 그러나 사실은 엉덩이 근육이 거의 모든 일들을 다하고 있다. 허벅지는 엉덩이 근육이 피곤을 느끼기도 전에 훨씬 먼저 지쳐버린다. 허벅지 근육은 비록 일을 그다지 많이 하지도 않지만, 엉덩이 근육보다 훨씬 약하고 또 작동하는 방식이 그다지 효과적이지 못하기 때문이다. 마찬가지로 악어 라시는 마치 자신이 모든 일들을 다하는 것처럼 믿고 있으며 어떤 일어난 일들에 대한 책임이 있다고 생각한다. 사실은 그런 게 아니라 단지 '노력'에 대한 고충만 느끼고 있을 뿐인데 그들은 깨닫지 못하고 있다.

그래서 어떤 행성이든 악어 라시에 있으면, 자신이 가진 모든 아이디어나 자신이 하는 일, 결과 등에 대해 아주 집착하게 된다. 하지만 악어 라시는 음성 라시, 즉 수용적인 자리이다. 조디액에서 10번째에 있는 라시로서 카르마(행위)를 나타내는 라시이기도 하다. 그래서 자신의 행위와 결과에 대해 지나칠 정도로 집착하는 경향이 짙다. 하지만 '카르마'는 '행위' 자체를 의미하는 것이지 '결과, 열매'를 의미하지는 않는다. 그런데 악어 라시에 있는 행성은 마치 자신들이 모든 일을 다 하는 것처럼, 자신이 하는 일과 결과에 대해 너무 연연하게 된다. 비록 그들이 모든 일을 다 하는 것이 아닌데, 마치 혼자서만 다하는 것처럼 생각하기 때문에, 결과적으로 실망하게 되는 경향이 있다. 결핍 의식을 느끼고 과중한 책임 의식에 시달린다. 사실상 그들이 지고 있는 책임 때문이 아니라, 책임이 있다고 지나치게 '생각'하느라 지치게 된다. 자전거 페달을 움직이는 일은 허벅지가 아니라 엉덩이가 다 하고 있는데, 허벅지에 해당하는 악어 라시는 마치 자신이 다하고 있는 양 안간 힘을 쓰다가, 금방 지쳐서 포기해버리는 상황과 비슷하다. 손상된 악어 라시는 사람들을 세상에서 가장 불행하고 괴롭게 한다. 세상의 온갖 어려운 일들을 자신이 다 하고 있는 것처럼 착각하기 때문이다.

마하바라타 이야기에서 적의 우두머리였던 두료다나(Duryodhana)는 자신이 하는 행동들이 당연히 왕위를 가져다줄 것이라고 생각했다. 삶이 어떤 것을 가져다줄지는 모두 자신에게 달려 있다고 믿었다. 그러나 아무리 애를 쓰고 별 수를 다 써도, 왕위는 여전히 판다바스(Pandavas, 정의의 오형제)의 장남에게 속했다. 온갖 방법을 다 동원해도 자신의 것이 되게 할 수가 없었다. 신체적으로 엄청나게 강했던 두료다나는 허벅지 뼈가 부서졌을 때야 비로소 패배하게 되었다. 이 이야기가 상징하는 바는 자신이 일에 대한 책임을 가지고 있으며, 삶이 자신의 계획한 바에 따라가게 할 수 있다고 믿었다는 것을 나타낸다.

악어 라시도 두료다나와 비슷하게, 자신이 계획했던 대로 일이 잘 되지 않을 때 극도의 좌절감을 경험한다. 그들은 카르마 요가(Karma Yoga)의 첫 번째 정신을 익혀야 한다. 우리에게는 행동을 할 권리만 있지 행동의 결과에 대한 권리는 없다. 우리가 하는 즉각적인 행동들이 삶을 다르게 만들어 주는 것이 아니라, 신(God)이 우리를 위해 계획한 바에 따라 일어나고 있을 뿐이라는 사실을 깨달아야 한다. 그러므로 우리가 할 수 있는 최상의 방법은 무슨 일이 일어나든 그저 신에게 의탁하고 우리는 단순히 눈앞에 놓인 의무를 아무런 집착이나 기대도 없이 이행하기만 하는 것이다. 그렇게 어떤 일을 하든지 그에 따르는 열매에 대해서는 초연할 수 있다. 이것이 바로 카르마 요가의 첫 번째 정신이다. 이러한 카르마 요기(Karma Yogi, 카르마 요가를 행하는 사람)의 정신을 익히지 않는 한, 악어 라시는 계속하여 좌절을 경험하게 될 것이다.

삶의 목적은 행위가 가져오는 열매가 아니라, 행위를 한다는 자체에 있으며 행복과 기쁨도 행위에서 얻어진다. 만약 악어 라시가 이러한 사실을 깨달을 수 있다면 행복할 것이다. 악어 라시는 산양 라시나 천칭 라시처럼 유동적이다. 천칭 라시는 어떤 일을 할 가치가 있는지를 저울질하는 자리다. 악어 라시는 우리가 카르마를 행하는 자리, 어떤 일을 이루기 위해 행위를 해야 하는 자리이다. 그러나 일이 제대로 이루어질지 어떨지 하는 것은 아무도 모르고 확언할 수도 없다. 그래서 행위의 결과에 대해 걱정하며 행위를 조작하려 하기 보다는 그저 행위를 하는 데만 집중하면 되는 것이다.

악어는 보통 수줍음이 많다. 그들은 먹을 때만 제외하고 대부분의 시간을 땅이나 물에서 가만히 엎드려 있고 필요할 때만 행동을 한다. 반면에 산양 라시는 필요할 때만 행동한다는 것을 도무지 생각조차 할 수 없다. 그들은 늘 현재의 순간에 살고 있기 때문이다. 그러나 악어 라시가 산양 라시처럼 현재의 순간에 살고자 한다면 아주 불행하게 느끼게 된다. 그들은 정면 대립하는 것을 좋아하지 않는다. 적과 싸워서 이기거나 상대를 죽이는 데 그다지 능숙하지도 못하다. 단지 위험이 닥쳤을 때 스스로를 보호하기 위해 싸울 뿐이다. 전투의 행성인 화성은 악어 라시에서 고양의 품위를 얻는다. 화성은 언제나 어려운 일들을 해내기 위해 덤빈다. 화성이 가진 이러한 충동성은 악어 라시의 느긋함에서 가장 효과적인 저력으로 발휘될 수 있다.

· 물병 라시(Aquarius - Kumbha): 정강이

> "쿰바는 항아리를 들고 있는 남자이며 피부가 짙은 갈색이다. 보통 몸집이며 두 개의
> 발을 가졌다. 낮에 씩씩하며 물 한가운데 서 있으며 공기형이다. 앞부분부터 올라
> 오며 타마스이며 서쪽 지역에서 지내고 있고 태양의 아들이 주재하고 있다."

물병 라시는 '정강이'를 나타낸다. 정강이는 허벅지를 통해서 나오는 힘을 발로 연결해서 안정과 균형을 잡을 수 있도록 중간 역할을 한다. 그래서 정강이라는 이름이 붙여졌다. 악어 라시와 허벅지는 위에서 설명한 대로, '뭔가를 하고 행동하는 것에 대해 가진 아이디어'를 나타낸다. 다음 부분에 자세한 설명이 이어지겠지만, 물고기 라시와 발은 이해력을 잃는 것을 나타내며 그리고 궁극적인 진리를 이해할 수 있는 능력을 나타낸다. 그러므로 물병 라시와 정강이는 우리가 하는 행동과 이해하는 것 사이에서 다리 역할을 한다. 어떤 일을 하고자 함에 있어, 왜 우리가 그러한 일을 하는지 혹은 하려고 하는지를 알면서 행위를 할 수 있으려면, 먼저 건강한 개인성부터 갖추어야 할 필요가 있다.

과연 얼마나 많은 사람들이 자신이 하는 행동을 진정으로 이해하고 있는가? 우리는 좋은 일을 한다고 생각하지만, 사실은 아주 이기적인 동기를 가지고 있음을 얼마나 자주 깨닫게 되는가? 어떤 이유로 무슨 일을 한다고 생각하다가 사실은 완전히 다른 이유로 동기가 유발된 것임을 깨닫게 되는가? 다른 사람들을 위해서 한다고 생각하지만, 사실은 모두 우리 자신을 위해서 하는 것이다. 배우자를 위해서, 자녀들을 위해서 혹은 부모님, 사회, 국가를 위해서 한다고 생각하지만, 사실은 자신을 위해서 하는 행위인 것이다. 어떠한 식으로든 자기몰입에 빠지거나 결여를 느끼거나 어떤 다른 사람을 위해서 혹은 어떤 더 큰 목적을 위해서 행위를 한다고 생각하면, 사실상 우리들의 행동 뒤에 있는 진짜 동기를 이해하지 못하고 있는 것이다. 그리하여 계속해서 보상이나 보충 심리로 부족한 부분을 대신 채우려 들게 된다.

이렇게 물병 라시는 우리가 자신의 행동들을 얼마나 진정으로 이해하고 있는 가를 결정한다. 물병 라시의 상징은 '빈 물병을 어깨에 들고 있는 남자'이다. 심리적인 라시로서, 채워야 할 의식이지만 비어있음을 상징하고 있는 것이다. 물병 라시는 우리가 자신의 개인성에 대해 얼마나 안정적인지를 나타낸다. 자신의 개인성에 대해 안정적인 사람, 자신이 가진 장단점을 모두 받아들이고 강함이나 약함도 모두 받아들인 사람, 오직 그러한 사람만이

자신이 왜 어떤 일들을 하려고 하는지 진정으로 이해할 수 있다. 반면, 자신의 개인성에 대해 불안한 사람, 스스로를 있는 그대로 받아들이지 않은 사람은 언제나 부족한 느낌을 가지게 될 것이다. 그리고 늘 이러한 부족함을 보상하려고 들 것이다. 이러한 보상을 하려고 할 때, 그들은 사실 속으로는 어떤 특정한 것을 원하지만 겉으로는 전혀 다른 어떤 것을 원하는 척하고 있다는 것을 전혀 깨닫지 못한다.

물병 라시는 심리적인 전쟁을 나타내는 사인이다. 영적인 의식, '모든 것이 하나'라는 의식으로부터 분리시키는 대신에, 결여 의식이나 고립, 차별 의식을 가지게 해서 자신에 대한 관점을 왜곡시키도록 만든다. 그리하여 물병 라시는 심리적인 콤플렉스를 나타낸다. 세상에 살다 보면 어떤 사람들은 다른 사람들보다 더 많이 가졌고 더 재능이 뛰어나며 더 잘생기고 아름다우며 그리고 어떤 사람들은 남들로부터 빼앗아 가곤 하는 일 등이 불가피한 현실이다. 물병 라시는 그러한 세상에 사는 데서 가지게 되는 콤플렉스들을 나타낸다.

물병 라시는 또한 휴머니스트 사인이다. 물병 라시는 '나'라는 의식으로부터 자유로워질 수 있는 능력을 내재하고 있다. 그들이 심리적으로 좀 더 건강해지고 나약한 개인성에서 비롯되는 심리적인 콤플렉스들이나 자기 몰입으로부터 자유로워질 수 있을 때, 비로소 '나'라는 개체를 신의 창조물의 일부분으로 볼 수 있게 된다. 카르마 요가의 첫 번째 정신, 행동이 가져오는 물질적인 열매에 초연할 수 있는 법을 배우는 것이 악어 라시인의 과제라면, 물병 라시인의 과제는 카르마 요가의 두 번째 정신을 배우는 것이다. 다른 사람들이 우리를 어떻게 생각하느냐, 다른 사람들이 우리의 행동에 대해 어떻게 생각하느냐 하는 생각들로부터 초연해지는 것이다. 이러한 초연함은 자신을 있는 그대로 완전히 받아들여서 안정된 개인성을 굳힌 사람에게만 가능한 일이다.

· 물고기 라시(Pisces - Meena): 두 발

"두 마리의 물고기가 얼굴을 서로의 꼬리에 대고 있으며 물고기 라시는 낮에 강하다. 물기가 있고 사트바가 풍부하게 주어졌으며 자아 속에 지내고 물속에서 움직인다. 발이 없으며 보통 몸집이고 북쪽에 서 있으며 양쪽으로 올라오며 목성이 다스린다."

물고기 라시는 '이해력'에 관한 사인이다. 물고기들은 영혼의 대양 속에 의존하며 살고 있다. 궁극적으로 삶에서 확실한 것은 깨달음밖에 없다. 우리의 의식은 끊임없이 진화하는 과정에 있으며 언젠가 의식의 대양 속에 합류할 때까지 생과 생을 거듭하며 항상 흐르고 있다. 그러므로 물고기 라시는 우리가 궁극적으로 의존하고 있는 것을 나타낸다.

물고기 라시는 '두 발'을 나타낸다. 발은 생각을 하는 기관이며 두뇌로부터 가장 멀리 있다. 그래서 발은 이해력의 상실을 나타낸다. 물고기 라시는 아주 생각이 없고 혼란스러우며 높은 의식과의 연결이 안 되어 있을 수도 있다. 하지만 조디액의 몸은 원형으로 되어 있기 때문에, 열두 번째 물고기 라시는 사실상 첫 번째 산양 라시와 가장 가까이에 있다. 그러므로 물고기 라시는 잃어버렸거나 혼란에 빠진 '나'라는 개인의식을 극복할 수 있는 능력을 가지고 있다. 그리하면 모든 것을 좀 더 높은 의식의 관점에서, 자유 의식의 관점에서 이해할 수 있다.

발은 우리가 그 위에 서 있는 곳이다. 그래서 발은 우리가 정말로 의지하거나 서 있을 수 있는 것들에 대한 이해력을 나타낸다. 산양 라시와 두뇌는 우리가 가졌다고 생각하는 것에 대한 이해를 나타낸다. 하지만 제대로 지키고 서 있을 수 있을까? 물고기 라시만이 이에 대한 해답을 가지고 있다. 물고기 라시가 가진 이해력만 진짜이기 때문이다. 그래서 '두 발로 일어서다'라는 표현도 있는 것이다. 물고기 라시는 실수해서 넘어졌더라도 결과적으로는 모든 게 괜찮아질 거라는 의미를 담고 있다. 물고기 라시는 아수라들의 왕인 발리(Bali)가 비슈누의 화신인 브라민 소년 바마나(Vamana)에게 세 발자국의 땅을 주기로 약속했다가, 한 발걸음으로 하늘을 전부 커버하고 두 번째 발걸음으로 땅을 전부 커버한 뒤, 더 이상 발걸음을 디딜 자리가 없다고 불평을 한 바마나에게 기꺼이 자신의 머리를 세 번째 발걸음으로 디딜 수 있도록 내어준 자리이다.(하늘의 금괴, 제1장 '행성과 신화' 참조.) 그러므로, 머리는 '나'라는 에고를 상징하며 물고기 라시는 '나'라는 에고를 놓을 수 있는 능력, 보다 큰 힘에게 의존하여 자신을 내려놓을 수 있는 깨달음의 영역을 나타낸다.

그리하여 물고기 라시는 세 번째 단계의 카르마 요가를 나타낸다. 우리가 스스로에 대해 어떻게 느끼는지 혹은 우리가 한 행동에 대해 스스로 어떻게 느끼는지 하는 생각들로부터 초연해지는 것이다. 설령 악어 라시가 추구하는 물질적 열매들에 대한 집착을 놓았더라도, 그리고 물병 라시가 추구하는 다른 사람들로부터 인정받으려는 심리적 열매들로부터 초연하게 되었더라도, 만약 여전히 자신이 어떻게 느끼는지에 대해 우려를 하고 본인의 어떤 행동들로 인해 기분이 좋아지고 행복할 수 있기를 기대한다면, 그러면 우리는 내면에 있는 대자아에 대해 계속 무지한 채 남아있다는 것을 의미한다. 단지 기분이 좋고 나쁜 것만 개의하고 있다는 의미도 된다. 그러므로 물고기 라시는 우리가 자신에 대해 어떻게 생각하느냐에 따라오는 열매들로부터 초연해질 수 있어야 한다.

금성은 물고기 라시에서 고양의 품위를 얻는다. 가장 기품 있고 훌륭한 전략가인 금성은 물고기 라시의 특성을 잘 이해함으로써 최상의 가능한 선택을 하게 해 준다. 수성은 물고기 라시의 처음 15도 내에서 취약의 품위를 얻는다. 수성이 하는 일은 모든 것을 신의 일면으로 보고 행하는 것이다. 취약의 품위에 있는 수성은 적절한 이해가 부족하기 때문에 바람직하지 못한 행동을 하게 된다. 규율대로 하는 것이 아니라 단지 이기기 위한 행동을 하게 된다. 수성이 물고기자리에서 손상되면, 그러한 수성은 게을러지고 변덕스럽게 된다. 무엇이 바르고 그른지 어떤 확실한 경계가 부족하기 때문에 선의의 거짓말이나 뻔한 거짓말도 자주 일삼게 된다. 남의 돈을 횡령하는 사람들은 굳이 천성이 악하거나 나빠서 그렇다기 보다는 자신의 돈과 다른 사람들 돈이 어떻게 다른지 분간을 하지 못하기 때문에, 쉽게 자신이나 남을 속이게 된다. 이처럼 수성이 물고기 라시에서 손상이 되면, 게임을 규칙대로 하지 않게 된다. 게임을 하는 사람들이 모두 규칙대로 하면, 우리는 그러한 게임을 즐길 수 있다. 수성은 모든 게임을 다스리는 행성이다. 그런데 손상된 수성은 규칙대로 게임을 하는 것이 아니라, 어떤 방법을 사용해서든 이기려고만 한다. 게임에 대한 모든 공정성의 감각을 잃어버리게 되는 것이다. 그래서 다른 사람들이 같이 게임을 즐기거나 공평한 게임을 기대할 수가 없다.

악어 라시, 물병 라시, 그리고 물고기 라시는 진화적인 과정이 일어나는 라시이다. 다른 라시들은 모두 척추에 연결되어 있는 반면, 세 개 라시들은 척추로부터 자유롭다. 산양 라시와 황소 라시도 척추에 연결이 안 되었지만, 두뇌가 있는 곳이기 때문에 우리가 생각하는 자리들이다. 척추는 우리의 의식이 흐르는 곳인데, 마지막 세 개의 라시들은 척추와도, 두뇌와도 연결되어 있지 않다. 그래서 다른 라시들과는 전혀 다른 작용의 메커니즘을 가지고 있다. 척추가 하는 역할들 중에 하나는 두뇌로 들어오는 생명력이 척추를 타고 내려와 신경계로 연결을 하는 것이다. 그리하여 마음의 의식이 입지하는 현실을 만들어내게 된다.

또 다른 역할은 외부의 생명력을 척추로 끌어 들여 두뇌로 전달하는 것이다. 그리하여 개인의 의식이 더 높은 수준으로 진화할 수 있게 한다. 그런데 세 개의 라시들은 이러한 일을 아무 것도 할 수가 없다. 척추와 연결이 되어있지 않기 때문에, 다른 라시들과 똑같은 방식으로 컨트롤 할 수가 없다. 두뇌와도 아무런 관계가 없기 때문에, 이들 라시에서 의식은 완전히 다른 경험을 하게 된다. 자유 의지를 가장 적게 가지고 있기 때문에, 단지 보다 큰 힘에 의탁하여 우리 자신들을 내려놓는 수밖에 다른 도리가 없다. 그러므로 가장 확실하게 비집착성을 키울 수 있는 라시들이기도 하다.

척추가 하는 또 다른 역할은 '나'라는 에고 의식을 만들어 내서 집착하게 하는 것이다. 그러므로 세 개의 라시들은 모두 우리들 자신에 관한 모든 집착을 놓아야 한다는 이슈를 가지고 있다. 조디액에서 마지막 사인인 물고기 라시의 상징은 두 마리의 물고기 서로 다른 방향으로 헤엄을 치고 있다. 물고기는 우리가 가진 개인성을 확장시켜 근원의식의 바다, 대영혼 안에 흡수됨으로써 작은 개인의식을 잃는 것을 상징한다.

3-2

낙샤트라 – 달의 길

    달의 신화를 통해 우리는 스물일곱 낙샤트라(Nakshatras)들이 모두 달의 아내들임을 배웠다. 낙샤트라는 고대 인도의 천문 점성학자들이 보았던 하늘의 모습으로, 달이 지구를 중심으로 하루에 한 차례씩 회전하는 길 혹은 배경이라고 할 수 있다. 낙샤트라는 몇 개의 별들을 함께 모아서 붙여놓은 하나의 그룹 이름이다. 낙샤트라들에게는 총 27개 그룹이 있는데 천문성좌별자리(Constellation) 그룹과 상당히 일치한다. 예를 들면 베딕 신화에서 중요하게 다루고 있는 6번째 아드라(Ardra) 낙샤트라는 하늘에서 가장 밝은 오라이언 성좌의 알파별 베텔기우스(Betelgeuse)를 포함하고 있다. 오라이언 자리에서 두 번째로 밝고 빨간 별로서 지금도 밤에 달을 올려다보면 육안으로 확인이 가능하다. 요즘에는 밤하늘이 옛날처럼 그렇게 어둡거나 맑지도 않기 때문에 많은 낙샤트라들이 우리 눈으로 볼 수 있기에는 너무 희미하다. 하지만 어떤 것들은 우리가 알고 있는 성좌들처럼 쉽게 찾을 수도 있다.

    낙샤트라는 '달의 맨션'이라는 뜻으로 멀리 있는 하늘의 별을 의미한다. 낙샤트라마다 관장하는 베딕 주재 신과 다스리는 행성이 있다. 27개의 낙샤트라들은 모두 세 개의 조로 나뉘어, 케투, 금성, 태양, 달, 화성, 라후, 목성, 토성, 수성 순으로 반복해 행성을 다스린다. 한 개의 낙샤트라 범위는 13도 20분(27/360도=13:20)으로서 달이 약 하루 동안 움직이는 거리에 해당한다. 하지만 달이 움직이는 속도는 일정하지 않기 때문에 정확하게 하루에 한 개의 낙샤트라씩 옮겨가는 것은 아니다. 어떤 곳에서는 좀 더 길게 혹은 짧게 머물면서 달이 지구를 한 바퀴 도는데 약 27.3일이 걸리게 된다. 달이 총 스물일곱 개 낙샤트라들의 회전을 마치는데 소모되는 시간이기도 하다.

출생 차트에서 달이 위치하고 있는 낙샤트라가 '잔마(Janma, 출생)' 낙샤트라라고 하며 차트 주인에게 가장 중요한 핵심 포인트가 된다. 출생 차트를 통해 나타난 달은 우리가 가진 개성, 생각, 마음, 느낌 등을 나타낸다. 달의 원래 모습은 둥근 원형이지만, 달이 가진 주기로 인해 실제 밖으로 나타난 모습은 날마다 지거나 뜨거나 하면서 변하는 듯이 보인다. 마찬가지로 마음이 작용하는 근본적인 방식들은 모든 사람들이 유사하지만, 사람마다 생각하고 느끼고 반응하는 방식은 각자 특이하고 다른 듯이 보인다. 한편으로는 타고난 유전자나 자라난 환경, 언어나 문화 등에 따라 한날한시에 태어난 쌍둥이끼리도 성격이나 반응하는 방식이 서로 다른 경우도 자주 볼 수 있다. 날마다 모습이 변하는 달처럼 우리의 마음이나 느낌 역시 시시각각 변하며 어제 다르고 오늘 다르며 월초나 월말에 또 다르다. 그러면서도 장기적으로 시간을 두고 돌아보면, 근본적으로 우리들 마음이 작용하는 방식은 어릴 때나 나이 들어서나 별반 차이가 없다. 이러한 마음의 모양새를 출생 차트에서 달이 나타내고 있다.

우리가 가진 마음의 자세는 우리 삶의 전체적 모습을 결정 지운다. 나중에 '다샤' 장을 통해서 자세히 설명하겠지만, 낙샤트라들은 마음의 모양새 뿐만 아니라, 우리 삶의 흐름까지도 주관하고 있다. 왕은 나라를 지배하지만, 왕비는 왕을 지배한다는 말이 있다. 태양계에서 태양은 왕이며 다른 행성은 그를 중심으로 맴돌고 있다. 그러나 달은 유독 혼자서 태양이 아니라 지구를 중심으로 자신만의 독자적인 길을 돌고 있다. 즉 왕의 지배하에 있는 것이 아니라, 자기의지 하에서 작용하고 있는 것이다. 그렇게 달이 회전하고 있는 하늘의 배경이 낙샤트라들이다.

베딕 문화에서는 이들을 모두 달의 아내들로 숭배하며 옛날부터 다양한 제의식이나 축제 등을 행하는데 중추적인 역할을 하게 되었다. 낙샤트라들에 연관된 신화들은 행성의 신화들처럼 상세하게 전해져 오지는 않는다. 대신에 낙샤트라들을 표현하는 이름이 다양하게 많다. 이러한 이름이 가진 의미나 근원은 낙샤트라를 이해하는 데 상당한 도움을 얻을 수 있다. 다양한 이름이나 신화들은 낙샤트라에 관련된 지식과 정보들을 직간접적으로 전달하기 위한 방법들이었기 때문이다. 신분사회였던 고대 인도에서는 카스트 제도를 통해 가문 고유의 전통, 신분, 직업 등이 직계 자손을 통해서 세습되어 내려왔다. 그리고 집안대대로 보유하고 있는 특정한 전문지식과 재능들에 대한 비밀을 지키고 보호하기 위해 기록보다는 구술과 암기를 통한 방식의 가르침들이 사용되었다. 그렇게 지식을 전달하고 익히는 데 가장 효과적인 방법은 이야기를 통해서였다. 그리하여 비단 점성학뿐만 아니라 베다문학의 상당부분들이 이야기 형식을 취하고 있다. 점성학적 이야기에 사용된 고시대적 이름은 행성이나 낙샤트라에 대한 방대한 정보와 의미를 담고 있는데, 이들을 한글이나 영어로 일일이 번역을 하기에는 역부족이다. 산스크리트원어의 의미나 내포하고 있는 뜻을 그대로 전달하기 어렵기 때문이다. 그래서 발음되는 대로 표기하면서, 내포하고 있는 다단계적 뜻을 전달하기 위한 부차 설명을 덧붙였다. 또한 이 책의 목적은 베딕 점성학과 연관된 신화들을 통해서 행성 간에 일어나는 함수관계들을 간단히 소개하고자 하는 것이기 때문에, 보다 전문적이고 상세한 낙샤트라 정보들은 여기에서는 생략하였다. 좀 더 깊은 관심이 있는 독자들은 저자가 번역한 『하늘의 금괴』 제10장 낙샤트라들' 장章을 참고하시기 바란다.

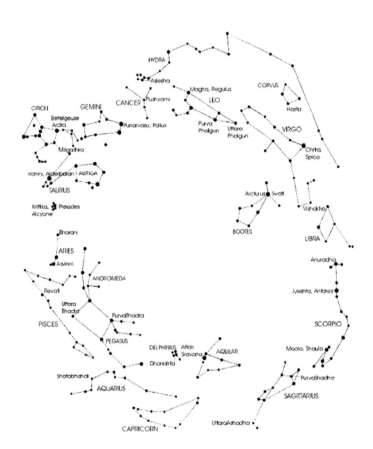

⊠ 아쉬위니(Ashwins) - 신들의 의인들

첫 번째 낙샤트라, 아쉬비니의 뜻은 '말을 소유하고 있는, 말 여자'이며 상징은 말이나 말의 머리이다. 세 개의 별들로 이루어져 있으며 주재 신은 '아쉬위니 쌍둥이'고 다스리는 행성은 케투이다. 아쉬위니가 어떻게 태어났는가 하는 이야기는 이미 태양의 신화를 통해 밝혔다. 아쉬위니는 태양과 산기야가 말의 모습을 하고 지상에 살고 있을 때 태어난 쌍둥이 말들이다. 태양과 아내 산기야가 부부관계를 힐링하였을 때 아쉬비니들이 생기게 된 이야기가 상징하듯이, 이들은 태양 부부가 하늘로 되돌아 갈 때, 의인들이 되어 이 땅에 힐링을 가져올 수 있도록 남기고 간 선물이다. 그래서 아쉬위니 낙샤트라는 힐링, 의인들, 훌륭한 약재들을 나타낸다. 아쉬위비 쌍둥이는 전통의학인 아유르베다의 선조들로도 알려져 있다.

아쉬비니는 '코로부터 태어난'이라는 의미의 이름도 가지고 있다. 그래서 호흡과 연관이 있으며 말은 '프라나(Prana, 호흡, 기)'를 상징하고 있다. 우리들의 마음은 마치 야생마처럼 온갖 방향으로 날뛰고 있다. 그래서 잘 길들이고 다스리지 않으면, 우리의 에너지들을 낭비하고 소진해 버리기 십상이다. 두 말은 우리가 잘 다스리고 집중시켜야 하는 충동적 본성을 나타내고 있다. 어떤 행성이던 아쉬비니 낙샤트라에 있으면, 아쉬비니의 열정적이고 충전된 생명력과 추진적인 특성을 띠게 된다.

아쉬비니는 또한 '많은 도움을 주는, 진실한'이라는 의미도 가지고 있다. 아쉬비니는 베딕 하늘에서 신이라는 직위를 가지고 있으며 제의식을 치를 때 다른 주요 베딕 신들과 동등한 권위를 누린다. 어떻게 이러한 이름과 직위를 얻게 되었는지를 알려주는 이야기가 있다.

오랜 옛날에, 수칸야(Sukanya, 착한 여자아이, 고운 처녀)라는 이름을 가진 아주 아름답고 정숙한 젊은 여인이 있었다. 나이가 차서 혼인을 하게 되었는데, 치야바나(Cyavana, 실패한)라는 이름을 가진 리쉬(Rishi)를 남편으로 맞이하게 되었다. 치야바니는 비록 현명하고 파워풀한 성자였지만, 나이가 많고 아주 못생겼다. 아쉬비니는 그녀를 가엾게 여겼다. 그녀처럼 젊고 아름다운 여인이 치야바나처럼 못생기고 늙은 남편을 맞이하게 된 것을 동정했다. 그래서 수칸야가 호숫가에 목욕을 하러 왔을 때, 그녀를 유혹하기 위해 다가갔다.

아쉬비니는 그녀의 아름다움을 칭송하며 하늘에서도 그녀만큼 아름다운 이가 없을 거라고 치켜세웠다. 그리고는 자기들 중 한 명을 남편으로 선택하라고 사정했다. 하지만 높은 덕을 지닌 수칸야는 남편 치야바나를 떠날 것을 거부했다. 그러자 아쉬비니는 제안을 했다. 치야바나를 자기들만큼 젊고 잘생기게 만들어 주겠다고 했다. 즉 똑같은 모습을 하고 있는 세 명중에서 그녀가 선택하는 사람이 바로 그녀 남편이 되는 것이었다. 수칸야는 그들의 제안에 동의했고 치야바나 역시 마찬가지였다. 치야바나가 아쉬위니와 함께 목욕을 하며 호수 물속으로 들어갔다가 다시 나왔을 때, 세 명은 너무 똑같이 생겨서 구분하기가 힘들었다. 수칸야는 세 명을 구분하는 데 아주 큰 어려움을 겪었다. 하지만 마침내 남편을 알아 볼 수 있었으며 다시 치야바나를 선택하였다. 치야바나는 자신이 젊어지고 잘생겨지고 무엇보다도 여전히 수칸야의 남편으로 남아 있어 아쉬비니에게 너무 고마웠다. 그래서 그는 은혜를 보답하는 뜻으로, 신들의 왕인 인드라에게 호소하여, 쌍둥이들이 완전한 신들의 직위를 얻고 또, 앞으로 행해질 제의식에서 다른 신들처럼 동등하게 제물을 나누어 받을 수 있게 만들었다.'

아쉬비니 쌍둥이는 데바들의 의사로서, 힐링과 연관을 가지고 있는 낙샤트라이다. 일곱 개 챠크라를 통해 흐르고 있는 창조적 에너지가, 일곱 개의 영원한 불꽃으로 형상화되는 것을 의미하며 태양의 마차를 모는 일곱 마리 말들처럼 잘생기고 힘과 정기, 생동력이 넘친다. 아쉬비니는 두려움을 모르고 역동적이며 게으른 속성을 일깨워 움직이게 하는 충동성을 가지고 있다. 때문에 극적인 변환을 가져올 수 있으며 삶에 대한 강렬한 갈증, 리더쉽, 새로운 경험을 위한 탐구심, 충동, 공격성, 욕정, 무분별함 등의 특성이 있고 내키지 않는 일은 책임을 회피하려 할 수도 있다.

▧ 바라니(Bharani) - 영혼의 여행을 주관하는 신

두 번째 낙샤트라, 바라니의 뜻은 '품고 있는, 인내하는, 운반하고 있는 여자(임신을 한)'이다. 여자의 '자궁'을 상징하기도 한다. 또한 세 개의 별들로 이루어져 있으며 다스리는 행성은 금성, 주재하는 베딕 신은 야마(Yama, 제한된, 절제하는)이다.

야마는 태양과 산기야 사이에 태어난 둘째 아들로서, '죽음의 신'이다. 죽이는 신이 아니라,

죽음의 순간에 나타나서 영혼들을 각자 가야 할 곳으로 데려가는 신이다. 야마가 나타날 때, 그동안 형편없는 삶을 산 이들은 두려워하게 될 것이다. 야마가 그들을 어려운 영역들로 데려갈 것이기 때문이다. 그러나 훌륭한 삶을 산 이들은 야마를 보더라도 걱정을 하지 않는다.

바라니 낙샤트라의 상징은 여성의 생식기이다. 자궁, 나팔관 등 모두 생명을 창조하는 데 필요한 것들이다. 이전의 아쉬위니는 우리의 의지가 존재로 표출하게 하는 낙샤트라이다. 이러한 의지 표출은 어떤 식으로든 결과를 가져오게 될 것이다. 그러한 결과가 바라니 낙샤트라에서 '품고 있음'을 나타낸다. 우리는 결과에 대한 책임을 감당해야 한다. 바라니(Bharni)라는 단어는 'bear(품다, 감당하다)'이라는 단어와 같은 어원을 가지고 있다. 그래서 우리는 자신의 행동들에 대한 책임을 '감당(bear)'해야 하는 것이다. 종종 이러한 책임 의식은 어떤 식으로든 제한과 억눌린 듯한 느낌을 주게 된다. 그래서 야마라는 이름도 유래되었다. 우리는 바라니 낙샤트라를 통해 절제하는 법을 배우고 익히게 된다.

바라니 낙샤트라에 있는 행성은 제한된 것처럼 느끼게 만들거나 따르는 결과들에 대해 의식하게 만들며 제한되거나 궁지에 몰린 것처럼 느끼게 할 수 있다. 자연스러운 행동을 할 수 없거나 만약 누가 자신에게 안 좋게 했다면 똑같이 되돌려 주려는 성향이 있다. 혹은 어떤 응징이나 벌, 심한 스트레스를 받게 되면 꼭 스코어를 만들어야 속이 시원할 것처럼 느끼게 할 수도 있다.

야마는 토성과 한 형제이다. 토성은 카르마, 우리가 한 행동들에 대한 결과를 나타내는 행성이다. 그래서 행동에 대한 결과를 감당해야 하는 일이 아쉬비니처럼 충동성이 강한 낙샤트라 다음에 오게 되는 것이다. 지나치게 충동적이지 않으려면, 행동이 가져올 결과에 대한 인식을 해야 한다. 이러한 인식은 보통 징벌의 형태로 오게 된다. 바라니 낙샤트라에 있는 행성은 결과에 대해 이러한 인식을 하게 해 준다. 그리하여 행동을 할 때 좀 더 조심할 필요를 상기시킨다.

상징인 자궁은 생산적인 장기이다. 우리가 가진 의지가 남성적 에너지처럼 창조를 위해 어둠을 뚫고 들어가는 것을 상징하고 있다. 삶에서 우리의 의지나 행동은 우리를 어떤 존재로 표출시키기 위해서 발생한다. 마치 여자를 꿰뚫고자 하는 남자의 행위와 비슷하다. 이러한 힘은 뭔가를 창조하게 하며 우리가 하는 일들은 모두 뭔가를 창조하기 위함이다. 바라니 낙샤트라에서 우리는 행동의 결과들에 대한 책임을 저야 할 필요가 있음을 익히게 된다.

바라니는 창조적인 힘, 예술적 능력들, 타고난 재능이나 재주 등을 표현할 수 있게 해 준다. 한편으로는 세상의 욕망들과 환상들에 휩싸여서 갇힌 듯한 느낌을 주는 별이다. 주재 신 야마의 또 다른 이름은 '다르마자(Dharmaja)'이다. 진정한 다르마의 수호신이라는 의미를 가지고 있다. 그는 이러한 제한성을 명상이나 요가수행을 통해 희생, 자기 단련, 진실함, 높은 도덕성으로 승화시키게 해 준다. 혹은 거만함, 자기 편애적, 지나친 성적 탐닉, 그리고 이러한 부정성을 정화하고 제거할 수 있는 능력도 함께 준다. 너무 극적인 도덕 윤리, 선입견을 가지게 할 수도 있다.

▨ 크리티카(Krittika) - 칼날 · 단검

세 번째 낙샤트라, 크리티카는 '자르는 사람들'이라는 뜻이다. 뜨겁고 젊은 여섯 개 밝은 별로 이루어진 낙샤트라이며 플레이다스 성좌 옆에 위치하고 있다. 상징은 칼날이나 단검 등 예리한 날을 가진 무기들로 나타낸다. 혹은 불길로 표현하는 경우도 있다. 다스리는 행성은 태양이며 주재 신은 아그니(Agni)이다.

아그니는 불을 다스리는 신으로 제물을 불에 바치는 푸우쟈(Puja, 제의식)를 통해 우리의 마음과 생각을 정화시켜 준다. 제물을 불에다 던지며 우리가 가진 부정함을 진리라는 불 속에 태우게 한다. 푸우쟈를 통해 내면에 있는 부정함을 의식의 불 속에 태우고자 하는 것이다. 우리가 하는 어떤 외적인 행동은 내적인 변환을 가져오기 위함이다. 크리티카 낙샤트라가 가지고 있는 궁극적인 목적이다. 푸우쟈를 행할 때, 여러 종류의 제물을 바치게 된다. 그중 하나로 곡식의 씨앗을 바치는데, 씨앗은 카르마와 연관이 있다. 카르마는 마음에 남아 있는 씨앗으로, 여건이 형성되면 언제든지 다시 자라기 때문에, 마음에 더욱 깊이 뿌리를 내릴 수 있다. 그리하여 이 땅의 삶에 더욱 강한 집착을 하게 될 수도 있다. 자라지 않게 하기 위해선 씨앗을 태우는 방법이 있다. 씨앗을 태우게 되면 당연히 카르마의 나무는 자라지 않는다. 그래서 이전의 바라니 낙샤트라가 나타내는 카르마를 크리티카의 불을 통해 태우는 것이다. 크리티카가 가진 파워풀한 상징이다.

아그니는 희생의 불길을 통해 우리의 생각과 마음을 정화시킨다. 우리가 뭔가를 불에 바칠 때 아그니가 받아먹어 피어나는 연기는 하늘로 올라가서 천상에 도달한다. 아그니는 우리가 의도하는 바를 하늘로 전달시키는 역할을 한다. 의지력으로 우리 안에 있는 불을 일으켜서 내적인 푸우자를 행한다. 우리의 생각과 마음을 정화시키기 위해서다. 불을 거꾸로 들고 있는다고 해도 여전히 불길은 위로 향해 올라간다. 그래서 불은 항상 높은 곳으로 올라가게 하는 것을 상징하고 의식 정화를 통한 궁극적 목적은 깨달음을 얻는 것임을 나타낸다. 이처럼 파워풀한 불의 신 아그니는 베딕 하늘의 데바들 중에서 가장 존경 받는 신이다.

화성의 신화를 통해서 살펴보았던 카르티케야(Karitikeya, 화성의 또 다른 이름)가 크리티카와 같은 인물일거라는 추측도 있다. 크리티카는 위대함을 향한 강한 결의와 끈질긴 의지력을 주며 사회적 문제들을 위해 싸우게 한다. 부정성을 태우거나 잘라버리게 하며 디바인 자질을 주어서, 지나친 에고나 파괴적인 경향 등 우리의 진화를 막고 있는 악한 성향들을 극복할 수 있게 한다. 세상에 대한 집착을 끊기 위한 정화를 나타내며 영적 의식의 씨앗을 심도록 해 준다. 불의 신 아그니는 불로 행하는 정화 의식과 요리를 상징하기도 한다. 그래서 다이어트나 좋은 식생활을 고무시키기도 한다.

▒ 로히니(Rohini) - 자라는 빨간, 불그레한 소

네 번째 낙샤트라, 로히니(Rohini)는 '자라는, 성장하는'이라는 뜻이다. 5개의 별들로 이루어진 낙샤트라로 알데바란(Aldebaran) 별자리 옆에 있다. 달의 신화를 통해 살펴보았듯이 로히니는 달이 가장 아끼는 낙샤트라 아내였다. 달의 본성은 '자라고'자 하는 것이다. 이처럼 자라는 느낌을 주는 로히니 낙샤트라가 자연히 달에겐 가장 편안하였다. 달은 우리 안에서 '연결'하고 싶어 하는 본성의 일부를 나타낸다. 돈이나 재물, 좋은 음식 등이 주변에 있을 때 우리는 기분이 좋아진다. 로히니는 그러한 삶의 기쁨들을 상징한다. 다스리는 행성은 달이며, 주재 신은 프라자파티(Prajapati)로서 창조주 브라마를 칭하는 다른 이름이다.

프라자파티는 우주의 모든 것을 창조하는 창조의 신이다. 전 우주는 브라마에 의해서 창조되었으며 비슈누에 의해 유지되며 쉬바에 의해 변환된다. 이러한 삼위성이 베딕 사고의 구조를 이룬다. 로히니는 프라자파티의 딸로서 높은 의식수준의 지식과 지혜를 상징하기도 한다. 사라스와티도 브라마와 관련된 여신인데, 창조성, 예술의 아름다움, 음악, 작문, 지성 등을 다스린다. 그래서 로히니도 이러한 특성들을 어느 정도 가지고 있는 것이다.

낙샤트라와 연관된 신화들 중에서 세 개의 낙샤트라를 연결하는 신화가 있다. 그중 처음이 로히니 낙샤트라에서 시작된다. 프라자파티는 자신의 가장 아름다운 딸 로히니를 창조하여 우주를 통틀어 제일 으뜸가는 즐거움과 훌륭한 결과를 가져오는 자질을 부여했다. 그리고는 창조 세계의 존재들이 육체적 관계를 통해 창조를 함으로서, 신이 창조할 때 느끼는 기쁨을 같이 경험하도록 해 주고 싶었다. 그리하여 자신의 가장 아름다운 딸 로히니와 관계를 맺으려고 시도하였다. 이러한 유형의 근친상간이 모든 영적 전통들을 통해 전해져 내려오고 있는데, 베딕 신화에서는 로히니 낙샤트라가 시초다.

이처럼 아버지 프라자파티가 자신을 범하려 하자 겁을 먹은 로히니는 사슴으로 변해 달아났다. 다음에 이어지는 낙샤트라가 사슴을 상징하는 다섯 번째 므리그쉬라 낙샤트라이다. 로히니는 번식을 하고자 하는 파워풀한 본능을 상징하는 동시에, 신과도 같은 잠재성을 일깨우기 위해 길을 마련하는 낙샤트라이다. 세상의 향락에 잘못 빠지게 되면 고통의 나락으로 떨어지게 된다. 그리하여 카르마, 죽음, 윤회의 사이클을 계속하게 된다. 이어지는 두 개의 낙샤트라가 그러한 사례를 보여 주고 있다.

🔯 므리그쉬라(Mrigashira) - 사슴의 머리

다섯 번째 낙샤트라, 므리그쉬라(Mrishira)는 '사슴의 머리'라는 뜻이다. 세 개의 희미한 별들로 이루어져 있는데, 서양에서는 오라이언 성좌의 머리 부분에 해당한다. 다스리는 행성은 화성이며, 주재 신은 소마(Soma)로서 환희를 주는 영생의 넥타를 상징하는 신이다.

소마는 달의 신이자 환희의 신이다. 태양을 다스리는 신 바루나(Varuna)의 아들이었는데, 그의 넥타는 암리타(amrita, 불로영생 수)였다. 소마와 암리타는 그리스 신화에 나오는 주신酒神 디오니소스와 술과 비슷하다. 한번은 하늘에서 축제가 열려 뜨는 달의 주기 동안 36,000명의 신들이 소마를 대접받게 되었다. 그러다가 자신이 가진 소마를 모두 나누어 버린 달은 쇠진하여 지는 달이 되었다. 수리야(Surya, 태양신)는 소마에게 우주적 태양의 물을 먹여서 기운을 회복(초생달)시켜주었다. 그리하여 소마는 다시 보름달로 자라날 수 있게 되었다. 그런데 앞에 소개한 달의 신화에서는 달이 장인이었던 닥샤(Daksha)의 저주로 인해 뜨고 지는 주기를 가지게 되었다는 이야기를 했다. 이는 마치 한 사람이 경우에 따라 여러 이름으로 불리게 되는 것과 비슷하다. 베딕 신화에서는 이처럼 한 인물에 대한 여러 버전의 이야기들이 함께 존재하는 경우가 빈번하다.

소마는 머리에 있는 크라운 챠크라(Crown Charkra, 일곱 번째 챠크라)로부터 떨어지고 있는 영생불멸의 넥타이다. 높은 영적 경지에 달하여 내면의 환희와 절정을 경험하게 될 때 나오는 넥타이다. 소마는 바로 우리의 마음 안에 있는 것이다. 소마가 외적으로 나타난 경우도 있다. 무당이나 마술사들이 사용하는 매직 버섯으로 알려진 아야와스카(Ayahuaska) 같은 것들이 소마가 외적으로 나타난 모습들이다. 이러한 매직 아이템들은 모든 영적 전통 속에서 전해져 오고 있다.

프리그쉬라가 나타내는 것은 이러한 소마의 에너지이다. 소마가 상징하는 영적인 절정과 창조 세계의 아름다움을 사슴이라는 온순하면서 사랑스러운, 그리고 겁먹은 듯한 눈망울을 가진 동물을 통해 표현하고 있는 것이다. 프라자파티는 육체적 관계를 통해 세상에 아름다운 생명을 퍼뜨리기를 원했으나 아직 창조의 초창기인지라 주변에 여자가 로히니를 제외하곤 아무도 없었다. 프라자파티의 동기는 눈먼 욕정 때문이 아니라, 인간들이 육체적 관계를 맺을 때 소마가 나올 수 있는 아름다운 영적 융합으로 승화시킬 수 있어야 한다는 예를 보이고 싶었던 것이다. 하지만 그녀는 육체적 관계를 통해 생명들을 창조하는 예를 보이고자 했던 프라자파티의 의도를 잘 이해하지 못하였다. 그래서 로히니가 사슴으로 변해 달아난 곳이 프리그쉬라 낙샤트라이다.

프리그쉬라는 '떠돌아다니는 별들'이라고도 알려져 있다. 우리가 이상적인 아름다움을 구하기 위해 떠돌아다님을 상징하고 있다. 영혼의 환희와 연결된 사슴을 찾기 위한 순수한 방황을 나타낸다. 우리는 환희에 젖은 사슴이 삶을 즐기고 있으면서도, 한편으로는 다른 약탈자들에게 먹이가 되지 않도록 항상 경계를 놓지 않고 있는 가녀린 듯, 겁 많은 모습을 떠올릴 수 있다. 사슴은 겁에 질린 듯한 모습과는 다르게, 재빠르고 우아하며 날렵하다. 로히니는 황금색 사슴을 찾기 위한 영적 여행을 상징한다. 하지만 그 여행은 타성과 세속적 쾌락이 주는 순간적 기쁨에 안주하게 만들 수도 있다. 사슴은 사랑과 로맨스를 상징으로 가지고 있다. 프리그쉬라는 빠르고 극적인 변화, 물질적 세상이 가진 환영을 통해 참모습을 드러내게 되는 영혼, 깨달음을 위한 여행, 호기심, 섬세함, 그리고 내면적 영적 진화의 과정에서 외부로 표출되는 지성 등을 나타낸다.

▨ 아드라(Ardra) - 젖은 눈물방울

여섯 번째 낙샤트라, 아드라(Ardra)는 '젖은, 눈물방울, 보석' 등의 뜻을 가지고 있으며 상징은 눈물방울이다. 1개의 별만 가지고 있는 낙샤트라인데, 오라이언 성좌 안에서 두 번째로 밝은 별인 베텔기우스와 일치한다. 그리고 은하계 센터로부터 일직선 상에 위치하고 있다. 다스리는 행성은 라후이며 주재 신은 루드라(Rudra)로서 파괴주인 쉬바의 화신이다. 아드라는 루드라와 쉬바의 에너지가 같이 섞여 있어, 변화를 가져다주는 낙샤트라이다.

아드라는 프라자파티가 자신의 딸인 로히니를 탐하게 되는 이야기를 연결하는 세 번째 낙샤트라이다. 로히니에서 도망을 가고 므리그쉬라에서 사슴으로 변한 그녀를 프라자파티 자신도 사슴으로 변해 쫓는 이야기는 아드라에서 마무리된다. 딸을 쫓는 프라자파티를 신들은 근친상간이라는 불순한 의도로 보았다. 그러한 그를 징계하기 위해 모든 데바들은 힘을 합하여 루드라(Rudra)라는 무시무시한 신을 만들어내게 되었다. 루드라는 엄청나게 힘이 강한 신이었다. 루드라는 활을 당겨 프라자파티를 향해 쏘았다. 그리하여 로히니를 구하고 프라자파티(브라마)가 씻을 수 없는 죄를 저지르는 것도 막을 수 있었다. 루드라와 데바들은 브라마의 의도가 불순하다고 생각했기 때문에 그를 잡아 벌하려 하였다. 그들은 창조 세계를 이루는 데 필요한 배경 이야기를 완전히 이해하지 못하였던 것이다.

루드라는 천둥, 번개를 다스리는 신이며 약藥을 주는 신이기도 하다. 아주 무서운 모습을 하고 있으며 금장식을 달고 있고 몸은 황금색이다. 번개를 내리치며 활과 화살을 손에 쥐고 있다. 쉬바의 화신이기 때문에 인간과 다른 신들이 두려워한다. 그러나 그는 적들로부터 보호해 주는 신이다. 다르마(Dharma, 바름과 진리, 이상)에 화합하지 않는 것들을 바꾸게 하고 변하게 하며 파괴한다.

눈물방울을 상징하는 아드라는 슬픔과 연관이 있는 낙샤트라인데, 보다 나은 미래를 위한 파괴를 상징한다. 아드라는 파괴주 쉬바가 살고 있는 낙샤트라인 것이다. 쉬바는 변화의 신이며 정의로움을 위해 오래된 것을 파괴하는 특성이 있다. 아드라는 변화, 빠른 행동, 변환, 파괴를 나타낸다. 아드라에 있는 행성은 정의와 진리를 지키기 위해 싸우는 성격이 있다. 영혼의 어둠을 가져올 수 있으며 난폭한 기질과 혼란을 일으키는 경향도 있다. 또한 파괴를 통해 새로운 것을 창조할 수 있는 능력을 가지고 있으며 오래된 집을 개조하거나 헌 차들을 새로 고치기를 좋아하는 경향이 있다. 어려움은 진리를 구함으로써 극복할 수 있으며 고통을 통해서 깨달음을 얻을 수 있다. 그리고 감사하고 고마워하는 마음은 상처들을 치유하게 한다.

▨ 푸나르바수(Punarvasu) - 선善이 돌아오는, 빛이 돌아오는

일곱 번째 낙샤트라, 푸나르바수(Punarvasu)는 '선(빛)이 돌아오는'이라는 뜻을 가지고 있다. 5개의 별들로 된 낙샤트라이다. 다스리는 행성은 목성이며 상징은 '떨리고 있는 화살'이다. 주재 신은 하늘과 공간을 형상화시킨 여신 아디티(Aditi)이다. 그녀는 모든 신들과 생명의 어머니이다. 풍요로우며 방대하고 무제한적인 여신이다. 원래는 닥샤(Daksha)의 아내였다가, 나중에 다시 태어났을 때는 닥샤의 딸이자, 리쉬 카시야파(Kashyapa)의 아내가 되었다. 아디티는 아디티아스(Aditias)들의 어머니이다. 아디티아스들은 지구를 보호하기 위해 태어난 태양의 열두 화신들이다. 그래서 푸나르바수는 대지와 디바인 어머니의 에너지를 함께 담고 있는 낙샤트라이다.

푸나르바수는 이전의 아드라 낙샤트라가 상징하는 무거움과 심각함 뒤에, 마침내 다시 맞이하게 되는 밝음과 창조성을 나타낸다. 뭔가 새로운 것을 창조하기 위해선 먼저 어떤 것을 파괴해야 한다는 비유를 잘 드러내고 있다. 아드라가 나타내는 어두움, 빛이 들어오지 못하게 막고 있는 힘을 먼저 파괴해야 하는 것이다. 두꺼운 벽에 구멍을 먼저 뚫어야 빛이 들어올 수 있으며 정원에 있는 잡초를 먼저 뽑아내야 꽃이 필 수 있는 이치와 같다.

아드라는 홍수와 연관을 가지고 있다. 감정의 홍수, 물 위에 떠도는 잔여물들과 팽팽한 긴장을 상징한다. 그러한 홍수가 지나고 난 뒤, 빛이 돌아오는 푸나르바수가 있다. 폭풍이 지나고 난 하늘은 맑고 청명하며 태양은 눈부시다. 홍수는 해변을 씻어내는 동시에, 바다 밑바닥에 있는 온갖 영양이 풍부한 흙들로 대체한다. 고대 이집트에서는 홍수가 날 때까지 항상 기다리곤 했는데, 나일강이 강둑을 넘어 영양이 풍부한 흙이 쌓이면, 그들은 곡식을 심을 수 있었기 때문이다. 이러한 예와 비슷하다. 아드라는 홍수와 같으며 푸나르바수는 빛이 돌아옴을 나타낸다.

돌아오는 빛은 창조적인 흐름과 에너지가 되돌아 왔음을 나타낸다. 많은 희망과 긍정적인 에너지, 높은 수준의 기대감이 넘쳐나고 있다. 너무 기대가 크면 실망도 따르는 법이다. 마치 자기 자식은 남다르고 더 잘될 거라는 높은 기대를 걸고 있던 어머니가, 결국에는 그들도 다른 사람들과 별로 다르지 않거나 특별하지 않다는 진실을 깨닫게 되는 것과 마찬가지이다. 이것은 이러한 부모의 마음을 상징하는 낙샤트라이다. 영감을 받아 희망에 들뜨게 되지만, 때로는 실망하고 보다 현실적일 수 있도록 상기시켜주는 곳이다.

푸나르바수에 있는 행성은 이상적이고 창조적이며 사물에서 좋은 점을 발견할 수 있도록 부추긴다. 아드라는 깊이 철학적이고 이상적인 기질, 그리고 지혜와 진정한 이해에 바탕을 둔 영성을 가져다준다. 상징 '떨리는 화살'이 말하듯 여행(화살)을 좋아하는 것을 나타낸다. 그러나 집이나 가족들에게 돌아오는(화살 통) 단기적 여행이다. 아주 풍요로운 낙샤트라이며 다른 이들과 나눠가질 수록 부(富)가 몇 배로 늘어나게 만들어 준다.

▨ 푸시야(Pushya) - 돌봐주는 꽃, 최상의

여덟 번째 낙샤트라, 푸시야(Pushya)는 '돌봐주는, 살찌우는, 영양을 주는 꽃' 등의 뜻이 있다. 3개의 별로 된 낙샤트라이며 상징은 암소의 젖꼭지이다. 고대 인도에서는 소가 영양을 공급해주는 주요 수단이며 음식을 제공해 주는 원천적 요소였음을 상징하고 있다. 푸시야 낙샤트라는 이렇게 '돌봐주고 먹여주는' 개념을 가지고 있다. 마치 어머니처럼 가족을 돌봐주고 먹이고 싶어 하는 그러한 낙샤트라이다. 더 높은 관점에서는 사트바 자질을 상징하는데, 안정되고 탄탄하며 어떠한 여건에서든 다른 이를 위해 봉사하고 삶을 보양하고자 하는 이상적인 특성이 있다. 다스리는 행성은 토성이며 주재 신은 브리하스파티(Brihaspait)로서 하늘의 성직자이다.

원래 브리하스파티는 브라마와 동일한 인물이었다. 그런데 이후에 쉬바가 신들의 스승, 스피치와 기도를 다스리는 로드, 그리고 목성을 관장하는 신으로 만들었다. 목성은 자손들을 다스리는 행성이다. 지혜와 부를 내리며 질병을 치유하고 신체를 보호한다. 농경의 수확을 늘어나게 하며 전쟁에서 영웅들을 보호한다. 브리하스파티의 아내 타라(Tara)는 전 우주를 통틀어 가장 아름다운 여인이었다. 그런데 달과 바람이 나서 달아나 돌아오지 않았다. 모든 신들이 들고 일어나 전 우주가 망가질 지경에 이르렀을 때야 그녀는 돌아왔는데, 이미 달의 아이를 임신하고 있었다. 그렇게 태어난 아이가 수성이었다.

모든 신들은 브리하스파티가 사생아인 아이를 돌려보내 버릴 것을 충고하였다. 그러나 브리하스파티는 자신의 아이처럼 사랑하고 돌보았다. 어떤 이유로 아이가 자신에게 왔든 그는 아이를 키우고 돌봐 주고 사랑을 베풀어야 할 의무가 있다고 생각했다. 푸시야 낙샤트라의 에너지는 이러한 깊은 속 이야기를 담고 있다. 암소의 젖꼭지처럼, 누구의 자식이든 누가 와서 젖을 짜 가든 분별하지 않고 모두 베풀고 돌봐 준다. 브리하스파티처럼 자비롭고 어떤 이유에서건 앙심을 품지 않는 훌륭한 영혼을 상징한다.

푸시야는 종교적이고 영적이며 헌신적이다. 베풀고 도와주려는 특성이 있다. 어떤 행성이든지 푸시야에 있으면 용서, 자비로움, 선과 돌봄 그리고 다른 이들에게 좋은 것을 먹이려는 자질을 가지게 된다. 유대 관계가 아주 깊은 가족, 상당한 부, 철학자, 성직자, 교수 등을 나타내기도 한다. 그런데 이처럼 먹이고 싶고 풍요로움을 상징하다 보니, 비만의 문제를 낳기도 한다. 푸시야는 또한 물질적, 영적으로도 풍요로우며 내면의 부를 나눠가지려는 관대함이 있다. 이는 종종 다른 사람들이 가진 믿음에 대해 오만하거나 무시하는 것으로도 나타날 수도 있다.

▨ 아쉴레샤(Ashlesha) - 서로 휘감고(안고) 있는

아홉 번째 낙샤트라, 아쉴레샤(Ashlesha)는 '서로 휘감고 있는 이'라고 부른다. 6개 혹은 5개의 별들로 된 낙샤트라이며 상징은 두 마리의 뱀이 서로 휘감고 있는 모습, 혹은 수레바퀴이다. 다스리는 행성은 수성이며 주재 신은 뱀들의 왕인 사르파(Sarpa)이다.

우리 몸의 척추에 흐르고 있는 쿤달리니(Kundalini)라는 높은 수준의 영적 에너지는 뱀처럼 몸을 감고 꼬리뼈 내에 잠들어 있다. 사르파는 영적 수행을 통해 쿤달리니가 깨어나면 얻어지는 영적인 깨달음, 지혜를 상징하는 신이다. 그러나 잘못 건드리게 되면, 한 번만 물려도 생명을 잃을 수도 있는 독이 있다. 마치 에덴동산의 이브를 유혹했던 뱀과 비슷하게 위험한 힘을 보인다. 사르파는 삶의 많은 것들을 휘감고 있다. 만약 삶의 진리를 휘감고 있다면, 우리를 근원으로 데려가 주게 된다. 뱀의 에너지 쿤달리니 힘은 삶의 깊이 자체를 상징한다.

아쉴레샤는 보통 사악한 이미지의 낙샤트라로 다루어져 왔다. 하지만 이것은 편협한 이해에서 비롯되었다. 뱀의 독을 잘 이용하면 아주 훌륭한 약이 되는 이치와 마찬가지다.

분명히 순수하지 못한 잠재성을 가진 낙샤트라이지만, 대단한 정화의 잠재성도 있다. 뭐든 휘감을 만큼 아주 격렬한 본성을 가지고 있기 때문이다. 사르파는 비슈누신을 받쳐 주고 있는 천 개의 머리를 가진 신성한 뱀, 세샤나가(Shesha Naga)와 같은 인물이다. 암리타 넥타를 얻기 위해 은하를 휘저을 때 데바들과 아수라들이 로프처럼 만다라 산을 휘감는데 사용하였던 뱀이다. 대양을 휘젓는 과정에서 바다 속 깊은 곳에 있던 독도 같이 솟아 나왔다. 이처럼 뱀은 선과 악 모두를 상징하고 있다.

아쉴레샤 낙샤트라는 삶의 드라마들에 꽁꽁 감겨 있는 우리의 모습을 상징하기도 한다. 예를 들면, 어머니가 아이의 삶에 완전히 휘감겨 있는 모습을 상상할 수 있다. 당연한 모성본능에서 비롯된다. 아이가 아직 어릴 때는 어머니는 그저 돌봐주는 역할만 한다. 그러나 아이가 자랄수록 어머니는 아이를 휘감고 있던 감정을 풀고 어른이 될 수 있도록 놓아 주어야 한다. 아이에 대한 어머니의 사랑은 순수하다. 아무런 대가도 바라지 않고 베푸는 진정한 사랑이다. 로맨스적인 사랑이나 다른 사람들과의 관계에서 주고받는 애정이나 사랑과는 차원이 아주 다르다. 서로 주고받는 메커니즘에 기본을 두고 있기 때문이다. 푸시야에서 나오는 사랑은 아이에 대한 어머니의 사랑처럼 아주 순수하고 비이기적이다. 아쉴레샤에서는 그러한 비이기적인 사랑이 얽히게 된다. 아직 어릴 때는 어머니가 아이의 삶에 휘감고 있는 것이 당연한 반응이다. 그러나 아이가 자라면서 더 이상 그러한 관심이 필요하지 않게 되면, 아이를 감고 있던 것을 풀어주고 다른 것에 대한 순수한 사랑으로 옮겨서 다시 감을 수 있어야 한다. 그러나 문제는 아쉴레샤는 순수하지 않은 것에 휘감기게 된다는 것이다. 우리의 마음은 지극히 순수하지 않으며 특히 욕망이나 삶의 온갖 고통스러운 것들에 대한 감정으로 휘말리게 된다.

만약 아쉴레샤에 있는 행성이 진리에 휘감기게 되면, 아주 깊이 신비롭고 파워풀하며 또 고결해진다. 그러나 조심해야 하는 것은 언제든 뱀에게 물릴 수 있기 때문이다. 만약 물리지 않는다면, 뱀의 독은 귀한 정화수가 된다. 그러므로 아쉴레샤에 있는 행성이 순수하고 비이기적인 의도와 연결할 수 있도록 명심해야 한다. 아쉴레샤는 깊이 철학적인 기질, 생각이 깊고 진지하며 확신감 있고 은둔하는 성향이 있다. 또한 최면에 걸린 듯 강하게 사람을 끄는 매력이 있다. 때로는 거칠고 잔인하며 이기적이고 독살스러운 매너로 행동할 수도 있으며 사적인 모욕을 당하는 것을 못 참는다. 뱀들이 껍질을 가는 것처럼, 새로운 각오를 가지고 삶을 재정립을 하기도 한다. 이처럼 삶의 관점을 바꿀 수 있는 능력은 전혀 다른 형태의 삶을 살도록 극적인 변화를 가져올 수도 있다.

▨ 마가(Magha) - 이롭게 하는, 위대한, 늘어나는, 풍성한

열 번째 낙샤트라 마가(Magha)는 '이롭게 하는, 위대한'이라는 뜻이 있다. 5개의 별들로 된 낙샤트라인데, 상징은 '왕의 의자, 왕의 가마, 왕의 대전' 등이다. 다스리는 행성은 케투이며 주재 신은 피트리스(Pitiris)이다. 피트리스는 인간의 위대한 조상들, 원초적 선조들로서 인류가 위기에 처할 때마다 보호해 주는 수호천사들과 같은 역할을 하고 있다. 조상님들에 대한 자부심, 개인이 가진 능력을 상징하며 전통과 문화적 순수성을 지킬 수 있도록 도와준다. 아쉴레샤 낙샤트라에서 살펴보았던, 우리 영혼이 가진 디바인 자질은 마가 낙샤트라에서부터 시작되는 삶의 외적인 여행에 필요한 모든 도움을 주기 위해서였다. 왕의 가마는 마가 낙샤트라가 가진 왕족신분, 엘리트적 지위를 나타내고 있다. 왕의 가마를 나르는 하인들은 우리의 다섯 감각기관들을 대변하고 있다. 행동기관의 다섯 대변인들은 우리의 영혼을 가고자 하는 곳으로 데려가게 된다. 이러한 진화적인 여행의 시점에서는 본능적 충동들이 더 이상 우리의 행동들을 주도하지 않도록, 가진 자원들을 잘 이용하여 우리의 행동들이 보다 체계적이고 일관성 있어야 함을 상징하고 있다.

어떤 행성이든 마가에 있으면, 귀족처럼 위엄이 있고 고고한 자세를 가지게 된다. 왕이란 선출되는 것이 아니라 세습되는 직위이다. 왕은 왕국에 대한 권리를 태어나면서 자동적으로 물려받는다. 마가 낙샤트라는 이러한 권위적 파워, 품위, 존중 등의 자질들이 있다. 마가 낙샤트라는 풍요로움, 물질적인 부유함, 행복한 성관계, 화려하고 사치스러운 삶, 야망, 리더십, 가문에 대한 자부심, 영적 전통에 대한 충실함 등을 준다. 임무를 수행할 수 있는 에너지와 용기가 넘치며 군중들을 이끄는 타고난 능력이 있다.

때로는 마가에 있는 행성이 존경과 우대를 요구할 수도 있다. 행성이 좋지 않은 품위를 획득하고 있을 때 생겨나는 경우이다. 단지 왕족이라는 이유로 누구든지 자기 앞에서 머리를 조아리게 하며 자신이 누리는 혜택이나 힘은 스스로의 능력으로 획득한 것이 아니라, 디바인 선조들로부터 물려받은 것이라는 사실을 잊게 되는 것이다. 어떤 부자인 사람이 이상주의자처럼 행동할 때, 사람들은 그의 정직성이나 인격을 의심하게 되거나 아니면 상대적 빈곤만 느끼게 하기 쉽다. 이처럼 마가에서 나쁜 품위를 획득하는 행성은 거만하고 우쭐거리며 낮은 신분의 사람들에 대한 선입견을 갖게 만들 수도 있다.

만약 안 좋은 품위의 행성이 마가 낙샤트라에 있으면, 부정적인 결과를 가져올 수도 있다. 왕이 나태하고 자기탐욕에만 빠져있으면, 왕국을 제대로 보호하거나 다스리기보다는 향락과 사치를 즐기고 주어진 권위들을 남용하는 데만 더 관심을 쏟게 된다. 그래서 곧 반역이 일어나 쫓겨나게 되거나 외부로부터 침략을 받아 왕국이 망하게 되는 이치와 비슷하다. 반면에 마가 낙샤트라에서 좋은 품위를 얻은 행성은 관대함과 기쁨, 그리고 왕국을 잘 다스리고 보호할 수 있는 역량을 주게 된다.

▧ 푸르바 팔구니(Purva Phalguni) - 앞의 빨간 이

열한 번째 낙샤트라, 푸르바 팔구니(Purva Phalguni)는 '앞의 빨간 이'라는 뜻이다. 8개 혹은 3개의 별들로 된 낙샤트라인데, 상징은 침대의 앞부분이나 나무 사이에 그네처럼 매다는 해먹(hammock)으로 표현하기도 한다. 다스리는 행성은 금성이고 주재 신은 바가(Bhaga)이며 태양의 화신이다.

바가는 태양이 가진 108개 이름 중 하나로 '즐거움의 신'이다. 바가는 부, 풍요함, 물질적인 성공을 주는 신이다. '여성의 생식기를 표현하기도 한다. 모든 인간이 태어나고 계속 대를 이어가게 해 주는 것이다. 디바인 창조성, 자연의 힘, 미래에 영혼의 발전을 위한 기반을 마련해 준다는 상징이 있다. 이 낙샤트라에서 우리의 영혼은 세상으로 나아가 삶을 살고 경험하여 지식을 축적할 수 있게 만들어 준다. 로드 쉬바는 푸르바 팔구니 낙샤트라에서 파바티와 혼인하였다. 바가는 결혼 생활이 행복하도록 보호해 준다.

푸르바 팔구니는 아주 관대하다. 애정이 무척 풍부하며 안아주기를 좋아하고 사랑스럽다. 생산적이며 젊음이 넘치고 자유분방하며 활기차고 야망이 있다. 또한 섬세하고 사교적이며 직관적이고 삶의 경험을 확장하고자 하는 열정이 넘쳐난다. 다른 사람들에게 쉽게 영향을 미치는데, 일이나 사람들을 다루는 매너도 품위가 넘치며 다정다감하다. 음악, 춤, 드라마를 즐긴다. 영적인 것들에 대해 지나치게 야심적일 수도 있다. 음주나 도박 등에 빠질 수도 있다. 만약 조심하지 않으면 삶의 균형이 쉬이 깨질 수도 있다. 충분한 물질적인 풍요를 누리기에 새로운 경험을 위해 내면적 삶을 추구할 수 있는 잠재성도 가지고 있다.

▨ 우타라 팔구니(Uttara Phalguni) - 뒤의 빨간 이

열두 번째 낙샤트라, 우타라 팔구니(Uttar Phalguni)는 '뒤의 빨간 이'라는 의미다. 2개의 별들로 된 낙샤트라인데, 상징은 '침대 뒷부분의 다리, 혹은 침대'이다. 다스리는 행성은 태양이며 주재 신은 아리야만(Aryaman)이다.

아리야만은 계약체결, 공식적인 사업, 외교 등을 관장하는 신이다. 아리야만은 미트라(Mitra, 친구, 우정)신과 같이 자주 연결되어진다. 아리야만은 다른 나라들 간에 혹은 사람들 간에, 서로 원만하게 연결을 하고 관계를 맺도록 해 준다. 어느 정도 적절하고 공적인 성격도 띠고 있는 낙샤트라이다. 앞에 있는 푸르바 팔구니 낙샤트라는 서로 간에 매력을 느끼고 사귀게 만든다. 우타라 팔구니는 결혼으로 성사시켜 준다. 그래서 우타라 팔구니는 '결혼을 시키는 별'로도 알려져 있다. 이 곳 낙샤트라에 행성을 가지고 있는 사람들은 결혼을 하고 든든한 가정을 이루고 싶어 한다. 사람들 간에 우정이 꽃피게 하며 모든 사람들이 즐길 수 있도록 가진 역량을 모두 발휘하는 낙샤트라이다.

야망을 성취하고 싶어 하며 안정감 있으며 어려움들이나 정의를 위한 투쟁, 인내 등을 기꺼이 한다. 높은 수준의 영적인 성장과 정신적 확장을 할 수 있는 상당한 잠재성이 있다. 그러나 도덕적이거나 영적인 기량이 아직 미약하거나 일을 벌여 놓고 어떻게 마무리해야 할지를 모르는 위험성도 가지고 있다. 도움이 필요한 친구를 도와주기를 즐기며 인류의 고통을 덜어주고 싶어 하며 친절하고 자애적이다. 그래서 가족, 결혼, 융합 등이 우타라 팔구니 낙샤트라의 주요한 특성들이다.

▨ 하스타(Hasta) - 손

열세 번째 낙샤트라, 하스타(Hasta)는 '손'을 의미한다. 상징은 '열린 손'이다. 5개의 별들로 된 낙샤트라인데, 재능을 가진 손을 상징하며 행위와 카르마에 관련이 있다. 다스리는 행성은 달이며 주재 신은 사비투르(Savitur)이다. 사비투르는 태양을 의미하는 또 다른 이름이다.

수리야(Surya, 태양의 신)는 원래 우주를 창조한 신이었다. 그리고 태양의 아들 마누는 인류의 선조였다. 그런데 나중에 브라마가 창조주의 역할을 대신 하게 되었던 것이다. 사비투르 낙샤트라 상징인 손은 이러한 '창조'를 하는 태양의 신 수리야를 상징하고 있다.

하스타는 다양한 손재주, 아트, 마사지 기술, 카운슬링, 손을 이용해서 하는 힐링, 아이디어를 쥐게 되는 것, 손금술, 그리고 봉사하고 싶은 깊은 욕구를 나타낸다. 뛰어난 위트, 유머감각, 지성, 재미있는 화자 그리고 신비로운 것에 관심이 있다. 손으로 하는 일들이 상징하듯이, 성공을 거둘 수 있기 이전에 어느 정도 어려움, 제약, 결점, 가난, 성공의 지연 등을 경험하게 된다. 그러다가 마침내 손이 가진 힘을 이용해 가슴 속 깊은 곳에서 원하고 있는 아름다운 세상을 만들 수 있게 된다.

▨ 치트라(Chitra) - 눈부신, 탁월한

열네 번째 낙샤트라, 치트라(Chitra)는 '눈부신, 탁월한, 소중한' 등의 의미를 가지고 있으며 보석들이나 창조성, 출중함, 색깔 등에 연관이 있다. 1개의 별로 되어있으며 상징은 진주이다. 다스리는 행성은 화성이며 주재 신은 비쉬마카르마(Vishva Karma)로서 수리야의 또 다른 이름 중 하나이다.

그러므로 네 개 낙샤트라들의 주재 신(바가, 아리야만, 사비투르, 비쉬마카르마)은 모두 태양의 화신들로서 '아디티아스(Aditias)'라고 같이 묶어서 부른다. 아디티아스가 가진 목적은 지구에 안정을 가져오기 위함이다. 앞에서 언급한 7번째 푸나르바수 낙샤트라의 주재 여신 아디티야가 바로 아디티아스의 어머니이다. 비쉬바카르마는 또한 '트바쉬트라(Tvashtra)'로 알려져 있다. 하늘의 건축사로서, 신들과 우주를 창조하였으며 모든 생명들을 지켜주는 보호자이다. 신들의 무기나 마차들은 모두 그가 제작하였다. 그리고 수리야의 장인이며 태양의 강렬한 빛 가장자리를 깎아 내어 지금의 수준으로 만든 건축사 신이다. 그가 깎아내기 이전에 태양의 원래 빛은 일곱 배 이상으로 강렬했다고 한다.

치트라 낙샤트라는 아주 열정적이다. 풍부한 창조성, 에너지 그리고 창조하고자 하는 지대한 관심이 있다. 어느 정도 감각적이며 매력적이고 넘치는 카리스마, 글래머 그리고 아름다운 눈을 가지게 한다. 대화술이 뛰어나며 적절한 순간에 꼭 맞는 말을 할 수 있게 하는 솜씨가 있다. 보석들을 좋아하며 밝고 화려한 옷차림들 즐긴다. 치트라 낙샤트라는 무지와 환상이 뒤섞여 있는 세상을 반영하며 가장 영적인 낙샤트라로 꼽힌다. 섬광처럼 번뜩이는 예지력과 깊은 영성이 있다.

▧ 스와티(Swati) - 독립적인, 칼

열다섯 번째 낙샤트라, 스와티(Swati)는 '독립적인, 자주적인, 칼'의 뜻이 있다. 1개의 별로 되어있으며 상징은 산호, 사파이어, 때로는 새싹이 바람에 날리는 모습으로도 나타낸다. 다스리는 행성은 라후이며 주재 신은 바유(Vayu)이다.

바유는 바람의 신으로, 파반(Pavan) 혹은 바타(Vata)라고도 불린다. 바람이 하늘에서 늘 움직이는 것처럼, 우리의 마음에서도 움직이고 있다. 바유는 생각이나 아주 파워풀한 아이디어와 연관이 있다. 바유와 자주 연결되는 인물은 하누만(Hanuman)이다. 하누만은 바유의 아들로서 여자 인간에게 태어난 반신반인의 원숭이다. 라마야냐(Ramayana) 이야기에서 라마 왕을 도와 전쟁을 승리로 이끈 유명한 영웅 하누만은 사실 원숭이 군대들의 왕이기도 하다. 오랫동안 원숭이는 마음의 상징으로 여겨졌다. 마음은 마치 원숭이처럼 늘 이리저리 날뛰기 때문이다. 원숭이들은 또한 뭐든지 훔치고 불쑥불쑥 튀어나와 어떤 것을 잡아채고 달아나버린다. 이것이 바로 마음의 본성이다.

스와티 낙샤트라는 마음을 잘 다스려서 보다 유용하게 사용할 수 있는 능력과 연관이 있다. 특히 명상이나 기도를 통해, 의식을 한곳에다 집중시킬 수 있을 때, 원숭이처럼 재빠르고 날뛰던 마음의 본성은 좀 더 바람직하고 파워풀한 어떤 목적을 성취할 수 있게 하는 채널이 된다. 마치 라마가 하누만을 잘 다스려서 빼어난 영웅으로 재탄생시킨 것과도 같다.

공기와 바유는 호흡을 통해 흐르는 프라나(Prana, 기)와도 연관이 있다. 호흡은 기본적인 에너지와 생기를 준다. 산소는 화학물질이지만 프라나는 내용물이다. 우리의 신체는 화학물질인 산소를 사용하지만, 마음이나 의식은 우리가 들이마시는 공기로부터 프라나(기)를 추출하여 생명을 유지한다. 그래서 호흡은 생기와 직접적인 연관을 가지고 있으며 마음을 안정시키는 요소를 가지고 있다. 그리고 다이어트와도 연관이 있다. 지나치거나 잘못된 다이어트는 바타(Vata, 風)를 생기게 하므로 조심해야 한다.

스와티 낙샤트라는 대인관계를 다루는 일, 세일즈, 그리고 메시지를 바람에 타고 내보내는 일 등에 연관이 있다. 또한 지식을 다스리는 사라스와티(Saraswati)여신과도 관련 있는 낙샤트라이다. 직관적인 능력, 이론에 뛰어나며 호기심, 배우고자 하는 열정, 아트나 커뮤니케이션 재주가 있다. 음악이나 문학, 아트에 연관된 사업도 바람직하다. 유동적이면서 취약할 수도 있는 감정 사이에서 바람처럼 잘 움직여 나갈 수 있게 한다. 그래서 생존자를 나타내며 독립적이 되기 위해 노력하도록 만든다.

▨ 비샤카(Vishakha) - 갈라진 가지, 포크처럼 생긴 가지

열여섯 번째 낙샤트라, 비샤카(Vishakha)는 '포크처럼 갈라진 가지'를 의미한다. 라다(Radha)라는 이름도 있는데, '기쁘게 하는'이라는 뜻이 있다. 라다는 힌두교에서 가장 사랑 받는 신, 크리슈나의 파트너이기도 하다. 비샤카의 상징은 잎들로 장식된 승리의 아치형 문 혹은 도공들의 수레 등으로 나타낸다. 5개 혹은 4개의 별들로 된 낙샤트라인데, 다스리는 행성은 목성이며 주재 신은 인드라와 아그니이다. 두 이름을 합쳐서, 인드라그니(Indragni)라고도 부른다.

인드라는 번개를 다스리는 신이며 아그니는 불을 다스리는 신이다. 불과 번개는 하늘에 나오는 중요한 두 개의 힘이라는 사실을 상징하고 있다. 아그니(Agni, 불)는 제의식을 할 때 정화시키는 용도로 사용되는 불을 나타낸다. 아그니는 신들 중에서 처음으로 인간의 모습을 가진 신이다. 인간 속에 섞여 살면서, 아그니는 인간들이 바친 제물을 하늘로 가지고 올라가는 메신저 역할을 했다. 인드라는 자연적 원소들을 다스리는 신이며 데바들의 왕이다. 인드라는 세 개의 코를 가진 신성한 코끼리를 타고 다닌다.

이렇게 중요한 두 신이 다스리는 비샤카는 승리를 장식하는 아치형 문의 상징이 상징하듯이 사회적인 정의 구현과 실현 등과 연관이 있다. 바른 일을 하려고 하고 정의를 바로 세우려 하기 때문에 아주 격렬한 에너지가 있는 낙샤트라이다. 인내심, 지구력, 결의, 야망, 집중적인 파워, 경쟁적인 성향, 목표지향적이며 성공할 때까지 포기하지 않는 자질을 준다. 이는 또한 원하는 것을 얻기 위해 다른 사람들을 너무 몰아 부치게 될 가능성도 있다. 질투나 부러움을 감추는데 어려움을 겪으며 원하는 것을 취득하거나 목표를 성취하지 못했을 때 심한 좌절감에 시달리기도 한다. 비사카 낙샤트라는 영성의 무사武士를 나타낸다.

▨ 아누라다(Anuradha) - 잇달아 오는 성공, 라다를 따르는

열일곱 번째 낙샤트라, 아누라다(Anuradha)는 '잇달아 오는 성공, 라다(Radha)를 따르는'이라는 의미를 가지고 있다. 비샤카에서 전투를 치른 뒤, 잇달아 오는 승리의 열매를 즐기는 것을 나타낸다. 아누라다의 상징은 '가득히 쌓인 쌀'이나 우산'으로 나타내고 있다. 비사카는 또한 '라다'라는 이름도 가지고 있기에, 다음에 오는 아누라다 낙샤트라는 '라다를 따르는'이라는 의미도 함께 가지고 있다. 라다는 크리슈나와 연관된 여신이지만, 크리슈나의 아내가 아니라 가장 친하며 믿고 의지할 수 있는 '디바인 친구'였다. 4개의 별들로 이루어진 아주 헌신적인 낙샤트라로서, 다스리는 행성은 토성이며 주재 신은 미트라(Mitra)이다. 미트라는 '친구, 우정, 다정함' 등의 뜻이 있다.

미트라는 태양의 또 다른 화신으로 '아디티아스'에 속하는 신이다. 물과 하늘의 대양을 다스리는 신, 바루나(Varuna)와 함께 미트라는 우주의 질서를 유지하는 법을 보호하고 기력을 주며 행동력을 부여하며 비를 내려 곡식들이 자라게 한다. 미트라는 아침의 태양 빛과 연관되며 우정과 협력, 계약과 동의를 다스리는 신이다.

아누라다는 인간관계에서 균형을 부추긴다. 아누라다 낙샤트라에 행성을 가지고 있는 사람들은 보통 아주 좋은 친구이며 다정다감하다. 그러나 애정관계에서는 어려움을 겪는다. 그들은 충실하고 헌신적이기 때문에 감정적으로 얽히는 관계들을 잘 감당해내지 못한다. 크리슈나와 라다가 서로 좋은 친구였지만 연인이 되기는 어려웠던 이야기가 상징하고 있는 바이다. 라다는 크리슈나에게 완전히 헌신적이었지만, 감정적으로는 개입되지 않았다. 그녀는 크리슈나가 가장 아끼고 사랑하는 디바인 친구였다. 우리는 가족이나 애인, 심지어 신에게 하지 못하는 말도 친한 친구에게는 다 털어놓고 상의할 수 있다. 진정한 친구는 우리에게 가장 안전한 장소인 것이다.

그리하여 좋은 품위를 취득한 행성이 아누라다 낙샤트라에 있으면, 비집착, 다정다감함을 주며 지나친 기대나 요구를 하지 않게 해 준다. 오히려 다른 사람들에게 항상 친절하며 충실하게 된다. 그리고 뛰어난 리더십과 관리 능력, 목표를 향한 집중력, 큰 그룹들과 일할 수 있는 능력 등을 준다. 감각적이면서도 사랑스러운 성향을 주며 다른 이들과 나누고 맞춰 주는 능력, 사랑하는 이들을 위해 지고지순하고 헌신적이게 한다. 또한 많은 여행을 할 기회를 주거나 출생지가 아닌 먼 타지 혹은 외국에 살게 만들기도 한다.

▨ 지예스타(Jyeshta) - 나이가 가장 많은 어르신

열여덟 번째 낙샤트라, 지예스타(Jyeshta)는 '나이가 가장 많은 어르신'이라는 뜻이다. 3개의 별들로 된 낙샤트라인데 상징은 '귀거리, 우산, 부적' 등으로 나타낸다. 다스리는 행성은 수성이며 주재 신은 인드라이다.

인드라는 신들의 왕으로서, 전쟁의 신으로도 불린다. 정의를 실현하기 위한 목적으로 하는 전투를 관장한다. 그래서 지예스타에 행성을 가진 사람들은 종종 무사나 군인이 된다. 그들은 총대를 메고 전쟁터에 나가는 것을 두려워하지 않는다. 특히 정의로운 싸움에서는 결코 후퇴를 하지 않는다. 아주 먼 옛날에, 아수라(Asura)인 용이 지구의 물을 모두 훔쳐 삼켜버렸다. 그래서 지구에는 가뭄이 들어 완전히 말라비틀어지게 되었다. 그러자 인드라는 암리타를 마시고 가뭄의 아수라와 치열한 전투를 벌였다. 용이 인드라를 삼키자 그는 천둥과 번개의 칼을 이용해 용의 배를 자르고 나왔다. 그러자 용이 삼킨 모든 물이 터져 나오면서 지구에는 비가 내리기 시작했다. 인드라는 지구와 지구상 생명들의 구세주로 신봉되게 되었다.

지예스타 낙샤트라는 독자적으로 신화를 가지고 있다. 그녀는 스물일곱 낙샤트라 자매들 중에서 가장 언니였다. 그녀의 남편은 달의 신, 소마였다. 하지만 소마는 여동생인 로히니를 가장 편애했기 때문에 질투와 배신감을 느끼게 되었다. 그래서 지예스타 낙샤트라는 버림과 배신의 테마를 띠고 있다. 언제, 어디서, 어떻게 용에게 삼켜버릴지 모를 것 같은 감정적인 두려움과 불안함 때문에 모든 것에서 분명한 '예스, 노'를 원하며 뭐든지 아주 격렬한 전투로 만드는 경향도 있다. 하지만 결국에는 인드라가 용의 배를 자르고 나왔듯이, 무사 같은 진정한 용기를 내어 내면의 싸움을 극복할 수 있게 해 준다.

어느 집안의 장녀나 장손과도 마찬가지로, 지예스타는 자신과 사랑하는 이들을 보호하고자 하는 성향을 준다. 한편 가족 중에서 가장 윗사람 혹은 여자 가장이나 남자 가장이 집안이나 가문을 주도하며 권위와 부를 행사하는 것을 나타내기도 한다. 전반적으로 지예스타 낙샤트라는 아주 속이 깊고 창의적인 마음을 주며 보다 깊숙한 삶의 의미를 찾거나 숨겨진 비법을 연구하도록 만든다. 만약 낮은 자존감을 가진 경우에는 거만함이나 가식적인 성향을 줄 수도 있다. 그리하여 힘든 시련과 가난함에 시달리는 어려운 삶을 살게도 만든다. 소수의 친구들만 가진 비밀스럽고 은둔적인 성향도 있다.

▨ 물라(Mula) - 뿌리

열아홉 번째 낙샤트라, 물라(Mula)는 '뿌리'라는 뜻을 가지고 있으며 은하계 센터로부터 여섯 번째 아드라 낙샤트라와 마주하며 일직선상에 위치하고 있다. 11개의 별들로 이루어져 있으며 상징은 '약초 뿌리의 묶음'이다. 다스리는 행성은 케투이며 주제 신은 니르티(Nirriti)여신이다.

니르티는 재난의 여신으로서 죽음의 영역에 살고 있다. 베딕 문화에서 가장 두려워하고 회피를 하는 여신이다. 그들은 니르티를 멀리 보내버리도록 다른 신들에게 기도를 올렸다. 일단 그녀가 가까이 오면 모든 것을 바꾸고 변환시킬 것이기 때문이었다. 그녀는 칼리(Kali) 여신의 화신으로서, 파괴를 하는 힘이 있으며 뭐든지 부수고 분해하며 부를 거부한다. 칼리는 인간의 해골로 만들어진 목걸이를 목에 걸고 입은 긴 혀를 내밀고 드러누운 쉬바의 몸 위에 한 발을 올려놓은 채 춤을 추고 있는 무시무시한 여신이다. 쉬바는 칼리의 남편이다. 칼리의 댄스는 모든 무지를 뿌리째 뽑아내며 파괴를 통해 새로운 시작을 하게 만든다. 그녀는 모든 무지에 끝장을 낼 수 있는 디바인 지혜의 화신이다. 그래서 아드라는 쉬바와, 물라는 칼리와 연관을 가진 낙샤트라들로서 같이 은하계 센터에 조율을 하고 있는 것이다.

물라가 뜻하는 뿌리는 쿤달리니 에너지 센터에서 맨 밑에 있는 뿌리 차크라와 연관이 있다. 그래서 우리의 무지를 뿌리째 뽑아내고 진리의 씨앗을 심는 행위로도 상징된다. 물라 낙샤트라는 모든 것에서 뿌리부터 파고들게 한다. 그래서 깊은 연구를 하는데 적합하게 하며 안 좋은 행성의 영향하에 있으면 거의 광적일 정도의 충동적인 행동으로 나타날 수도 있다. 삶이 심한 굴곡을 겪는 경향이 있으며 삶의 의미를 잃은 듯한 상실적인 느낌에 시달리기도 한다. 그러나 궁극적으로 물라낙샤트라가 고무하는 바는 집착하지 않도록 필요한 레슨들을 주며 주어진 조건들 속에 내포하고 있는 숨은 의미들을 깊이 숙고하게 하며 보다 높은 힘에 믿고 의지할 수 있게 하기 위한 것이다. 이러한 경험들을 통해 영적인 각성이나 깨달음을 얻을 수 있도록 하기 위함이다. 또한 물라낙샤트라는 약초를 다루는 힐링법이나 대체의학들과도 관련이 있다.

▨ 푸르바 아샤다(Purva Ashadha) - 이전의 승리

스무 번째 낙샤트라, 푸르바 아샤다는 '이전의 승리'라는 뜻이 있다. 2개의 별들로 이루어져 있으며 상징은 손부채, 풍구 키, 코끼리의 상아, 사각형 등으로 나타낸다. 다스리는 행성은 금성이며 주재 신은 아파스(Apas) 여신이다.

아파스는 물의 여신이다. 그녀는 영혼이 살고 있는 영적인 환경을 나타낸다. 그리고 창조 세계에 존재하는 모든 것이 서로 조화로운 상호관계를 가지도록 조율하는 여신이다. 물은 사랑과 적응성을 상징한다. 물은 어떤 그릇에 담든 그에 맞추어 적응을 한다. 물은 가장 적응성이 강하고 용서를 잘하며 모든 원소들 중에서 가장 쉽게 바뀐다. 물을 끓이면 증기가 되고 얼리면 얼음이 된다. 어떤 식으로 흘러가든, 스며들지 않는 구석이 없다. 사랑과 마찬가지로, 물은 모든 것을 받아들이고 적응한다. 이러한 물의 여신 아파스는 온갖 독소들을 제거하며 질투와 질병을 쫓아내고 창조적인 에너지를 부여한다.

코끼리는 보통 우리 안에 있는 게으른 속성을 나타내지만, 창조적인 일을 하도록 깨워낼 수도 있다. 또한 코끼리 상아는 잘리면 다시 자랄 수 있다. 풍구 키는 곡식과 껍질을 분리시키는데 사용되는 것처럼, 우리 마음이 가진 분별력이나 차별의식을 나타내는 낙샤트라이기도 하다.

푸르바아샤다는 영혼이 과거에 축적한 무지를 씻어 주며 의식의 우주화와 우주적인 자비심에 영혼을 열게 한다. 푸르바아샤다는 과거생의 카르마들이 현생에 좋지 않은 경험들을 가져 왔는데 디바인 축복이나 기적적인 도움으로 인해 해결되게 해 준다. 그리하여 종교적으로 되게 만들거나 다른 이들에게 봉사하고자 하는 선의를 가지게 한다. 정화와 변환을 가져오며 삶에서 영적인 자질과 섬세함을 계발시킨다. 번뜩이는 직관, 연기법이나 다르마에 대한 이해, 창조성을 유지하고 키우게 하고 잠재성을 깨닫게 한다. 또한 에고를 정화하며 카르마의 빚을 갚게 한다. 종교나 영성 수행법, 스승을 자주 바꾸거나 경험 삼아 여기저기 각종 종교나 영성 단체들을 기웃거릴 수도 있다. 만약, 좋지 않은 품위의 행성 영향을 받고 있으면, 강한 에고 높은 자만심, 그리고 다른 사람들에 대한 배려가 부족해진다. 마치 상아를 얻기 위해 코끼리를 죽이는 예와 비슷하다고 할 수 있다.

▨ 우타라 아샤다(Uttar Ashadha) - 나중의 승리

스물한 번째 낙샤트라, 우타라 아샤다(Uttar Ashadha)는 '나중의 승리'라는 뜻이 있다. 8개 혹은 2개의 별들로 이루어져 있으며 상징은 코끼리의 상아, 사각형이다. 다스리는 행성은 태양이며 주재 신은 비시바데바스(Vishwa Devas)이다.

비시바 데바스는 우주적 신들을 의미하며 다르마(Dharma) 신과 비시바(Vishwa) 여신 사이에서 태어난 열 명의 아들들이다. 바수(Vasu, 착함), 사티야(Satya, 진실), 크라투르(Kratur, 의지력), 닥샤(Daksha, 제의식을 행하는 재능), 칼라(Kala, 시간), 카마(Kama, 욕망), 드리티(Dhriti, 오래 잘 참음), 쿠루(Kuru, 조상님들), 푸루라바스(Pururavas, 풍부함), 마드라바(Madrava, 기쁨)이 모두 비시바 데바스의 자질을 나타낸다.

우타라 아샤다는 개인 의식이 우주적 의식으로 확장됨을 나타낸다. 겸허함, 동조할 수 있는 능력, 자기중심이 확고함 그리고 극도의 고통을 거쳐 깨어나게 되는 영성을 나타낸다. 박애주의적 관심, 영성을 추구함, 지식의 깊이까지 파고드는 경향, 다른 사람들과 원활하게 관계를 맺는 능력 등을 준다. 높은 수준의 힘을 성취하게 하며 좋은 인맥 관계를 통해 지지와 인정을 받게 해 준다. 고고한 목표들과 질 높은 도덕성을 가진 이상주의자를 만들며 승리는 얼마나 다른 사람들에게 이득이 될 수 있는 목적인가에 달려 있다. 만약 안 좋은 품위의 행성이 우타라 아샤다에 있으면, 냉담하며 게으르고 계속 움직이며 새로운 프로젝트들을 시작만하고 마칠 줄을 모르는 우유부단함을 가져온다. '나중의 승리'를 뜻하는 낙샤트라이기에 보통, 성공은 인생 전반부보다는 후반부에 온다. 어려움을 견디어 낼 수 있는 인내심을 배우게 한다.

⊠ 쉬라바나(Shravana) - 듣는, 유명한

스물두 번째 낙샤트라, 쉬라바나(Shravana)는 '듣는, 유명한'이라는 뜻이다. '진리'를 듣는 것을 나타내며 들은 대로 수정을 하거나 사회나 문화에 연결함을 나타낸다. 3개의 별들로 이루어져 있으며 상징은 세 발자국, 화살로 나타낸다. 다스리는 행성은 달이며 주재 신은 비슈누이다. 전 우주를 관장하고 조화를 유지하고 있는 신이다.

창조 세계가 시작되기 이전에, 하느님은 세상을 창조하기 위해 먼저 자신의 왼쪽 부분에 브라마를 만들었다. 그리고 세상을 유지하기 위해 오른쪽 부분에 비슈누를 만들었으며 세상을 파괴하기 위해 중심 부분에 쉬바를 만들었다. 비슈누는 우주적 대양에서 떠다니고 있으며 아내 락시미(풍요로움의 여신)는 그의 발 위에 앉아 있다. 비슈누는 검은색이나 파란색 피부를 가지고 있는데 가장 높은 수준의 선을 상징하는 색깔이다. 4개의 팔을 가지고 있고 왕관을 쓰고 허리에는 제의식에 사용되는 끈이 묶여 있다. 한 손에는 챠크라(둥근 수레형 무기)가 들려 있고 다른 손에는 곤봉, 소라 껍데기, 연꽃을 각각 들고 있다. 비슈누는 항상 잠을 자고 있으며 꿈을 꾸는 동안 창조된 것들을 지켜보고 있다. 그러는 동안 그의 배꼽에서는 연꽃이 피어나고 있다. 연꽃은 브라마의 한 해(인간의 4,320,000년에 해당)동안 자라다가, 비슈누가 잠에서 깨어나면 다시 져서 원래의 자리로 되돌아간다. 그러면 비슈누는 다시 꿈을 꾸기 시작하며 연꽃 사이클은 다시 반복된다. 비슈누의 배꼽은 은하계의 센터라고도 알려져 있다. 비슈누가 손에 들고 있는 챠크라는 조디액을 의미한다.

쉬라바나는 듣는 것을 뜻하는데, 단순히 소리만 듣는 것이 아니라 진리를 듣는 것을 말한다. 진리와 삶의 진동소리에 지각하고 있음을 의미한다. 소리는 진동을 통해 공간으로 퍼지게 된다. 공간은 모든 것을 포함하고 있다. 그래서 만트라 진언, 기도, 소리, 노래, 음악 등이 소리를 통해 의도하는 어떤 것들을 물체화시키는 것이다. 모든 것은 소리를 통해 형상화되며 비슈누가 그 모든 것을 표출시키는 신이다. 쉬라바나는 이러한 비슈누에 의해 다스려지고 있는 낙샤트라이다.

쉬라바나는 밝은 청력을 주며 자연스럽게 다른 사람의 이야기를 잘 들어준다. 훌륭한 카운슬러가 되게 한다. 항상 더 많은 정보, 지식, 지혜를 추구하도록 하는 이지적 능력도 준다. 훌륭한 교사나 교수들이 되며 늘 배우고자 하는 자세를 가졌다. 쉴 새 없이 지식을 추구하고 여행도 많이 한다. 인생 전반부에는 어려움과 실망, 좌절을 경험할 수 있으나 나이가 들어감에 따라 자기 확신감도 자라게 된다.

▨ 다니쉬타(Dhanishta) - 가장 유명한, 아주 부유한, 아주 빠른

스물세 번째 낙샤트라 다니쉬타(Dhanishta)는 '가장 유명한, 아주 부유한, 아주 빠른' 등의 의미를 가지고 있다. 하지만 '부'와 가장 연관을 가진 낙샤트라이다. 물질적 부유함뿐만 아니라, 가치관과 영성의 풍요로움도 함께 의미하고 있다. 5개 혹은 4개의 별들로 이루어져 있으며 상징은 '북, 드럼'이며 다스리는 행성은 화성, 주재 신은 여덟 바수스(Vasus)이다. 바수스는 팔방八方을 다스리는 신들이다.

다니쉬타에서 영혼은 디바인 뮤직을 이해하고 듣게 된다. 여덟 바수스는 팔방으로 퍼져있는 우주적 에너지를 개체화시킨 것이다. 다니쉬타는 '북 혹은 대나무 작대로 만든 피리'이다. 쉬바의 드럼에서 퍼져 나오는 디바인 뮤직과, 크리슈나의 피리와 연관이 있다. 크리슈나가 피리를 불면, 그의 추종자들은 피리 소리에 매료되어 자기의식이나 주변 환경에 대한 감각을 잃게 된다. 그리하여 영혼은 드럼이나 피리처럼 텅 비워져서 신과 하나가 되는 환희 의식을 경험한다. 다니쉬타는 또한, 사람의 몸을 둘러싸고 있는 오로라 기체氣體들이나 개성과 연관을 가지고 있으며 행성의 에너지가 드럼의 소리처럼 그 안에서 진동하고 있음을 나타낸다. 소리나 소음들 이면에 존재하는 위대한 침묵, 이러한 우주적 공을 우리가 지각할 수 있도록 해 주는 낙샤트라이다.

건강하지 못한 감정들이나 자기중심적 아이디어들로부터 벗어나 심리적인 정화를 하게하며 점차적으로 집착을 버리고 영혼이 스스로를 직접 표출할 수 있도록 해 준다. 이처럼 의식을 정화하기 위해선 에러와 고통이 따르지만, 마음이 영적인 지식을 받아들일 수 있게 해 주며 내적인 진실을 인지할 수 있게 된다. 깨달음을 주고 귀를 기울이게 하며 영적인 깊이와 초자연적인 지식을 주며 타지에 나가 성공과 부를 이룰 수 있도록 해 준다. 만약 좋지 못한 행성의 영향이 있으면, 욕심이 많고 인색하며 보수적이게 만든다.

▧ 샤타비샥(Shatabishak) - 100명의 의인들

스물네 번째 낙샤트라, 샤타비샥(Shatabishak)은 '100명의 의인들, 100가지의 약'을 의미한다. 100개의 별들로 이루어진 낙샤트라인데, 상징은 원과 꽃으로 나타낸다. 다스리는 행성은 라후이며 주재 신은 바루나(Varuna)이다.

바루나는 원래, 우주의 질서를 관장하는 신이었다. 아들은 소마(Soma, 달의 신)였다. 태양은 그의 눈이었으며 바람은 그의 호흡이었다. 그런데 나중에 신들은 좀 더 분명한 체계를 성립할 필요를 느꼈다. 그리하여 바루나는 물 담당을 맡아 강과 대양을 다스리는 신이 되었다. 바루나는 계절을 다스리며 밤과 낮, 그리고 기상의 기후를 분류한다. 비가 내리게 하며 강물이 흐르고 바람이 불도록 한다. 구름이나 먹구름, 공기가 머금고 있는 풍요로움이나 수분 등은 기상의 다양한 기후들이다. 이들은 우리들 마음에 나타나는 기후도 대변하기도 한다. 바루나는 또한 디바인 힐러이기도 하다. 그는 생명의 정화수를 뿌려서 질병을 낫게 하고 영생을 준다. 그리고 마야(maya, 환영)와 무지를 다스리며 진실한 이들에겐 디바인 은총을 내려주는 신이다.

샤타비샥은 인간의 신체적, 영적 여건들을 치유하는 낙샤트라이다. '100명의 의인들, 100가지의 약'이라는 의미가 상징하듯이, 우리가 보통 겪는 신체적 수준뿐 아니라, 정신적 영적 수준의 질병까지 치유하는 것을 모두 포함한다. 만약 통상적 방법으로 치유가 어려운 질병들이 있을 때, 이에 대한 해결책을 구하기 위해선 대체의학, 형이상학적 치유방법까지도 모두 섭렵하고 연구할 수 있어야 한다. 이렇게 온갖 방법을 다 동원해서라도 어떤 아픈 사람을 낫게 하고자 노력하는 과정을 통해서 우리는 진정으로 뛰어난 힐러가 될 수 있는 것이다. 샤타비샥은 이처럼 신체적 질병뿐만 아니라, 감정적 심리적 질병까지 다루어서 우리가 처한 삶의 여건들의 근본까지 치유하게 하는 낙샤트라이다.

상징으로 사용되는 서클은 마야의 베일 뒤에 있는 공간의 무한함을 상징한다. 내면의 비전, 명상, 철학, 선두자, 신비주의자, 과학자와 같은 기질들을 준다. 그러나 안 좋은 행성의 영향에 있으면, 감정기복이 심하고 비밀스러우며 은둔적이고 외로움을 타는 성향을 주기도 한다. 샤타비샥 낙샤트라는 힐러, 의사, 전기 기술자, 천문학자, 점성학자 등의 직업과 관련이 있다.

⊠ 푸르바 바드라파다(Purva Bhadrapada) - 이전의 행운발

스물다섯 번째 낙샤트라, 푸르바 바드라파다(Purva Bhadrapada)는 '이전의 행운을 가진 이'라는 뜻이다. 혹은 '이전에 얻은 좋은 결과'를 뜻하기도 한다. 2개의 별로 이루어져 있으며 상징은 이중의 얼굴을 가진 남자, 무대, 침대의 다리 등으로 나타난다. 다스리는 행성은 목성이며 주재 신은 아자에카파다(Aja Eka Pada)이다.

아자에카파다는 한 개의 다리를 가진 염소로서 아직 태어나지 않은 초월적인 에너지를 대변한다. 쉬바의 화신이며 아그니가 타고 다니는 동물이기도 하다. 베다 문학에서는 그를 어떤 미동이나 말도 하지 않은 채 영원히 존재하고 있는 신으로 묘사한다. 아직 다면화되지 않은 잠재적인 창조적 에너지로서, 각자 다양한 존재들에게 맞추어 다른 레벨의 에너지들로 생성되게 한다.

아자에카파다는 우주적 진화가 일어나고 있는 무대를 나타낸다. 창조를 위한 불같은 에너지가 아직 잠재적인 형태로 있지만, 어느 영역에서 일어날지는 이미 정해졌다. 마치 연극 공연 시작 전, 배우들이 막 무대에 올라 서 있는 모습과도 같다. 불의 신인 아그니를 태우고 있지만, 자신이 불은 아닌 것이다. 아자에카파다는 창조를 위한 움직임의 충동은 바깥을 향해 있지만 아직까지 가만히 있는 상태를 다스리는 신이다.

푸르바 바드라파다는 미래를 향한 비전을 제시하고 있다. 특히 박애주의적 사랑으로 인류의 안녕을 기하고 세상을 정화할 수 있는 우주적인 목표를 가진 그런 비전들을 의미한다. 어느 정도 기이하고 신비주의적 특성들이 있다. 자신의 소신대로 혹은 자신만의 오리지널한 방식으로 삶을 주도해 나가는 사람들은 확고한 자기의견이 정립되어 있으며 열정적이고 독립적이며 뛰어난 언변이 있다. 특히 돈을 잘 벌 수 있는 사업적 재질들이 있다. 그래서 이 낙샤트라는 총명하고 학자 같은 철학적 기질, 그리고 위트가 있는 성격을 준다. 때로는 충동적이고 흥분을 잘하며 강압적인 면도 있다. 직업적으로는 점성학자, 성직자, 수행자, 비법을 다루는 이들, 연구인, 통계인, 그리고 행정 비서들 같은 일들이 적성에 맞는다. 다음에 이어지는 우타라 바드라파다와 함께, 뜨겁게 달구어진 커플을 이룬다.

▨ 우타라 바드라파다(Uttara Bhadrapada) - 이후의 행운 발

스물여섯 번째 낙샤트라, 우타라 바드라파다(Uttara Bhadrapada)는 '이후의 행운발'이라는 뜻이다. 8개 혹은 2개의 별들로 이루어져 있으며 상징은 앞의 낙샤트라처럼, 이중의 얼굴을 가진 남자, 무대, 침대 다리 등이다. 다스리는 행성은 토성이며 주재 신은 아히르 부딘야(Ahir Budhyna)이다.

아히르 부딘야는 깊은 바다 속에 살고 있는 용이며 원초적인 어둠 속에 숨겨져 있는 무지를 상징한다. 푸르바 바드라파다와 같이, 어둠과 빛이라는 영원한 갈등 관계에 있는 이중적 원칙들을 나타낸다. 이들 둘은 모두 쉬바와 연관이 있다. 우타라 바드라파다는 수동적이며 비행동적인 상태이다. 우타라 바드라파다는 모든 창조적 에너지와 감춰진 지식이 가진 충동의 근원, 의식의 저 깊은 바다 속에 자신을 완전히 몰입시킨다. '침대의 뒷부분 다리'라는 상징이 의미하듯이, 영혼의 깨달음이나 신의 계획을 알고자 하는 모든 집착을 버리고 안정되고 침착한 자세로 영원한 휴식을 준비하고 있다. 이러한 마지막 결의는 다음에 이어지는 마지막 낙샤트라가 가진 동기와 화합되게 된다.

아히르 부딘야는 쉬바의 군대와 연관된 행운의 큰 뱀으로, 생식 기능의 비옥성과 쿤달리니 에너지의 힘을 일으키는 기氣와 연관이 있다. 사이킥 능력을 주며 고립의 필요성을 느끼며 제약된 물질적 여건에서 지혜를 배우게 한다. 또한 숨겨진 지식에 대한 비법을 주며 영적 깨달음을 위해 물질적 욕구를 희생하게 만든다. 만약 이러한 영적인 자질들이 결여되어 있으면, 그러면 아주 게으르고 무책임한 사람으로 만들 수도 있다.

▨ 레바티(Revati) - 부유한, 부자인

스물일곱 번째 낙샤트라, 레바티(Revati)는 '부유한, 부자인'이라는 의미를 가지고 있다. 32개의 별들로 이루어져 있으며 상징은 드럼과 물고기이다. 다스리는 행성은 수성이며 주재 신은 푸샨(Pushan)이다.

푸샨은 '만남'의 신으로, 결혼, 여행, 길 그리고 소들을 먹이는 일을 다스린다. 그는 죽은 영혼을 저승세계로 데려가는 저승사자였다. 그리고 여행자들을 도둑이나 산적들, 야생동물들로부터 보호하고 또, 다른 사람들에게 이용당하는 것을 막아주었다. 그는 추종자들을 더 좋고 부유한 곳으로 데려다 준다.

푸샨은 또 다른 태양의 화신으로 아디티아스(Aditias)에 속한다. 총 열두 아디티아스가 있는데, 수리야, 아리야마, 트바스타(비쉬바카르마), 사비투르, 바가, 다타, 비다타, 바루나 미트라, 인드라, 비수뉴, 그리고 푸샨이다. 이들은 모두 신들로서 빛, 개울의 물처럼 순수하고 밝음, 흠이나 거짓, 부족한 점 없이 완벽하다. 이들은 열두 개 눈을 가졌는데, 태양의 길인 12개월을 상징하며 12개의 시간 바퀴에 해당한다. 우주의 법칙들을 지키고 보호하며 빛을 갚게 하는 신들이다. 이들은 어둠을 몰아내고 인류를 부양하고 있다. 마지막 낙샤트라인 레바티에서 시간의 바퀴는 다시 돌기 시작한다.

레바티는 '부유하게' 해 주는 낙샤트라이며 주재 신 푸샨은 여행자들을 안전하게 보호해 주는 역할을 한다. 그런데 지상의 여행뿐만 아니라, 이승에서 다음 생으로, 마지막 낙샤트라에서 첫 번째 낙샤트라로 다시 새로운 사이클을 시작하는 데 보호해 준다. 그래서 레바티는 무당들의 낙샤트라이며 다른 세상들 사이에서 보호하는 역할을 하고 있다. 레바티는 인류에 대한 사랑, 동물애호가, 다정다감한 친구를 상징한다. 인생 전반부에서 실망과 좌절, 질병 혹은 신체적 약점을 겪으면서, 나중에는 자비심 깊고 너그러우며 신비로운 성향, 그리고 인간의 선함에 대한 믿음을 가지게 한다.

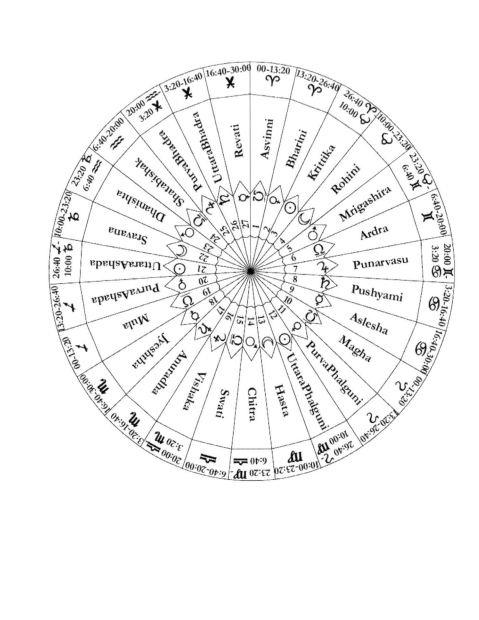

3-3

나(라그나) - 하늘과 땅이 만나는 자리

태양과 달은, 태양의 길인 조디액과 달의 길인 낙샤트라들을 따라 서로 다른 속도와 주기를 가지고 하늘 위를 꾸준하게 회전하고 있다. 화성을 비롯한 기타 행성 역시도 각자의 속도와 주기를 따라 조디액 내에서 궤도를 유지하며 회전하고 있다. 이러한 하늘의 구조와 움직임들은 현대 천문과학으로 증명이나 측정, 예측 등이 가능한 객관적 사실이다. 그러한 객관적 우주적 사실들을 '나'라는 주관적 사실들과 연결시켜서, 개인 삶이 가지고 있는 속도와 주기를 증명, 측정, 그리고 예측하고자 하는 것이 베딕 점성학이다. 바로 대우주와 소우주 사이의 연관성을 밝히는 천문인문과학인 것이다.

시공과 상상력을 초월할 만큼 방대하고 넓은 우주가 '나'라는 소우주와 직접적 관계를 맺게 되는 때는 하늘과 땅이 만나는 교차점, 바로 '내'가 이 지구상에 태어나는 순간, 시간, 일, 연 그리고 장소에서이다. 바로 그 순간을 기준으로 산출한 출생 차트(Horoscope)는 늘 변하고 움직이는 하늘의 모습을 마치 순간적으로 포착한 사진과도 같다. 우리의 모습은 늘 변화하고 있지만, 어느 한 순간에 포착한 사진에서의 모습은 고정되어 있다. 마찬가지로 '나'라는 사람이 출생할 당시에 포착하였던 하늘의 모습은 고정되어 있다. 그 모습은 '나'라는 소우주가 대우주 속에 어떻게 연관을 가지고 태어났는지를 보여 주며 앞으로 어떻게 변해나갈 것인지를 암시하고 있다. '나'라는 사람은 앞으로 계속 변해 가겠지만, 태어난 환경이나 근본적인 성향, 잠재성, 즉 시작 포인트는 변경할 수 없다. 그러한 시작 포인트를 결정 지우는 것이 바로 '나(라그나, Lagna)'이다.

⊠ 라그나 포인트(Lagna Point)를 찾는 법

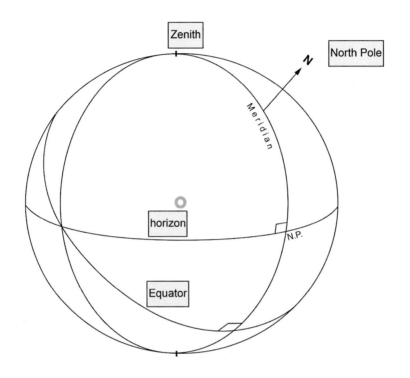

먼저 지구의 중간을 가로지르는 적도(Equator), 북극(하늘 위)와 남극(땅 밑) 점들을 연결하는 커다란 천구를 상상하여 그린다. 그런 다음, '내가 출생하던 당시의 시각, 장소를 나타내는 천구 중간의 점(녹색 점)을 찾는다. 그리고는 내가 서있는 곳에서 동쪽 끝과 서쪽 끝을 가로지르는 지평선(horizon)을 그려서 천구와 연결시킨다. 내가 서있는 하늘 위, 즉 천구의 꼭대기 점이 천정점(Zenith), 땅 아래 점이 천저점(Nadir)이다. 천정점과 천저점은 북극(North Pole)과 남극(South Pole), 적도(Equator)를 자오선(Meridian)으로 같이 연결한다.

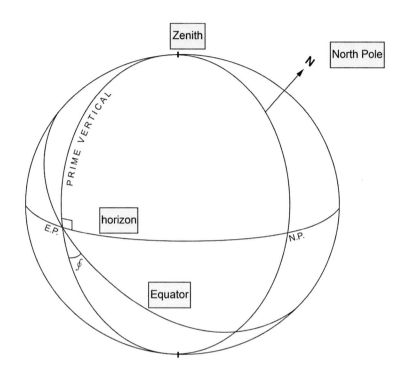

　그런데 내가 서 있는 곳이 적도와 평행으로 있는 건 아니기 때문에, 천구의 중심에서 그린 나의 지평선이 적도의 어딘가에서 교차하는 점을 찾아야 한다. 교차점에서 그린 자오선이 **프라임 버티컬**(Prime Vertical)이다. 적도와 지평선, 자오선들을 모두 교차하는 북쪽(N.P)점과 동쪽(E.P) 점들은 정확한 90도를 이루고 있다. 서쪽(W.P) 점과 남쪽(S.P) 점은 천구 뒤 어딘가에 있을 것이지만, 위의 그림에선 볼 수 없다. 핵심적으로 중요한 포인트는 내가 출생하던 당시에 동쪽에서 올라오고 있던 조디액이 **프라임 버티컬** 자오선과 교차하는 점, 즉, 라그나 포인트(Lagna Point)이다. **프라임 버티컬은 나의 출생 차트에서 라그나와 다른 바바 포인트들, 그리고 행성의 위치 등을 결정짓는 주요 기준이다.**

⊠ 조디액과 북인도, 남인도 스타일 차트

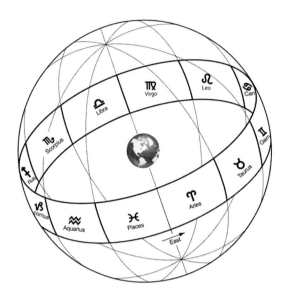

　　조디액(Zodiac)은 천구에서 태양이 지구 주변을 회전하는 길이다. 천구의 적도에서 약2
3.4도 기울어져 있는 약 18도 정도 넓이의 벨트로서 시계 반대 방향으로 움직이고 있다.
그런데 지구 자전 현상으로 인해, 지구에 있는 우리의 관점에서 보면, 태양이 시계 방향으로
움직이는 것처럼 보인다. 360도 원형의 조디액은 열두 등분하여 12개 사인(Signs)들로
나누어져 있다. 북인도 스타일 차트는 실제로 조디액이 움직이는 시계 반대 방향의 순으로,
남인도 스타일 차트는 우리의 관점에서 보이는 시계방향의 순으로 사인(Signs)들이 움직인다.

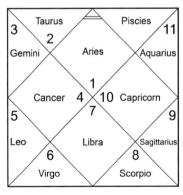

North - Indian Style Chart

12 Piscies	1 Aries	2 Taurus	3 Gemini
11 Aquarius			4 Cancer
10 Capricorn			5 Leo
9 Sagittarius	8 Scorpio	7 Libra	6 Virgo

Sorth - Indian Style Chart

▨ 라그나 사인, 라시 & 하우스, 커스프, 바바의 구분

서양 점성학에서 사용하는 조디액의 사인(Sign)을 베딕 점성학에서는 라시(Rasi)라고 칭한다. 이러한 조디액(Ecliptic) 내에는 총 열두 개 라시들이 있음을 이미 밝혔다. 산양 라시, 황소 라시, 쌍둥이 라시, 게 라시, 사자 라시, 처녀 라시, 천칭 라시, 전갈 라시, 인마 라시, 악어 라시, 물병 라시 그리고 물고기 라시이다.

라그나(Lagna)는 한 개인이 출생하는 순간, 동쪽 지평선에서 올라오고 있는 라시 포인트(Lagna Point, LP)이다. 라그나는 동쪽 지평선과 조디액이 교차하는 포인트로서, 조디액 내를 돌고 있는 행성과 함께 전체 조디액을 지구에게 접합시키는 포인트이기도 하다. '라그나'라는 단어는 '접합되어 있는, 고정되어 있는'이라는 뜻이다. 라그나는 차트(Horoscope)에서 가장 중요한 포인트이다. 조디액 내에 분포되어 있는 행성의 잠재력을 결정하는 데 가장 기초가 되는 포인트일 뿐만 아니라, 차트 주인의 삶에서 구체적으로 무엇이 형상화될 수 있을지를 나타내는 커스프(Cusp, 경계선), 즉 바바(Bhava) 포인트들을 결정하기 때문이다.

일단, 라그나의 포인트가 결정되면, 다음에 이어지는 라시들은 라그나의 내외적, 물질적 그리고 영적인 환경을 나타내는 필드(Field), 즉 하우스들이 된다. 이러한 환경적 필드들에는 총 열두 개 하우스가 있다. 각 하우스들은 서로 다른 삶의 영역들을 나타내는데, 이에 대한 좀 더 상세한 설명은 2부에서 하기로 한다.

위의 그림에서 하우스들은 숫자로 표기되어 있다. 1은 첫 번째 하우스, 2는 두 번째 하우스 … 12는 열두 번째 하우스임을 나타낸다. 만약 산양 라시가 첫 번째 하우스가 되면, 이어지는 황소 라시가 두 번째, 쌍둥이 라시가 세 번째 등의 순으로, 물고기 라시까지 열두 번째 하우스가 결정되는 것이다. 만약 쌍둥이 라시 라그나가 되면 게 라시가 두 번째, 사자 라시가 세 번째 등의 순으로 황소 라시까지 열두 번째 하우스가 된다. 북인도 스타일 차트와 남인도 스타일 차트는 하우스가 이어지는 방향들도 서로 반대이다. 비록 하우스(House)라는 표현을 사용하였지만 산스크리트어로 '라시'라는 표현을 사용하여 1번째 라시, 2번째 라시…등으로 표기하는 것이 더 정확하다. 그리고 1번째 하우스에 있는 라그나 포인트는 1번째 커스프가 되는데, 산스크리트어로는 '바바'라고 표현한다.

일반적으로 점성학자들 사이에 하우스나 바바의 개념을 혼돈하는 경향들이 강하다. 하우스와 바바는 비슷한 듯하지만 사실상 아주 다르다. 하우스는 '라시'라는 잠재적 영역을 의미하며 바바는 커스프와 같은 구체적 영역을 의미한다. 하우스는 서양 점성학에서는 넘어온 용어로서, 우리가 살고 있는 '공간'이라는 의미와 더 상통한다. 그러나 바바는 다양한 삶의 영역에서 구체적으로 어떤 것을 형상화 혹은 물질화시키는 힘을 가진 '포인트'들을 일컫는다. 즉, 라그나 커스프, 2번째 커스프, 3번째 커스프 … 12번째 커스프 등을 의미한다. 이러한 커스프를 찾아내기 위해서는 복잡한 계산 공식을 따라야 하는데, 점성학 소프트웨어 프로그램의 도움이 없이는 불가능하다. 아래의 예는 미국 전영부인 힐러리 클린턴의 열두 개 하우스 커스프들을 나타내는 도표이다. 앞으로 이 책을 통해 Mrs. 클린턴의 차트를 예시로 자주 사용할 예정이다. 초보 점성학도들이 도표를 이해하기는 아직 어려움이 있을 것이나 단지 하우스 커스프에 대한 예시를 제공하기 위해 표기한 것이니 지금 수준에선 별 다른 주의를 기울이지 않아도 무관하다.

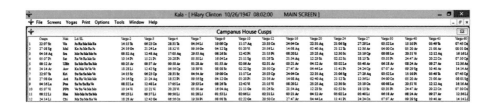

베딕 점성학에서는 조디액을 단순히 열두 등분한 하우스보다는 하우스 커스프 포인트인 '바바'를 더 중요시 한다. 바바는 라그나 포인트의 정확한 각도로 결정된다. 즉, '나'라는 개인이 출생하는 순간, 바로 그 자리에서의 위치, 즉, '로컬 스페이스(Local Space, 천구 내에서 내가 서 있는 장소)'에 따라, 라그나 포인트인 첫째 바바가 결정되고 이어서 나머지 열두 번째 바바 포인트의 위치도 결정되는 것이다.

베딕 점성학에서 조디액(360도)을 동등한 간격(30도)으로 열두 등분하여 열두 구간의 필드, 즉 열두 개의 라시들로 나누는 것은 서양 점성학의 '하우스' 개념과 같다. 그런데 내가 서 있는 로컬 스페이스에 따라, 바바 포인트들은 다른 라시들로 떨어지는 경우가 있게 된다. 예를 들어 똑같은 하늘이지만, 중간에 서서 바라보느냐 혹은 왼쪽이나 오른 쪽에 서서 바라보느냐에 따라 하늘에 떠 있는 물체의 위치도 마치 다른 필드에 있는 것처럼 보인다. 이처럼 바바는 내가 서 있는 위치, 로컬 스페이스를 기준으로 하기 때문에, 열두 개 바바들이 열두 개 라시들 안에 하나씩 골고루 분포되는 경우가 있는가 하면, 어떤 라시들 안에는 두 개 혹은 세 개의 바바들까지 들어가거나 아예 한 개의 바바도 없는 라시들이 있는 경우도 생기게 된다.

하우스와 바바의 차이를 좀 더 쉽게 설명하기 위해, 열두 개의 방을 가진 어떤 큰 맨션을 예로 들겠다. '하우스'는 누구의 방으로 사용될 것인지 하는 '용도'를 나타내며 '바바'는 '구체적인 사람, 대상'을 나타낸다. 맨션을 지을 때, 열두 개 방들은 애초에 모두 각자 다른 용도로 사용되도록 지어졌다. 첫째 방은 나의 방이고 둘째는 가족, 셋째는 형제, 넷째는 어머니, 다섯째는 아이들의 방, 여섯째는 친척들이나 별로 달갑지 않는 손님을 위한 방, 일곱째는 배우자의 방, 여덟째는 비밀스러운 것들을 감추어 놓는 방, 아홉째는 아버지 스승님, 목사, 신부, 스님 같은 분들을 모시는 방, 열 번째는 작업하는 방, 열한 번째는 내가 받은 자격증들이나 상장들, 친구 동료들과의 사진들을 걸어놓는 방, 그리고 열두 번째는 아플 때 혹은 혼자 있고 싶을 때 은거할 수 있는 방, 등의 용도로 설계되었다. 그런데 상황에 따라, 가족이 꼭 두 번째 방에 있거나 아이들이 꼭 다섯 째 방에 있어야 한다는 법은 없다. 그들은 제각기 양 옆방으로 옮겨가서 지낼 수도 있는 것이다. 마찬가지로, 네 번째 바바는 어머니를 나타내는데, 어머니는 세 번째 혹은 다섯 번째 방 등에 있을 수도 있는 것이다.

이처럼 조디액 벨트를 열두 개로 라시로 나눈 하우스들은 고정되어 있지만, 바바 포인트들은 차트(Chart)에서 위치가 유동적이다. 즉, 내가 지구 어디에선가 태어난 장소(local space), 위치에 따라 바바 포인트들은 한 개의 하우스에 하나씩 고르게 분포되는 경우도 있지만, 하나의 하우스에 두세 개 바바 포인트들이 몰려 있거나 어떤 하우스에는 아무런 바바 포인트들이 없는 경우도 자주 일어나게 된다. 이러한 열두 개 바바 포인트들은 각각 우리 삶의 다양하고도 구체적인 것들을 의미하며 행성과의 상호작용을 통해 실제로 그러한 것들을 물질화시킬 수 있는 것을 나타내는 포인트들이다. 다시 말하면 '하우스'는 '필드'라는 개념의 라시들을 말하며 '바바'들은 '나'라는 차트 주인과 주관적인 연결을 가지고 있는 구체적인 사람, 대상들을 나타낸다. 텅 비어있던 '방'에 '나 혹은 나와 연관된 다른 사람, 대상'들이 들어옴으로써 활성화되는 것처럼, '바바'들은 '내'가 태어나면서, 잠자고 있던 조디액이 생명력을 가지게 되는 '내 삶의 포인트'를 나타낸다. 그래서 베딕 점성학은 '하우스' 시스템이 아니라 '바바' 시스템이다.

▨ 북인도 스타일은 하우스 위주, 남인도 스타일은 라시 위주의 차트

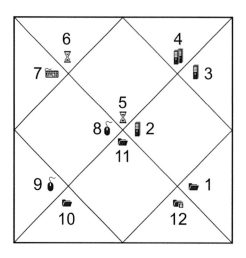

위의 북인도식 점성학 차트는 하우스를 위주로 하는 시스템이다. 북인도식의 차트 양식은 첫 번째 하우스가 다이아몬드 모양으로 항상 위쪽 중앙에 자리하고 있다. 그리고는 시계 반대 방향으로 다음 하우스들이 연이어진다. 라시들은 숫자로 나타낸다. 1은 산양 라시, 2는 황소 라시, 12는 물고기 라시 등이다. 그런데 북인도식 차트양식과 비슷한 스타일이 최근까지도 서양에서 사용되고 있었다.

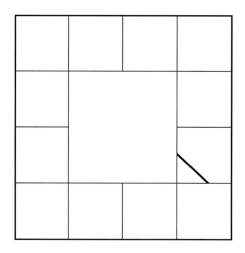

남인도식 차트는 라시를 위주로 하는 시스템이다. 남인도식의 차트 양식은 첫 번째 하우스가 선으로 그어져 있다. 그리고는 시계방향으로 다음의 하우스들이 이어진다. 라시들은 항상 고정되어있다. 그래서 보통 표기를 하지 않는다. 위의 예에서, 두 개의 차트 모두가 사자 라시를 첫 번째 하우스로 하고 있다. 북인도와 남인도 스타일 차트양식 모두가 각자 사용의 이점들을 가지고 있기 때문에, 점성학도들은 처음부터 두 개의 차트에 같이 익숙해지는 것이 앞으로 공부하는 데 더욱 많은 도움이 될 것이다.

예시 | 미국 전 대통령, 조지 부시(George Bush, Jr.) 출생 차트

라그나 포인트 - 사자 라시 7:06도, 그러므로 사자 라시가 1번째 하우스가 되는데, 금성과 수성 그리고 첫째 바바(푸른색 숫자)가 위치하고 있다. 2번째 하우스는 처녀 라시로서 화성과 두 번째, 세 번째 바바들이 위치하고 있으며 3번째 하우스는 천칭 라시로서 달과 목성, 그리고 네 번째 바바가 위치하고 있으며 4번째 하우스는 전갈 라시로서 아무런 행성이 없고 다섯 번째 바바만 있다. 5번째 하우스는 인마 라시로서 케투가 있으며 아무런 바바가 없다. 6번째 하우스는 악어 라시로서 여섯 번째 바바만 있다. 7번째 하우스는 물병 라시로서 일곱 번째 바바가 있으며 8번째 하우스는 물고기 라시로서 여덟 번째, 아홉 번째 바바들이 있다. 9번째 하우스는 산양 라시로서 열 번째 바바를 가지고 있으며 10번째 하우스는 황소 라시로서 열한 번째 바바가 있다. 11번째 하우스는 쌍둥이 라시로서 라후가 있으며 아무런 바바를 가지고 있지 않다. 12번째 하우스는 게 라시로서 토성과 태양, 그리고 열두 번째 바바를 가지고 있다.

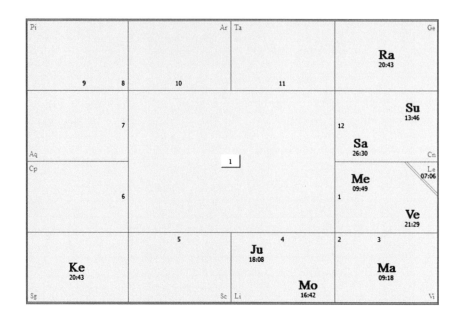

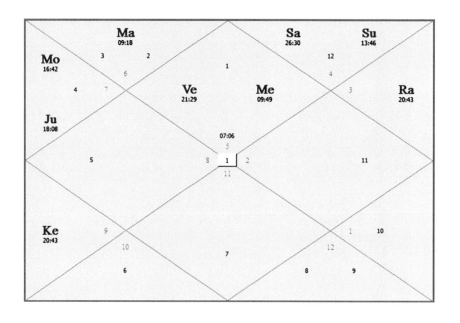

▣ 열두 라그나

　이어지는 설명은 열두 개 라그나와 맞은편 라시가 보이게 되는 일반적인 특성들에 관한 내용으로 『하늘의 금괴』 제4장 라그나 장에서 발췌하였다. 여기에서 '바바'라는 표현보다는 '하우스'라는 표현을 계속 사용한 이유는 일반적 레벨의 점성학도들에게 이미 익숙한 점성학 용어들의 친근함과 단순함을 유지하기 위해서이다. 바바에 대한 좀 더 구체적인 설명은 다른 장에서 예시 차트를 다룰 때 덧붙일 예정이다.

　라그나는 차트 주인에게 선천적으로 타고난 흔적을 남긴다. 이는 마치 차트 주인이 가진 성격이나 개성에다 라시가 가진 진화적 레슨들과 일치하는 도장을 찍는 것과도 같다. 라그나가 가진 매너리즘이나 레슨들은 차트 주인의 성격이나 개성들과 연관이 있다. 그러나 그가 가진 영혼적 본성을 나타내지는 않는다. 이것을 알기 위해서는 다른 고려해야 할 점들이 있다. 건강한 수준의 개성을 계발하기 위해선 먼저 영적으로 치러야 하는 진짜 싸움이 있다. 이러한 싸움은 일부 심리적인 면도 있기 때문에 제대로 분석을 하는 것이 중요하다.

　라그나 라시의 맞은편에는 일곱 번째 하우스인 하향점이 있다. 라그나가 가진 진화 목적을 알기 위해선, 라그나의 반대편에 있는 라시도 같이 고려해야 한다. '정반대가 되는 어떤 것들은 사실상 똑같다'라는 반대의 법칙에 기인하고 있는 사실이다. 예를 들면, 추운 것 중에서도 가장 추운 것은 뜨거운 것 중에서도 가장 뜨거운 것과 마찬가지로 아주 뜨겁다. 밝은 빛 중에서도 가장 밝은 빛은 어두운 것 중에서도 가장 어두운 것과 마찬가지로 눈을 멀게 한다. 이러한 예들은 사실상 서로 반대편에 있는 라시들은 아주 극한 상황에서 보면 서로가 같은 뜻을 가지고 있다는 것을 말해준다. 다르게 말해서 어떤 라시가 아주 형편없는 모습으로 역량을 발휘하고 있다면, 반대편에 있는 라시가 아주 형편없이 역량을 발휘하여 빚어진 결과와도 비슷할 것이라는 의미가 된다. 반대로, 어떤 라시가 가장 진화된 매너로 역량을 발휘할 수 있기 위해서는 맞은편에 있는 라시 역시 가장 진화된 특질들을 발휘해야만 하는 것이다. 그렇지 못할 경우에는 라시가 가진 진화적 목표를 완성할 수가 없다. 사람들은 일반적으로 자신의 라그나 반대편에 있는 라시의 특질들을 가진 사람들에게 끌리게 된다.

· 산양 라시 라그나

산양 라시를 라그나로 가진 사람들은 자아실현을 위한 새로운 사이클을 시작한다. 그래서 아주 충동적이며 강한 힘을 가졌고 뭐든지 앞장서서 하려는 의지가 있다. 산양인들은 어떤 개인적이며 뚜렷한 목표가 있는 행동을 위해서 필요한 에너지를 키우고 있다. 삶에서 자신만의 뚜렷한 니치(niche)를 찾기 위해 엄청난 에너지를 쏟는다. 그러나 이러한 노력들이 오히려 불안정하고 감당하기 힘든 상황들을 가져오기가 쉽다. 자신의 행동에 따르는 결과를 미리 생각해 보는 경우가 극히 드물기 때문이다. 그들이 가진 본성은 용감하고 열정적이다. 무엇이든지 의지력으로 하려는 성향이 강하며 또한 직선적 성격이 주목할 만한 자질이다. 그들은 매사를 아주 개인적 관점에서 고려한다.

산양 라시인들이 가진 진화 목적은 맞은편에 있는 천칭 라시의 자질을 계발하는 것이다. 자신이 하는 행동에서 균형성을 계발할 수 있어야 한다. 어떤 행동이나 노력에는 반드시 치러야 하는 가격이 있다는 사실을 배워야 하며 매사에 좀 더 실용적일 수도 있어야 한다.

· 황소 라시 라그나

황소 라시를 라그나로 가진 사람들은 삶을 형성하는 것에 대한 가치를 고려하는 과정에 있다. 스스로를 들여다보면서 무엇을 성취하였는지 그러한 것들이 자신의 삶에 과연 충분한 가치가 있는지, 진정으로 가치가 있으려면 무엇을 더 필요로 하는지 등을 재고 있다. 그들은 가치 있을 만한 것들을 계발하는데 주로 많은 신경을 쓰고 있다. 하지만 일반적으로 물질적인 안정이나 흡족함, 만족감 등을 우선시하게 된다. 선천적으로 실리적인 기질이 있다. 그러나 삶에서 겪는 어려움을 통해, 정말로 중요한 것이 무엇인지 어떻게 하면 주어진 상황에서 최상의 결과를 얻을 수 있을지 그리고 과연 어떠한 것들과 동일의식을 느끼고 싶은지 등을 터득하게 된다.

황소 라시인들의 진화 목적은 맞은편에 있는 전갈 라시의 자질을 계발하는 것이다. 그들은 감정적으로나 내면적으로 필요한 것들 역시 소중한 가치를 가지고 있음을 깨달아야 한다. 단순한 물질적 안정감보다는 내적인 안정감을 주는 것들이 가치가 있음을 알게 되는 것이다. 보통 이러한 사실을 깨닫기 위해선, 어떤 실패나 위기를 겪어야만 한다. 어디에서 필요한 것들이 충족되지 못하고 있는지 들여다 볼 수 있어야 하는 것이다. 이처럼 그들에게 필요한 내면적 안정성을 깨닫기 위해서는 흔히 어떤 식으로든 자신의 인생에 위기를 가져오는 파트너를 만나거나 아니면 그러한 위기들을 겪는 파트너를 만나게 되면서 일어나게 된다.

· 쌍둥이 라시 라그나

쌍둥이 라시를 라그나로 가진 사람들은 궁금증이 많고 삶을 실험적인 기질로 접근하는 태도를 가지고 있다. 쌍둥이 라시인들은 재주가 많으며 그중 어떤 재주에 집중을 하고 또 계발할 것인지 결정하는 상태에 있다. 그리고 활발한 이지를 바탕으로 삶에서 시도해 본 실험, 실수, 경험들을 통해 자신들의 인생을 만들어 나간다. 그들은 선천적으로 친절하고 소통적이며 또 공정하다. 그들이 가진 가장 중요한 성향은 이지와 지식을 주도로 하여 삶을 이끌어 간다는 것이다.

쌍둥이 라시인들이 가진 진화 목적은 바로 맞은편에 있는 인마 라시의 자질을 계발하는 것이다. 자신들이 이해하지 못하는 것들, 자신들의 이지로 가늠될 수 없는 것들에 대한 믿음과 신념을 계발하는 것이다. 또한 그들은 단순히 흥미로운 것들만 하기보다는 뭔가 의미 있는 목표를 달성하기 위해 주의를 집중해서 배워야만 한다. 그래서 흔히 철학적이고 이상적인 기질을 가진 파트너를 만나게 된다. 또는 살면서 그들에게 신념을 가르치는 파트너를 만나거나 그들이 바라는 만큼 합리적이지도 충분한 설명도 해 주지 않는 파트너를 만나게 되면서 그들이 처한 상황자체가 신념을 계발하게끔 만든다.

· 게 라시 라그나

게 라시를 라그나로 가진 사람들은 삶의 안녕을 느끼는데 그들이 가진 정신적 자세가 많은 비중을 차지하고 있다. 그들은 살아가면서 생겨나는 여러 정황들에 따라 내적으로 맞추는 식으로 적응하며 그러한 그들의 능력이 자신들 삶의 질을 결정하게 된다. 그들은 모든 것을 느낌으로 느끼며 또 예민하다. 행복의 정도는 그들이 이해하는 만큼 모두 느낄 수 있느냐 없느냐에 달려 있다. 하지만 느낌이란 객관적인 사실이라기보다는 감정의 반영에 불과하다는 사실을 깨달아야 한다. 그래서 어떤 감정이든 너무 지나치게 우선하지 말아야 한다. 이러한 구별을 하지 못하면, 그들이 가진 감정적 느낌은 스스로의 삶에 고통을 만들어내는 원인이 된다. 그들이 하게 되는 행동들은 자신들이 느끼는 필요에 의해 유발된 경우가 상당히 많이 있다. 자신에게 필요한 것들이 외부적인 요소로 충족시킬 수 있는지 아닌지의 여부가 그들이 행복한지 아닌지 하는 사실들을 결정하게 된다. 그들은 자신이 느끼는 필요 자체에 행복과 불행의 책임이 있다는 사실을 이해하지 못한다. 대신에 자신들이 느끼는 필요가 외적으로 충족이 되느냐 아니냐 하는 사실이 그들이 느끼는 행복과 만족감의 수준을 결정하게 될 정도이다.

게 라시 라그나가 가진 진화 목적은 맞은편에 있는 악어 라시의 자질을 계발하는 것이다. 게 라시인들은 스스로 모든 필요를 충족시킬 수 있는 능력을 내면에 가지고 있다. 그러나 내면에서 일어나는 필요를 충족시키고자 할 때, 그에 상응하는 외부적 활동을 해야 한다는 사실을 알아야 한다. 그렇게 펼치는 행동들은 그들의 성장여부에 중요한 역할을 하게 된다. 그리고 그들의 필요가 외적인 요소에 의해 좌절되더라도, 그러한 필요를 스스로 충족시키는 능력을 지키기 위해서는 여전히 외적으로 어떤 일이든 해야 한다는 사실을 익혀야 한다. 그리하여 그들은 종종, 어떤 필요를 충족시키는 능력이 자신보다 뛰어난 사람들과 파트너십을 맺게 된다. 혹은 자신의 필요를 충족시키는데 필요한 외적인 능력을 강제적으로라도 키우게 하는 사람들과 파트너십을 가지는 경향이 있다.

· 사자 라시 라그나

라그나가 사자 라시인 사람들은 든든하고 자신감이 있다. 원하는 것이나 되고 싶은 어떤 것이든 의지적 힘으로 이루어 낼 수 있다. 그들은 자신의 영감을 따라가면서 스스로의 운명을 창조해낸다. 그리하여 뭐든지 필요한 것들을 자신에게 끌어당기는 마력이 있다.

사자 라시인들의 진화 목적은 반대편에 있는 물병 라시의 초연한 자질을 자신이 가진 개성 안에서 계발하는 것이다. 자신만 충족시키기 위해서가 아니라, 다른 사람들에게도 유익할 수 있도록 창조해야 한다는 사실도 알아야 한다. 어떤 식으로든 다른 사람들에게 도움이나 영감이 되지 못한다면, 그들이 무엇을 창조하든지 결코 오래가지 못한다는 사실도 기억해야 한다. 또한 일곱 번째 하우스에 있는 물병 라시는 자신들이 다른 사람들 앞에서 불안해지는 모습을 마주하도록 만들기도 한다. 그리하여 나아지기 위해 더 열심히 노력하거나 초연할 수 있는 자질을 계발하게 만든다. 일곱 번째 하우스에 있는 물병자리가 가진 진화적 필요성은 사자 라시인들이 가지고 있는 불안정한 자질을 드러내거나 또는 그들을 휴머니스트적으로 만드는 파트너들을 주는 경향이 있다.

· 처녀 라시 라그나

라그나가 처녀 라시인 사람들은 그들이 어떠한 인물이 되는가, 그들이 삶에서 경험하는 안녕 상태 여부에 대해 전적으로 본인들이 책임이 있다. 그들이 가지고 태어난 의식은 좋고 바르고 유용한 일을 하고 싶게 만드는 경향이 있다. 가끔씩 그들은 해야 하는 일의 무게에 짓눌려서, 상황이 나아질 수 있는 어떠한 희망도 없는 것 같은 절망 속에서 헤매게 될 수도 있다.

그들이 가진 진화 목적은 맞은편에 있는 물고기 라시의 자질을 계발하는 것이다. 무슨 일이든지 세속적이거나 실질적인 가치뿐만 아니라 영적 가치도 가지고 있다는 사실을 깨닫고 그래서 어떤 일을 한다는 자체에 의미가 있지 그 이상도 이하도 아니라는 사실을 반드시 알아야 한다. 처녀 라시는 카르마 요가가 그들 성향에 가장 잘 맞는 라그나이다. 파트너십은 헌신적 이든지 무심하든지 아무래도 상관이 없다. 혹은 이러한 자질을 가르치는 사람들과 맺어지는 경향이 있다.

· 천칭 라시 라그나

천칭 라시를 라그나로 가진 사람들은 삶에서 주고받는 것의 함수관계, 모든 것에는 지불해야 할 가격이 있다는 사실을 인식하고 있다. 이러한 인식은 삶에서 그들이 지불할 능력이 되는 것만 원하거나 하고 싶은 것만 하는 실용적인 능력을 부여하게 된다. 가격을 지불한다는 의미는 자신의 욕망이나 포부, 필요를 채우기 위해선 무엇을 해야 하는지 무엇을 포기해야 하는지 등을 잘 안다는 뜻이다. 그래서 천칭 라시는 가장 균형 잡힌 라그나로 꼽히고 있다. 흔히 삶의 균형이 무너지는 이유는 우리가 감당할 수 있는 것보다 더 많이 원하거나 지불하려 할 때 흔히 발생하기 때문이다.

천칭 라시인들의 진화 목적은 맞은편에 있는 산양 라시의 자질을 계발하는 것이다. 산양 라시인들은 생각과 행동이 우선하며 결과에 대한 걱정은 나중에 한다. 이러한 자질은 천칭 라시인들이 계발해야 한다. 균형이란 항상 현재의 순간에서만 이루어지는 것이 아니기 때문이다. 만약 현재에 어떤 것들이 균형을 잃은 듯 혹은 불공평한 듯 보인다면, 단지 과거의 어떤 것에 대한 균형을 바로 잡기 위해서 혹은 미래에 창조될 어떤 것에 대한 균형을 잡기 위해서 지금 현재에 공간을 마련해 주고 있는 것임을 알아야 한다. 천칭 라시인들은 필요하다면 진취적이고 의지적이고 충동적인 자질을 계발할 필요가 있다. 파트너십은 독립적이고 강한 의지력을 가진 타입이든지 아니면, 어떤 식으로든 그들이 가진 개성이나 개인적인 충동성을 표현하게끔 도와주는 사람들과 맺어지는 경향이 있다.

· 전갈 라시 라그나

전갈 라시를 라그나로 가진 사람들은 과거에 충분히 계발하지 못하여 생기게 된 어떤 성격적 약점 또는 카르마의 결과로 인해 생겨난 많은 제약들을 현재에 강화시키고 있는 사람들이다. 그래서 자신들이 가진 온갖 약점을 너무 의식하는 아주 상처 받기 쉬운 성격이 있다. 이처럼 미계발 영역을 계발해야 할 필요성 때문에 흔히 성격이 불안정하거나 위기 촉발적이고 때로는 심하게 고통스러운 성격을 만들기도 한다. 전갈 라시인들은 내향적이거나 자기몰입을 하는 경향이 있으며 그들이 가진 격동적인 자의식에 힘이 되거나 안정성을 느끼게 해 주는 어떤 것을 찾고 있다. 그리고 자신들이 가진 개성에 어떤 식으로든 집착하고 있는 한, 그들은 아주 예민하다. 한편으로는 이러한 취약점을 극복하는 데 필요한 엄청난 힘과 에너지가 그들에게 있기 때문에, 잘 활용하게 되면 믿기 어려울 만큼 자신들의 인생에 큰 성장을 이루어낼 수도 있다.

이들이 가진 진화 목적은 맞은편에 있는 황소 라시의 자질을 계발하는 것이다. 전갈 라시인들은 어떤 가치가 있다고 판단되는 것들을 안정적이고 꾸준하게 해 나가는 자세를 계발할 필요가 있다. 그들이 계발하고 유지하도록 배우는 어떤 분명한 것들은 사실상 그들 내면에 있는 안정성이나 스스로 느끼는 가치성을 반영하고 있기 때문이다.

파트너십은 보다 실질적이거나 현실적, 안정적인 사람들과 맺어지는 경향이 있다. 혹은 이러한 자질을 가르치는 사람들이나 전갈 라시 본인들이 가치 있다고 판단되는 행동들을 하는 사람들과 자청하여 관계가 이루어진다. 전갈 라시인들은 파트너에게 자신을 인정받아야 할 필요성을 느끼고 있다. 하지만 먼저 자신의 가치를 스스로 인식할 수 있어야 파트너들 역시 그들을 인정할 수 있을 것이다. 만약 타고난 자신의 가치를 스스로 인식하지 못한다면, 그들의 파트너 역시 그들을 우습게 여기게 될 것이다. 그렇지만 이러한 과정 역시, 전갈 라시인들에게 스스로를 인정할 수 있는 기회를 마련해 주는 것이 된다.

· 인마 라시 라그나

인마 라시를 라그나로 가진 사람들은 어떤 믿음, 철학, 종교 혹은 규율 등에 기준해서 삶을 살아간다. 그들은 자칫 자신들의 믿음에 희생양이 되기 쉽다. 이상적으로 여기고 있는 모형들이 전체적인 정체성을 완전히 둘러싸고 있기 때문이다. 그들은 삶에 어떤 목적과 의미를 부여하며 살기 위해 갈망한다.

그들이 가진 진화 목적은 맞은편에 있는 쌍둥이 라시의 자질을 계발하려는 것이다. 인마 라시인들은 자신들이 가진 이상, 믿음, 등을 테스트하는 것을 배워야 하고 또 필요한 경우에는 유동적일 수도 있어야 한다. 그들이 믿고 있는 것을 테스트하여, 정말로 믿을만한 가치가 있는지 그리고 현실적으로도 맞는지 등 자세한 연구를 통해 알아볼 수 있어야 한다. 또한 그들은 적당히 즐기고 노는 법도 배울 수 있어야 한다. 모든 것이 꼭 어떤 거창한 목적을 가지고 있어야 하는 건 아니기 때문이다. 파트너십은 그들보다 더 호기심이 많고 경험이나 놀기를 좋아하는 타입과 맺어진다. 아니면 그들에게서 이러한 자질을 끌어낼 수 있는 사람들과 맺어지는 경향이 있다.

· 악어 라시 라그나

악어 라시를 라그나로 가진 사람들은 과거 생에 지은 카르마의 보상을 누리거나 카르마에 의해 결정된 대로 행동하면서 살게 된다. 악어 라시는 조디액의 오리지널 열 번째 하우스로서 행동이 가장 활발하게 이루어지는 파워풀한 하우스이다. 하지만 악어 라시는 음성 라시이기 때문에 그들의 본성은 진취적이 아니라 수용적이다. 그들은 과거 생에 한 행동들이 가져온 효과들에 대해 수용적이며 과거의 행동들로 인해 축적된 영향이 그들을 가장 파워풀하게 작용시키기 때문이다. 그래서 악어 라시인들은 자신의 행동에 대해 어떤 책임감을 잘 느끼며 공연히 걱정을 많이 하거나 집착하거고 괴로움을 겪는 경향이 있다. 우리가 임시적으로 사용하는 작은 개인의 의지보다 훨씬 더 파워풀하게 작용하는 어떤 큰 힘에 대한 책임감을 바로 느끼기 때문이다.

한편으로는 만약 자신들이 잘하고 있다 싶으면 그러한 일의 결과에 대해 집착하거나 결과와 자신을 동일시하여 자부심에 차서 으쓱거릴 수도 있다. 그러나 악어 라시의 로드인 토성은 그들에게 겸손히 무릎을 꿇도록 강요할 것이다. 행동의 결과에 대해 초연해지는 것만이 그들의 행복을 쥐고 있는 열쇠이기 때문이다. 카르마의 열매는 물질적 형태의 보상으로만 오는 것이 아니다. 자신들이 한 행동으로 인해 다른 사람들이 그들을 어떻게 생각하느냐, 그리고 자신들의 행동으로 스스로를 어떻게 생각하느냐 하는 것도 보상에 포함한다는 사실을 잘 알아야 한다.

그들의 진화 목적은 맞은편에 있는 게 라시의 자질을 계발하는 것이다. 악어 라시인들이 집착을 놓아버리는 동안, 감정상으로 느낄 수 있어야 하고 민감해질 수도 있어야 한다. 단순히 의무감만으로 바뀌는 것이 아니라, 자신들의 필요나 느낌을 따라 바뀌어야 한다는 사실을 배우는 것이다. 그러나 가장 중요한 사실은 내적인 필요를 외적으로 채우려는 기대가 어떻게 불행을 초래하는지를 반드시 알아야 한다는 것이다. 그리고 어떻게 자신들 내면에서 이러한 필요를 충족시킬 수 있을지도 알아야 한다.

파트너십은 자신보다 훨씬 지나치게 예민하고 감정적인 사람들과 맺어지거나 그들에게 감정상 주의를 요하는 사람들과 맺어지는 경향이 있다. 그들의 이성 관계는 자신들이 갖춰야 할 감수성이나 필요로 하는 것들에 대해 상당한 의식을 하도록 만든다.

· 물병 라시 라그나

라그나로 물병 라시를 가진 사람들은 의식이 개인화된 사람들이다. 혼이 돌, 나무, 동물, 등의 형태를 거쳐 마침내 사람의 몸을 가지고 세상에 나왔지만, 그러나 아직까지 근원적 대영혼과 합치를 이룰 수 있는 준비는 되지 않았다. 의식이 개인화될 수 있을 때까지는 본래의 집으로 돌아갈 준비가 아직 되지 않은 것이다. 의식이 개인화 된다는 뜻은 각자가 가진 서로 다른 점들이나 비슷한 점들, 좋은 점이나 나쁜 점, 등을 알고 그러한 다양함을 완전히 받아들임을 말한다. 그럴 수 있으려면 먼저 정신적으로 건강해야 한다. 토성이 관장하는 물병 라시는 이러한 갈등이 일어나고 있는 곳이다. 자신에 대한 완전한 이해를 하고 완전히 자신을 수용하게 만드는 라시이다. 물병 라시인들은 대체로 혼자서만 동떨어진 것 같은 불안감이나 남과 다른 것 같은 이질감 때문에 개인적인 불안정에 시달리게 된다. 자신의 본모습 이상인 척하거나 혹은 다른 척 행동하면서 남몰래 불안에 시달리기도 한다. 그런 식으로 정말 하고 싶은 일을 못하도록 자신 스스로 제약을 가하기보다는 차라리 집착하지 않는 초연함을 배우게 되면 어떤 미흡한 느낌도 수월하게 떨쳐 버릴 수 있다. 자신의 있는 모습 그대로 받아들이는 것이 그들의 안녕과 행복을 결정하는 중요한 과제인 것이다.

물병 라시인의 진화 목적은 맞은편에 있는 사자 라시의 자질을 계발하는 것이다. 물병 라시인들은 자신이 가진 개성의 독특함을 볼 수 있어야 한다. 그들은 한 개인으로 서 있는 현재의 바로 그 자리에서 현생에 주어진 역할을 수행하고 있는 것이다. 이러한 역할을 집착하는 마음 없이 행하게 되면, 자신들의 인생을 완전히 즐길 수 있게 된다. 그리고 라그나 로드인 토성이 주고 있는 어떤 정신적 고통으로부터도 자유로울 수 있게 된다. 파트너십은 물병 라시인들의 개인성을 지지해주는 사람들이나 혹은 자신들보다 더 다이내믹하고 매혹적이고 자기중심적인 사람들과 맺어지는 경향이 있다. 이렇게 자신과 대립하는 파트너들을 통해 그들은 스스로의 개인성을 인식할 수 있게 되는 것이다.

· 물고기 라시 라그나

물고기 라시는 조디액의 마지막 라시이다. BPHS에 따르면, 물고기 라시는 완성을 나타낸다. 물고기 라시를 라그나로 가진 사람들은 지금 생에서 완성을 하는 단계에 있다. 이 말은 영혼이 더 이상 환생하지 않는다는 의미의 완성을 뜻하는 것이 아니다. 지금 생에서의 정체성이나 삶에서 성취해야 할 어떤 것이 완성적 단계에 있다는 뜻이다. 그리하여 그들에겐 앞을 향하는 의지나 삶에서 뭔가 이루고자 하는 목적의식이 결여되어 있다. 그들의 삶에 나타나는 것들은 대부분 카르마를 완성시키려는 목적으로 오기 때문이다. 그래서 그들에겐 '주어진 것을 가지고 최선을 다해 볼 수 있는' 기회가 적다. 물고기 라시의 이러한 특성을 '두 마리 물고기가 서로 반대 방향으로 헤엄치고 있는' 상징이 잘 대변해 주고 있다. 물고기 라시는 변환할 수 있으며 유동적이고 수용적이며 보다 큰 힘에 의탁을 할 수 있는 라시이다.

이들이 가진 진화 목적은 맞은편에 있는 처녀 라시의 자질을 계발하는 것이다. 물고기 라시인들은 노동의 중요함을 배워야 하며 다음 생의 성장에 이득이 될 수 있도록 증진해야 한다. 지금 생은 거의 완성 단계에 있지만, 현생에서 한 일들이 다음의 생 혹은 죽은 후에 영향을 미칠 것이기 때문이다. 그러므로 그들은 현재의 삶에 나타나는 것들이 자신이 해야 할 의무임을 알고 최선을 다할 수 있어야 한다. 비록 지금 생에서 어떤 것들이 바뀌거나 완성해야 하는 것들과의 카르마가 연장되는 건 아니지만, 그렇게 함으로서 자신들의 재능, 카르마, 자질 등이 연마될 수 있고 또 다음 생에 좀 더 유용하게 사용할 수도 있을 것이다. 파트너십은 자신들보다 더욱 일이나 행동지향적인 사람들과 맺어지는 경향이 있다. 혹은 그들이 의무를 좀 더 잘 수행하고자 배려하는 마음을 내도록 동기를 부여하는 사람들과 맺어지기도 한다.

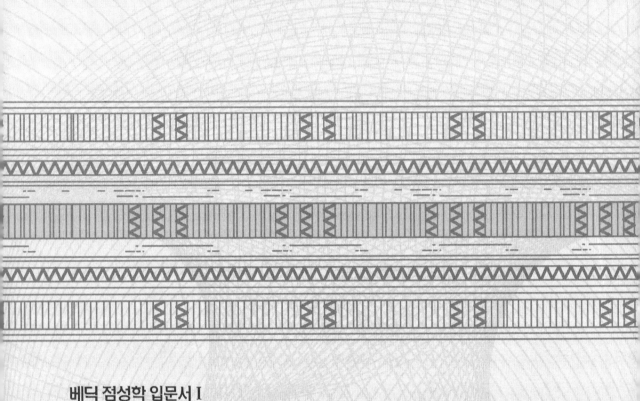

베딕 점성학 입문서 I

Vault of the Heavens

4

베딕하늘의 행복의 척도
라지타디 아바스타즈

▨ 죠티쉬(Jyotish): 삶의 어둠을 밝혀 주는 빛의 학문

대우주와 소우주는 마치 호수에 비친 하늘의 달처럼 서로를 반영하고 있다. 그래서 대우주에서 일어나는 일들은 소우주에서 일어날 일들과도 불가분의 관계에 있다. 베딕 점성학의 본질은 운명을 점치고자 하는 데 있는 것이 아니라, '대우주, 하늘에 있는 행성이 반사하는 빛를 통해서 이 땅에 살고 있는 '소우주, 우리들의 삶과 사람들을 비춰보고 좀 더 깊은 이해와 넓은 관점으로 세상을 살 수 있고자 하는데 있다. 우리들이 느끼는 삶의 고통과 불행 대부분은 삶에 대한 좀 더 거시적인 안목이 부족한 데서 비롯되기 때문이다. 마치 막막한 대양에 표류하여 기약도 모른 채 홀로 둥둥 떠다니고 있는 어느 선원처럼 혹은 무너진 터널 속에 혼자 갇혀서 칠흑 같은 어둠만 온통 주변에 느끼고 있는 광부처럼 우리는 삶의 무지와 어둠에 싸인 채, 자신이 누구이며 어디에서 왔는지 어디에 있는지 어디로 가고 있는지 또 무엇이 기다리고 있는 한치 앞도 제대로 알지 못한다. 그래서 많은 사람들이 고통과 어둠의 이유를 알고자 하고 또, 거기에서 벗어나기 위해 절망적인 몸부림들을 치고 있다.

하지만 왜 그처럼 어려운 일들이나 고통이 생기는지 원인을 제대로 알 수도 없거니와, 설령 안다고 해도 삶의 고통이나 어둠이 사라질 수 있는 것은 아니다. 어떤 절망적인 상황에서 벗어나기 위해 중요한 점은 자신의 처지를 한탄하거나 어둠의 원인을 따지기보다는 단순히 빛을 향해 나아가면 되는 것이다. 칠흑 같은 어둠이 깔린 방에서는 스위치를 찾아 켜거나 빛줄기를 찾아 걸어 나가면 자연적으로 어둠은 사라질 수 있게 된다. 베딕 점성학은 산스크리트어로 '죠티쉬(Jyotish, 빛의 학문)'라고 하며 하늘의 빛을 통해 우리들 삶의 빛을 밝히고자 하는 천문 인문과학이다.

하늘의 행성과 별들은 한 자리에 고정되어있는 것이 아니라 항상 움직이며 변하고 있다. 마찬가지로 우리들의 운명도 그러한 우주적 법칙을 따라 고정되어 있지 않고 늘 같이 흐르고 있다. 이처럼 우주적 의식에 부합하는 조화와 행복을 추구하면서, 이 땅에서의 삶을 보다 만족스럽고 의미 있게 살 수 있기 위해선, 먼저 '나'라는 개인을 잘 알아야 하며 또 그러한 '나'를 둘러싼 주변 환경의 지지를 받을 수 있어야 한다. 또 원만한 인간관계도 함께 영위할 수 있어야 한다. 아무리 잘나고 멋진 독불장군이더라도 무인도에서 혼자 살지 않는 이상, 우리들 삶의 질과 행복은 우리가 속해 있는 환경과 상호작용적인 함수관계를 가지고 있기 때문이다. 베딕 점성학은 우리가 보다 큰 안목으로 좀 더 조화롭고 행복하며 충족적인 삶을 추구하는 동시에 의식의 확장과 진보를 위한 노력을 계속 기울일 수 있도록 길을 밝혀주는 역할을 하는 데 그 핵심을 두고 있다.

▧ 행성의 상호관계: 행복의 조건

하늘과 땅은 수많은 생명체와 다양한 인격체가 함께 공존하고 있는 서로 다르면서도 비슷한 유형을 가진 두 개의 거대한 공동체로 볼 수 있다. 그리하여 우리가 살고 있는 세상에서 펼쳐지는 온갖 삶의 현상과 드라마들이 하늘 세상에서도 마찬가지로 비슷하게 일어나고 있다고 생각하면 되겠다. 사람들이 사는 세상이 그러하듯, 신들과 행성, 그리고 별들이 살고 있는 하늘 세상에서도, 각 구성원들이 각자의 염원대로 행복하고 순탄하게 잘 살기 위해선 조화로운 환경적 여건과 원만한 대인관계가 필연적이다. 개인적인 안녕과 행복이 조직 구성원들과의 관계, 협조, 조화와 밀접한 연관을 가지고 있는 똑같은 공동체 세상이기 때문이다.

하지만 세상에 얽힌 다사다난한 인간관계의 함수처럼 하늘에 사시는 분(행성)들도 서로 다른 애증이나 복잡한 이해관계가 얽히고설켜 있다. 그래서 타고난 본성이나 원래의 특질에 맞게 행성이 제대로 역량을 발휘하면서, 충족되고 만족스러운 상태로 살기가 그다지 쉽지가 않다. 모든 행성은 자신의 본성이나 다스리는 영역에 따라 최대한의 충족과 성공을 달성시키고자 하는 특정한 목적들이 있다. 그런데 행성은 각자 다른 본성들을 가지고 있기 때문에, 서로 다른 동기와 행동방식으로 자신들의 목표를 달성시키려 한다. 원하는 목표를 이루기 위해 관계를 맺는 행성끼리 서로 지지하고 함께 도울 수도 있지만, 꼭 그렇지 않은 경우도 자주 있다. 이러한 행성의 행동 기준은 서로 얼마나 친한지 아닌지 하는 **'행성의 상호 관계**(Planetary Relationships)'에 달려 있다.

행성의 신화를 통해서, 우리는 다양한 신들과 복잡하게 얽힌 그들의 가족사나 상호관계를 살펴보았다. 이러한 이야기들에 참조하여 행성이 서로 어떤 관계에 있는지(친한지 친하지 않은지 혹은 무덤덤한 관계인지) 등을 파악할 수 있다. 이러한 상호관계들은 행성이 어떤 식으로 행동할지 거취를 결정하는 데 아주 중요한 역할을 한다. 예를 들어 태양과 토성은 부자지간이지만 서로 '적' 관계에 있다. 토성이 태어나자마자, 태양이 곤경을 치러야 했던 이야기, 그리고 그림자 어머니를 내친 아버지 태양에게 좋은 감정을 가질 수가 없는 토성의 마음을 헤아려 보면, 두 행성 사이에 형성되는 '적' 관계를 보다 쉽게 납득할 수 있게 된다. 그래서 개인의 출생 차트에서 만약 태양과 토성이 서로 엮여 있으면, 삶에 이러한 유형의 갈등이나 어려움들이 있을 거라는 추론도 어렵지 않게 할 수 있다. 만약 친구관계의 행성이면, 서로가 원하는 것을 성취할 수 있도록 항상 도와주려고 할 것이다. 행성이 만약 서로 친하지 않거나 적 관계라면 둘 사이에는 늘 어떤 갈등의 요소들이 끼어 있게 된다. 그래서 한 쪽이 다른 쪽을 위해 자신이 가진 목표의 달성을 먼저 양보하거나 혹은 희생을 할 수밖에 없다. 이럴 때 누가 양보하고 희생할 것인지 하는 선택은 행성이 타고난 역량이나 운명에 달려있다. 그리하여 행성이 아무리 훌륭한 품위를 가진 파워풀한 차트라도, 차트 주인이 강력히 원하는 어떤 것을 이루기 위해선 다른 삶의 영역에서 요구되는 희생이나 부족함, 실失 등이 반드시 따를 수밖에 없다.

이처럼 행성 간에 서로 미치는 영향들이 가져오는 효과들을 분명하게 알 수 있는 방법을 **'행성의 상태들, 라지타디 아바스타즈(Lajjitaadi Avasthas)'**라고 한다.

▧ 흉성과 길성: 크루라 행성과 사움야 행성의 차이

라지타디 아바스타즈에 대한 상세한 설명에 들어가기 이전에 먼저 **'행성의 본성**(The Planetary Nature)'에 대한 이해가 필수적이다. 행성을 보통 영어로는 그들이 가진 본성에 따라 **흉성**(Malefics) 아니면 **길성**(Benefics), 좋고 나쁘다, 블랙 앤 화이트 식으로 단순 분류한다. 그러나 산스크리트어로는 **크루라**(Kruura, 잔인한, 혹독한), **사움야**(Saumya, 젠틀한, 온순한)라는 표현을 사용하는데, 행성이 가진 성격의 형태를 표현하는 단어이지 좋고 나쁘다거나 길하거나 흉하다거나 하는 식으로 '단정적'인 의미와는 전혀 다른 개념이다. 크루라 행성은 재앙을 가져다주는 흉성이 아니라, 우리가 원하는 것들을 어렵고 힘든 방식으로 가져오기 때문에 '잔인하다, 혹독하다'고 하는 것이다. 사움야 행성은 우리가 원하는 것들을 쉽고 편안한 방식으로 가져오기 때문에 '젠틀하다, 온순하다'라고 하는 것이다.

예를 들어 우리가 어떤 차를 갖고 싶을 때(4번째 바바의 효과), 크루라 행성이 그러한 바바에 개입되어 있으면, 아주 열심히 힘들게 노력을 해야만 원하는 차를 얻을 수 있도록 해 준다. 만약 사움야 행성이 개입되어 있으면 아주 쉬운 방식으로, 부모님 혹은 누군가에게 선물을 받거나 양도받는 등의 형태로 쉽고 편하게 원하는 차를 얻을 수 있도록 해 준다. 이처럼 어떤 방식으로 원하는 차를 소유하게 되든지 결과적으로 크루라 행성이나 사움야 행성은 모두 원하는 효과를 가져다주게 된다. 그러나 사람마다 가진 성향이 다르기 때문에 자신의 저력이나 독립성을 키워줄 수 있는 크루라의 방식을 선호하는 사람들은 누군가에게 공짜로 차를 선물 받는 것을 별로 달가워하지 않을 수도 있다. 또는 부모님께 선물로 받은 외제차를 타다가 사고를 내어 심하게 다치는 바람에 오히려 해가 되는 경우도 있다. 그래서 사움야 방식이 언제나 모두에게 환영 받고 좋은 것이라고만 할 수는 없다. 크루라 행성과 사움야 행성은 단순히 흉성, 길성이라기 보다는 이처럼 원하는 결과를 가져다주는 방식의 차이가 있을 뿐이다. 그러나 흉성과 길성이라는 분류가 이미 일반적인 점성학적용어로 기반이 다져졌기에 편의상 그대로 사용하기로 한다. 하지만 이 책을 접하는 점성학도들은 '크루라와 사움야의 개념을 잘 인지하고 있기를 바란다.

▧ 행성의 분류와 행성 간의 상호관계(Planetary Relationships)

태양, 지는 달, 화성, 토성, 라후와 케투는 자연적 흉성들로서 간주된다. 뜨는 달, 수성, 목성, 금성은 자연적 길성들로서 간주된다. 그런데 수성은 자연적 본성이 길성이지만 예외적이고 일시적인 흉성으로 간주되는 경우도 있다. 앞에서 수성의 신화를 통해 밝혔듯이 수성은 남성적, 여성적 기질을 모두 가지고 있는 중성의 행성이다. 그래서 개인차트에서 같은 바바 내에 합치한 행성에 따라 수성의 본성이 달라진다. 즉, 흉성과 같이 합치하게 되면 수성은 흉성이 되며 길성과 합치하게 되면 수성도 길성이 된다. 그리고 달은 남자의 차트에서는 지는 달이 흉성이 되고 뜨는 달이 길성이 되지만, 여자 차트에서는 상관없이 무조건 길성으로만 간주된다. 음양의 이치와 같은 맥락으로서 여자의 차트에서는 달이 가장 중요한 행성이고 남자의 차트에서는 태양이 가장 중요한 행성이기 때문이다. 핵심적 행성의 임무는 어떤 상황에서건 우리에게 힘을 주고 보호, 지지해 줄 수 있어야 하는 것이다. 그래서 여자의 차트에서는 지는 달이냐 뜨는 달이냐에 따라 비록 다른 효과들을 가져오지만 본성적으로는 언제나 길성이 된다.

이렇게 행성의 자연적 본성에 대한 분류를 바탕으로 한 후, 각 행성 간에 가지게 되는 상호관계는 아래 도표와 같다. 이러한 관계들은 언제나 양자가 동일하게 주고받는 방식으로 성립되지 않는다. 마치, 우리가 어떤 사람 A를 좋아하지만, A는 나를 똑같이 좋아해 주지 않거나 나에게 무덤덤하거나 혹은 나를 싫어할 수도 있다. 반면 나와 B와는 서로 좋아하는 사이일 수도 있다. 혹은 C가 나를 무척 좋아하지만, 나는 C가 별로거나 마음에 안 들 수도 있다. 마찬가지로 행성도 이렇게 단순히 동등하게 주고받는 관계가 아니라, 좀 더 복잡한 관계를 가지고 있다. 이러한 '행성 간의 상호관계' 공식이 베딕 점성학에 가장 중요한 핵심이다. 언뜻 보면 쉽고 대수롭지 않아 보일 수도 있지만, 나중에 상세하게 설명하게 될 '행성의 라지타디 아바스타즈'에 대한 골격을 형성하고 있다. 이러한 행성 간 상호관계가 형성된 배경은 행성의 신화와 깊은 연관성을 가지고 있는데, 좀 더 자세한 예를 들어 보충 설명을 할 기회가 앞으로 있을 것이다.

• 행성간의 상호관계(Planetary Relationships)

관계 행성	친구	적	중립
태양	달, 화성, 목성	금성, 토성	수성
달	태양, 수성	없음	화성, 목성, 금성, 토성
화성	태양, 달, 목성	수성	금성, 토성
수성	태양, 금성	달	화성, 목성, 토성
목성	태양, 달, 화성	수성, 금성	토성
금성	수성, 토성	태양, 달	화성, 목성
토성	수성, 금성	태양, 달, 화성	목성

 참고 라후와 케두는 실제로 형체기 없는 그림자 행성이기 때문에, 독자적으로 다른 행성과 관계를 성립하지 않는다.

- 태양, 화성, 목성은 '친구'라는 동등한 관계를 형성하고 있다.
- 수성과 금성은 '친구'라는 동등한 관계를 형성하고 있다.
- 금성과 토성은 '친구'라는 동등한 관계를 형성하고 있다.
- 화성과 금성은 '중립'이라는 동등한 관계를 형성하고 있다.
- 달을 '적'으로 여기는 행성은 아무도 없다. 그런데 정작 달은 수성, 금성, 토성을 모두 '적'으로 여기고 있다.
- 목성은 어느 행성에게도 '적'이 아니다. 그런데 수성과 금성은 목성을 '적'으로 여긴다.
- 수성은 달을 '친구'로 여기지만, 달은 수성을 '적'으로 여긴다.
- 수성은 토성을 '친구'로 여기지만, 토성은 수성을 '중립'으로 여긴다.
- 토성은 태양만 '적'으로 여기지만, 태양과 달, 화성 모두가 토성을 '적'으로 여긴다.

⊠ 행성의 품위

행성이 얻는 품위도 라지타디 아바스타즈를 형성하는 아주 중요한 핵심조건이다. 이러한 품위에 대한 아래의 간단한 설명은 저자가 번역한 『하늘의 금괴』에서 부분적으로 발췌한 것이다.

· 오운 라시(Own Rasi): 라시들의 로드(Loardship, 오너십)

행성은 조디액의 열두 개 라시 중에서 각자 두 개씩 다스리도록 배분되었다. 이들을 하우스 라시들의 오너, 또는 로드라고 부른다. 그런데 태양과 달은 각자 한 개의 라시만 로드십(Lordship)이 주어졌다. 각자 행성은 한 개의 양성, 남성적 에너지를 가진 라시 그리고 다른 한 개의 음성, 여성적 에너지를 가진 라시, 이렇게 두 개의 라시를 다스린다. 태양과 달은 서로의 양극을 이루고 있다. 태양이 한 개의 남성적 라시를 다스리고 달이 다른 여성적 라시를 다스린다.

태양은 사자 라시를 남성적 라시로 관장하고 있다. 달은 게 라시를 여성적 라시로 관장하고 있다. 수성은 쌍둥이 라시를 남성적 라시, 처녀 라시를 여성적 라시로 관장하고 있다. 금성은 천칭 라시를 남성적 라시로, 황소 라시를 여성적 라시로 관장하고 있다. 화성은 산양 라시를 남성적 라시로, 전갈 라시를 여성적 라시로 관장하고 있다. 목성은 인마 라시를 남성적 라시로, 물고기 라시를 여성적 라시로 관장하고 있다. 토성은 물병 라시를 남성적 라시로, 악어 라시를 여성적 라시로 관장하고 있다.

도표로 요약해 보면 다음과 같다.

게 라시	−	달/태양	+	사자 라시
쌍둥이 라시	+	수성	−	처녀 라시
황소 라시	−	금성	+	천칭 라시
산양 라시	+	화성	−	전갈 라시
물고기 라시	−	목성	+	인마 라시
물병 라시	+	토성	−	악어 라시

양성 에너지를 가진 라시는 행성의 에너지를 남성적이고 직관적인 방식으로 표출한다. 음성 에너지를 가진 라시는 행성의 에너지를 여성적이고 수용적인 방식으로 표출한다. 오운 라시에 있는 행성은 순수하고 가진 그대로의 본성을 강하게 발휘한다. 행성이 가지고 있는 모든 자질들이 높은 강도로 나타나게 된다. 오운 라시에 있는 행성은 50퍼센트 유익한 결과를 줄 수 있는 능력이 있다.

·물라트리코나(Moolatrikona)의 품위

행성은 자신들이 다스리고 있는 두 개의 라시 중에서 양성 라시에 물라트리코나 위치를 가지고 있다. 그러나 달과 수성은 예외이다. 각 행성의 물라트리코나 위치는 다음과 같다.

- 태양 : 사자 라시 0 ~ 20도
- 달　 : 황소 라시 3 ~ 30도
- 화성 : 산양 라시 0 ~ 12도
- 수성 : 처녀 라시 15 ~ 20도
- 목성 : 인마 라시 0 ~ 10도
- 금성 : 천칭 라시 1 ~ 15도
- 토성 : 물병자리 0 ~ 20도

'물라트리코나'라는 단어는 '삼각형의 뿌리'라는 뜻이 있다. 물라트리코나에 있는 행성은 오운 라시에 있는 행성보다 뿌리를 더 깊게 내리고 있으며 많은 행운과 파워풀한 본성이 있다. 물라트리코나에 있는 행성은 어떤 특정한 목표를 향해 오운 라시에 있을 때보다 더 집중적인 노력을 한다. 물라트리코나에 있는 행성은 75퍼센트 유익한 결과를 줄 수 있는 능력이 있다.

· 고양(Exaltation)의 품위

모든 행성은 각자 고양의 품위를 얻게 되는 라시가 있다. 그리고 고양의 라시 내에서도, 행성이 지닌 힘을 가장 최상으로 발휘하게 되는 깊숙한 고양의 자리가 있다. 고양을 얻는 행성은 가진 힘이 엄청 강하면서도 절묘하다. 훨씬 더 완벽하고 순수하며 생산적인 상태에 있다. 고양의 자리에 있는 행성은 100퍼센트 유익한 결과를 줄 수 있다. 이미 앞에서 고양의 자리들을 밝힌 바 있으나 참고하기 쉽도록 다시 한 번 여기에 기술한다.

- 태양 - 산양 라시에서 고양됨 : 깊숙한 고양의 자리는 산양 라시 10도
- 달 - 황소 라시 0 ~ 3도에서 고양됨 : 깊숙한 고양의 자리는 황소 라시 3도
- 화성 - 악어 라시에서 고양됨 : 깊숙한 고양의 자리는 악어 라시 28도
- 수성 - 처녀 라시 0 ~ 15도에서 고양됨 : 깊숙한 고양의 자리는 처녀 라시 15도
- 목성 - 게 라시에서 고양됨 : 깊숙한 고양의 자리는 게 라시 5도
- 금성 - 물고기 라시에서 고양됨 : 깊숙한 고양의 자리는 물고기 라시 27도
- 토성 - 천칭 라시에서 고양됨 : 깊숙한 고양의 자리는 천칭 라시 20도

· 쇠약의 품위

행성은 고양의 라시로부터 일곱 번째 있는 라시에서 쇠약의 품위를 얻게 된다. 깊숙한 쇠약의 자리는 깊숙한 고양의 자리에서 정반대 편에 있다. 쇠약의 자리에 있는 행성은 가진 능력이 약하다. 행성이 가진 유익하고 유용한 자연적 기질들을 제대로 발휘할 수 없게 된다. 쇠약의 자리에 있는 행성은 유익한 결과들을 가져다 줄 수 있는 아무런 능력이 없다.

▨ 행성의 상태들, 라지타디 아바스타즈(Lajjitadi Avasthas)를 측정한 어스펙트 차트

위와 같은 '행성 간의 상호관계'와 '행성의 품위'를 배경으로 '라지타디 아바스타즈'에 대한 좀 더 상세한 설명을 이제 시작하기로 한다. 라지타디 아바스타즈는 베딕 하늘에서 벌어지고 있는 대인관계로서, 이 땅에 살고 있는 우리들의 대인관계만큼이나 중요한 '삶의 에센스'라고 할 수 있다. 라지타디 아바스타즈는 행성 간에 서로 미치는 영향을 측정하고 평가하는데 아주 유용하고 정확한 방법이다. 길성인지 흉성인지 하는 간단한 분류방식보다 훨씬 나은 방법이다. 어느 행성이 자연적 길성이든 흉성이든 상관없이, 차트에 다스리고 있는 영역들에서 얼마만큼 뭔가를 만들어 낼 능력을 가지고 있는지를 확실하게 알게 해 주기 때문이다. 라지타디 아바스타즈는 행성 간의 상호관계 원칙에 따라, 어떤 행성이 다른 행성에게

구체적으로 어떤 매너로 행동하느냐, 그리하여 총체적으로 어떤 효과들을 가져올 것인가를 알 수 있게 해 주는 '상태(아바스타)' 파악 공식이라고 할 수 있다.

그런데 '라지타디 아바스타즈'를 형성하는 조건들 중에 '어스펙트(aspect)'가 아주 중요한 비중을 차지하기 때문에, 먼저 '어스펙트'에 대한 개념 정리부터 분명히 할 필요가 있다. '어스펙트'란 쉬운 말로 '쳐다본다'는 뜻이다. 우리가 어떤 사람과 정면으로 마주하고 있으면 서로가 완전히 볼 수 있는 반면, 만약 한 사람은 앞을 바라보고 있고 나는 옆에 앉아 있으면, 그 사람의 얼굴을 반밖에 볼 수가 없다. 또한, 내가 어떤 사람의 뒤에 앉아 있거나 혹은 서로가 등을 대고 앉아 있으면, 서로의 얼굴을 볼 수가 없다. 이런 식으로, '어스펙트'란 얼마만큼 행성이 서로 쳐다볼 수 있는 범위 내에 있느냐를 일컫는 '점성학 용어'이다.

그래서 만약 두 개 혹은 그 이상의 행성이 같은 라시 안에 있더라도, 서로를 쳐다볼 수 있는 각도 내에 있지 않으면 '합치'로 간주 되지 않는다. 혹은 같은 라시 안에 있지 않더라도, 서로를 쳐다볼 수 있는 각도 내에 있으면 상당한 어스펙트의 비중을 가지게 된다. 이러한 '어스펙트' 범위를 계산하는 공식에 대해선, 『하늘의 금괴』제12장과 13장 행성 간 어스펙트와 라시 어스펙트'에서 이미 자세하게 설명하였다. 이 책의 목적은 베딕 점성학의 전문적 테크닉을 다루고자 하는 것이 아니기 때문에 여기에서 반복 설명은 생략하기로 한다. 하지만 베딕 점성학의 가장 기초를 이루는 베딕 문화와 베딕 하늘의 개념들이 한국인 점성학도들에겐 아주 생소하고 낯설 수도 있다. 그래서 가능한 이해하기 쉬운 신화나 이야기 형식으로 풀어서 베딕 점성학에 대한 친근함과 익숙함을 먼저 익히게 하고자 하였다. 이렇게 행성의 타고난 성향이나 품위 등에 대한 기본적인 이해만 있으면, 다음의 내용을 숙지하는데 별 지장이 없을 것이다.

예시 1) 힐러리 클린턴(Hillary Clinton)의 행성 간 어스펙트 차트

Planetary Aspects

Rasi- Aspected Planets

	☉	☾	♂	☿	♃	♀	♄	Ω	☋
☉	–	9	9	Y		Y	5	49	Y
☾	40	–	9	31	26	33	2	16	30
♂	42	51	–	53	43	58	Y	10	51
☿	Y	29	19	–		Y	15	59	Y
♃		56	40		–		29	46	
♀	Y	23	16	Y		–	12	56	Y
♄	55	44	Y	45	40	48	–	56	44
+	40	108	83	31	26	33	58	177	30
-	97	105	9	98	84	105	5	115	94

Planetary Aspects

Rasi- Aspected Planets

	☉	☽	♂	☿	♃	♀	♄	☊	☋
☉	–	18	5	Y	14	8	Y	4	34
☽	42	–	14	32	6	9	27		46
♂		46	–		Y	Y	2	24	33
☿	Y	9	14	–	31	19	Y		19
♃		46	Y	8	–	Y	11	58	13
♀		40	Y	2	Y	–	4	26	22
♄	Y	23	58	Y	49	56	–		14
+	0	95	14	10	31	19	15	84	54
-	42	87	77	32	69	72	29	28	127

참고 60이 100퍼센트 비중이다. 위의 차트에서, 상단 줄에서는 태양, 달, 화성, 수성, 목성, 금성, 토성, 라후, 케투가 있다. 가로줄에선 태양, 달, 화성, 수성, 목성, 금성, 토성이, 상단 줄에 있는 행성에게 각각 던지고 있는 어스펙트 비중을 나타낸다. 그래서 힐러리 클린턴의 경우 태양은 달에게 9비중, 화성에게 9비중, 수성과는 합치(Y), 목성에게는 아무런 어스펙트 비중이 없으며 금성과는 합치(Y), 토성에겐 5비중, 라후에게 49비중, 케투와는 합치(Y), 등의 식으로 어스펙트 차트를 읽는다.

빌 클린턴의 경우, 태양은 달에게 18비중, 화성에게 5비중, 수성과는 합치, 목성에게 14비중, 금성에게 8비중, 토성과는 합치, 라후에게 4비중, 케투에게 34비중의 어스펙트를 던지고 있다. 나머지 행성도 이러한 식으로 읽으면 된다. 합치한 행성은 60비중의 어스펙트로 간주한다. 어스펙트 차트의 맨 하단에 '+, -'로 표기된 것은 길성과 흉성의 총 어스펙트 비중을 나타낸 것이다.

▨ 행복의 척도: 라지타디 아바스타즈(Lajjitaadi Avasthas)의 종류

· 라지타디 아바스타즈

"라지타, 가비타, 슈디타, 트리쉬타, 무디타 그리고 쇼비타 등을 행성의 상태들이라고
한다." – BPHS

라지타디 아바스타즈에는 총 여섯 가지 다른 상태(아바스타)가 있다. (라지타, 가비타, 슈디타, 트리쉬타, 무디타, 쇼비타) 수치스러운 혹은 창피한 상태, 자부심을 가진 상태, 굶주린 상태, 목마른 상태, 기쁜 상태, 불안하게 안절부절못한 상태 등이다. **'라지타디 아바스타즈'**라는 말은 **'라지타 등등'**이라는 뜻으로서, 첫 번째 상태(아바스타)가 라지타 상태이기 때문에 붙여진

이름이다. 이러한 그룹의 아바스타는 비단 행성에게만 영향을 미치는 것이 아니라, 그러한 아바스타가 일어나는 하우스(바바)에 특히 더 큰 영향을 미치게 된다. 위의 '행성 간 어스펙트 차트'는 어떤 특정한 행성이 다른 행성에게 받고 있는 영향들이 얼마만큼 쉽거나 어려울지 수적으로 파악할 수 있게 해 준다. 어떤 행성에게 다른 행성이 미치고 있는 어스펙트 비중을 서로 플러스, 마이너스 한 나머지가 그 행성이 가진 최종적인 라지타디 아바스타즈의 길조적 혹은 흉조적 효과를 나타내고 있다. 이러한 행성이 위치한 하우스(바바)에 따라 차트 주인은 라지타디 아바스타즈의 영향들을 자신의 삶에서 경험하게 된다. 좋은 라지타디 아바스타즈에 있는 행성은 그들이 관장하는 영역에서 최대한의 행복과 충족을 가져다 줄 수 있을 것이다. 반대로 나쁜 라지타디 아바스타즈에 있는 행성은 해당 하우스(바바)들 영역에서 고통과 어려움을 만들어 내게 될 것이다. 그러므로 보다 행복하고 충족적인 삶을 살 수 있기 위해선 행성이 전반적으로 좋은 라지타디 아바스타즈에 있어야 한다. 이렇게 삶에 있어 성공과 행복의 척도가 되는 라지타디 아바스타즈에는 다음과 같은 종류가 있다.

· 라지타

> "5번째에 있는 행성이 라후 혹은 케투와 같이 있으며 태양, 토성, 화성 등과
> 합치하면 그 행성은 라지타(Lajjita)라고 한다."
> — BPHS

라지타는 '수치심이나 창피함을 느낀다'는 의미다. 라지타 상태에 있는 행성은 뭘 하든지 수치스러움이나 창피함을 느끼게 된다. 그리고 5번째 하우스는 우리가 가진 행운, 창조지성, 자녀 등 자신감을 다스리는 중요한 트라인(Trine)이다. 1번째, 9번째 하우스와 함께 차트를 받쳐 주는 기둥이라고 할 수 있다. 특히 5번째 하우스는 우리가 전생에서부터 행운을 가져왔는지 어떤지 지성과 창조력으로 뭔가를 이루어내 내가 살았다는 어떤 '흔적(legacy)'을 남기고 갈 수 있을지 어떨지 혹은 내 뒤를 이어 인류의 발전에 계속 공헌할 수 있는 자녀들이 있을지 없을지 등 우리가 가진 메리트(merit)를 나타내는 하우스이기 때문에, 좋은 여건하에 있어야 한다는 사실이 한층 더 중요하게 된다.

이처럼 중요한 하우스에, 라후나 케투가 있으면, 창조지성이 어두운 먹구름에 휩싸이게 되는 것과 마찬가지이다. 게다가 태양, 토성, 화성과 같은 파워풀한 흉성들 중 어느 한 개라도 합치하게 되면, 그가 가진 창조지성이나 좋은 역량은 제대로 빛을 발할 수가 없다. 만약

태양이 라지타를 일으킨다면, 이는 마치 왕 앞에 있을 때 우리 자신이 항상 작고 초라하게 느껴지는 것과 마찬가지이다. 토성인 경우에는 아주 차갑고 냉혹한 행성이기 때문에, 마치 그러한 사람과 같이 있으면 우리 마음이 편치 않은 것과 같다. 화성인 경우에는 자기의견이나 주장 등이 강한 행성이기 때문에 편견이나 자기 생각이 심한 사람과는 마음이 편치 않은 것과 같다. 그런데 이러한 자신감의 하우스에 라후나 케투가 함께 있으면 복잡한 감정들을 극대화시키게 된다. 그리하여 스스로의 능력에 '창피하거나 수치심'을 느끼는 **라지타** 상태가 된다. 행성이 라지타 아바스타에 있으면, 생산적으로 뭔가를 만들어 낼 수 있지만 결코 스스로 만족하지 못한다. 그래서 그러한 행성은 바쁘게 뭔가를 계속 이루어 내지만, 절대로 행복하지는 않다.

· 가비타

> "고양의 품위에 있거나 혹은 트리코나에 있으면 가비타를 이룬다. 이것은 또한 '니르비샴카'라고도 한다. 드비죠타마여!"
> – BPHS

가비타(Garvita)는 '자부심을 가진'이라는 의미다. 행성이 고양의 품위에 있거나 물라트리코나 라시에 있으면 가비타 상태가 된다. 가비타 상태에 있는 행성은 자신이 이룩한 것들에 대한 성취감으로 건강한 자부심과 자신감을 느끼게 된다. 라지타 행성과는 전혀 반대로, 뭘 하든지 '봐, 내가 해냈잖아!' 하는 식으로 자랑스럽고 당당하다. 가비타 아바스타는 또한 '니르비샴카(Nirvishamka)'라고도 하는데 '두려움이 없는, 자신감이 넘치는'이라는 뜻이다. '드비죠타마'는 '두 번 태어난 자'라는 뜻으로, 브라민(Brahmin)계층을 칭하는 호칭이다. 그리고 가비타보다 당당하고 자신감이 있지는 않지만, 오운 라시에 있는 행성은 **스바시타**(svastha, 자신의 힘으로 서있는 자신 있는), 즉 스스로 만족하고 흡족한 상태가 된다.

· 슈디타

> "적의 라시에 있거나 적과 합치하거나 적이 어스펙트를 하고 있으면 슈디타 (Kshudhita)가 생긴다. 그리고 또한 토성이 합치를 해도 마찬가지이다." – BPHS

슈디타는 '굶주린'이라는 의미다. 슈디타 상태는 행성이 적과 연관을 가지고 있을 때 혹은 토성과 같이 합치를 할 때, 얻게 되는 아바스타이다. 우리가 허기지면 아무 것도 할 수 없는 것과 마찬가지로, 슈디타 상태에 있는 행성은 아무런 일도 할 수 있는 힘이 없다. 보통 점성학 상담을 원하는 사람들은 굶주린 행성 때문에 고통을 받고 있는 경우가 대부분이다. 그러한 경우, 그들은 굶주린 행성에 대해 보통 비현실적인 기대를 가지는 경향이 있기 때문이다. 예를 들면, 돌을 먹은 사람이 왜 이렇게 계속 배고픈지 모르겠다고 불평하는 경우나 하루 종일 감자튀김만 먹은 사람이 아무리 먹어도 충족감을 못 느낀다고 불평하는 경우 등과도 비슷하다. 그들은 보통 어떤 삶의 영역에서 행복하지 않고 굶주림을 느끼게 되는데, 자신들은 스스로의 행동에 대해 깨닫지 못하고 있다. 만약 좋은 이성 관계를 가지길 원하면, 어떤 식으로 행동해야 할지 다른 사람들에게는 너무 확연하지만, 정작 본인은 스스로의 행동에 대해 알아채지 못하는 것이다.

슈디타 상태 네 가지 유형

① 적의 라시에 있을 때

행성이 적의 라시에 있으면 힘을 발휘할 수 없어 불길해진다. 마치 사이가 나쁜 친구 집에 우연히 가게 되었을 때, 그저 쥐 죽은 듯이 조용히 있는 게 가장 상책인 상황과 비슷하다. 그러한 행성은 자신을 제대로 관리할 수 있는 능력이 없기 때문에, 다른 행성에게 공격받을 가능성을 완전히 열어놓고 있는 상황이 된다.

② 적과 함께 합치하였을 때

어느 행성이든 자신이 할 일과 목적을 완수하기 위해 노력하고 있다. 그런데 적과 함께 같은 집에 있으면, 적은 자신이 하고자 하는 일을 방해하려 들 것이다. 적의 힘이 강하면 강할수록, 자신이 하고자 하는 일을 망칠 수 있는 능력도 커지게 될 것이다.

③ 적에게 어스펙트를 받고 있을 때

어느 행성이 적에게 어스펙트를 받고 있는 경우도 마찬가지이다. 적의 힘이 강하면 강할수록, 자신이 하고자 하는 일에 장애를 받게 될 것이다.

④ 토성과 같이 합치를 할 때

토성은 항상 같이 있는 행성을 굶주리게 만든다. 토성의 힘이 강하면 강할수록, 토성은 더욱 엄격하고 엄숙한 돌덩어리처럼 된다. 그래서 같이 있는 행성이 더욱 굶주림을 느끼도록 만든다.

슈디타 아바스타는 행성이 제대로 역량을 발휘하지 못하고 목적달성이나 충족을 얻는데 실패하게 되는 가장 흔한 여건이다. 만약 행성이 슈디타의 영향만 받고 있고 가비타(자부심의 상태)나 무디타(기쁜 상태)의 행성으로부터 도움을 전혀 받고 있지 않으면, 그러한 행성은 아무런 목표도 달성할 수 없게 된다.

· 트리쉬타

"행성이 물의 라시에 있으면서, 적에게 어스펙트를 받고 있고 다른 길성의 어스펙트
가 없으면, 트리쉬타(Trishta)라고 말한다."   – BPHS

트리쉬타는 '목이 마른'이라는 뜻이다. 행성이 물의 라시에 있으면서 적에게 어스펙트를 받고 있을 때 얻게 되는 아바스타이다. 그다지 나쁜 상태의 아바스타는 아니고 단지 목이 마른 상태이다. 물의 라시는 게 라시, 전갈 라시, 물고기 라시이다. 그런데 트리쉬타는 길성이 어스펙트를 하고 있으면 취소 되며, 흉성과 함께 있으면 트리쉬타가 형성되지 않는다. 단지 물의 라시에 있으면서 흉성에게 어스펙트를 받고 있을 때만 형성되는 아바스타이다. 트리쉬타 행성은 적에게 어스펙트를 받고 있더라도 여전히 생산적으로 뭔가를 이루어낼 수 있다. 그러나 생산적인 능력과 행복은 별개이다. 트리쉬타에 있는 행성은 감정적으로 충족이 결여된 상태, 갈증을 느끼는 상태를 나타낸다. 그렇지만, 슈디타 상태에 있는 행성과는 다르게, 트리쉬타 행성은 생산적일 수 있다. 단지 무엇을 하든지 행복을 느낄 수가 없을 뿐이다. 마치 굶주린 사람은 아무 것도 할 힘도 없는 반면에, 목이 마른 사람은 그래도 일을 계속 할 수 있는 경우와 마찬가지이다.

· 무디타

"친구의 라시에 있거나 함께 있으며 친구에게 어스펙트를 받고 있거나 목성과 같이
있으면 무디타(Mudita)라고 한다."   – BPHS

무디타는 '기쁜'이라는 뜻이다. 무디타 아바스타는 '기쁜 상태'에 있는 행성을 나타낸다. 친구의 라시에 있거나 같이 있으며 친구에게 어스펙트를 받고 있거나 목성과 같이 있을 때 얻게 되는 아바스타이다. 무디타 행성은 생산적으로 된다. 단지 목성이 기쁘게 하는 형태나 태양 혹은 다른 행성이 기쁘게 하는 형태들은 각자 다르다. 무디타 아바스타에도 네 가지 상태가 있다.

① 친구의 라시에 있는 행성

친구의 라시에 있는 행성은 생산적이다. 친구가 강하면 강할수록 무디타 행성은 더욱 생산적으로 된다. 우리가 친한 친구의 집에서는 마치 내 집처럼 편하고 기쁘게 지낼 수 있고 또 친구가 잘 나갈수록 더욱 우쭐해지는 경우와 마찬가지이다.

② 친구와 같이 있는 행성

행성의 친구는 자연적으로 같이 있는 친구를 도와주고 원하는 것을 이룰 수 있게 지지하고자 할 것이다. 같이 있는 친구가 강할수록 무디타 행성은 더욱 많은 도움을 받게 될 것이다.

- 예외 1: 토성과 같이 있는 행성은 서로 친구라 하더라도 자연적으로 무디타 행성이 되지 않는다. 토성과 같이 있으면 무조건 앞에서 언급한 슈디타(굶주린) 상태가 되기 때문이다.
- 예외 2: 태양과 같이 있는 행성은 서로 친구라 하더라도, 자연적으로 무디타 행성이 되지 않는다. 태양과 같이 있으면, 무조건 다음에 나오는 쇼비타(안절부절못하는) 상태가 되기 때문이다.

③ 친구에게 어스펙트를 받고 있는 행성

친구 행성은 자연적으로 자신의 친구가 원하는 것을 성취하고 행복할 수 있도록 도와주려 할 것이다. 그런데 얼마만큼 도움이 될 수 있느냐는 친구 행성이 주는 어스펙트의 비중과 힘에 달려 있다. 친구가 강할수록 그리고 어스펙트의 비중이 높을수록 무디타 행성은 더 많은 도움과 지지를 얻을 수 있게 된다.

④ 목성과 같이 합치하는 행성

하늘나라 데바들의 스승인 목성은 언제나 같이 있는 행성을 도와준다. 목성은 어느 행성에게도 적이 아니다. 아내 타라가 제자인 달과의 정사를 통해 사생아인 수성을 낳았는데도 자신의 아들처럼 거두고 키운 관대한 행성이다. 그래서 친구가 아니라 중립관계에 있는 행성이라도 목성과 같이 있으면 많은 도움을 얻게 된다. 목성의 힘이 강할수록, 더 많은 도움을 받게 된다.

무디타 아바스타는 행성이 자신의 책임과 목적을 완수하고 역량을 제대로 발휘할 수 있게 해 주는 가장 보편적인 아바스타이다. 만약 행성이 무디타 상태에만 있고 다른 나쁜 아바스타들의 영향을 받지 않고 있다면, 내외적으로 상당한 수준의 충족을 얻을 수 있게 된다.

· 쇼비타

"태양과 합치하거나 파파스(Paapas)에게 어스펙트를 받고 있는데 만약 적이라면 언제나 쇼비타(Kshobita) 상태가 된다는 것을 알고 있으라."   – BPHS

쇼비타(Kshobita)는 '불안해서 안절부절못하는'이라는 뜻이다. 쇼비타 아바스타는 행성이 태양과 합치하거나 흉성에게 어스펙트를 받고 있는데 서로 적 관계에 있으면 생기는 상태이다. 쇼비타는 가장 어려운 아바스타이다. 그리고 달이 금성에게 쇼비타를 일으키는 경우와, 태양이 일으키는 경우 등이 다르다. 길성인 달은 그래도 유연한 방식으로 하지만 흉성인 태양은 무조건 태워버리기에 더 어렵고 잔인하다. 그러므로 쇼비타 상태에는 두 가지 유형이 있다.

쇼비타 두 가지 유형

① 태양과 합치하는 행성

태양은 희생과 정화를 하게 하는 행성이다. 그러므로 어떤 행성이든지 태양과 같이 있으면 고통을 받게 된다. 마치 푸우자 의식을 행할 때, 불 속에 던져지는 쌀처럼 태워지게 된다. 같은 방식으로 어떤 살아 있는 생명을 제의식에 바치려 할 때, 희생될 예정인 생명은 두렵고 불안해서 안절부절못하게 될 것이다. 태양과 같이 있는 행성도 그런 식으로 느끼게 된다. 태양이 강하면 강할수록, 다른 행성의 희생은 더 심해질 것이다.

② 흉성이면서 적이기도 한 행성에게 어스펙트를 받고 있는 행성

적인 흉성이 쇼비타를 일으킬 때 정도가 얼마나 심할지는 어스펙트를 하고 있는 흉성이 가진 힘에 달려 있다. 흉성들은 자신의 책임과 목적을 달성하기 위해서 앞뒤 전후를 가리지 않고 설치게 된다. 쇼비타 상태에 있는 행성이 받을 고통 따위는 전혀 상관을 하지 않는다.

쇼비타는 슈디타(굶주린) 상태와 비슷한 효과를 가지고 있지만 훨씬 더 고통스러운 아바스타이다. 굶주린 사람은 혼자 고통스러운 반면 남에게 해를 끼치지는 않는다. 하지만 안절부절못하는 사람은 주변사람들에게 분위기를 전가시키기 때문에 상태가 더욱 심각하다.

쇼비타를 일으키는 행성은 다른 행성이 목적이나 능력을 발휘할 수 없도록 파괴시킨다. 그런데 흉성은 길성에 비해 엄청난 두려움과 위협을 동반하면서 방해를 하기 때문에 더 어려운 상태이다.

▩ 라지타디 아바스타즈가 가져오는 효과들

> "어느 바바(라시)에 행성이 있든지 슈디타(굶주린), 혹은 쇼비타(안절부절못하는)에
> 있으면 바바의 효과들은 잃게 된다."
> — BPHS

라지타디 아바스타즈 중에서 '**슈디타, 쇼비타**' 두 아바스타가 가장 해롭다. 만약 어느 행성이 슈디타나 쇼비타만 가지고 있고 가비타나 무디타 같은 좋은 아바스타가 없다면, 그러한 행성은 완전히 무용해질 뿐만 아니라, 그러한 행성이 위치하거나 다스리고 있는 하우스들 모두가 파괴를 당하게 된다.

만약 슈디타나 쇼비타 행성이 주는 영향력이, 가비타나 무디타를 해주는 행성보다 더 세고 강하다면, 그러한 상태에 있는 행성은 어느 정도 생산적이고 유용한 효과를 발휘하다가 나중에 가서 모든 것을 잃게 된다. 그리고 자신이 관여하고 있는 하우스들도 많이 다치게 되는데, 그나마 완전한 파괴를 당하지는 않게 된다.

만약 가비타나 무디타 행성이 주는 영향력이, 슈디타나 쇼비타를 하는 행성보다 더 세고 강하다면, 그러한 행성은 상대적으로 제법 생산적으로 되며 그가 위치하거나 다스리는 하우스들도 그럭저럭 무사할 수 있게 된다. 만약 어느 행성이 가비타나 무디타 상태에 있거나 영향력을 받고 있다면, 그러한 하우스나 행성은 아주 건강하고 생산적이게 될 것이다.

이상으로 위에 언급한 여섯 가지 상태들을 형성하는 조건들 중에서 포함되지 않는 두 가지 여건이 있다. 하나는 행성이 오운 라시에 있는 상태이고 다른 하나는 행성이 중립 라시에 있는 경우이다. 오운 라시에 있는 행성은 가비타나 무디타 상태에 있을 때보다 그다지 강한 자부심이나 기쁨에 차 있지는 않겠지만, 그래도 오운 라시에 있기 때문에 '**편안한 상태(스바시타 아바스타)**'라고 할 수 있다. 아무리 친한 친구가 좋은 집을 가지고 있고 자신은

그보다 못한 집을 가지고 있더라도 자신의 집에 있는 것이 친한 친구의 좋은 집에 있는 것보다 더욱 편안한 것이 사실이다. 다른 하나는 행성이 중립의 라시에 있는 경우이다. 그리 친한 것도 적도 아닌, 중립의 라시에 있는 행성은 그냥 평균적인 상태, 그다지 자랑스럽거나 즐거울 일도 없고 별로 불편하거나 괴로울 일도 따로 없이 무덤덤한 상태이다. 이처럼 무덤덤한 상태에 있는 행성은 그냥 현상유지의 효과만 가져오게 된다.

> "앞에서 언급한 아바스타들이 내는 특정한 효과들은 그들이 가진 강점이나 약점에 따라, 바바(라시)들에서 뒤섞여 나타날 것이다. 무디타 그리고 다른 것은 뒤섞인 효과를 가지고 있다. 힘이 부족하면 바바도 부족해지고 힘이 있으면 바바도 훌륭한 효과들을 낼 것이다."
> – BPHS

하지만 전체적으로 보면 행성이 가진 라지타디 아바스타즈는 거의 언제나 몇 개의 상태가 뒤섞여 있다. 그래서 생산적인 아바스타의 영향력과 파괴적인 아바스타의 영향력 사이에서 그들 세력의 힘이나 차이점을 정확하게 판단하는 것이 아주 중요하다. **라지타지 아바스타즈는 '자그라디 아바스타즈'와 같이 합쳐서 사용된다. 자그라디 아바스타즈**(Jagrad Avasthas)에는 세 가지 유형이 있는데, '자그라(Jagrad, **깨어 있는**), 스밥나(Svapna, **졸고 있는**), 슈슙티(Sushupti, **자고 있는, 무의식의**)' 상태를 나타낸다. 자그라디 아바스타즈는 어느 행성이 얼마만큼 생산적이고 친구를 도와줄 수 있는지 혹은 적으로부터 빼앗아 올 수 있는 힘을 가지고 있는지를 나타내는 상태를 말한다.

자그라 아바스타에 있는 행성은 자신이 해야 할 일들을 완전히 해낼 수 있는 힘을 가졌을 뿐 아니라, 영향을 미치고 있는 다른 행성에게 막대한 힘을 행사할 수 있는 상태를 나타낸다. 행성이 고양 라시, 오운 라시 혹은 물라트리코나 라시에 있을 때 자그라 아바스타가 된다. **스밥나** 아바스타에 있는 행성은 자신이 해야 할 일들을 해낼 수 있는 힘이 반 정도밖에 없으며 영향을 미치고 있는 다른 행성에게도 역시 절반 정도의 힘밖에 행사할 수 없는 상태를 나타낸다. 행성이 자연적 친구나 자연적 중립인 행성의 라시에 있을 때 스밥나 아바스타가 된다. **슈슙티** 아바스타에 있는 행성은 자신이 해야 할 일들을 해낼 수 있는 힘이나 영향을 미치고 있는 다른 행성에게 행사할 수 있는 힘도 전혀 없는 상태를 나타낸다. 행성이 취약의 라시 혹은 적의 라시에 있을 때 슈슙티 아바스타가 된다.

이러한 라지타디 아바스타즈와 자그라디 아바스타즈를 같이 합한 영향력은 구체적으로 행성에게 어떤 식으로 효과가 나타나고 또 어떠한 경험을 얻게 되는지를 자세하고도 정확하게 이해하는 것이 아주 중요하다. 이러한 아바스타가 가져오는 효과들은 베딕 점성학의 원조, 파라샤라(BPHS) 점성학의 골격을 이룬다고 할 만큼 중대한 비중을 차지하고 있기 때문이다. 다음에 이어지는 장들에서 행성 별로, 각자 다르게 나타나고 경험되는 라지타디 아바스타 효과들을 상세하게 설명하였다.

태양의 라지타디 아바스타즈

• 태양(수리야, Surya)

"연꽃 위에 앉아서, 손에는 연꽃을 들고 연꽃처럼 화려하며 일곱 마리 마차가 모는 마차에 앉아 있으며 두 팔을 가진 이가 태양이다."

"꿀처럼 노란색의 눈을 가진 이가 태양이다. 네모지고 빛이 나게 순수하며 오, 두 번 태어난 자여. 피타성격이며 총명하며 그러나 아주 적은 털만 가졌다. 오, 두 번 태어난 자여!"

– BPHS

"태양은 존재하는 모든 것에 내재하고 있는 아트만, 우주적 영혼, 신성의 자아를 나타낸다. 아트만은 진정한 자존감, 자신감, 겸허함이 우러나오는 근원이다. 왕으로서 태양은 한결같고 안정된 자세로 어떠한 결정이든 내리고 진행시킬 수 있는 자신감을 제공한다. 그는 고귀한 혈통을 가진 귀족이다. 태양은 적갈색의 행성으로, 행동과 선두적 자질을 나타낸다. 태양의 적갈색은 노력을 통해서 어떤 고귀한 일을 하고자 하는 성향을 부여한다."

— 『하늘의 금괴』

▩ 태양에게 나타나는 라지타디 아바스타 효과들

태양은 일곱 마리 말들이 모는 마차에 앉아있다. 말들은 일곱 행성을 상징하는데 그들을 몰 수 있는 힘이 태양에게 있음을 의미한다. 태양은 우리가 가진 대자아大自我, 더 높은 수준의 지각 능력, 우리의 생명을 받치고 있는 가장 근원적 토대이기도 하다. 만약 차트에서 태양이 어려운 상태에 있으면 자신 있게 마차를 몰 수 없다. 그래서 어떤 행성보다도 태양이 좋은 라지타디 아바스타에 있어야 하는 것이 중요하다. 다른 행성이 태양에게 미치는 라지타디 효과들은 다음과 같이 나타난다.

▩ 태양이 라지타 아바스타에 있을 때

태양이 5번째 하우스에서 라후나 케투와 함께 있으면서, 화성이나 토성 중 한 개가 같이 합치하게 될 때, 태양은 '라지타 아바스타(수치스러운)' 상태에 있게 된다. 태양은 우리가 가진 창조 지성을 나타낸다. 왕으로서 태양이 하는 일은 파워와 지성, 지식으로 왕국을 지혜롭게 다스리고 보호하는 일이다. 그런데 태양이 라지타 상태에 있으면, 그는 자신의 행동에 대해 수치스럽게 느끼게 된다. 자신의 지성이나 지식을 사용하는 방법, 자신이 왕국을 다스리고 있는 방식에 대해 스스로 수치스럽게 느끼고 있는 것이다. 태양이 라지타 상태에 있는 차트 주인은 그러한 태양이 영향을 미치는 삶의 영역에서 보통 심각한 정체 상태를 겪게 된다. 자신이 가진 지식이나 지성을 잘못 사용하는 경향이 있으며 전체적으로 자신의 삶을 관리하는 태도나 행동방식도 많은 결함들이 있게 된다. 무엇을 하든지 스스로 느끼는 수치스러움 때문에 항상 주눅이 들어있기 때문이다.

그런데 태양에게 라지타 상태를 형성하는 행성이, 화성 혹은 토성인가에 따라, 그리고 라후 혹은 케투인가에 따라 나타나는 라지타 효과들도 각자 다르다.

· 화성이 라지타 상태를 형성하는 경우

어떤 행동 방침에 대한 강한 의견이나 개념이 외부적인 여건을 통해 차트 주인에게 주입되었다는 것을 의미한다. 화성은 일반적으로 어떤 정의와 부정의에 대한 강한 패러다임을 가지고 있는 행성이다. 옳고 그름, 해야 할 일 또는 하지 말아야 한 일들 등에 대한 의견이나 경계를 아주 강하게 긋는 경향이 있다. 그래서 보통 태양과 화성이 같이 있는 경우에 차트 주인은 대체로 자기만의 의견을 강하게 가지고 있다. 그런데 화성이 라후나 케투의 조합과 함께 태양에게 라지타 상태를 만들게 되면, 차트 주인이 그렇게 주입된 개념들과 상반되거나 다른 방식, 즉, 자신이 가진 의견이나 개념에 기반을 둔 방식으로 행동을 하도록 만든다. 그리하여 태양은 자신에 대해 수치스러움을 느끼게 된다. 이미 주입된 어떤 패러다임에 맞추어 행동하거나 삶을 꾸려나가지 않기 때문이다. 특히 결과가 나쁘게 나왔을 때 더욱 형편없이 느끼게 된다. 화성의 특질은 해야 할 일과 하지 말아야 할 일, 싸워야 할 일과 말아야 할 일 등에 대한 강한 의견이 있는 것이다. 그런데 삶이란 어떤 정해진 규격이나 규율에 맞춰, 명백한 흑백의 논리로 움직이지 않는다. 그리하여 화성에 의해 라지타가 된 태양은 자신의 행동에 대해 창피함을 느끼며 왕국을 다스리는 데 사용하는 자신의 지성이나 방식에 대해 창피함을 느낀다. 전체적으로 자신이 행동을 하는 방식, 삶을 꾸려가는 방식에 대해 창피함을 느끼게 되는 것이다.

· 토성이 라지타 상태를 형성하는 경우

이 경우에는 심리적으로 심각한 결여 의식이 생긴다. 태양은 어떤 '부족한 느낌'으로 인해 수치심을 느낀다. 심리적인 빈곤, 애정의 결핍 등으로 인해 자신감이 부족하고 자신이나 다른 사람들에 대한 존중심 등이 부족하다. 그리하여 오히려 아주 차갑게 행동하거나 최상의 방식을 선택하는 행동들을 하지 않는다. 그래서 태양은 스스로에게 수치심을 느끼게 된다. 만약 태양의 품위가 강하면 세상에서 성공을 거둘 수 있다. 그렇지만 토성이 라지타를 하고 있으면 수치심을 느낀다. 자신이 '왕이 되지 말아야 했는데, 성공할 재목이 아닌데, 성공해서는 안 될 것 같은데.' 등의 생각으로 자기비하에 시달리게 된다.

태양에게 라지타를 일으키는 행성이 화성보다는 토성일 경우에 더욱 어렵게 만든다. 화성과는 서로 친구지만, 토성과 태양은 최악의 적이기 때문이다. 그래서 태양이 성공을 하기가 무척 어렵다. 게다가 라후나 케투와 함께 5번째 자신감의 하우스에서 합치하기 때문에, 그가 느끼는 수치스러움의 강도는 더욱 더 깊고 심각하게 된다. 라후와 합치를 한 경우에는 그러한 창피함이 외적으로 표현되어 행동의 모순이 극대화된다. 케투가 합치하는 경우에는 감정이 내면화되어서 겉으로는 차트 주인이 창피함을 느끼고 있다는 표가 나지 않는다. 하지만 정작 본인이 느끼는 수치심의 수준은 아주 깊다.

5번째 하우스는 상상력의 힘을 다스리는 영역이다. 그런데 **라후**가 있으면 상상력이 지나쳐서 과대망상까지 갈 위험이 있다. 자신이 상상하는 만큼의 잠재력에 결코 달하지 못하며 삶은 상상했던 만큼 절대 좋지가 않다. 상상하는 것과 현실의 차이가 아주 커진다. 더 크게 성공을 할 수 있기 바라지만, 그러지 못해 수치심을 느낀다. 자신이 처한 외적인 여건이 실제보다 훨씬 더 크게 보인다. 그리하여 큰 기대를 하지만, 결과적으로는 그렇지 못하기 때문에 수치심을 느끼게 된다. 반면에 케투가 있으면, 태양은 스스로가 더 잘 할 수 있기를 기대한다. 그러나 자신이 상상했던 것이나 기대했던 것보다 훨씬 미치지 못하기 때문에 자신에게 수치심을 느낀다. 더욱 쉽게 크게 성공할 수 있기를 기대하지만 그렇지가 못하다. 내면에서 자연적으로 어떤 기대를 하고 있지만, 현실과는 다르거나 맞지 않는 기대이기에 이번 생에서는 성공을 거둘 수가 없다.

결과적으로 태양이 라지타에 있으면 마차를 잘 몰지 못하기에 수치심을 느낀다. 항상 행복하지 않은 어떤 상황에 부닥치게 되는 것이다. 혹은 제 3자가 열등감을 새기게 만든다. 라지타 태양은 세상에서 외적인 성취를 이루기 어려울 뿐만 아니라 내적인 충족도 얻기가 힘들다. 내외적인 기대에 부응할 수 없기에 자신에 대하여 말할 이야기도 없게 된다. 그리고 라후와 케투의 조합은 태양에게 주체성이나 정체성 혼란을 일으키게 된다. 화성이 라지타를 일으키는 경우에는 너무 자기 의지나 주장이 강하고 옳고 그름의 기준이 분명하며 너무 많은 의견이나 규율을 강요하기 때문에 혼란스럽고 바른 행동을 할 수가 없다. 그래서 자신에게 늘 화가 나게 된다. 어떤 압박감을 가지고 원리·원칙대로 살 기대를 하지만 부응하지 못하고 성과를 낼 수 없기 때문에 수치스럽게 느끼는 것이다.

토성의 라지타는 더 고통스럽다. 의식의 아주 깊은 곳에서부터 나오는 결핍 의식 때문에 수치심을 느끼게 된다. 심리적으로 느끼는 결핍 의식이 살고 싶지 않을 정도로 심하기 때문에, 평생을 두고 힐링해야 하는 이슈이다. 의식의 저 밑바닥에서부터 나오는 낮은 자존감, 무엇을 하든지 자기가치를 느끼지 못하며 늘 숨고 싶고 땅으로 꺼지고 싶게 만드는 라지타이다. 심리적으로 건강한 사람에게는 아무런 문제도 아닌 것도 엄청난 수치심이나 열등감을 느끼게 만든다. 자신에 대해 너무 형편없이 느끼며 삶에서 아무 것도 되는 일이 없는 것 같으며 좋은 인생을 누릴 자격이나 가치도 없는 것처럼 느끼게 만든다. 보통 연쇄살인범이 이러한 라지타를 가지고 있는 경우가 잦다.

그러므로 라지타에 있는 태양은 마음을 느슨하게 늦추거나 자유롭게 해야 한다. 삶에서 누가 더 옳고 그른 것은 없다. 우리는 모두 타고난 성향대로 각자 주어진 역할을 하는 것뿐이며 아무리 큰일이라도 신의 눈앞에선 모든 것이 별문제가 아니다. 라지타 태양이 좀 더 충족적이고 행복하기 위해서는 삶을 거시적인 시각으로 보고 자기수용을 하는 법을 배울 필요가 있다.

⬛ 태양이 가비타 아바스타에 있을 때

태양이 고양의 품위를 얻는 산양 라시나 물라트리코나의 품위를 얻는 사자 라시(0도에서 20도 사이)에 있을 때, 가비타(무척 기쁘게 하는) 아바스타에 있다. 가비타 상태에 있는 태양은 자신에 대해 정말 자부심을 가진다. 세상에서 말을 몰 수 있는 능력, 즉 자신의 인생이나 스스로를 관리할 수 있는 능력이 뛰어나서, 높은 자기성취감이 있다. 이러한 높은 자존감은 남들에게 우쭐거리는 거만함과는 다른 성질의 것이다. 남들보다 낫다는 우월심리가 아니라, 자신이 할 수 있는 최선을 다했다는 데 대해 스스로 가지는 자부심을 의미한다. 외적으로는 꼭 완벽한 인생이 아닐지라도 자신의 능력으로 이루어 내었다는 자부심이 있다. 남들보다 앞장서서 주도적으로 행동하고 지배할 수 있는 능력, 아무리 어렵고 나쁜 상황이더라도 자신이 최선을 다했다는 사실, 등에 대해 자부심을 느낀다.

삶을 관리하는 능력도 뛰어나서 어떤 하우스에 있든지 지성적으로 관리할 수 있다. 특히 라시차트는 우리가 택하는 삶의 방향을 결정하기 때문에 훌륭한 아바스타에 상태에 있는 태양의 역할이 한층 강조된다. 가비타 태양은 자신이 걷고 있는 삶의 길에 대한 자부심,

확실한 자신감, 그리고 다른 사람들보다 훨씬 빛날 수 있는 능력을 부여한다. 나밤샤 차트에서 태양이 가비타 상태에 있으면, 자신의 결혼이나 영적 믿음의 길에 대해 대단한 자부심을 가지고 있음을 나타낸다. 어떤 차트에서건 가비타 상태에 있는 태양은 지속적인 안정감을 주며 남성적인 능력, 선두적인 능력을 부여하며 또 개입된 하우스 영역에서의 성공을 거두는 데 아주 중요한 역할을 한다.

▨ 태양이 스바시타 아바스타에 있을 때

태양이 오운 라시(사자 라시 20도에서 30도 사이)에 있을 때 스바시타 상태가 된다. 스바시타 태양은 가비타 태양처럼 완전한 자부심을 가지고 있지는 않지만 확고한 자기 자신감이 있다. 다른 사람들에게 드러내는 자신감이 아니라 스스로에게 있는 태양의 모든 능력에 대한 자신감이다. 남들보다 더 잘났다는 식으로 거만한 자부심이 아니라, 그저 내적으로 스스로에게 자신 있는 자신감이라고 할 수 있다. 가비타 태양처럼 강하지는 않지만 내면적 자아가 안정된 유형이다.

▨ 태양이 슈디타 아바스타에 있을 때

토성과 합치하거나 적의 라시인 토성과 금성의 라시들에 있거나 혹은 토성과 금성으로부터 어스펙트를 받고 있을 때, 태양은 슈디타(굶주린) 상태에 있게 된다. 슈디타에 있는 태양은 자신의 자질을 유용하게 사용할 수가 없다. 아무리 잘나고 능력이 뛰어난 사람이더라도 굶주린 상태에 있으면 아무런 재주나 힘도 쓸 수 없는 것과 마찬가지 이다.

· 토성과 합치

토성과 합치를 한 경우가 태양에게 가장 어려운 슈디타 상태이다. 마치 왕이 아주 냉담하고 다루기 어려운 하인의 거처에서 제대로 된 대접은커녕 굶주림을 당하고 있는 상태로 비유할 수 있다. 결여 의식을 나타내는 토성과 합치를 한 태양은 자존감이나 자신감이 부족해진다.

주도적인 능력이나 관리 능력에 대한 자기 의심을 많이 한다. 이러한 상태에 있는 태양은 좋은 품위를 가진 경우 크게 외적인 성공을 거둘 수도 있다. 그러나 아무리 성공을 해도 자신의 좋은 점이나 자부심을 느끼기가 어렵다. 그리하여 보상 심리 모드에 빠져서 더욱 컨트롤을 하려 들거나 파워풀하게 행동하려 한다. 하지만 여전히 자신을 괜찮게 느끼기 어렵다. 어떤 일을 하던지 자신에 대한 증명을 스스로 할 수가 없기 때문이다. 이러한 라지타를 가진 사람들 중에 집단살인자가 자주 나오게 된다. 그들은 심리적으로 워낙 굶주려서 자신이 뭘 하든지 상관이 없다는 무감각증이 있기 때문이다. 그럼으로 자신의 존재를 증명하기 위해 그런 악한 짓도 하게 되는데, 자신을 기분 좋게 만들기 위해 어떻게 해야 할지 하는 이슈가 이들 생애에서 가장 큰 문제이다.

· 태양이 토성의 라시(악어 라시, 물병 라시)에 있을 때

태양이 토성의 라시(악어 라시, 물병 라시)에 있을 때 슈디타 아바스타가 된다. 태양이 악어 라시에 들어오면 동지가 되며 연 중에 가장 남쪽에 위치하면서 기후가 가장 추울 때이다. 태양은 북쪽에 있을 때 가장 행복하다. 그래서 가장 남쪽에 있는 태양은 행복하지 않고 건강한 자부심이 없다. 토성은 아주 열심히 일을 하는 행성인자라, 토성의 라시에 있는 태양은 '워커홀릭'이 되는 경우가 많다. 차트에서 태양이 토성의 라시에 있는 사람들 중에는 끊임없는 노력을 통해 성공한 이들도 많다. 그러나 그들은 여전히 굶주림을 느끼며 뭔가 항상 빠진 것 같고 완전히 마치지 않은 것처럼 공허한 느낌을 가지게 된다. 태양이 가비타나 스바시타 상태에 있는 사람들은 일찍 성공을 하고 인생의 나중에는 별로인 경우가 흔하다. 그러나 태양이 토성의 라시에 있는 사람들은 버티는 힘, 지구력이 뛰어나기 때문에 인생의 후반부에서 성공을 거두는 경향이 있다. 그러나 아무리 성공해도 충분한 자부심을 느끼지 못한다. 항상 더 나은 사람이 되기 위해 애를 쓰는데, 어릴 때 어려운 환경에서 자라난 탓에, 성인이 되고 성공을 거두었더라도, 자신에게 자부심을 느끼기가 힘들다.

· 태양이 금성과 합치하거나 금성의 라시(황소 라시, 천칭 라시)에 있을 때

태양이 금성과 합치하거나 금성의 라시(황소 라시, 천칭 라시)에 있을 때 슈디타가 된다. 태양은 금성의 물라트리코나 천칭 라시에서 취약의 품위를 얻는다. 그런데 금성은 비록 태양의 적이지만 본성적으로 길성이기 때문에 슈디타의 효과가 토성처럼 그다지 심각하지는 않다. 단지 금성에게 슈디타를 받는 태양은 행복하지 않고 충족을 얻지 못한다. 금성은 사랑하고 돌봐 주며 편안함과 사치, 향락 등으로 삶을 즐기고자 하는 행성이다. 반면에 태양은 세상 밖으로 나가 빛을 내며 일을 해야 하는 행성이기 때문에 다른 것에 눈을 돌리거나 방해를 받지 말아야 한다. 그런데 안락함을 추구하는 금성과 합치하게 되면, 태양은 일을 하기 보다는 삶을 너무 즐기는 것 같아서 불안하고 약간 회의적으로 된다. 태양은 뭔가를 성취할 때나 일을 할 때 가장 행복한데, 금성이 자신의 방식으로 즐기도록 유혹하기 때문이다. 일을 하는 것보다 놀러 다니는 것이 더 즐거울 것이라고 달콤한 유혹을 한다.

태양은 그러한 금성의 특질을 즐기는 동안, 한편으로는 불안해진다. 할 일을 하지 않고, 세상의 유혹에 빠져 허우적거릴 시간이 없다고 여긴다. 태양의 본분은 하늘 한복판에서 광채를 발하며 열심히 일을 하는 것인데, 금성은 세상의 사치를 즐기는 동안에도 일을 할 수 있다고 유혹한다. 마치 태양이 빛을 내도 좋을지 어떨지 주변의 허락이나 인정을 받으려 바쁜 것과도 같다. 태양의 본업은 날이면 날마다 한결같이 하늘로 올라가 온 만물이 성장할 수 있도록 빛을 제공하는 것이다. 감정에 휩쓸려 하루는 빛나고 또 다른 하루는 내키지 않는다고 쉬어도 되는 일이 아니다. 그리하여 금성에게 슈디타를 받는 태양은 나중에 충족감을 덜 느끼게 된다. 하지만 한 가지 좋은 점은 이러한 태양을 가진 사람은 태도가 그다지 강압적이지 않으며 사람들과도 잘 어울린다는 것이다. 강한 품위의 태양을 가진 사람들은 경쟁적이고 화를 잘 내며 같이 있는 사람들을 힘들게 한다.

우리가 삶에서 행복을 얻을 수 있는 방법에는 두 가지가 있다. 첫째는 원하는 것을 갖는 것이며 두 번째는 고통으로부터 벗어나는 것이다. 금성은 세상에서 원하는 것을 갖게 한다. 그러나 아무리 좋고 원하는 것을 가지게 되더라도 그러한 행복의 지속도는 아주 일시적이다. 이내 다른 행복의 대상을 찾게 만든다. 반면에 고통으로부터 벗어날 때 느끼는 행복은 지속적이다. 삶에서 고통이 사라질 때, 삶 자체가 모두 행복으로 될 수 있다. 그래서 더 나은 행복의 방법은 토성이 상징하는 고통으로부터 벗어날 수 있을 때이다. 토성이 태양에게 슈디타를 주게 되면 태양은 자기 자신감을 가질 수 있을 때까지 불행하게 된다. 이러한 경우, 뭔가 행동을 끊임없이 계속해서 기분을 낮게 하기 보다는 아무 것도 하지 않고 현재 그대로, 그저 자신의 있는 모습 그대로 행복할 수 있는 법을 익혀야 한다. 혹은 아주 작은 일이라도 하게 되면 천천히 자신감을 회복할 수 있다. 토성은 지연시키는 요소이기 때문에, 비록 초창기에는 어렵더라도 시간이 지날수록 나아진다. 가장 큰 행복의 조건은 토성의 괴로움으로부터 벗어나는 것이며 만약 태양이 친구인 화성, 달 혹은 목성의 도움을 받고 있으면 그래도 많이 나아질 수 있다.

⊠ 태양이 쇼비타 아바스타에 있을 때

쇼비타는 불안해서 안절부절못하는 상태를 나타낸다. 태양과 같이 합치하거나 흉성이면서 적인 행성에게 어스펙트를 받고 있는 경우 생기는 아바스타이다. 그러므로 태양의 경우는 토성이 어스펙트를 하고 있는 경우에만 해당되는 아바스타이다.

태양과 토성이 합치하게 되면 슈디타 상태가 되어 단순히 태양에게 낮은 자존감을 가지게 할 뿐이다. 그런데 어스펙트를 하는 경우에는 태양이 불안하여 안절부절못하도록 만든다. 토성의 신화를 통해, 토성이 태어나자마자 아버지인 태양을 쳐다보니 백반증이 생기게 되었음을 보았다. 아무리 파워풀한 태양이라도 어쩔 수 없다가, 오직 토성이 시선을 다른 곳으로 돌렸을 때야 피부병이 사라질 수 있었던 것이다. 그래서 토성의 어스펙트는 슈디타보다 어려운 상태라는 것을 알 수 있다. 쇼비타 태양은 안절부절못하기 때문에 옆에 있는 사람들까지 불편해진다. 자존감만 무너진 것이 아니라, 화가 나있고 속상해하고 다른 사람들을 부리는 경향이 있어, 같이 있기가 어려운 성격이다. 자존감이 불안정하여 오히려 자신을 증명하기 위해 애를 쓴다. 삶에 대한 관리를 잘 못하며 주도력도 부족하다. 항상 굶주린 느낌을 가지고 있으며 적절한 행동을 하는데 어려움을 겪는다. 그러한 자존감의 결여를 너무 커버하려는 경향도 있으며 항상 한 박자 늦게 대응하여 타이밍을 놓치는 경우들이 많이 있다.

그런데 **금성이 태양을 어스펙트하는 경우에도** 어느 정도 쇼비타가 될 수 있다. 비록 길성이지만 태양의 적이기 때문이다. 태양은 왕국을 잘 다스리기 위해 필요한 일들을 해야 한다. 그런데 금성에게 쇼비타를 받으면, 마치 왕이 대전 신하들에게 묶여 아무 것도 할 수 없는 상황과 비슷하다. 신하들에게 기가 죽은 왕은 자기 소신대로 밀고 나갈 수 있는 주권을 제대로 행사하기 어렵다. **특히 금성이 합치(슈디타)한 경우에는** 친구나 어드바이저, 가족 등의 인정을 받는 것이 중요해진다. 사사건건 그들이 태양을 지시하게 된다. 그들이 왕에게 귀를 기울여야 하는데, 오히려 반대 상황이 펼쳐지는 것이다. 왕은 자신이 하는 일에 대해, 주변이나 친구들의 의견에 의해 좌지우지된다. 예를 들어 마음에 드는 여자 친구가 있더라도 친구들이 그 여자에 대해서 안 좋게 말을 하면 그냥 바로 잘라 버린다. 왕은 자신이 원하는 것을 추구하는 것이 아니라, 다른 사람들에 의해 혼들려 결정을 잘 내리지 못한다. 항상 머릿속이 복잡하고 자신이 정말로 원하는 것이 무엇인지 잘 모르며 알아도 추구할 자신이 없다.

　　토성이 태양을 쇼비타하는 경우에는 태양은 자신이 원하는 것을 추구한다. 그러는 과정에서 다른 사람들에게 상처를 준다. 다른 사람들 감정을 중요시하지 않기 때문이다. 예를 들어 돈이 벌고 싶으면 다른 사람은 상관없이 추구하며 좋아하는 여자를 추구하는 방식도 마찬가지로 상대방 의견을 상관없이 자신이 원하는 대로 추구한다. 태양이 가진 원래의 자질은 자신이 원하고 옳다고 생각하는 것을 다른 사람들에 상처를 안 주면서 추구하는 것이다. 진정한 남성적 자질이 있다. 그런데 **금성이 슈디타나 쇼비타를 하면** 그러한 태양은 다른 사람들에게 상처를 준다. 자신이 해야 할 일을 하지 않거나 약한 사람들에게 강하다. 진정한 남성적 자질이 금성에 의해 눌렸기 때문일 수도 있다. 왕이 해야 할 일 중에 하나는 왕국의 모든 이들을 돌보는 것이다. 좋은 아바스타에 있는 태양은 모두의 안녕을 위해 최선을 다한다. 하지만 태양이 금성과 슈디타나 쇼비타에 있으면 바른 일을 하지 않는다. 자신이 해야 할 일을 하지 않는 것이다. 그래서 금성이 비록 길성이기는 하지만 금성과 태양이 연결될 때 생기는 결과는 생각보다 훨씬 잔인하다. 특히 금성이 태양보다 강할 때, 그들은 자신의 진정한 모습으로 살지 않는다. 다른 사람들 의견에 의해 늘 혼들리기 때문에 중심이 없다. 좋아하는 여자에게 흥미를 보이다가 어느 날 갑자기 연락을 두절하는 남자가 흔한 예이다. 나중에 후회를 하지만 자신이 원하는 것을 추구할 만큼 자존감이 부족하여, 어려움이나 고전을 많이 겪는다. 금성은 태양에게 다른 사람들 영향에 너무 집중하도록 만들기 때문이다.

▧ 태양이 트리쉬타 아바스타에 있을 때

태양이 물의 라시에 있으면서 적과 합치하거나 어스펙트를 받는 경우에 생기는 아바스타이다. 태양의 적은 금성과 토성이다. 비록 태양이 비록 물의 라시에 있더라도 토성과 합치하거나 어스펙트를 받게 되면 슈디타나 쇼비타가 된다. 그래서 물의 라시에 있으면서, 금성이 어스펙트를 하거나 합치하는 경우가 유일하게 태양의 트리쉬타가 되는 경우이다. 슈디타 행성은 굶주려서 아무 것도 할 수가 없다. 반면에 트리쉬타 행성은 비록 목이 마르더라도 여전히 해야 할 일을 할 수 있다. 그러나 충분히 만족스럽게 해낼 수가 없다. 위의 예를 들어 만약 좋아하는 여자 친구가 있을 때, 친구들의 말이나 부정적 의견에도 불구하고 내심 불안하지만 여전히 그 여자를 추구하게 될 것이다. 친구들이 인정해 주지 않기 때문에 완전히 만족하지는 않지만, 여전히 자신이 좋아하는 여자를 사귈 것이다. 그러나 친구들에게 자랑하지는 않는다. 태양과 금성이 연결된 경우에는 주변에서 인정을 받는 것이 너무 중요해지기 때문이다. 그리하여 트리쉬타 태양은 여전히 원하는 것을 추구하지만 그러나 완전한 만족감이나 충족감을 느끼지 못한다.

▧ 태양이 무디타 아바스타에 있을 때

태양이 친구 행성인 달, 화성, 목성과 합치하거나 그들이 다스리는 라시에 있을 때 생기는 아바스타이다. 태양이 화성의 물라트리코나 산양 라시에 있을 경우에는 고양의 품위를 얻어 가비타 아바스타가 되지만, 나타나는 효과는 무디타와 비슷하다. 단지 가비타의 경우 좋은 효과들의 강도가 높게 나타난다.

· 화성의 무디타

태양과 화성은 왕과 장군 같은 관계이다. 둘 다 하는 역할이 비슷하다. 그들의 임무는 왕국을 지키고 보호하며 성장을 도모하는 것이다. 화성은 태양이 원하는 일을 하며 태양이 원하는 목표를 성취하도록 해 준다. 마치 투수와 캐처가 서로 사인을 주고받는 식으로, 서로가 원하는 것을 알며 서로를 지지한다. 화성은 필요할 때 행동으로 옮기는 행성이다.

태양은 원하는 대로 행동을 실시하는 행성이다. 태양은 총명한 행성이며 화성은 총명함을 지지해 준다. 그러한 지지를 행동으로 표현하며 관리, 주도하고 옳은 일을 하면서 삶을 풍부하게 한다. 기사처럼 왕을 섬기며 화성이 가진 모든 좋은 자질들이 태양의 목표를 성취할 수 있게 해 준다. 때로는 어떤 큰일을 하기 위해서는 희생이 따르기 마련이다. 어떤 때는 누군가를 다치게 해야 한다. 그런 어려운 일을 화성은 태양을 위해 해 준다. 화성의 신화에서, 쉬바의 명을 받들어 쉬바의 장인인 닥샤를 처벌하고 그의 희생의식도 단숨에 파괴한 이가 바로 화성이다.

· **목성의 무디타**

목성이 무디타를 하면, 태양은 지성과 지혜를 같이 얻게 된다. 목성은 뭐든지 성장하게 하는 행성이다. 태양을 도와 적절하고 바른 행동으로 최대한의 성장을 가능하게 하며 뭐든지 크게 성장하도록 해 준다. 목표도 크게 가지고 위대한 지혜로서 접근하게 한다. 풍부한 창조지성을 주며 더욱 흥미롭고 행복하고 충족할 수 있도록 해 준다. 목성의 본성은 기쁨이다. 그래서 누구든 같이 있는 행성에게 기쁨을 준다. 목성에게 무디타를 받는 태양은 지성의 기쁨이 더욱 더 커지게 된다. 삶의 더 큰 목표를 볼 수 있는 지혜를 가지게 된다. 늘 바르며 선하고 현명할 수 있도록 해 준다.

· **달의 무디타**

달이 무디타를 하면, 태양은 조화를 이루게 된다. 달은 우리 심리의 여성적 절반을 나타내며 태양은 남성적 절반을 나타낸다. 보통 남자는 다른 사람들 특히, 여자의 말을 듣지 않는다. 그래서 많은 어려움들을 겪는 경우가 허다하다. 달의 무디타를 받는 태양은 왕비의 말에 귀를 기울이기 때문에 그만큼 인생이 쉬워진다. 더 충족하고 기쁘며 평화롭게 왕국을 다스릴 수 있다. 여성적 본능이나 심리에 귀를 기울이며 태양에게 있는 남성적 본능이 어느 정도 부드럽고 유연해진다. 달은 태양을 완전하게 지지해 준다. 너무 목표에만 집중하면 달성하기 어려운 법이다. 그래서 왕에겐 어느 정도 유연성이 필요한데 달의 무디타가 가능하게 해 준다. 태양의 뜨거움을 어느 정도 식혀 주며 느슨하게 감정에 귀를 기울일 수 있게 해 준다.

예를 들어 강한 태양은 좋아하는 여자 친구가 있으면 무조건 원한다. 그러나 막상 사귀어보면 문제가 있는 경우가 잦다. 달이 무디타를 하면, 태양은 어느 정도 차분해져서 자신의 감정에 귀를 기울일 수 있게 된다. 그래서 자신이 그녀를 좋아한다고 생각했지만, 막상 감정적으로 느껴보니 그녀가 내게는 잘 맞지 않는 여자인 것 같다는 식으로 유연하게 마음을 돌릴 수 있게 된다. 달은 태양에게 그런 식으로 건강한 유연성을 주게 된다. 이러한 경우에, 만약 토성이 관여하고 있으면, 태양이 그 여자를 가질 수 없게 한다. 그리고는 원하는 여자를 가질 수 없는 태양이 불행하게 느끼도록 한다. 그러나 달은 태양에게 실질적인 조언을 하게 된다. "네가 그 여자를 원한다면 가질 수 있어. 그러나 네가 행복하지 않을 거야." 하는 식으로 말을 해 준다.

태양에게 무디타를 하는 달은 그가 다른 사람들 느낌에 섬세하고 고려하도록 만든다. 달은 카리스마를 상징한다. 좋은 달을 가진 사람이 방 안에 들어서면 환하게 밝혀 주기 때문에 사람들이 좋아한다. 그는 방 안에 있는 모든 사람들에게 진심으로 따스한 관심을 보여준다. 반대로 사람들이 좋아하지 않는 유형은 방 안에 들어서면 자기 혼자만 중요하고 잘난 사람인 듯, 다른 사람에겐 전혀 관심이 없는 사람이다. 우리는 방 안에 들어와서 자신을 알아주고 관심을 보여 주는 사람을 좋아한다. 달은 환하게 웃는 모습, 환대하는 모습을 하고 주변에 있는 사람들에게 맞출 수 있는 능력으로 행복을 만들어 낸다. 그래서 왕비에게 귀를 기울이는 태양은 더욱 행복할 수 있다.

이렇게 태양이 무디타 아바스타에 있으면, 전체적으로 삶이 순조롭게 된다. 태양은 친구 행성의 도움으로 삶에 대한 현실적인 기대를 가지고 있기에 더욱 행복할 수 있다. 화성, 달 그리고 목성의 품위가 좋을수록 더 나은 대인관계를 가지고 삶도 훨씬 순조롭고 행복하다. 태양은 희생을 하는 행성이다. 그래서 높은 이상적 기질을 가지고 있는 **화성**은 태양에게 바르고 원리·원칙적인 길을 제시한다. 태양은 그러한 충고를 듣고 행복하게 받아들이며 행동에 옮길 수 있다. 그래서 더 바르고 정당한 방식으로 행동을 하게 된다. 화성은 언제나 완벽함을 추구하는 행성이기 때문에 태양은 그러한 친구를 존경한다. 더 완벽하고 나아지기 위해 노력을 하게 된다. 태양은 잔인한 행성이어서 어떤 충고든 필요하다면 따를 수 있다. 반면에 화성이 태양과 합치하게 되면, 화성이 쇼비타를 당하게 된다. 그런 경우,

태양에게는 화성의 도움이 좋지만, 화성의 입장에선 너무 올바르고 너무 높은 이상을 추구하려 한다.

달이 태양을 무디타 하는 경우에는 태양이 자신에 대해 더 분명하게 잘 알 수 있도록 해 준다. 달은 '나'라는 자기 의식을 나타내기에, 태양은 거울에 비친 자신의 모습을 좋아한다. 이처럼 달은 태양에게 좋아해야 할 것들을 상기시켜 준다. 태양은 뜨겁고 세상 밖에서 일하느라 자신에 대해 돌아볼 겨를이 별로 없다. 그래서 자신에 대해 잘 모른다. 달이 무디타를 하게 되면, 태양은 자신을 인식할 수 있게 도와준다. 자신을 밝은 빛 속에 세워 긍정적으로 비춰볼 수 있게 해 준다.

목성이 무디타를 하면, 태양은 자아에 대한 지식, 자신에 대한 이해가 있어 행복할 수 있다. 목성이 내면적 자각과 지혜를 얻게 해 주기에 쉽게 행복할 수 있다. 목성은 위대한 창조지성이기 때문에 태양과 합치를 할 때, 태양이 더 창조적일 수 있도록 영감을 준다. 세상에서 인정을 구하려 하기 보다는 뭔가 세상에 보탬이 됨으로 자기 스스로를 인정할 수 있게 해 준다. 자신의 영감을 따르게 해 주며 세상이 주목해 주기를 바라기 보다는 먼저 자신이 주목 받을 수 있는 일을 하도록 부추긴다. 세상은 결코 우리를 인정해 주기 위해 기다리지 않는다. 세상은 우리가 무엇을 하든 상관하지 않는다. 대신에 우리 스스로 자신이 좋아하는 일을 함으로써, 우리가 어떤 일을 할 수 있는 지를 보여 주며 세상을 향해 우리 자신을 인정시키면 되는 것이다. 그러면 세상은 '와!' 하면서 감탄을 한다. 목성은 태양에게 그러한 이상과 영감, 창조성을 부여한다.

⊠ 태양의 라지타디 아바스타즈 예

미국 전 대통령이었던 빌 클린턴과 영부인 힐러리 클린턴의 라시 차트들을 이용해 태양의
라지타디 아바스타즈에 대한 설명을 해보면 다음과 같다. 이들의 차트에 대한 자세한 분석은
2부에서 '클린턴 사가'를 통해 별도로 설명하였다. 이 장에서는 태양의 라지타디 아바스타즈에
대해서만 살펴보기로 한다.

· 힐러리 클린턴의 라시 차트

힐러리의 차트에서 태양은 전갈 라시에 있다. 전갈 라시의 로드는 화성으로서
태양에게 좋은 친구이다. 그러므로 자체적으로는 무디타 상태에 있다. 그리고 친구들에게
어스펙트(달40+화성42=82)를 받고 있다. 동시에 수성과 금성이 합치하고 있다. 수성은
태양에게 중립이므로 그의 합치는 아무런 어스펙트 영향을 미치지 않는다. 금성은 태양의
적이면서 합치하였기 때문에 풀어스펙트(60)로 간주한다. 그러므로 태양은 무디타 상태에
있으면서(82-60=22) 무디타 어스펙트를 받고 있어, 전반적으로 좋은 라지타디 아바스타
효과들을 기대할 수 있다.

	☉	☾	♂	☿	♃	♀	♄	☊	☋
☉	–	18	5	Y	14	8	Y	4	34
☾	42	–	14	32	6	9	27		46
♂		46	–		Y	Y	2	24	33
☿	Y	9	14	–	31	19	Y		19
♃		46	Y	8	–	Y	11	58	13
♀		40	Y	2	Y	–	4	26	22
♄	Y	23	58	Y	49	56	–		14
+	0	95	14	10	31	19	15	84	54
-	42	87	77	32	69	72	29	28	127

빌의 태양은 오운 라시인 사자 라시에서 스바시타 아바스타에 있다. 친구이면서 달에게(42) 어스펙트를 받고 있다. 달은 황소 라시에서 가비타 상태에 있기 때문에, 특히 길조적인 어스펙트이다. 동시에 태양은 중립인 수성과 적인 토성과 합치(60)를 하고 있다. 수성은 중립이므로 아무런 영향을 미치지 않는다. 토성과의 합치는 서로에게 슈디타 아바스타를 주고 있다. 그러므로 빌의 태양은 비록 자체적으로는 스바시타에 있어 강하지만 (42-60) 마이너스(18)라는 슈디타 어스펙트를 받고 있다. 태양은 아버지 혹은 아버지와 같은 권위적 대상을 나타내는 행성이다. 빌의 친부는 태어나기 3개월 전에 교통사고로 돌아갔으며 알코올중독이자 난폭했던 양부는 어머니를 많이 학대하였기 때문에 그에게 반항하면서 자랐다.

4-2

달의 라지타디 아바스타즈

• 달(챤드라, Chandra)

"하얗고 흰색 옷을 입었으며 성스럽고 열 마리 말들이 몰며 흰 장식을 하였다. 손에는 철퇴를 들고 있으며 두 팔이 고정된 이가 달이다. 오, 두 번 태어난 자여!"

"바타와 카파가 넘쳐나며 아는 것으로 채워진 이가 둥근 몸의 달이다. 오, 두 번 태어난 자여, 길조적인 눈을 가졌으며 달콤한 스피치를 가졌으며 변덕스럽고 그리고 사랑에 고프다."

— BPHS

"달은 마나스(manas)라고 불리는 수용적 마음, 감각적 마음을 나타낸다. 마나스 안에는 지바(Jeeva, 개체적 자아)가 아함카라(Ahamkara, 개체적 에고)라는 분리된 존재 의식으로 살고 있다. 분리된 존재 의식이란 개체적 의식이 대영혼과의 합일 의식에서 분리된 상태로 있는 것을 말한다. 그리하여 개체적 의식 속에 깊이 배인 어떤 습관적 방식으로 세상과 교류하고 경험하도록 유도하고 있다. 세상을 대영혼적 시야로 보기보다는 마나스를 개입시켜 보게 되는 것이다. 그래서 달은 우리가 세상을 어떻게 경험하는가를 나타내고 있다. 특히, 세상에 대한 우리의 관점이 개체적 의식에 어떤 영향을 미치는가를 나타내고 있다. 간단하게 표현하면, 달은 우리가 가진 마음의 자세를 반영하고 있다. 왕비인 달은 사교적인 우아함과 다정함으로 가득하다. 투명하게 하얀 달은 순수하고 수용적이며 섬세한 본성을 가졌다. 그리고 깨끗하고 흠집이 없는 것들을 좋아한다." ― 『하늘의 금괴』

▨ 달에게 나타나는 라지타디 아바스타 효과들

달은 아무런 적이 없다. 생각도 별로 없으며 아무도 자신에게 어떤 악감정을 품도록 하지 않는다. 달은 언제나 적응하고 진화하며 살아남기 위해서 뭐든지 한다. 달은 마음(마나스, Manas)를 대변하며 지바가 아함카라, 즉 우리 에고와 같이 살고 있는 개체적 자아를 의미한다. 개체 생명에는 디바인 의식이 없으며 에고가 우주적 의식으로부터 분리돼 살고 있는 곳이다. 태양은 우주적 자아를 대변하며 달은 개체적 자아를 대변한다. 달은 인간의 본성인 마음, 살기 위해서 항상 변하고 바뀌는 마나스이다. 조건화된 의식으로서, 항상 환경에 적응한다. 유괴된 아이가 시간이 지날수록 유괴범에게 적응하고 침략당한 나라의 국민들이 점차적으로 적에게 적응하는 것처럼, 달은 살아남기 위한 본성이 있다.

차트에서 달의 상태가 좋을수록, 적응력이 강하고 쉽게 행복을 찾을 수 있다. 달이 안 좋은 상태에 있을수록 행복하거나 적응하기가 어렵다. 달은 어떤 행성의 영향에 있든지 적응하며 어떤 상황에서건 안락함을 찾을 수 있다. 달이 유일하게 안 좋은 상태는 태양과 토성과 합치를 한 경우이다. 그 외의 경우에는 모두 적응한다. 달은 길성이고 적이 없기 때문에, 사람들은 보통 달이 다스리는 시간(다샤, Dasa)이 좋을 거라고 생각한다. 하지만 오히려 달의 시간에 어려움을 겪는 경우가 자주 있다. 달은 비록 적이 없지만, 다른 행성에게 적인 경우가 많아서, 자신에게 필요한 것들을 어떡하든지 다른 행성으로부터 빼앗아오기 때문이다. 그러나 달은 우리의 근본 배경의식, '나'라는 의식을 나타내는지라, 대체로 어떤 영향하에 있는지 다른 행성을 도와주고 적응하는 역할을 한다. 그래서 달이 흉성들과 있을 경우에는 어려운 상황에 적응을 하였기 때문에 안락하고 편안한 환경에 있으면 마음이 편치 않게 된다. 어려운 삶이 조건화되었기 때문이다. 길성들과 있으면, 좋고 안락한 환경에 적응하게끔 조건화 되어있다.

이처럼 달에게 미치는 다른 행성의 영향은 우리의 의식을 조건화시킨다. 고되고 험한 환경에서 자라난 여자는 정작 백마를 탄 왕자 같은 남자가 나타나 아무리 사랑과 애정을 쏟아도 편안하게 느끼기 어렵다. 그리고 남자든 여자든, 자신에게 완벽할 것 같은 파트너보다는 아주 멀리 달아나야 할 나쁜 파트너들에게 끌리는 경우가 더욱 자주 있다. 이는 모두, 차트에서 달이 조건화된 영향들 때문이다. 그래서 달은 좋은 길성들의 영향을 받는 것이 특히 중요하게 된다. 그러한 행성은 편안한 환경을 조성해 줄 수 있다. 라지타디 아바스타는 우리가 삶에서 얼마나 생산적으로 만들 수 있느냐, 없느냐를 결정하는 중요한 조건이다. 그러므로 달에게 미치는 길성과 흉성들의 영향을 잘 살피는 것이 더욱 강조된다. 개체의식이 어떤 환경에 적응되어 있고 편안하게 느낄 수 있느냐를 결정하기 때문이다.

▨ 달이 라지타 아바스타에 있을 때

달이 5번째 하우스에 있으면서, 라후나 케투, 그리고 태양, 화성, 토성 중 어느 하나와 같이 있을 때 생기는 아바스타이다. 라지타 상태의 달은 자신의 느낌에 대해 수치스럽게 생각한다. 그리고 달이 다스리는 하우스나 개입된 하우스 영역에 대해 수치스럽게 생각한다.

· 토성의 라지타

토성의 라지타가 달에게는 가장 심각하고 고통스러운 상태이다. 태양과 화성은 친구이기 때문에 그래도 도와준다. 그렇지만 토성의 라지타는 달에게 최악의 상태로서 달이 적응할 수가 없다. 달은 자기 이미지를 나타낸다. 자신의 이미지와 거울에 비친 자신의 모습에 수치를 느끼며 자신을 수드라 카스트, 즉 가치 없는 낮은 사람이라고 느낀다. 어두운 감정을 가지고 있으면서, 그러한 감정을 느끼고 있다는 것 자체에 대해 수치심을 느낀다. 그리고 자신의 부정적이라는 것이나 진짜 감정을 절대 보여 주지 않는 대신, 늘 최상, 최대의 감정만 보여 주려 애를 쓴다. 언제나 "문제없어, 별일 아니야."라고 말하면서, 다른 사람들이 자신의 어두운 감정에 대해 알기를 원하지 않는다. 정말로 괜찮게 느끼는 사람들은 굳이 다른 사람들에게 말할 필요도 없이 자기 할 일을 하느라 바쁜 법이다. 토성의 라지타를 가진 달은 계속해서 좋게, 긍정적으로 보이기 위해 안으로 느끼는 두려움이나 공포, 등의 어두운 감정들을 감추기 급급하다. 토성은 언제나 결핍 의식을 가지게 한다. 그래서 토성 라지타는 자신의 어떤 결함에 대해 수치스럽게 느끼며 산다. 자신의 몸, 재력, 외모, 건강, 커리어 등에 대해 항상 자신이 없으며 지독한 열등감을 쥐고 산다. 태생적으로나 환경적으로 자신에 대해 형편없이 느끼게 만드는 여건에서 자라났기 때문에 생긴 아주 심각한 결점이다. 라지타 달은 그러한 형편없는 대접이 자신에게 당연한 것으로 여긴다. 상대적으로 자기가치가 낮은 사람들은 그만큼 수치스러운 일을 하기가 쉽다. 그래서 어떤 주어진 기회들을 가장 형편없이 사용하게 된다. 계획하거나 생각했던 대로 어떤 일이 되지 않으면, 자기 가치를 더욱 저하시키며 바로 포기를 한다.

· **화성의 라지타**

화성의 라지타는 너무 높은 이상이나 기대에 부응하지 못해서 발생하는 수치심으로써, 측정 기준을 너무 높이 세워 생기는 라지타 효과이다. 라지타가 된 달은 화성이 주입한 강한 의견, 행동지침, 집중력, 힘, 확실한 자기 주장 등의 기준에 맞춰 살 수 없음에 수치심을 느낀다. 만약 2등을 하면 1등을 못해서, 1등을 하면 기록을 깨지 못해서 화가 나는 사람이 좋은 예이다. 항상 만족한 목표에 달하지 못한 구실을 만들어 내서, 자신을 힘들게 한다. 케투와 합치를 한 경우에는 충분히 성공할 수 있을 것처럼 내적으로 여겨지는데 외적으로는 그렇지 못하기 때문에 수치심을 느낀다. 라후와 합치를 한 경우에는 그러한 분노와 좌절감을 외적으로 확대시켜서 행동이 컨트롤 되지 않기 때문에 수치심을 느낀다. 화성의 라지타는 달을 아주 성과 위주로 만든다. 그러한 이상이나 완전한 잠재력을 성취하지 못하여 수치심을 느끼게 되는 것이다. 일을 잘해 내도 더 잘할 수 있을 것 같은데 못해서 혹은 충분히 잘 하지 못했다는 식으로 어떤 상황이나 성과에 대해서든 충분하지 않음을 보게 된다.

화성과 달이 합치하면 논리적이고 체계적으로 일을 하게 한다. 그런데 라후나 케투 때문에 당연히 논리적인 방식으로 일을 하고 있지만, 충분하지 못한 것 같은 수치심을 느끼게 만든다. 극단적인 예로, 전쟁이 났을 경우에 남편은 죽고 어린 갓난아기와 살아남은 과부가 어떻게든 아이에게 젖이라도 먹일 수 있는 양식을 얻기 위해선 적의 병사에게 몸이라도 파는 것이 가장 최선이고 논리적인 해결책이다. 만약 라지타가 아니라면, 이성적이고 논리적인 화성은 가장 어려운 상황에 처했을 때 가장 논리적으로 해야 할 일을 달에게 요구하며 아이를 살리기 위해서는 어쩔 수 없다며 자신의 그러한 행동을 달이 포용할 수 있게 한다. 그러나 라후와 케투의 라지타 때문에 과부는 그렇게 하면서도 지독한 수치심을 느끼게 된다.

· 태양의 라지타

태양의 라지타는 화성이나 토성에 비해 그다지 고통스럽지는 않다. 단지 어떤 권위대상에 의해 강압된 압박, 기대감, 그리고 그러한 기대에 미치지 못해 느끼는 라지타이다. 보통 태양이 다른 행성에게 라지타를 일으킬 때는 자신 외에 다른 사람을 무시함으로써 수치심을 느끼게 만든다. 다른 사람들이 결코 충분하지 않다는 감정을 강조하는 것이다. 그런데 본성적으로 감정적인 달이 태양에게 라지타를 받게 되면, 그러한 수치심의 강도가 더욱 민감해지게 된다. 태양의 라지타를 받는 달은 자신이 생각한 만큼 스스로 충분하거나 크지 않아서 수치심을 느낀다. 어떤 권위적이고 파워풀한 인물이 이룩한 성공이나 가진 재능, 개성 등의 기준에 자신을 비교하여, 자신도 그러한 수준에 달해야 한다고 생각하는데, 그렇지 못하기 때문이다. 즉, 비교를 너무 크게 해서 발생하는 수치심이다. 가족 중에 아버지나 형제 등 아주 크게 성공한 사람들과 비교하여 느끼게 되는 수치심일 수도 있다. 혹은 아버지가 너무 일하느라 바빠서 원하는 만큼의 관심을 받지 못했거나 너무 잘나가는 아버지에게 미치지 못해 느끼는 라지타이다. 또는 그러한 권위대상이 어머니일 수도 있다.

태양은 다르샨(Darshan, 디바인과 접견)을 내려 주는 행성이다. 자신이 좋아하는 유명한 연예인이나 대통령 등과의 접촉, 존경하는 권위 대상에게 받은 다르샨을 의미한다. 보통, 어린 아이들은 아버지를 그런 우상의 대상으로 우러러본다. 그러다가 바랐던 만큼 받지 못한 데서 오는 라지타이다. 일반적으로 달이 자신보다 훨씬 큰 것을 대상으로 경쟁하려 들기 때문에 생기는 수치심이다. 이들은 보통 자신이 관심을 받을 가치가 없다고 여긴다. 그래서 어딜 가든지 주목을 받을 수 없는 구석에 자리를 잡는 경향이 있다. 그러다가 막상 다르샨을 얻을 기회가 오면, 회피하거나 주저하게 된다.

이러한 라지타를 극복하기 위해서는 궁극적으로 세상에는 어느 누구도 더 중요한 사람은 없다는 사실을 깨달아야 한다. 그리고 아무리 잘나고 부자이며 성공한 사람이더라도 결국 야마의 심판대에 서면 모두가 똑같아진다. 성공한 사람이라 하여 더 좋은 점수를 받는 것도 아니며 성공하지 못한 사람이라 하여 더 열악한 점수를 받는 것이 아니다. 단지 우리가 축적한 메리트(merit)에 따라 다음에 가야 할 코스가 결정되는 것이다. 또한 누구나 항상 잘나가는 법이란 없다. 단지 시간의 차이일 뿐, 누구나 한 번씩 자신의 차례가 돌아오게 되어 있다. 삶에는 우리 자신보다 더 중요한 것들과 중요한 일들이 있다. 살면서 어려운 시련들이 주어지는 이유는 남과 비교하기 보다는 자신의 현재에 집중하고 주어진 현실에서 최선을 다할 수 있는 레슨을 에고가 배우도록 하기 위해서이다. 라지타 달이 이러한 사실을 명심할 수 있을 때 달이 가진 원래의 적응성이 긍정적으로 발휘할 수 있게 된다.

⊠ 달이 가비타 아바스타에 있을 때

달이 고양과 물라트리코나의 품위를 얻는 황소 라시에 있을 때 생기는 아바스타이다. 가비타 달은 스스로에 대한 자부심이 있다. 거울을 보면서 스스로 가치 있는 사람이라고 여긴다. 황소 라시는 풍부한 자원을 다스리며 자원들을 조달하는 능력이나 책임감이 뛰어난 라시이다. 다른 사람들을 돌보고 책임질 수 있는 능력, 물질적 인적 자원을 유용하게 잘 사용할 수 있는 능력이 뛰어나다. 이러한 황소 라시에서 가비타를 얻는 달은 황소 라시가 가지고 있는 모든 좋은 특성을 그대로 전가 받는다. 자신이 좋고 가치 있는 사람이라고 여긴다. 그래서 주어진 기회를 가장 잘 사용한다. 어떤 상황이건 제일 적합하고 유용한 방식으로 대체한다. 또한 다른 사람들도 그럴 수 있게 해 준다. 자신만이 관심의 주목 대상이 아니라, 다른 사람들도 같이 누릴 수 있도록 포함한다. 달은 사랑이 고프다. 자신이 유용하게 사용될 수 있기를 원한다. 달은 다른 사람들에게 아주 도움이 될 수 있을 때, 스스로에게 가장 자랑스럽다. 주어진 환경을 최상으로 만들 수 있는 달에게는 황소 라시가 최고의 환경이며 오운 라시(게 라시)에서는 가비타처럼 자부심까지는 아니지만, 자기 적응을 잘하게 된다.

▨ 달이 무디타 아바스타에 있을 때

달이 친구의 라시에 있거나 어스펙트를 받을 때, 그리고 목성과 합치하였을 때 생기는 아바스타이다. 달의 친구는 수성과 태양이다. 다른 행성은 중립관계에 있다. 무디타 상태에 있는 달은 행복하고 가진 능력을 잘 발휘할 수 있다. 자신을 좋아하고 가치 있게 여기고 거울을 보면서 스스로에게 자랑스럽다. 웃는 것을 좋아하며 사람들을 좋아하고 진실하다.

· 수성이 무디타를 하는 경우

수성이 달에게 가장 헌신적인 친구이기 때문에 달에게 최대의 행복을 주기 위해 노력한다. 수성은 검색을 하고 기회를 찾아 제공하며 친구나 동료들을 달에게 주어 기쁘고 즐겁게 한다. 달이 더 유용하고 잘 적응하고 진보할 수 있도록 최상의 방법을 제공해 준다. 단, 수성이 차트에서 잠을 자거나 좋지 않은 아바스타에 있을 때는 많은 도움을 줄 수 없다. 반면에 수성의 상태가 좋으면, 달을 정말 많이 도와준다. 에고가 가진 목적은 사랑과 인정을 받고자 하는 욕구의 충족이다. 수성은 달에게 그러한 것들을 기쁘고 즐겁고 재미있는 방식으로 가져다준다. 만약 수성과 합치하면, 달에게는 좋지만 수성은 피해를 입는다. 달은 수성에게 적이기 때문이다. 반면 수성의 라시에 있는 달은 총명하며 재주가 뛰어나고 뭐든지 쓸모 있게 만든다. 준비가 철저하며 잘 적응하고 활용하는 훌륭한 전략가이다. 그래서 성공하며 행복을 느낀다. 이지와 재주를 사용해 뭔가를 하는 데서 기쁨을 느낀다. 계획대로 되지 않으면, 포기하기보다는 다른 방도를 찾아본다. 사람들과 같이 주고받으며 상부상조하는 식으로 일이 되도록 만든다. 자신의 지성과 재능을 사용하고 소통의 재능을 사용하여 원하고 계획한 것들이 생길 수 있도록 한다.

· 태양이 무디타를 하는 경우

태양이 무디타를 하는 경우는 태양이 달을 어스펙트하거나 달이 사자 라시에 있을 때이다. 그러한 태양은 달에게 강한 개인성을 준다. 삶에 대해 강한 의지를 가지고 있으며 강한 뿌리를 내리고 있다. 태양의 무디타는 달에게, 어떤 존경하는 사람이 그를 존중해 주고 인정해 주었기 때문에 자부심을 가지게끔 한다. 태양은 순수하기 때문에, 달이 자신에게 솔직하고 당당하며 '아니오.'라고 말할 수 있는 능력을 준다. 달이 사자 라시에 있을 때는 환경을 최대한으로 만들 수 있게 된다. 주변 사람들과 잘 조화를 이루고 적응하며 사람들을 존경한다. 그래서 다른 사람들이 좋아하고 끌린다. 자신과 다른 사람들을 특별하게 만들며 모든 삶이 최상으로 감사할 수 있는 훌륭한 이유들을 만들어 낸다.

· 목성이 무디타를 하는 경우

목성이 무디타를 하는 경우는 전체적으로 삶에 많은 행운이 따른다. 목성은 행운과 복의 행성이기 때문이다. 항상 놀라고 감사할 수 있는 이유를 찾는다. 그리고 달이 연관된 하우스에는 더 많은 행운이 따르는데, 달은 그러한 행운을 남용하지 않는다. 그저 뭐든지 감사하고 즐거워한다. 상황이 나쁘게 되더라도, 항상 뭔가 행복하고 감사할 이유를 찾는다. 반쯤 채워진 물 잔에서 항상 채워진 부분을 보게 된다. 목성과 달이 합치하게 되면, 달이 사회적으로나 물질적으로 긍정적인 성장을 할 수 있는 능력을 준다. 달은 진화하고 변화하면서 성장을 도모하는 행성이다. 목성은 창조지성과 지혜를 이용하여 성장을 도모한다. 그리하여 달은 목성에게 적응해 더 크게 성장하고 성공할 수 있다. 더 많은 지혜를 얻으며 자신이 하는 선택을 더 잘 이해할 수 있게 된다.

수성은 똑똑하며 많은 정보를 수집하여 더 나은 선택을 하게 한다. 반면 목성은 직관적으로 더 잘 이해하여 더 나은 선택을 하게 한다. 수성은 라자식 행성으로 행동을 위주로 하며 효과적인 선택을 할 수 있게 한다. 목성은 사트빅 행성이기 때문에 흐름을 따르며 보이는 현상 뒤에 작용하고 있는 더 큰 에너지를 이해하게 한다. 어떤 일이 일어나든 배경을 이해하게 하고 넓은 시야와 자신의 능력으로 이해할 수 있게 한다. 수성은 눈앞에 보이는 성과를 가져다주어 기분 좋게 하지만 그러나 거만하지는 않다. 목성은 능력을 키워 주며 모든 것에서 신을 볼 수 있게 하며 성공적으로 어떤 상황이든 수용하고 적응할 수 있게 한다.

▨ 달이 슈디타 아바스타에 있을 때

달은 적이 없기 때문에 적의 어스펙트를 받는 경우의 슈디타는 해당되지 않는다. 그러나 토성과 합치하는 경우에는 슈디타 아바스타가 된다. 토성이 어스펙트를 하는 경우에는 어려운 환경에 자라나서 거친 환경에 대한 적응력이나 능력이 뛰어나게 만든다. 하지만 합치하면,

달은 자신을 결코 자랑스럽게 느낄 수 없다. 감정적으로 엄청나게 큰 공허함을 느낀다. 결핍의식이나 무능력감에 대한 보상심리로, 다른 사람들에게 지나치게 베풀거나 쓸모 있고자 노력한다. 그리고 자신이 아주 똑똑하고 성공하였음을 전시하려고 애를 쓴다. 항상 충족과 사랑, 인정을 받기 위해 애를 쓰지만 감정적으로는 언제나 열악함과 공허함을 크게 느낀다. 그러한 성향은 바뀔 수가 없다. 바뀔 수 있기 위해선 자신이 아주 쓸모 있고 뛰어난 자원조달 능력이 있음을 증명해 보여야 하는데, 슈디타(굶주린)된 달은 결코 그렇게 될 수가 없다. 보다 나은 미래를 위해 변화를 해야 하지만, 그렇게 될 수가 없기에, 겉으로 강한 얼굴을 보여 주고 지나치게 긍정적으로 보이기 위해 애를 쓴다. 그들은 에고에 굶주려 있기 때문에 계속 버틸 수 있는 능력이 부족하다.

마하바라타(Mahabarata) 이야기에 나오는 위대한 영웅 비쉬마(Bishima)는 우리의 에고를 대변한다. 그는 왕위를 계승 받게 되어 있는 정당한 후계자였지만, 젊은 여자와 사랑에 빠진 아버지가 그녀와 결혼할 수 있도록 자청하여 왕위만 포기했을 뿐만 아니라, 평생 독신으로 살 것을 맹세하였다. 그녀가 낳을 아이들이 왕위에 오를 수 있도록, 그리고 행여 비쉬마에게 자손이 있으면 미래에 생겨날 수도 있는 왕위 쟁탈전의 가능성을 미리 방지하기 위해서였다. 그러한 비쉬마의 효심과 관대함에 감복한 아버지가 내린 분(Boon)은 누구에게도 죽임을 당하지 않을 수 있고 오직, 비쉬마 자신이 원할 때만 죽을 수 있는 불사不死의 축복이었다. 토성이 상징하는 모든 부족함과 불완전함을 극복할 수 있기 위해서는 그처럼 파워풀한 에고가 필요하다. 육체적, 영적, 물질적으로 충분하지 않은 것 같은 느낌을 극복하고 그런 불완전함에도 불구하고 최선을 다하며 살 수 있기 위해서는 비쉬마처럼 강한 에고가 요구된다. 비쉬마는 자신이 원할 때 언제든지 죽을 수 있는 것처럼, 강한 에고는 필요할 때, 그리고 언제 에고를 포기할 수 있을지를 결정할 수 있다. 반면에 약한 에고는 아무 것도 할 수가 없다. 자신이 가지고 있는 그나마 작은 에고 허약한 자존심을 절대 포기할 수 없다. 그런데 강한 친구가 도와주면, 그래도 살아남도록 도움을 받을 수 있다.

토성에게 슈디타된 달은 절실하게 친구의 도움이 필요하다. 그렇지 않으면, 심한 우울증이나 극도의 감정기복에 시달리게 된다. 갑자기 엄청나게 긍정적이었다가 순간적으로 부정적으로 변하는 등, 오락가락하면서 심각한 감정적 결핍과 공허감을 겪게 된다. 어렸을 때 보살핌을 잘 받지 못했기 때문에 삶이 항상 고통스럽고 결핍 의식으로 살아간다. 살고 싶거나 살아야 할 이유가 없을 정도로 학대를 많이 받았다. 필요한 것들을 충분히 받지 않아 항상 뭔가 고프다. 이러한 달일수록 영적인 수행이 필요하다. 내면에서부터 자신에 대한 충족을 얻게 되면 내적인 결핍 의식을 극복할 수 있다. 그래서 토성에게 슈디타된 달은 영적 수행에 아주 적합한 조건일 수도 있다. 그렇지 않으면 그들은 쉽게 아무에게나 매달리거나 자신이 원하는 것이나 사람들에게 아주 집착하는 마니아가 될 성향이 짙다. 사실상 실제 상황은 자신들이 느끼는 것과는 다르게 아주 좋은 환경과 여건일 수도 있다. 그러나 본인은 깨닫지 못한다. 달의 본성은 충족되기를 원하는 것이지만, 그렇게 굶주린 상태에 있으면, 어떻게 충족을 시킬지 알지 못한다. 어떻게 굶주림을 벗어날지 잘 모르며 충족될 수 있다는 것도 내면 깊이에서 믿지 않는다. 삶이 행복할 수도 있다는 것을 믿지 않기 때문에, 정작 충족을 얻을 수 있는 기회가 오면 겁이 나서 도망가게 된다.

이처럼 토성이 달을 슈디타할 때는 두 가지 극적인 상황이 일어난다. 원하는 것을 갖기 위해 너무 강압적이거나 그러한 기회가 오면 겁이 나서 달아나게 된다. 그들은 잘해 주는 사람보다, 자신을 함부로 대하는 파트너에게 더 끌리게 된다. 토성은 일곱 번째 행성으로서 우리가 어쩔 수 없는 상황이나 여건들을 나타낸다. 예를 들어 누군가 사랑하는 사람이 죽거나 태어날 때부터 가지고 있던 어떤 신체적 결함 등을 의미한다. 토성이 결핍 의식을 벗어날 수 있는 유일한 방법은 우리의 행복이 환경에만 달려 있지 않다는 것을 깨닫고 여덟 번째 행성인 라후의 영역, 삶의 미스터리와 아직 덜 계발된 영역으로 뛰어넘어 가서, 자신이 알지 못하는 삶의 신비에 에고를 내맡기는 방법뿐이다.

달은 트리쉬타(목마른) 아바스타를 가지지 않는다. 적이 없기 때문이다.

▨ 달이 쇼비타 아바스타에 있을 때

달이 태양과 같이 합치하게 될 때 생기는 아바스타이다. 태양과 같이 있으면 달은 어떤 권위적 대상처럼 위대해지려고 안절부절못하게 된다. 그리고 나아지기 위해 너무 열심히 노력하다가 지치게 된다. 달은 물처럼 유유하게 흘러야 최상으로 기능할 수 있는데, 태양과 같이 있으면 그러한 능력을 잃게 된다. 달은 경직되어 있고 너무 잘하려고 애를 쓰게 된다. 그러나 삶은 그렇게 애를 쓴다고 되는 것이 아니라, 좀 더 유연한 태도로 적응할 수 있고 수용적일 수 있어야 한다. 바로 달의 본성대로 사는 것이다. 그런데 쇼비타가 된 달은 그러한 능력을 잃고 자신이 해야 할 일을 해내기 위해 너무 노력하기 때문에 자신이 가진 좋은 점들에 대한 시각을 잃게 된다. 태양과 토성이 합치하게 될 때 비슷한 영향들이 일어나는데, 둘은 부자지간이기 때문이다. 하지만 태양은 어떤 것을 향해 너무 노력을 하게 만드는 반면, 토성은 어떤 것으로부터 달아나기 위해 노력하게 만드는 차이가 있다. 태양은 강력한 야망을 강요함으로써, 그러한 기대에 미치지 못하는 달은 지치게 된다. 토성은 달이 스스로를 형편없이 느껴 자꾸 달아나려 하게끔 만들어 달을 지치게 한다.

그런데 아주 작은 경우에만, 달이 완전히 어려운 상황에 놓인다. 언제나 다른 행성이 도와 주기 때문이다. 하지만 달은 다른 행성에게 해를 많이 끼친다. 달의 북티(Bukti, 제5장, 시간의 수레바퀴 참조)동안 적인 행성의 특질을 망가뜨려 어려운 시간을 만드는 경우가 허다하다. 믿었던 친구나 사랑하는 애인, 배우자가 어느 날 갑자기 마음이 변해서 달의 북티 중에 떠나 버리는 예가 흔하다. 달의 북티 중에는 소중했던 어떤 인간관계가 자주 끝나게 된다.

달이 태양과 같이 있으면, 이는 마치 왕비가 늘 왕의 옆에 있는 상황처럼 항상 주눅이 들게 된다. 달은 쉽게 편안해질 수 없다. 태양과 같이 있음으로 인해 쇼비타를 받는 행성 중에서, 그래도 달이 가장 적게 피해를 입는다. 달은 왕비이기 때문에 왕 옆에 앉아 있을 수 있기 때문이다. 그렇지만 왕과 늘 함께 있으면, 달은 행복할 수 없다. 가끔씩 같이 있으면 자신의 역할을 수행하는 데 행복을 느낄 수 있지만, 항상 같이 있으면 끊임없이 왕비의 역할이나 임무를 수행해야 한다는 부담감에 눌리게 된다. 마찬가지로 태양과 달이 합치하게 되면, 달은 자신이 해야 할 일이나 책임 등에 대해 부담감을 느낀다. 태양의 의무는 밖에 나가 큰일을 하는 것이고 집안일은 달에게 맡기는 것이다. 달은 그렇게 수발을 드는 것을 즐기지만, 24시간 내내 계속해야 하는 상황은 즐거울 수가 없다. 달은 개인적 자아, 에고를 나타내기 때문에 자신만의 시간이 필요하다. 태양과 합치한 달은 늘 긴장한 상태에 있으며 그렇게 홀로 고적함을 즐길 수 있는 기회가 없기에 스트레스를 받는다. 이러한 달은 이기적인 성향이 있다. 너무 자신이 해야 할 일에 스트레스를 받아, 다른 사람들의 관점이나 입장을 제대로 헤아릴 수 없다. 그리고 자신이 얼마나 주변에 피해를 주고 있는지 인식하지 못한다. 자신이 해야 할 일에 집중하느라, 그에 따르는 결과에 대해 신경쓰지 못하기 때문이다. 결국에는 피해를 입힌 만큼 자신에게 되돌아오게 되는데, 막상 대가가 돌아오면 왜 그러한 일들이 일어나는지 이해하지 못해 안절부절못하고 분노한다. 자신들이 부당하게 혹은 불공평하게 대가를 받고 있다고 생각한다. 왕과 왕비는 옆에 같이 앉아 있을 때보다, 마주하고 있어야 서로를 잘 볼 수 있고 서로가 원하는 것을 알아챌 수 있다. 그렇지만 태양과 합치한 달은 앞만 보고 옆을 볼 수가 없다. 그래서 달은 자신의 본성을 많이 잃게 된다.

달은 열 마리의 말들이 모는 마차 위에 앉아 있다. 첫 번째 그룹의 다섯 마리는 고삐가 달려 있는데, 오각을 상징한다. 다른 그룹의 다섯 마리는 오각이 일으키는 자극에 대한 반응을 나타낸다. 차트에서 달의 컨디션이 안 좋으면, 어릴 때 받은 트라우마 혹은 부정적인 자극 그리고 달이 익숙한 여건들을 나타낸다. 달은 어떤 상황에서건 살아남기 위해 적응한다. 그래서 달은 자신이 받는 자극은 무엇이든지 적응한다. 무디타 영향을 받는 달은 기쁜 환경에 익숙하고 적응되어 있다. 라지타, 슈디타 그리고 쇼비타의 영향을 받는 달은 고통스러운 자극을 받으며 자라났음을 나타낸다. 그러한 달은 막상 좋은 상황에 있으면 익숙하지 않아서 마음이 불편해지는 것과 마찬가지이다. 익숙한 환경과 다르거나 낯선 환경에 있으면 달을 벗어나려 한다. 건강하지 않은 환경에서 자라난 달은 건강한 환경에 있을 때 불편해진다. 이처럼 달은 우리 자신이 어떻게 느끼느냐를 나타내며 주변의 영향에 따라 최고 혹은 최악으로 느끼고 행동하게 만든다. 달은 우리가 가진 주체적 경험의 기준을 설정한다. 그리하여 다른 행성의 영향을 어떤 식으로 느끼고 받아들이고 유용하게 사용할 것인지를 결정한다. 이처럼 달은 우리가 느끼는 행복의 기준이 되기 때문에, 좋은 영향하에 있어야 함이 특히 중요하게 된다.

▨ 달의 라지타디 아바스타즈 예

· 힐러리 클린턴의 라시 차트

Planetary Aspects

Rasi- Aspected Planets

	☉	☽	♂	♀	♃	♀	♄	Ω	☋
☉		9	9	Y		Y	5	49	Y
☽	40	-	9	31	26	33	2	16	30
♂	42	51	-	53	43	58	Y	10	51
♀	Y	29	19	-		Y	15	59	Y
♃		56	40		-		29	46	
♀	Y	23	16	Y		-	12	56	Y
♄	55	44	Y	45	40	48	-	56	44
+	40	108	83	31	26	33	58	177	30
-	97	105	9	98	84	105	5	115	94

힐러리의 달은 물고기 라시에 있다. 물고기 라시의 로드는 목성으로서 달의 친구이다. 그러므로 라시 차트에서 달은 무디타 상태에 있다. 친구의 어스펙트(태양9+수성29)는 총(38) 비중을 받고 있다. 다른 행성은 모두 중립 관계에 있으므로 그들의 어스펙트는 영향을 주지 않는다. 라시 차트에서 힐러리의 달은 무디타 아바스타에 있으며 좋은 효과들을 기대할 수 있다. 현재 달의 마하다샤에 있는 힐러리는 미국 최초의 여자 대통령이라는 고지의 점령을 눈 앞에 두고 있다. 그러나 최종 결과는 선거가 이루어지는 시기에 맞게 되는 안타르 다샤를 같이 고려해야 확신할 수 있다.

· 빌 클린턴의 라시 차트

	☉	☽	♂	☿	♃	♀	♄	☊	☋
☉	—	18	5	Y	14	8	Y	4	34
☽	42	—	14	32	6	9	27		46
♂		46	—		Y	Y	2	24	33
☿	Y	9	14	—	31	19	Y		19
♃		46	Y	8	—	Y	11	58	13
♀		40	Y	2	Y	—	4	26	22
♄	Y	23	58	Y	49	56	—		14
+	0	95	14	10	31	19	15	84	54
-	42	87	77	32	69	72	29	28	127

Planetary Aspects — Rasi- Aspected Planets

(차트: ☽ 20:23, ☊ 18:26, ♄ 02:08, ☿ 07:36, ☉ 26:00, ♃ 23:13, ♀ 11:07, ♂ 06:21, ☋ 18:26)

빌의 달은 황소 라시에서 가비타 아바스타에 있다. 친구의 어스펙트는 (태양18+수성9) 총(27) 비중을 받고 있다. 다른 행성은 중립관계에 있으므로 그들의 어스펙트는 영향을 주지 않는다. 라시차트에서 빌의 달은 가비타 아바스타에 있으며 좋은 효과들을 기대할 수 있다. 달은 어머니를 나타내는 행성이다. 그의 어머니는 간호사였다.

4-3

화성의 라지타디 아바스타즈

• 화성(망갈, Mangal)

"빨간 장식과 옷을 입고 있으며 창과 삼지창 그리고 철퇴를 들고 축복을 내리며 네 개의 팔을 가진 이가 화성인데 산양을 타고 있다."

"잔인하고 붉은 눈을 가진 이가 화성이다. 앞뒤로 움직이며 찢어진 모양을 하고 있으며 피타 성격이며 화가 나있고 마르고 중간 크기의 몸을 가졌다."   – BPHS

"화성은 우리가 가진 육체적, 정신적 저력을 나타낸다. 육체적으로 화성은 강인하고 도전하기를 즐긴다. 이러한 기질은 그를 경쟁적으로 만든다. 화성은 육체가 통상적으로 감당할 수 있는 한계를 이미 넘을 정도로 지쳤거나 아프거나 굶주렸더라도 계속 버티며 가게 만드는 능력을 제공한다. 힘이 상징하는 것은 바로 의지력이다. 화성에게 넉넉한 자질로서 그가 사용하기를 무척 즐긴다. 화성은 자신의 힘을 과시하거나 인정받는 것을 좋아한다. 그러나 이러한 힘은 그를 어느 정도 교만하게도 만든다. 화성은 군 총지휘관으로써, 목표하는 것을 의지와 힘을 이용하여 달성시키고자 한다. 그는 목표를 달성하는 것이 최우선이다. 자잘한 인사치레나 시간 낭비하는 소소한 것들은 그의 영역에 해당하지 않는다. 화성은 정확한 것을 좋아하며 바로 핵심으로 들어가고 다음 안건으로 바로 넘어간다. 화성은 강력한 의지로 군대를 통솔한다. 그리고 일단 힘을 쥐게 되면 독재자가 된다. 마치 수술을 하는 의사처럼 정확한 메스질로 어떤 장애물이든 제거한다. 그렇다고 자기 속만을 채우려 하거나 나쁘다는 의미가 아니다. 단지 화성은 불필요한 것들은 잘라 버리기를 선호한다는 뜻이다. 붉은색의 화성은 행동이나 선두적인 일에 집중하며 맹혈적으로 하는 것을 좋아한다. 또한 화성은 순전히 재미로 에너지를 확산시키려는 경향이 있다. 빨간색을 보고 느끼는 것을 좋아하며 속도 내기를 하거나 위험하고 사고를 잘 치는 기질이 있다."

– 『하늘의 금괴』

▨ 화성에게 나타나는 라지타디 아바스타 효과들

화성은 우리가 가진 의지 저력, 힘, 그리고 문제를 극복할 수 있는 능력을 나타내는 행성이다. 달처럼 적이 많이 없으며 대신에 친구가 많다. 태양, 달, 목성이 친구이며 수성이 유일한 적이다. 다른 행성은 모두 중립이다. 그래서 화성은 비록 흉성이지만 친구들이 많기 때문에 대체로 화성의 다샤는 좋은 시간이다. 화성을 칭하는 가장 흔한 이름은 '망갈(Mangal)'로서 '길조로운'이라는 뜻이다. 땅에서 태어난 화성은 땅에서 나오는 모든 부(富)를 상징한다. 그런데 보물이나 기름, 광을 판다든지 땅을 간다든지 땅의 부를 거두기 위해서는 많은 노력을 요한다. 마찬가지로 세상을 사는 것이 결코 쉬운 일이 아니다.

뭘 하든지 애를 많이 써야 하기 때문에 화성은 흉성이 된다. 화성의 노력으로 우리는 원하는 것을 획득할 수 있다. 그래서 화성의 다샤는 기대 이상으로 좋은 경우가 많다.

▨ 화성이 라지타 아바스타에 있을 때

화성이 태양이나 토성, 그리고 라후나 케투와 5번째 하우스에서 합치하면 화성은 라지타, 수치심을 느끼는 상태가 된다. 화성이 라지타 상태에 있으면, 그들은 자라면서 심한 학대나 심각한 트라우마를 겪었으며 상처받고 인격체로서 존중 받지도 못했음을 나타낸다. 사소한 것으로도 꾸지람이나 처벌을 당하였기 때문에 자신의 의지를 사용하는 데 어려움을 겪게 된다. 보통 성격이 아주 불처럼 급한 경향이 있는데, 라후와 같이 있으면 그러한 성향이 더욱 심각해진다. 어떤 일을 할 수 있는 자신의 능력에 대해 상당한 어려움과 좌절감을 겪는다. 하지만 케투와 같이 있으면, 이러한 급한 성격이나 분노하는 경향을 어느 정도 자제할 수 있다.

· 태양이 라지타를 하는 경우

어떤 권위적인 대상에게 의지가 꺾이거나 뭐든지 하고자 열심히 노력하였지만 무시를 당했기 때문에 수치심을 느낀다. 우리가 의지력을 사용할 때마다 반드시 그에 따르는 부차적인 효과가 있다. 비록 정의의 전쟁이더라도 전쟁에는 많은 희생이 따르는 것처럼, 우리가 화성을 사용할 때는 반드시 부수적인 대가를 치러야 한다. 하지만 그러한 대가는 언제나 승리에 대한 만큼 가치가 있다. 차를 살 때 드는 비용만큼 가치가 있는 것과도 마찬가지이다. 그런데 화성이 라지타 상태에 있으면, 지불해야 하는 비용이나 대가가 얻는 가치보다 더 많게 된다. 그래서 수치감을 느끼게 된다. 대가를 지불했지만, 자신의 방식으로 고집스럽게 우기다가, 오히려 더 크게 지불하는 예도 많다. 어떤 문제를 논리적으로 극복하기 위해서 우리는 화성을 사용한다. 그런데 효과적으로 사용하지 않아 결과가 기대에 미치지 못하기 때문에 수치심을 느낀다. 특히 태양이 라지타를 하는 경우에는 존경하는 어떤 권위적 파워가 자기를 무시하기 때문에, 자신의 의지나 논리를 건강하고 효과적인 방식으로 사용하지 못하게 된다. 그러한 수치심을 극복하기 위해 더 잘하려고 애를 쓰다가 오히려 재난만 가져오는 경우도 허다하다. 이들은 자랄 때, 자신의 의식 속에 있는 어떤 의지를 행동으로 보이려고 하다가, 강력한 비난이나 질시를 당한 경험이 있다. 예를 들면, 채식주의 집안에서 자라난 아이가 고기 맛이 궁금하여 친구 생일파티에서 고기를 맛보았다가, 부모에게 심하게 질타나 꾸지람을 받은 경우를 들 수 있다. 그럴 때, 현명한 부모라면 아이의 궁금증이나 행동을 잘 이해하고 크게 문제시하지 않겠지만, 강압적인 부모는 마치 아이가 죽을죄라도 지은 것처럼 과잉반응을 보이고 심하게 꾸지람을 하였던 것이다. 그럴 때 아이는 마치 온 세상이 자신을 미워하는 것 같은 경험을 느끼게 된다. 이처럼 권위 대상의 규율을 무시하거나 상관하지 않고 자기 뜻대로 시도했다가 비난이나 질시를 당한 경험으로 인해 의식 속에 깊은 수치심을 가지게 된다.

· 토성이 라지타를 하는 경우

이 경우에 화성은 화를 잘 내는 자신의 성격에 수치심을 느끼게 된다. 반면, 태양이 라지타를 하는 경우에는 계속 받게 되는 무시에 대해 성질이 북받치게 된다. 토성은 뭐든지 결핍되거나 부족한 의식을 나타낸다. 그래서 자신의 의지나 컨트롤할 수 있는 능력이 부족한 데 좌절감을 느끼고 내적인 불안함을 느낀다. 바른 일이나 옳은 일을 할 수 있을 거라는 자신감이 결핍되어 수치심을 느낀다. 토성과 화성의 합치는 극단적으로 화를 잘 내며 폭발적이거나 폭력적인 생각을 하게 만든다. 이러한 자신의 성격이 수치심을 느끼게 만든다. 그런데 라후나 케투가 합치하고 있기 때문에, 그러한 성격은 타고난 카르마, 업식에 연관이 있음을 나타낸다. 특히 케투인 경우에는 과거 생의 영향으로 인한 것이다. 화성은 또한 성적인 에너지를 나타낸다. 라지타가 된 화성은 그러한 성적 에너지와 욕망, 성적인 능력 등에 대해 수치심을 느끼게 된다. 특히 토성의 라지타인 경우에는 성적 생활에 좌절감을 느끼게 만든다. 라후나 케투가 합치하기 때문에 그러한 좌절감이나 수치심을 더욱 심하게 만든다. 아주 어려운 라지타로서, 화성은 흉성이기 때문에 많은 고통을 가져다 주는 경향이 있다.

▨ 화성이 가비타 아바스타에 있을 때

고양의 품위(악어 라시)나 물라트리코나(산양 라시)에 있는 화성은 가비타, 자부심을 가진 아바스타가 된다. 가비타 화성은 자신의 의지를 사용할 수 있는 능력에 대해 자부심을 가진다. 산양 라시에 있으면, 자신의 주도적인 능력에 자부심을 가진다. 산양 라시나 악어 라시는 신체 사이즈가 큰 라시이다. 그래서 이러한 라시들에게 있는 화성은 논리적 능력이나 힘을 이용해 일을 더 많이, 더 큰 방식으로 할 수 있다. 산양은 뭐든지 첫 번째로 하는 데 자부심을 가진다. 인터넷이나 스마트폰 등이 처음 나왔을 때, 제일 먼저 사용하는 이들이 산양 라시인이다. 그리고 새로운 모델들이 나올 때마다 줄을 서서 기다려 사는 이들이기도 하다. 그러한 자신의 모험심과 주도력에 그들은 자부심이 있다. 악어 라시는 어떤 문제들이 있음을 나타내는 라시이다. 화성은 효과적으로 그러한 문제들을 해결할 능력이 있기 때문에 악어 라시에서 고양의 품위를 얻게 되는 것이다.

악어들은 오랫동안 변하지 않고 버티는 힘으로 유명하다. 공룡시대부터 지금까지 별로 진화하거나 변하지 않은 종™이다. 물과 땅에서 모두 살 수 있는 악어는 애초에 너무 잘 만들어져서 변화하지 않아도 되었다. 이처럼 처음에 잘 하면, 나중에 그다지 많은 변화가 필요치 않다. 악어 라시에 있는 화성은 뭐든지 아주 철저하고 완벽하게 잘해내기 때문에 자부심이 있다. 산양 라시보다 더 잘 만들어 낼 수 있으며 의지와 논리를 사용하여 뭐든지 잘 고치고 해낼 수 있는 능력이 있기 때문에 자부심을 가진다. 악어 라시는 흙의 라시이며 물질적 라시이다. 그리고 화성은 모든 물질적 필요나 요구에 대응하거나 해결할 수 있는 능력이 있다. 총명하고 논리적인 행성이기 때문에 세상을 논리와 지성으로 대처하여 어떤 문제든 쉬이 해결한다. 세상에서 벌어지는 온갖 문제들은 모두 논리적으로 행동들을 하지 않기 때문이다. 화성은 모험적인 일이나 어려움들을 극복할 수 있는 능력이 있다. 어떤 영역에 종사하던, 신체적 혹은 이지적인 도전을 자기단련으로 이겨낼 수 있는 힘이 있다. 가비타 화성은 그러한 자신의 능력에 대해 자부심이 있다.

이처럼 좋은 상태의 화성은 주어진 과제들을 논리와 이지로 접근하며 해결한다. 그리고 유용한 방식으로 삶을 헤쳐 나갈 수 있는 능력에 자부심을 가진다. 어려운 상태의 화성은 논리와 이지를 사용하는 데 어려움을 겪는다. 화성은 땅에서 나오는 모든 재물이나 자원들을 다스리며 어떤 극적인 상황에서건 살아남을 수 있는 능력이 있다. 점집이나 운명상담소를 자주 찾는 사람들은 대부분 화성을 효과적으로 사용하는 데 어려움을 겪는다. 그들은 어떤 마술 기법이나 요행으로 어느 날 갑자기 모든 문제들이 해결되거나 사라지기를 바라고 있다.

화성은 이지와 논리적인 방식으로 문제를 접근하고 행동하며 의지를 효과적으로 사용하여 해결하게 만드는 능력이 있다. 건강한 화성은 공상이나 상상, 꿈 등으로 자신의 의식 속에 있는 것들이 형상화되기를 바라는 것이 아니라, 논리와 의지 유연성 등의 능력을 사용하여 체계적으로 일을 해결하고 완성해 나간다. 어떤 방법이 통하지 않게 되면 성공할 때까지 다른 방법들을 시도하고 또 시도하여 한번 마음먹은 것을 끝까지 구체화시키고 형상화시킨다. 그리고 목적한 바를 향해 진전해갈 수 있는 용기와 아주 훌륭한 능력이 있다. 화성은 용기를 가진 행성이다. 자신이 원하는 것, 목표를 향해 계속해서 나아간다. 전투에 임하는 무사나 장군처럼 어떻게 군대를 지휘하여 승리를 이끌어 낼 수 있을지 잘 알고 있다.

반면에 게 라시에서 취약한 품위에 있는 화성은 비록 자신의 의지를 실현시키려는 적극성이나 추진성은 부족하지만, 친구의 라시이자 유연한 물의 라시인 게 라시 덕분에, 같이 있는 사람들은 아주 편안해진다. 그렇다고 꼭 건강하다거나 좋은 상태라고는 할 수 없지만, 그들은 보통 부드럽고 온화하다. 자신의 의지를 행동으로 추진하여 성공할 수 있는 능력은 부족하지만, 자신이 원하지 않는 것, 좋지 않은 일들을 안 할 수 있는 능력은 아주 뛰어나다.

⊠ 화성이 스바시타 아바스타에 있을 때

화성이 오운 라시인 산양 라시(12도에서 30도 사이)나 전갈 라시에 있을 때 스바시타, 편안한 상태에 있게 된다. 스바시타 상태에 있는 화성은 조용한 자신감이 있다. 어떤 일이나 문제를 자신감 있게 해낼 수 있는 능력이 있다. 그러나 가비타 화성처럼 요란하게, 자랑스럽게 떠벌리지 않는다. 그리고 흥분하여 바로 뛰어들기 보다는 지긋이 한 발짝 기다렸다가 더 나은 방법이나 길이 있을 때 행동으로 옮기는 방식을 택한다. 차분하고 침착하며 필요한 정보를 수집하는 등, 더 탄탄하고 안정적인 방식으로 의지력을 사용한다. 화성이 전갈 라시에 있을 때는 고양의 라시인 악어자리로 접근하고 있는 중이다. 그래서 뭐든지 더 안정되고 확고한 방식으로 일을 처리한다. 반면에 산양 라시에 있을 때는 취약의 라시인 게자리로 접근하고 있는 중이다. 그래서 좀 더 성급하고 전진하기를 좋아하며 임시적인 방식으로 되도록이면 빨리 해결하려는 경향이 있다.

▨ 화성이 슈디타 아바스타에 있을 때

토성이나 적인 수성과 합치하거나 어스펙트를 받든지 혹은 수성의 라시에 있을 때 화성은 슈디타(굶주린) 상태에 있게 된다.

· 화성이 토성과 합치하는 경우

이 경우 제일 고약한 슈디타 상태가 된다. 화성은 토성에게 중립이다. 그러나 토성은 같이 있는 행성을 무조건 굶주리게 만들 뿐만 아니라 화성에게 적이기 때문에 두 개의 슈디타가 겹치는 경우가 된다. 그래서 그러한 합치가 일어나거나 관련된 하우스들의 영역에서는 의지력을 잘 행사할 수가 없어 좌절하게 된다.

· 토성이 화성에게 어스펙트를 하는 경우

자신의 본성대로 의지력을 실현하거나 논리 정연함으로 행동하는 데 방해하기 때문에 화성은 심한 좌절감을 느끼게 된다. 결핍 의식을 나타내는 토성은 화성에게 의지력이 부족하거나 이기지 못하고 패배할 것 같은 상상으로 좌절하게 만든다. 이러한 내면적 결핍 의식은 화성이 개입된 하우스 영역에서 외면적인 실현도 방해할 뿐만 아니라, 도움이 안 되는 비판적이고 비난적인 사람들을 자신에게 끌어당긴다. 내면의 결핍 의식이 외면으로 표출되어 그러한 사람들은 끌어당기게 되는 것이다. 그렇게 비난적이고 비판적인 사람들 옆에 있으면서, 화성은 좌절감을 느끼게 된다.

화성은 무사이며 장군이다. 전쟁에서 이기거나 뭔가를 이루어내고 시련을 극복할 수 있을 때 자부심을 느끼는 행성이다. 토성은 화성에게 자신의 능력에 대한 부족함을 느끼도록 강요한다. 여자 친구나 아내가 다른 남자와 자신을 비교하면서 남자로서의 자존심을 망가지게 하거나 부모나 상사 같은 인물이 함부로 대하고 무시하면서 옳고 바른 일을 하려던 자신의 의도를 인정해 주지 않거나 자신의 한계성이나 비가치성을 느끼도록 주입 받게 되었다. 화성은 자신이 한 일에 대해 다른 사람들이 자랑스러워 해 주길 바란다. 그런데 특히 어릴 때 자신의 행동에 대한 격려나 인정 대신 오히려 꾸지람을 들은 경험 등으로 인해 내면에 깊은 좌절감이 뿌리내리게 되었다.

화성은 쓸모 있고 유용하고자 하는 욕구를 가진 행성이다. 그런데 토성과 같이 있으면, 자신이 가진 좋은 점을 토성이 인정해 주지 않기 때문에 자랑스럽기가 어렵다. 자신의 가치가 형편없이 평가절하당하고 의지 사용이 제한되고 옥죄였으며 신체적인 학대까지 당했을 수도 있다. 슈디타된 화성은 마음먹은 어떤 것을 시도하면서 동시에 죄책감에 시달린다. 혹은 다른 사람들의 기분을 상하게 하거나 화나게 하거나 슬프게 하고 싶지 않아, 자신의 의지를 사용하는 것을 지레 포기하게 된다.

화성이 가진 궁극적 목적은 더 나은 세상을 만들기 위한 것이다. 그런데 토성에게 슈디타를 받는 화성은 의지나 생각대로 잘 되지 않아 화가 나고 좌절감을 느낀다. 안에서 폭발할 정도로 참고 참다가, 어느 날 한 번에 완전히 감정을 폭발시키고 난 뒤, 어느 정도 시간이 지나서 열기가 식혀지면, 다시 새로운 관점으로 문제를 접근하여 해결할 수도 있다. 이러한 화성은 자신이 원하는 것을 가질 수 없다고 느끼게 만든다. 너무 답답하고 화가 나 사방으로 꼭 갇힌 느낌에 시달린다. 자신들의 의지나 논리적 힘을 건강하고 의식적인 방식으로 사용할 수 없다. 이러한 모든 좌절감은 어릴 때 겪은 어떤 강한 억압적인 경험으로 인해 생성된 것이다. 강한 태양이나 달, 목성 등 도와주는 영향들이 없다면, 이러한 토성의 슈디타 의식을 극복하기가 힘들다. 그들의 도움은 똑 같이 어렵고 치욕적인 상황이더라도, 자기 존중심으로 극복할 수 있게 해 준다. 그들은 어릴 적 영향으로부터 벗어나 독립적인 인격체로 행동할 수 있기 위해 인내심을 가지고 익혀야 한다.

· 수성이 화성에게 슈디타하는 경우

수성은 화성이 가진 유일한 적이다. 수성은 비록 길성이지만, 수성과 화성은 서로 사고하고 행동하는 방식이 다르기 때문에 조합이 맞지 않는다. 그래서 수성에게 어스펙트를 받거나 수성의 라시에 있으면, 화성은 슈타다를 느끼는 상태가 된다. 화성은 눈으로 옳은 일을 보고 해야 할 일들을 바로 하는 행성이다. 반면에 이지를 다스리는 수성은 행동하기 이전에 많이 연구를 하고 궁금한 것도 많고 어떤 선택을 하는 데 여러 가지 옵션이나 아이디어를 가지고 먼저 이리저리 재어 보는 등 언제나 머리를 굴리기 바쁘다. 이러한 자질들이 화성에게는 도움이 되지 않는다.

예를 들어 산길을 가다가 곰을 만나게 된 경우를 들 수 있다. 그럴 경우 재빠르게 행동을 해서 위험을 피해야 한다. 화성은 주변 상황을 재빠르게 둘러보며 즉각적인 판단을 내린다. 앞에 있는 나무에 벌집이 걸려 있고 눈앞에서는 호수가 보인다. 그는 벌집을 차서 곰에게 던지고 자신은 바로 물속에 뛰어 들어간다. 그리하여 위급상황을 극복하는 것이 화성의 능력이다. 보고 바로 행동하는 것이다. 기계 체조 선수의 움직임처럼, 발을 삐끗 잘못

내닫는 순간 준비하였던 루틴에서 약간 벗어나더라도 바로 조율해서 실수를 무마할 수 있는 순간적인 판단력과 적응력이 화성이 가진 아름다운 장점이다. 그리고 온갖 테크닉으로 아무리 연습과 준비를 많이 했더라도, 무술 싸움 현장에서 필요한 테크닉만을 바로 사용할 수 있는 능력도 있다.

그런데 수성에게 슈디타가 된 경우 곰과 부닥치게 되면, 바로 행동을 하는 대신에 공상을 한다. '만약 기계총을 가지고 있었더라면 바로 쏘아버릴 수 있는데.' '만약 수류탄이 있었더라면 바로 던져버릴 수 있는데.' 하는 식으로 공상하기 바쁘다. 그러다가 곰에게 잡아먹히게 된다. 기계 체조를 하다가 찰나적인 실수를 순간적으로 재빠르게 조율하여 무마하는 대신에, 준비했던 루틴과 달라지는 것에 대한 망설임으로 전체적 공연을 망치고 만다.

이런 식으로 삶에서 일어나는 장애에 대해 수성은 모든 걸 계획한다. 그러나 계획에도 없던 상황이 일어나면 화성은 재빨리 적응할 수 있다. 수성은 계획대로 되지 않을 때 중심을 잃는다. 현재 상황에 맞도록 해야 할 일을 하는 대신에 규칙을 따지고 있다. 화성은 보고 행동으로 옮기고 살아남는다. 그런데 이처럼 수성이 화성에게 영향을 미치고 있는 경우에는 교통사고가 많이 일어나기도 한다. 빨간 불에서 초록색으로 신호가 바뀌었더라도 화성은 주변을 둘러보고 다른 차량들을 확인하고 간다. 수성은 규칙대로 신호가 바뀌었으니 앞뒤 전후를 둘러보지도 않고 바로 가서 교통사고가 자주 일어난다. 화성은 언제나 행동으로 옮길 준비가 되어있다.

수성은 그러한 화성의 능력을 방해한다. 특히 기대치 않았던 상황에 대처할 수 있는 능력이 부족하다. 계약이나 타협, 흥정 등을 하는 상황에 있어서도 수성은 화성을 방해하여 동의하지 않은 사실을 문제시하여 결과적으로 모두 잃게 만든다. 뭐든지 계획한 대로 되는 것은 없다. 사람들은 모두 다른 관점들을 가지고 있기 때문이다. 화성은 그러한 점을 이해한다. 그러나 수성은 그렇게 다른 점들을 인정하지 못하고 거짓말이니, 사기를 치려했다고 우기게 된다. 화성은 수성에게 중립이다. 그러나 수성은 화성에게 많은 문제를 일으킨다.

▩ 화성이 트리쉬타 아바스타에 있을 때

화성이 물의 라시에 있으면서 수성에게 어스펙트를 받고 있을 때 트리쉬타(목마른) 상태가 된다. 이는 수성에게 슈다타를 받을 때와 비슷한 효과가 있다. 그러나 그다지 심각하지는 않다. 조금 상처받고 위험 상황을 벗어날 수 있다. 어떤 식으로든 수성이 화성에게 영향을 미치지 않는 것이 가장 최상의 방법이다.

▩ 화성이 무디타 아바스타에 있을 때

화성이 친구와 같이 있거나 친구의 라시에 있을 때 혹은 어스펙트를 받고 있을 때 무디타(기쁜 상태)에 있게 된다. 화성은 친구가 많기 때문에 자주 무디타 아바스타에 있게 된다. 특히 목성은 화성에게 많은 도움을 준다. 그래서 대체적으로 화성의 다샤는 아주 훌륭한 시간이 된다. 파라샤라(BPHS)에 따르면, 길성인가 흉성인가 하는 사실보다, 노력의 대가가 나타나는 시간이 좋은 다샤라고 하였다. 화성의 다샤가 그러한 시간이다.

· 목성이 무디타를 하는 경우

이 경우에는 지혜와 논리를 같이 현명하게 사용할 수 있게 되어 늘 행운이 따르고 복이 생긴다. 다른 사람들에 비해 무슨 일이든지 쉽게 풀리고 항상 운이 따른다. 장애물도 훨씬 덜 부딪히게 되고 언제나 최상의 기회들이 바로 떨어진다. 일단 뭐든지 마음에 떠올리면 마치 전 세상이 도와주기 위해 기다리고 있는 것처럼, 바라는 바가 쉽게 성취된다. 목성은 어려운 상황으로부터 보호해 주기 때문에 목성이 무디타를 하는 화성은 어려운 상황으로부터 보호해 주고 항상 그에게 최선의 방식으로 일이 풀린다. 목성의 라시에 있을 때도 아주 바람직하다. 성장의 행성인 목성은 화성이 성공하고자 하는 영역에서 성장할 수 있도록 도와준다. 영적인 성장을 도와주고 자아 계발을 빨리 할 수 있도록 성장시켜 준다. 땅의 부를 누리도록 도와주며 화성에게 더 큰 행복과 지혜의 능력을 준다. 목성이 무디타를 하는 경우, 더 현명하고 더 큰 목적 의식을 줄 수 있는 스승이나 종교적 인물 등 목성이 상징하는 사람들이 화성의 행동을 인정해 주고 가치 있게 여겨 주었음을 나타낸다.

· 태양이 무디타를 하는 경우

이 경우 화성은 안정적이고 지속적이 된다. 화성의 특성은 빨리 움직이려는 것이다. 태양은 그러한 화성을 안정시켜 주어 보다 집중하게 만들어 준다. 그래서 태양이 무디타를 하는 화성은 목표에 집중하고 안정적이며 헌신적이 되어, 더 많은 일을 해낼 수 있다. 안정성이나 집중력이 뛰어날수록 더 크게 성공할 수 있는 법이다. 사자 라시에 있거나 태양의 어스펙트를 받고 있는 화성은 자신의 왕국, 자신의 관할영역 안에서 생기는 문제들을 잘 해결할 수 있다. 나쁜 화성을 가진 사람들은 자신의 인생은 잘 조정하지 못하면서 다른 사람들의 인생에 되려 많은 개입을 한다. 그러나 태양이 무디타를 하는 화성은 적응성이나 유연성이 뛰어나며 사람들을 열린 마음으로 대한다. 사자 라시에 있는 화성은 전 세상을 자신이 필요한 대로 적응하게 만든다. 태양이 무디타를 하는 경우, 아버지나 비슷한 권위적 대상이 인정해 주고 용기를 주었다.

· 달이 무디타를 하는 경우

이 경우는 좀 예외적이다. 달은 화성에게 좋은 친구이다. 그런데 친구의 라시인 게자리에서 화성은 취약의 품위를 얻는다. 이러한 화성은 보통, 강한 의지력이 없지만 젠틀하고 다정다감하다. 달은 화성의 친구이기 때문에 공격적으로 자신이 원하는 것을 추구하지 않으며 갈등이나 마찰 등을 좋아하지 않는다. 이들은 자신이 '원하는 것'에 대한 의지는 약하다. 그러나 하기 싫은 것, 하지 말아야 할 것들을 '하지 않는' 힘이 아주 강하다.

화성은 게 라시에 있을 때 취약의 품위를 얻어 힘을 잃는다. 그러나 달은 친구이기 때문에 달이 가진 힘에 따라 화성을 도와주게 된다. 달은 우리의 의식 안에 있는 것들을 나타낸다. 화성은 달의 라시에 있을 때, 의식 안에 있는 것들을 행동으로 옮기는 힘을 얻는다. 달이 강할수록 게 라시에 있는 화성을 더 많이 도와줄 수 있다. 생각한 대로 일어난다는 원칙처럼, 의식 속에 먼저 있어야지만 밖으로 나올 수 있는 법이다. 달은 의식을 나타내며 화성은 행동을 나타낸다. 그래서 둘은 좋은 조합이다. 취약의 품위이지만, 나쁘지 않다. 게 라시에 있는 화성은 의식 속에 있는 것들을 집중적으로 만들어 내려 노력한다. 그래서 더 큰 행복을 맛볼 수 있고 성공을 거둘 수도 있다. 게 라시에 있는 화성은 현재 가능하고 주어진 상황에 맞게 자신들을 적응시킨다. 건강한 적응성이다. 너무 강한 동물들은 환경에 그다지 쉽게 잘 적응할 수 없다. 반면에 인간처럼 신체적으로 열악한 동물은 환경에 더 쉽고 빠르게 적응하여 언제든 살아남을 준비가 되어있다. 화성이 게 라시에 있는 사람들이 그러하다. 다른 사람들을 아주 편하게 해 주는 형이다.

　　화성과 달이 합치한 경우도 마찬가지로 유연성이나 적응력이 뛰어나다. 생존 본능으로 인해 화성은 보통 강한 생각과 의견이 있다. 그러나 달과 함께 있으면, 그러한 강한 성향이 어느 정도 유연할 수 있다. 바르고 그른 것, 하지 말아야 할 일들을 따지기보다는 살아남기 위해 필요한 일들을 한다. 그렇지만 범죄를 저지르거나 조폭 같은 행동들은 하지 않는다. 그러나 정말 잘못되었거나 법률을 깨트리는 일이 아닌 이상, 상황에 맞게 자신의 방식을 적용하며 아이디어나 의견들이 유연해지게 된다. 달이 화성을 무디타를 하는 경우, 어머니나 비슷한 권위적 대상이 그를 지지하고 감싸주며 보호를 해 주었다.

▨ 화성이 쇼비타 아바스타에 있을 때

　　화성이 태양이나 수성과 합치하게 되면 쇼비타(안절부절못하는) 상태가 된다. 화성이 쇼비타가 되면 슈디타 상태보다 안 좋은 효과가 더 커지게 된다. 쇼비타 화성은 능력을 잃게 되고 심한 좌절감을 느끼며 화를 내고 분노에 차 있고 또 괴롭게 된다. 일반적으로 쇼비타 행성은 슈디타 행성보다 훨씬 더 고통스럽고 어려움을 느낀다.

· 태양이 쇼비타를 하는 경우

　　화성은 자신의 의지와 논리를 사용하는 데 자신감이 없다. 그래서 역으로 지나치게 공격적이거나 강압적이 된다. 그러나 그러한 방식이 통할 거라는 자신이 없기 때문에 내적으로 좌절감이나 분노, 성질을 부리게 된다. 보통 어릴 때 부모님이나 어떤 권위대상으로부터 강압을 받아서 생기게 된 문제이다. 예를 들어 아직 뛸 수 있는 준비도 안 되었는데 달리기도 못한다는 식으로 비난을 받았을 때, 어린아이는 자괴감에 시달리게 된다. 이처럼 태양의 쇼비타는 화성이 어떤 권위적 대상에게 존중을 받지 못하였으며 주어진 규율이나 계율들을 따르지 않았기에 안절부절못하게 됨을 나타낸다.

　　화성은 단순한 본성을 가지고 있어, 주어진 대로 따르기를 좋아한다. 그런데 태양이 쇼비타를 하는 경우, 주어진 패러다임들이 자신의 것과 잘 일치를 하지 않는다. 그래서 따르지 않으면서도 한편으로는 불안해지는 것이다. 독재적인 왕이 지시하고 명령하는 대로 순순히 따르고 싶지만, 한편으로 화성은 답답하다. 옳다고 생각하고 마음먹은 대로 할 수 없기 때문이다.

화성은 헌신적이고 이상적인 것을 따르기를 좋아한다. 그러나 왕이 독재적으로 요구를 할 때는 반항적이 된다. 따르게 되어 있는 계율에 대한 선택권이 없기에 좌절감을 느끼게 된다. 예를 들어 화성이 태양과 2번째 하우스에서 합치하면, 음식을 다스리는 하우스인지라 화성에게 먹을 음식을 선택할 권리가 없게 된다. 이러한 상황은 보통 채식주의 집안에서 자라난 아이들에게 흔하게 일어난다. 부모님이 금지하는 음식을 반항심에 먹었다가 혼자서 죄책감에 시달리게 되는 경우이다.(불량식품이 몸에 안 좋다고 무조건 금지시키거나 못 먹게 하는 것보다 본인 스스로 먹어보고 몸에 좋지 않다는 것을 경험으로 익히는 것이 음식에 대한 균형감각을 바로 세우는 데 더 효과적인 방법이다.) 부모님이나 어떤 권위적 대상이 결정하는 대로 먹으면서 자라나게 된 경우도 들 수 있다. 그러한 화성은 상황에 맞게 음식을 조절할 수 있는 균형 감각이 없게 된다. 그리하여 나중에 거식증이나 폭식증 등에 걸리게 되는 경우도 많다. 출생 차트에서 화성이 다스리는 영역에 따라, 화성 스스로 따르고 싶은 계율들이 있었지만 따르지 못했거나 혹은 태양이 다스리는 하우스나 영역들에 연관된 대상들이 그들에게 독재적으로 요구를 하였기 때문에 좌절감을 느끼게 만드는 것이다.

화성이 쇼비타된 경우는 토성이나 태양의 효과가 비슷하면서도 좀 다르다. 태양은 화성에게 지나치게 강요한다. 그럴 때 화성은 바로 반항하며 자신의 의지를 전시하려 한다. 반면 토성은 화성을 그다지 강요하지 않지만, 결핍 의식을 느끼게 만든다. 그래서 꾹꾹 참고 있다가, 갑자기 컨트롤이 불가할 정도로 불만스러운 감정을 폭발시키게 된다. 태양이 쇼비타를 하는 경우 화성은 바로 폭발하지만, 토성이 쇼비타를 하는 경우 춥고 굶주린 상태의 괴로움을 느끼게, 그리고 천천히 폭발하게 된다.

· 수성이 쇼비타를 하는 경우

수성은 화성이 원하는 것을 가지게 해 준다. 그러나 그에 따르는 스트레스가 많다. 수성은 온갖 옵션과 가능성, 정보 등을 주어 화성의 주의를 산만하게 한다. 그리하여 화성의 집중력을 떨어뜨린다. 수성은 보통, 얕고 넓게 행동과 선택을 하는 행성이다. 너무 많은 가능성들을 제기 때문에, 정작 정말 자신들이 원하는 것을 성취할 수가 없다. 결국에는 아무 것도 해내지 못하고 성취도 못하게 되고 만다. 모든 가능성들을 연구, 검색하고 싶은지라 아무런 성과도 내지 못하고 만다. 그렇지만 수성은 길성이기 때문에 화성에게 좌절감이나 분노를 느끼게 하지는 않는다. 단지 너무 얄팍한 성향들이 있게 된다. 그들은 쉽게 어울릴 수 있는 사람들이며 좋은 친구 관계를 만든다. 그러나 항상 다음으로 최상인 방법들을 시도해 보려고 들기 때문에 성공을 가져다 줄 거라고 믿을 수 있는 인물은 못 된다. 그러므로 삶에서 진보하고 잘 성공할 수 있기 위해선 좋은 화성이 필요하다. 좋은 화성이 정말로 중요하고 본질적인 요소이다.

▨ 화성의 라지타디 아바스타즈 예

· 미국의 연쇄강간살인범, 테드 번디의 라시 차트

테드 번디(Ted Bundy, 1946년 11월 24일생, 22시 35분)는 70년대에 수십 명의 젊은 여자들을 강간 살인한 연쇄살인범으로 1989년에 처형당했다. 그의 차트는 아주 고약한 라지타 아바스타의 전형적인 예이다. 다섯 번째 하우스에, 태양, 화성, 달 그리고 케투가 있다. 게다가 토성이 라그나인 사자 라시에 있으면서, 태양에게(33), 달에게(21), 화성에게(26)

비중의 슈디타 어스펙트를 하고 있다. 토성 자체는 적의 라시에 있을 뿐 아니라, 적들(태양27+달34+화성34=95) 비중의 어스펙트까지 받고 있다. 광장히 슈디타가 된 토성이, 다섯 번째 하우스에서 라지타 아바스타에 있는 행성을 더욱 슈디타시키고 있는 것이다.

4-4

수성의 라지타디 아바스타즈

• 수성(붓다, Buddha)

"노란 화환과 옷을 입었으며 카르니카(Karnica) 꽃처럼 눈부시며 검과 방패, 철퇴를 들고 있으며 사자를 타고 축복을 내리는 이가 수성이다."

"가장 최상으로 훌륭한 모습을 하고 있으며 비유적인 스피치를 가졌으며 웃는 것을 좋아하는 이가 수성이다. 피타와 카파, 바타 성격을 가졌다. 오, 두 번 태어난 자여!"

— BPHS

"화술을 제공하는 수성은 세상의 모든 일들을 다루는 데 중요한 행성이다. 스피치와 소통은 우리가 공평하고 실질적으로 행동할 수 있도록 해준다. 어떤 주제를 둘러싼 모든 관점들을 이해할 수 있게 하며 합리적인 충족을 추구하기 위해 서로가 필요한 것들이나 가진 욕망들에 대해 교류하게 만든다. 자기가 원하는 것을 공평하고 실용적인 방식으로 얻지 못하게 되면, 불공평한 방법들을 동원해서라도 채우고 싶은 충동이 커질 것이다. 수성은 공평하고 실질적이며 치우치지 않는 자세로 중재에 임할 수 있는 능력을 나타낸다.

대부분의 왕자들이 그렇듯이, 수성은 마냥 놀아도 되는 특혜가 주어졌다. 이지적 마음을 나타내는 수성은 물질적 세상에서 진보하는 데 필요한 것들을 다루는 데 능숙하다. 수성은 비지니스, 카드게임, 마케팅 전략 등을 펼칠 때 정확하게 성사시킨다. 그리고 그러한 자신의 능력을 자랑스러워한다. 이러한 일들을 할 때 수성은 놀이처럼 즐기고 있다. 그러나 황태자의 신분이기에 언젠가는 왕국을 다스려야 한다. 그러기 위해선 수성은 영적으로 진화되어야 한다. 이지가 붓디(Buddhi)라는 분별심 있는 이지로 성숙되어야 하는 것이다. 붓디는 샅(Sat, 순수 본질)과 아샅(Asat, 비순수 본질)을 인식하여 진리가 무엇인지 결정할 수 있는 능력이 있다. 수성이 붓디가 될 때 왕국을 가장 적절하게 잘 다스릴 수 있게 된다. 수성은 브라운 녹색처럼 신선하고 젊으며 경험이 부족하고 궁금한 게 많으며 뭐든지 빠르게 배운다."

- 『하늘의 금괴』

▨ 수성에게 나타나는 라지타디 아바스타 효과들

수성은 아주 다재다능한 행성으로서, 우리가 살아가면서 가장 많이 사용한다. 수성은 친구를 나타내며 중성이고 같이 있는 행성의 특성을 따른다. 예를 들어 수성이 나쁜 상태에 있으면서 화성과 합치하면, 화성이 라지타에 있는 효과들을 낸다. 만약 좋은 상태에 있으면 화성이 좋은 라지타디에 있는 효과들을 낸다. 수성의 적은 달밖에 없다. 그래서 대부분의 경우에 좋은 라지스타에 있다. 그러나 태양과 항상 가까이 있기 때문에 쇼비타와 컴바스트(하늘의 금괴, 7장)가 자주 일어난다. 그리하여 생각보다 수성이 제대로 역할을 하지 못하는 경우가 많다.

수성은 소통과 스피치, 공정한 게임규칙 등을 다룬다. 수성은 규율대로 행동하기를 좋아하며 규율을 따라 공정하게 게임하기를 원한다. 수성은 목성과 다르게, 바로 앞에 있는 우리가 당면한 규율들을 다루며 아무런 이견이나 편견 없이 앞에 놓인 규율을 그대로 따른다. 반면 목성은 디바인 법칙을 다룬다. 수성은 비슈뉴의 화신으로서 베딕 점성학에서 가장 중요한 신이다. 세상의 법칙은 개인적으로 공평하든 아니든 상관하지 않으며 단지 우리들 각자의 카르마에 따라 대가를 지불하도록 지지하는 흐름으로 세워졌다. 큰 그림에서 보면 모든 것이 공평하게 흐름이 유지되고 있다. 수성은 그러한 비개인적이면서 실질적인 관점으로 움직이는 행성이다.

수성은 같은 흥미와 취미를 가진 친구를 관장한다. 그런데 우정이란 너무 개인적인 감정으로 다루지 말아야 한다. 정말 좋은 친구라면 서로 어느 정도 집착하지 않을 수 있어야 한다. 진정한 우정이란, 나만을 위한 것도, 너만을 위한 것도 아닌, 우리라는 관계 자체가 가장 소중한 것이기 때문이다. 수성은 공정한 법칙의 영역을 다스린다. 우리 삶도 마찬가지로 모든 영역에서 적절한 선을 그을 수 있어야 한다. 친구 집에 놀러 갔을 때, 좋은 수성은 담담하고 명백하게 자신의 사생활 영역을 침범하지 않도록 요구할 수 있다. 그래서 행여 말 못하는 서운한 감정으로 서로의 우정을 다치게 하는 일들이 일어나지 않게 할 수 있다. 나쁜 수성은 친구가 자신의 사생활을 침범하고 소중한 공간이나 물건, 시간 등을 남용하는 것을 보아도 속으로만 끙끙 앓고 겉으로 표현하지를 못한다. 그리하여 갑자기 관계를 잘라버리는 식으로 대처하게 된다.

수성은 비슈누가 수호신으로써, 집착하지 않고 중립으로 있을 수 있는 능력을 준다. 수성은 수용적이고 검색하고 연구를 하여 가장 최상의 옵션을 선택하게 하는 행성이다. 온갖 정보에 밝기 때문에 가장 정당하고 최상의 선택을 하게 해 준다. 수성은 다양한 옵션을 강구해 본다. 뛰어난 소통 능력으로 원하는 것을 뭐든지 달라고 할 수 있다. 개인적인 감정이나 의견을 주입하지 않고 필요한 것을 그냥 소통하며 말한다. 그래서 좋은 수성은 자신의 요구가 거절당해도 어떠한 개인적인 감정도 갖지 않는다. 반면에 나쁜 수성은 자신의 의견이나 요구가 받아들여지지 않으면 상처를 받는다. 그리고는 개인적인 상처로 가슴에 새겨둔다. 그들은 정당하고 당연한 요구도 잘 못한다. 예를 들어 마트에서 산 우유가 상했거나 구입한 물품이 하자가 있는 것을 발견했을 때 환불이나 교환 등, 당연한 요구도 잘 하지 못한다. 수성의 라지타디 아바스타는 다른 어떤 행성보다도 더욱 중요하다. 나쁜 라지타디 아바스타를 가진 수성은 아주 심각하게 소통의 문제를 가지고 있으며 차트에서 가장 흔하게 손상되어 있는 영역이기도 하다.

▨ 수성이 라지타 아바스타에 있을 때

수성이 5번째 하우스에 있으면서 화성, 토성, 태양 중 어느 하나와 라후나 케투와 같이 합치하였을 때 라지타(수치심)를 느끼는 아바스타이다.

· 화성이 라지타를 하는 경우

이 경우 강한 의견과 좁은 마음을 가지게 된다. 그리고 수성이 가진 능률적인 유연성이 화성의 편견에 영향을 받아 객관적인 관점을 잃게 만든다. 너무 충동적이며 강요하고 강압적으로 되며 전체적으로 게임이 어디로 향하는지를 모르게 된다. 또한 수성은 우정과 친구를 나타낸다. 화성에게 라지타된 수성은 우정에 대해 너무 개인적으로 집착하게 된다. 우리는 모두 친구에 대한 어떤 기대가 있다. 그러나 라지타된 수성은 우정의 약속이나 기약을 지킬 수 없다. 운명의 장난으로 헤어지게 된 뒤 서로 우정을 좋게 유지할 수 없다. 십 년 혹은 그 이상의 시간 동안, 친한 친구들과 연락을 두절하는 사람들은 흔히 손상된 수성이 있다. 라지타된 수성은 그러한 자신의 행동에 수치심을 느낀다. 5번째 하우스는 자손이나 창조지성처럼 '무엇이든 계속 이어지는' 것들을 나타내는 하우스이다. 강한 의견이나 의지 생각들을 가진 화성이 5번째 하우스에 있으면, 뭐든지 자신의 의견대로만 계속하게 된다. 게다가 라후가 합치하게 되면, 지나칠 정도로 자신의 의견이 강해지게 된다. 그러한 조합에 합치를 한 수성은 우정에 대한 강한 기대와 의견을 가지게 된다. 자신의 강압적인 태도에 내심 수치심을 느끼지만, 그러나 강한 자신감으로 계속 밀고 나가게 된다. 결국에는 그들 자신이 스스로에 대한 확신이 부족하여, 친구관계가 흐지부지되고 만다. 케투가 합치하면 밖으로 드러내기보다는 내적으로 서운한 감정들을 쌓아둔다. 그래서 친구관계에 거리가 생기게 된다.

· 토성이 라지타를 하는 경우

이 경우 수성에게 심각한 소통의 어려움을 겪게 만든다. 수성이 라후나 케투와 함께 있으면 소통의 이슈가 정말 중요하게 된다. 특히 5번째 하우스에 있는 수성에게는 더욱 그러하다. 그런데 말수가 적은 행성인 토성이 합치하게 되면, 소통의 어려움을 겪고 분명하게 소통할 수가 없다. 그리하여 수치심을 느끼게 된다. 자신의 진짜 의도를 소통하기가 어려우며 다른 사람들에게 받아들여지기를 원하기 때문에 마음에 없는 말도 그냥 하게 된다. 그리고는 나중에 후회를 하고 수치심을 느끼게 된다.

수성이 다스리는 하우스의 영역이, 어떤 부분을 소통하고자 하는지를 나타낸다. 예를 들어 수성이 배우자의 하우스인 7번째 하우스를 다스린다면, 배우자나 파트너와 소통할 필요가 있음을 의미한다. 그런데 토성은 언제나 내면에 결핍 의식을 일으켜서 인정받고 싶은 욕구 때문에, 어떤 행성이든 자신의 자질을 희생하게 만든다. 토성에게 라지타가 된 수성은 원활한 소통을 할 수 있는 능력을 잃게 된다. 그러한 자신의 소통 능력 부족에 심한 수치심을 느끼게 된다. 토성의 라지타는 어릴 때 어떤 심각한 트라우마를 겪었음을 나타낸다. 무슨 말을 하거나 어떤 일을 하거나 자신이 이해 받지 못한다고 여긴다. 심한 왕따를 당한 피해 의식이 아주 깊숙이 자리하고 있다. 또한 자라면서 제대로 귀를 기울여 들어주거나 관심을 보여 주는 이가 없었기 때문에 수치심을 느끼고 있다. 때문에 어떤 규율을 따르거나 참가하지도 않으며 자신은 해당사항이 없다고 여긴다. 친구도 별로 없으며 항상 침체되어 있고 슬프다. 소통의 규율을 따르려 하지 않기 때문에 대인관계나 친구 등의 관계에서 스스로 소외시켜 친구도 별로 없다. 대체로 혼자 놀며 학교 공부에도 관심이 없고 성적도 나빠서, 자신의 머리가 모자라는 것 같은 수치심을 느낀다. 사실상 그들은 아주 총명하나 스스로 그렇지 않다고 여긴다. 사회적인 계발이 부족하며 학교생활에 적응하기가 어렵다. 수성이 토성에게 라지타 되는 경우에, 특히 어려운 어린 시절을 보내게 된다.

· 태양이 라지타를 하는 경우

어떤 권위적 대상에 억눌려서 수성은 자신의 욕구나 요구를 표현하는 데 어려움을 겪는다. 당연한 요구를 만드는 것도 어려우며 어떤 요구든지 만들 때마다 거절당할까 봐 주눅이 들게 된다. 어릴 때 아버지나 어떤 권위대상에게 원하는 것을 요구했다가 거절을 당한 것이 상처로 남아서 어른이 되어서도 계속 어려움을 겪게 되는 것이다. 이들은 손상된 물건을 가게에서 환불요구 하는 것조차 어려워하며 정당한 요구도 하지 못한다. 대신에 농담 비슷하게 말하면서, 별로 대수롭지 않은 것처럼 허약한 자세로 요구를 하게 된다. 결국 불분명한 소통의 결과로 원하는 것을 얻지 못했을 때 좌절감을 느끼고 이용당한 것 같은 기분, 희생의식 등에 시달리게 된다.

수성은 태양과 항상 가까이 있기 때문에 태양에게 라지타될 확률이 상대적으로 높다. 그러한 수성은 소통이나 이지에 대한 자신감을 잃는다. 태양은 항상 고정되어 있고 안정적이기 때문에 수성이 태양에게 라지타되면, 고집스러워진다. 흥정을 잘 할 수 없으며 한 가지 방식에만 고집한다. 그래서 자신을 어려운 상황으로 몰고 가기 때문에 수치심을 느낀다. 수성은 뭐든지 유연해야 하나 너무 고정되어 있어서 공연한 어려움을 자청하고 스스로에 대한 수치심이 있다. 아플 때 약이 되는 음식은 뭐든지 먹을 수 있어야 하나 자신이 평소에 먹는 음식이 아니라는 이유로 거부하거나 혹은 약을 거부해, 어려움들을 자초한다. 어떤 아이디어나 개념에 대해 너무 확고하게 믿고 있기 때문에 유연성이 떨어진다. 만약 라후가 같이 있는 경우에는 이러한 성향을 과대화하고 규율을 깨트리려 한다. 케투는 내적으로 그러한 성향을 가지게 하여 내적인 갈등에 시달리게 된다.

이처럼 수성이 라지타 아바스타에 있으면, 다른 행성보다 더 많은 어려움을 겪는다. 우리는 수성을 소통뿐만 아니라 다른 일상에도 많이 사용하기 때문에, 수성의 라지타가 다른 행성의 라지타보다 훨씬 감당하기 어렵다. 점성학을 하는 사람이 좋은 수성을 가지고 있으면, 더욱 훌륭한 점성학자가 될 수 있다. 레이스 카 드라이버가 좋은 수성을 가지고 있으면, 더욱 훌륭한 드라이버가 될 수 있다. 수성은 언제나 모든 것을 풀어내는 행성이다. 그래서 수성이 라지타 되면, 어떤 상황에서건 적절한 출구를 잘 찾을 수 없어 큰 단점으로 작용한다. 라지타에 있는 수성은 규율대로 따르거나 플레이하지 않는다. 적절한 계획을 세우는 것이 아니라, 뭐든지 손쉬운 방법으로 하려 든다. 그러다가 원하는 대로 안 되면 불평하고 좌절감을 느낀다. 나름대로 규율을 따른다고 했지만, 자신이 만들어 낸 결과에 수치심을 느끼게 된다. 자신은 잘한다고 했는데 나중에 후회할 상황으로 스스로를 몰고 간다. 소통하는 데 어려움을 겪기 때문에 규율대로 플레이하지 않는 것이다. 우리는 삶에서 제대로 소통을 하지 않고 기본적인 규율들을 제대로 지키지 않을 때 많은 고난들을 치르게 되는 법이다.

▨ 수성이 가비타 아바스타에 있을 때

수성이 처녀 라시에서 고양의 품위나 물라트리코나 품위를 얻을 때 가비타(자부심)를 가지는 상태가 된다. 가비타 수성은 다른 행성과는 달리 특별한 자부심이 없다. 단지 모든 것을 더 낫게, 훌륭하게 만든다. 수성이 가비타에 있을 때, 수성이 가진 모든 능력이 뛰어나기 때문에 스스로 자부심을 느낀다. 또한 수성이 관장하는 모든 영역에서 집착하지 않을 수 있는 능력이 있다. 그래서 우정도 좋고 길게 지속되며 사업이나 연구 분야 등에서 분명하게 최상의 상태로 경영과 관리를 하고 있다. 홍정의 능력도 뛰어나서 자신이 필요로 하는 것들을 쉽게 구체화시킬 수 있다. 자신이 가진 수성의 능력에 대해 만족하고 자부심과 행복을 느낀다. 아주 능률적이고 스마트하며 뭐든지 잘 조율할 수 있다. 어떤 규율이든 개인적으로 여기지 않고 법칙대로 완벽하게 잘 따르면서, 자신이 성공할 수 있게 한다. 어떤 규율이 주는 한계, 제한적인 굴레를 오히려 좋아한다. 그래야만 모두들 공평하게 플레이할 수 있기 때문이다. 예를 들어 체스 게임을 할 때, 정해진 규율이 없다면 혹은 규율대로 따르지 않으면 서로 게임을 할 수 없다. 이처럼 세상에는 따라야 하는 일정한 법칙들이 있다. 가비타 수성은 그러한 한계 내에서 최상으로 플레이한다. 법적인 문제에 있어서도 어떤 제한이 없으면, 법이 성립될 수가 없다. 의사만 약을 처방할 수 있도록 규정지어 놓은 법은 당연한 제한이다. 만약 누구나 아픈 사람을 진료하고 약을 처방할 수 있다면, 그에 따를 혼란은 상상만으로도 충분하다. 이처럼 사회의 질서를 유지하고자 세워진 다양한 법칙들의 한계를 가비타 수성은 존중한다. 반면에 라지타 수성은 무시하거나 따르지 않는다. 고집스럽거나 게을러서 뭐든지 쉽게 지름길을 찾아서 하려 하기 때문이다.

▨ 수성이 스바시타 아바스타에 있을 때

수성이 오운 라시(처녀 라시 20도에서 30도, 그리고 쌍둥이 라시)에 있을 때 얻게 되는 '편안한' 상태이다. 수성이 스바시타 상태에 있으면, 나타나는 효과들은 가비타 상태와 비슷하다. 그러나 자부심이 아니라 자신감을 느끼고 있다. 자부심은 세상을 향해 한껏 뽐내는 의미를 가지고 있는 반면, 자신감이란 수성이 가진 능력에 대해 자기 내적으로 느끼는 자신감이며 안정성이다. 그래서 가비타 수성보다 많이 겸허하다.

▨ 수성이 슈디타 아바스타에 있을 때

수성의 유일한 적은 달이다. 그래서 달이나 토성과 합치할 때 혹은 달에게 어스펙트를 받고 있을 때, 수성은 슈디타(굶주린) 상태가 된다.

· 달이 슈디타를 하는 경우

마치 사생아 아들이 아버지에게 구박을 당하는 것과도 같다. 수성은 목성의 아내인 타라(Tara)와의 정사를 통해 태어난 달의 아들이다. 그런데 아들인 수성은 달을 아주 사랑하고 헌신적으로 생각하는데, 정작 아버지인 달은 아들을 싫어한다. 달은 의식을 대변하며 수성은 피부를 나타낸다. 즉 의식을 둘러싸고 있는 커버링 시스템인 것이다. 수성은 오각을 통해 전해지는 온갖 자극을 달에게 제공한다. 달은 그러한 수성의 구체적인 정보에 대해, 어떻게 느낄 것인지 자신의 감정으로 해석해서 수성의 정보를 왜곡시킨다. 즉, 주관적인 감정으로 외부의 사실을 왜곡시키는 것이다. 이는 우리가 자신의 욕구에 따라 실질적인 정보를 왜곡시키는 것을 말한다. 그러한 상태에 있는 수성은 게임을 규율대로 플레이 하는 것이 아니라, 자신이 어떻게 느끼느냐에 따라 플레이 하게 된다.

또한 달은 에고 지바(Jeeva, 개체적 자아)를 나타낸다. 달에게 슈디타된 수성은 친구관계에서 자신에 대한 관심만 요구하기 때문에 우정이 오래가지 못한다. 좋은 아바스타에 있는 수성은 우정이 너도 나도 아닌 우정 자체를 소중히 여긴다. 로맨스 관계에서도 마찬가지이다. 그래서 수성이 달의 슈디타 영향을 거부할 수 있을 정도로 강한지 아닌지 하는 것이 아주 중요하게 된다. 이런 경우 특히 태양의 도움이 있으면 아주 좋다. 수성은 열린 마음과 비집착성으로 행동할 수 있어야 한다. 달이 수성을 슈디타 하는 경우, 수성은 자신의 필요나 요구만 중요하기 때문에 우정이나 로맨스가 지속될 수 없다. 모든 수성이 하는 일, 여러 가지 가능성들을 연구하고 검토해볼 수 있는 능력 등을 달은 자신의 개인적 공헌으로 여기기 때문에 수성의 객관성을 방해한다. 소통도 자신의 입장에서만 주장하며 다른 사람의 입장을 볼 수가 없다. 모든 것이 '나'만을 중심으로 돌아간다.

· 토성이 슈디타를 하는 경우

수성은 우정과 소통에 굶주리게 되며 자신을 믿지 않는다. 수성의 모든 능력이 억눌리며 어떤 결정이나 선택을 내릴 수 없다. 자신이 다른 사람들에게 이해를 받지 못할 거라고 생각한다. 그래서 자신이 말하려는 것을 지레 포기하고 대화를 거부한다. 아무리 소통 능력이 뛰어난 사람이라도, 우리는 절대 완전한 소통을 할 수가 없다. 자신의 생각을 100퍼센트 상대방에게 전달한다는 것은 불가능하다.

좋은 수성은 최선을 다하지만, 나쁜 수성은 아예 포기를 해 버린다. 공감을 받은 경험이 없기 때문에 지레짐작으로 다른 사람들이 이해하지 못할 거라고 단정지어 버린다. 그래서 우정도 로맨스도 오래가지 못한다. 좋은 수성은 소통을 시도하여, 다른 사람들이 이해나 납득을 하지 못하면 다른 방법으로 대화를 시도해 보고 그래도 안 되면, "괜찮아 별거 아니야." 하면서 가슴에 담아두지 않는다. 반면에 나쁜 수성은 그 경험을 가슴에 새겨 더욱 입을 다물어 버린다. 소통의 시도를 아예 안 하게 된다. 토성과 합치를 한 수성은 소통의 어려움을 다른 사람의 탓으로 돌린다. 친구가 될 수 없다거나 파장이 안 맞는다는 등의 핑계로 지레 관계를 끊어 버린다. 다른 사람들이 자신을 알아주도록 제대로 소통도 하지 않고 기대한다.

토성은 수성에게 소통을 경직되고 한정되며 제한적인 방식으로 하게 한다. 그래서 어떤 식으로든 소통이 단절된 채 오랜 시간을 흘려보내기도 한다. 그리고 보통, 다른 의식 수준이나 레벨의 사람들과 친구를 맺는 경향이 있다. 이들은 친구 관계를 좀 더 다양하게 가질 필요가 있으며 사람들마다 다르다는 것을 배우고 인정하고 받아들일 수도 있어야 한다. 이들은 법률을 깨트리지는 않지만, 그러한 것들을 귀찮아하거나 성가시게 느낀다. 그래서 법률 등과는 가능한 최소한으로 상관을 하며 살려고 한다. 이러한 합치가 연관된 하우스들에 따라 그 영역들이 굶주림을 느끼게 된다.

토성은 열심히 노력을 하는 행성이다. 수성과 합치할 때, 지나칠 정도로 정보 수집이나 연구를 많이 하지만, 다음 날 자신이 아는 것이 확실하지 않아 마음을 바꾸어 버린다. 계속하여 더 많은 정보를 구하지만 여전히 결정을 내릴 수가 없다. 행여 실수할까 봐 계속해서 더 연구하고 자료를 검토하려 한다. 그들은 그냥 현재 알고 있는 것들로 실수할 지도 모른다는 걱정을 내려놓고 그냥 행동으로 옮기는 법을 익혀야 한다. 그러나 토성은 항상 수성의 발목을 붙잡는다. 그래서 자신의 결정이 완전히 인정받을 수 있을 때까지 어떤 결정도 내리지 못한다.

이러한 수성을 가진 사람들이 점성학 상담을 가장 많이 찾는다. 그들은 자신이 결정을 내릴 수 있도록 어떤 확실하고 분명한 답을 요구하지만, 신은 우리가 어떤 결정이든 내릴 때까지 어떠한 결정도 인정해 주지 않는다. 그냥 행위를 해야 하는 것이다. 이러한 수성은 나쁜 선택을 하여 생사문제에까지 영향을 줄까 봐 너무 두려워하고 있다. 그렇지만 그처럼 생사가 달린 유일하고 절실한 선택이란 없다. 살면서 우리는 뭔가를 한다는 것이 중요하지 좋거나 옳기만 하고 혹은 바르거나 그러기만 한 그런 것들이란 없다. 하지만 토성에게 슈디타된 수성은 그런 식으로 보기가 어렵다. 그저 실수하지 않으려고 전전긍긍하고 있다. 아무리 다른 사람들이 말하거나 확신을 주어도, 돌아서서 다시 마음이 흔들린다. 그래서 이 점집, 저 점집 계속 전전하며 더 많이 들을수록 혼란스러워지기만 한다. 그들의 선택은 자신들이 어떤 결정이든 내릴 때까지 결코 효율적인 선택일 수가 없다.

좋고 나쁜 선택이든 정말 아무런 상관이 없다. 뭐든지 하는 것이 중요하다. 용기를 가지고 뭔가를 하는 것이다. 일단 뭔가를 시작하게 되면, 다음 일들은 자연스럽게 끼워 맞춰지게 되어 있는 법이다. 비슈뉴 신은 말한다.

"네가 뭐든지 일단 시작하기만 하면, 어떤 것이 바른 것인지 내가 보여 주겠다."

그러므로 더 많은 정보나 확신은 필요하지 않으며 뭔가를 한다는 게 더 중요하다. 그러나 이들은 삶을 두려움으로 접근한다. 삶이란 바른 답을 얻는 게 목적이 아니다. 바른 답, 그른 답 그러한 것은 애초에 없다. 리더가 하는 역할은 답을 주는 것이다. 답은 행동을 할 수 있는 확신을 준다. 그래서 설령 잘못된 답이라도 결국엔 바른 답이 된다. 어떤 때는 그런 답이 질문자를 도와주기도 한다. 그를 행위로 이끌어 주었기 때문이다. 어떤 식으로든 행위로 이어지게 하는 답은 항상 옳은 답이 되는 법이다. 그러한 행위에 대한 결과가 어떻게 나올지는 신의 영역에 속한다. 그 사람이 어떻게 될지 결과나 성과에 대한 컨트롤은 우리에게 없다. 우리에게는 오직 행동에 대한 권리만 있을 뿐이라는 사실은 슈디타 수성은 익혀야 한다.

▨ 수성이 트리쉬타 아바스타에 있을 때

수성이 물의 라시에 있으면서, 적인 달에게 어스펙트를 받고 있을 때 생기는 아바스타이다. 이런 경우 나타나는 효과는 슈디타 효과와 비슷하나 훨씬 약한 강도로 나타난다. 목마른 수성은 그래도 어느 정도 자신의 기능을 정상적으로 발휘할 수 있기 때문이다.

▨ 수성이 무디타 아바스타에 있을 때

수성이 친구와 같이 있거나 어스펙트를 받거나 친구의 라시에 있거나 목성과 합치를 할 때, 무디타(기쁨)를 느끼는 상태에 있다. 수성에게는 태양과 금성이 친구이다. 비록 태양이 친구이지만 합치하게 되면 쇼비타 상태가 된다. 그래서 태양에 관해서는 어스펙트를 받거나 사자 라시에 있으면, 무디타가 된다. 금성의 라시에 있거나 합치하면 수성에게 훌륭한 무디타가 된다. 수성이 무디타에 있으면, 모든 수성의 재질이 좋아 진다. 수성은 천문학상으로 태양에게 가장 가까이 있는 행성이기 때문에, 절대로 태양의 어스펙트를 받을 수 없으며 같이 합치하면 쇼비타가 된다. 그래서 금성이나 목성과의 합치, 그리고 금성의 라시만이 수성이 무디타 상태를 얻을 기회다. 하지만 수성은 너무 자주 태양에 의해 쇼비타가 되거나 컴바스트가 된다. 혹은 토성과의 합치로 슈디타를 얻게 된다. 그래서 길성임에도 불구하고 수성은 그리 자주 무디타 상태에 있지 않다.

· 수성이 사자 라시에 있는 경우

친구관계에서 보다 책임감 있고 충직하며 더 많은 행복과 기쁨을 나눌 수 있다. 사자 라시는 영역을 고수하는 라시이다. 그곳에 있는 수성은 진리에 대해 더 강력한 의무감과 일관성이 있다. 수성은 자신의 관할 영역을 잘 연구·조사하고 검색할 수 있으며 수성의 능력이나 재능을 보다 확실하게 믿을 수 있다. 사자 라시에 있는 수성이 가지고 나오는 어떤 연구 결과나 자료는 항상 가장 효과적이고 최상의 것이다. 자신의 영역 안에 있는 정글의 사자는 별로 다른 구역을 찾아볼 필요가 없다. 마찬가지로 사자 라시의 수성은 별다른 옵션을 찾아볼 필요가 없다. 태양은 자신이 가진 한결같고 지속적인 성향, 안정적이며 책임감 있게 대인관계나 친구들과의 관계를 다룰 수 있는 능력을 수성에게 전가한다.

· 수성이 목성과 합치하는 경우

가장 효과적이고 최상으로 수성의 능력을 확대시켜 준다. 언제나 운이 좋고 행복하며 기쁨에 차 있다. 소통하는 방식도 더 행복하고 현명하다. 규율이나 법칙대로 행동하는 데 기쁨을 느낀다. 그래서 목성과 수성이 합치한 사람은 가장 훌륭한 변호사를 만들기도 한다. 다른 사람들이 그들에게 지혜를 구하고자 찾게 되며 이해력이 뛰어나며 넓은 관점에서 볼 수 있다. 수성에게 좋은 자질들과 가치관을 주며 더 낫고 진실한 사람, 진솔한 소통가로 만들어 준다. 그리고 수성이 관장하는 모든 영역에 행운과 지혜, 많은 부을 얻을 수 있게 해 준다. 단순히 수성이 운이 좋아서 그리 되는 것이 아니라, 수성에게 넓은 이해력을 주어 더 좋은 결정을 내릴 수 있게 해 줌으로써 자연스레 행운이 오게 되는 것이다. 목성과 수성이 합치한 사람들은 점집이나 점성학 상담을 하러 잘 가지 않는다. 그들은 직관적으로 바른 결정이나 답을 알고 선택을 하기 때문이다. 토성은 '아하!' 하는 경험으로부터 분리를 시키지만, 목성은 '아하!' 하는 경험을 통해 모든 진리를 직관적으로 알 수 있게 한다.

· 금성과 수성

금성이 수성에게 가장 흔하게 무디타를 해 준다. 금성과 수성이 합치하게 되면, 스피치가 매력적이고 교제술이 뛰어나며 다정다감하다. 우정의 관계에 있어 좋은 결정을 내리며 쌍방이 이득이 되게 한다. 물질적으로나 영적, 감정적으로 더 생산적이고 충족적이며 더 가치가 있도록 만든다. 금성은 우리가 세상으로부터 얻을 수 있는 좋고 편안한 것들을 나타낸다. (달은 우리들 자신이 좋아하고 편안하게 해 줄 수 있는 것들을 나타낸다.) 금성과 수성이 같이 있거나 금성의 라시에 있으면, 수성은 가장 충족되고 가치 있는 대인 관계나 친구 관계를 만들 수 있는 소통을 한다. 금성은 언제나 보다 더 가치가 있는 관계를 맺도록 해 준다. 시시콜콜한 것들로 시간 낭비하는 관계가 아닌, 진정한 우정을 나눌 수 있는 의미 있는 관계들을 가지게 한다.

수성의 경우에는 혼자서 게임만 하거나 잡담으로 희희낙락하는 관계도 괜찮다. 그러나 금성과 합치하면, 그러한 얄팍한 우정이나 인간관계에서는 만족을 얻지 못한다. 뭔가 더 의미 있고 충족되며 동시에 즐거운 관계를 추구한다. 금성은 게임하는 것을 좋아하지 않으며 보다 충족된 관계를 추구한다. 그냥 시간을 때우거나 게임을 해 이기려는 시시콜콜함이 아니라, 진정으로 좋아하고 마음 맞는 사람과 시간을 보내는 것을 더 의미 있게 생각하고 이것이 수성을 더욱 충족시킨다. 또한 어떤 결정을 내릴 때 가장 큰 점수, 최상의 스코어를 가지고 내릴 수 있도록 해 준다.

금성은 수성이 더 충족될 수 있는 결정, 가장 큰 행복을 줄 수 있는 결정을 내리게 한다. 예를 들어 휴가를 갔을 때, 수성은 좀 더 비싼 호텔을 지불할 용의가 없다. 그러나 금성은 이전에 신혼여행을 갔던 호텔이라는 의미가 있기에 좀 더 비싸더라도 지불할 용의가 있다.

금성은 이처럼 숫자만 고려하지 않고 전체 경험을 다 고려해서 결정을 내린다. 그리고 다른 사람들이나 친구들을 대하는 매너가 아주 고상하고 우아하며 존중과 관심을 보여 준다. 금성과 수성의 합치는 최상의 상태로서 수성을 더욱 매력적이고 사교적이며 겸허하고 다정다감하게 소통하도록 만든다. 언제나 다른 사람들을 잘 이해하고 같이 득이 될 수 있는 관계를 추구하며 훌륭한 파트너로 만들어 준다. 평화와 조화를 사랑하며 그리고 양방이 이득을 볼 수 있는 관계 들을 중요시한다.

▨ 수성이 쇼비타 아바스타에 있을 때

수성이 태양, 달과 합치하는 경우에 쇼비타(안절부절못하는) 아바스타가 된다. 수성이 쇼비타에 있으면 소통이나 이해하는 것이 어려워진다. 소통이란 나의 생각을 상대에게 (녹음이라도 해서) 그대로 전달하는 일직선상에서 일어나는 것이 아니다. 소통이란 스피치를 통하여 이지를 자극하여 상호간의 이해를 원활하게 함이다. 즉, 진정한 소통이란 다른 사람의 이해를 자극시키고자 하는 것이지 마치 도장이라도 찍는 것처럼 상대방의 머릿속에 내 생각과 똑같은 복사판을 만들어 내려는 것이 아니다. 흐르도록 되어 있는 것이며 듣는 행위를 통해 개인적인 경험으로 만들어 낼 수 있도록 하기 위해서이다.

· 태양이 쇼비타를 하는 경우

이 경우 수성은 자신감이 부족하고 자신의 능력에 대한 확신이 부족해진다. 자신의 능력에 대한 불확신감이나 좌절감, 패배감을 느끼며 뭐든지 요구하거나 묻는 것을 좋아하지 않는다. 그리고 자신이 원하거나 필요한 것들을 가지는 데 도움이 되지 않는 방식으로 소통을 한다. 이들은 어릴 때, 아버지나 권위 대상에게 장난감 같은 것들을 요구했다가 "그 따위 것을 왜 가지려고 해, 이 멍청한 놈아!" 하는 식으로 아주 무례하게 거절을 당한 경험이 있다. 자신이 원하는 것을 표현할 때마다 질시를 당했기 때문에, 어른이 되어서도 (어떤 식으로든) 요구하는 것에 대해 자신이 없고 불안하다.

이것은 수성이 항상 태양과 가까이 있기 때문에 아주 흔하게 일어나는 합치이다. 그래서 수많은 사람들이 소통의 어려움을 겪고 있는 것이다. 성숙하고 현명한 어른에게서 건강한 방식으로 소통 경험을 얻지 못했기 때문에, 내면의 어린아이가 상처를 받은 방식으로 소통한다. 건강한 수성은 뭐든지 요구를 할 수 있는 행성이다. 개인적인 이슈로 만들지 않고 뭐든지 궁금한 것을 물을 수 있고 원하는 것을 요구할 수도 있다. 그러한 제의를 만드는 것에 대해 주눅 들게 생각하지 않는다. 수성은 중립의 행성이기 때문에, 그들 자신의 의견을 표현하거나 요구하는 것에 대해 집착하지도 않는다.

하지만 수성이 쇼비타에 있으면, 정당한 것도 물을 수가 없다. 가게에서 물건을 교환하는 것이나 환불을 요구하는 것 등도 할 수가 없다. 사람들이 자기를 공평하게 대하지 않더라도 항의를 하지 못한다. 자신의 생각이나 의견에 집착하여 거절당할까 봐 혹은 상처를 받을 까봐 무서워서 아예 입 밖으로 내지도 못한다. 이러한 사람들은 수성을 하나의 연장이나 도구로 적절하게 사용할 수 있는 법을 배워야 한다. 수성이라는 연장과 너무 동일시하거나 집착을 하지 말아야 한다. 만약 한 개의 연장이 안 맞으면 다른 연장을 사용할 수 있다. 그러므로 수성은 좀 더 효과적으로 사용할 수 있을 때까지 자꾸만 다른 방도를 시도해 보고 또 시도해 보면서, 쇼비타의 효과를 극복할 수 있어야 한다.

· 달이 쇼비타를 하는 경우

만약 지는 달이게 되면, 우정이나 수성이 관련된 다른 것들이 시간이 지날수록 자꾸만 줄어들게 된다. 그래서 결국에는 아무 것도 남은 것이 없게 된다. 뜨는 달인 경우에는 우정이나 대인관계가 모두 자신에 관한 것이기를 원한다. 그런데 그렇게 될 수가 없으니 행복하지 않고 화를 내고 좌절감을 느낀다. 그래서 친구들이 떠나게 된다. 그래도 뜨는 달은 어느 정도 상호관계의 필요성을 감지할 수 있기에 약간의 친구들은 있다. 지는 달은 언제나 자신의 능력이나 노력보다 작게 가지게 된다. 그래서 친구나 인간관계를 아주 나쁘게 끝내게 된다. 지는 달은 내적인 성장을 위해 좋으며 뜨는 달은 뭐든지 자라게 하며 특히 외적인 성장에 좋다. 그래서 쉽게 물질적인 세상에서 계발과 성장을 일으킨다. 인간관계도 좋게 끝낸다. 달은 강한 욕구와 충족의 필요를 가진 행성이다. 그래서 뭐든지 자신에게 돌아오는 것이 절대 충분하거나 흡족하지도 공평하지도 않게 느낀다.

쇼비타 수성은 요구를 할 수가 없다. 오직 농담 반, 진담 반인 식으로만 요구를 할 수 있다. 그래서 자신들이 다른 사람들에게 심각하게 받아들여지지 않는다. 결국에는 좌절감 때문에 고통스러워진다. 사람들과의 사이에서 경계선을 그을 수 없어 어려움을 겪는다. 만약 친구가 자신의 집을 함부로 사용할 때 완전히 괜찮은 식으로 겉으로는 행동하면서, 한편 속으로는 끙끙 앓다가 나중에 표현할 때 아주 방어적으로 상대방 감정을 다치게 하는 식으로 표현하게 된다. 그래서 속을 알게 된 상대방이 의외의 반응을 보이며 놀라게 되고 우정이나 인간관계에 금이 가고 손상되어 다시 유지하기가 어렵게 된다. 이들은 친구 관계뿐만 아니라, 대인 관계, 사업 등의 관계에서도 자신의 정당한 몫을 요구하지 못한다. 그래서 우정이나 인간관계를 잘 깨는 사람이 된다. 적절한 소통이 불가능하기 때문에 일어나는 현상인데, 놀랍게도 많은 사람들이 이러한 쇼비타된 수성이 있다. 쇼비타가 된 수성은 '들어오지 마십시오.' 하는 사인을 아주 작게 다른 사람들이 볼 수 없는 구석에 붙인다. 그러다가 수많은 사람들에게 침범을 당하고 나서야 감정을 폭발시켜, 다른 사람들을 놀라게 하고 관계를 단절시킨다.

자녀를 키울 때도 마찬가지이다. 그들은 아이들을 훈육시킬 때 분명한 선을 긋지 못해 당하고 나서야 나중에 아이들에게 소리를 지르고 윽박을 지른다. 쇼비타 수성은 분명하고 확실하게 자신의 요구를 하거나 화를 내거나 좌절감을 느끼지 말고 담담하게 존중해 줄 것을 부탁하는 법을 배워야 한다. 그러나 아쉽게도 쇼비타 수성은 많은 사람들이 어려움을 겪고 있는 영역이다.

사람들이 좋은 수성보다는 나쁜 수성을 가지고 있는 경우가 훨씬 많다. 수성이 행복할 수 있으려면, 금성이 가진 공손함, 존중심, 전체적으로 모두에게 좋도록 어떤 결정을 내릴 수 있는 능력, 뛰어난 외교술과 매력적인 방식으로 행동하는 법 등을 익혀야 한다. 그것만이 오직 수성이 살아남을 수 있는 길이다. 나쁜 수성은 삶의 모든 경험들을 나쁘게 만든다. 반면에 좋은 상태의 수성은 삶의 질을 향상시킨다. 세상에서 행복할 수 있으려면 수성과 금성이 합치한 효과가 가장 이상적이다. 태양이 올라올 때, 수성과 금성이 가장 가까이에 있다. 그리고 금성이 가장 밝게 빛나는 행성이다. 그러므로 세상의 밝은 경험을 얻기 위해서는 좋은 수성과 금성이 아주 필요하다.

※ 수성의 라지타디 아바스타즈 예

· 제8대 UN사무총장 반기문의 라시 차트

Planetary Aspects

Rasi- Aspected Planets

	☉	☽	♂	☿	♃	♀	♄	☊	☋
☉	–	22	10	Y	16	Y	Y	3	42
☽	38	–	8	38	27	40	35	10	
♂	60	–	5	Y					32
☿	Y	12	25	–	35	Y	Y	13	32
♃	52	Y	10	–	2				12
♀	Y	20	12	Y	20	–	Y	5	40
♄	Y	39	27	Y	46	Y	–		45
+	0	83	38	10	55	2	0	18	84
–	38	121	45	44	89	40	35	14	119

출생시간을 정확히 모르는 경우에도 라그나와 달의 위치만 변동이 있을 뿐, 행성의 어스펙트 비중은 별로 큰차이가 나지 않는다. 반기문(1944년 6월 13일생, 정확한 생시는 알려져 있지 않음)의 경우 산양 라시 라그나로 추측이 되는데, 일단 수성의 라지타디 상태만 살펴보기로 한다. 수성은 오운 라시인 쌍둥이 라시에 있으면서, 금성, 태양, 토성과 함께 있다. 그런데 태양과 토성은 수성과 같은 하우스에 있지만 서로 상당히 멀리 있기 때문에 '합치'로 간주되지 않는다. 그래서 수성은 태양의 쇼비타 혹은 토성의 슈디타를 겪지 않고 있다. 오운 라시에 있으므로 스바시타 수성이며 금성과의 합치로(60) 무디타, 그리고 적인 달에게 슈디타(38)를 받고 있다. 전반적으로 반기문의 수성은 아주 훌륭한 라지타디 아바스타에 있다. 반기문의 뛰어난 외교 커리어를 잘 대변해 주고 있는 수성이다.

4-5

목성의 라지타디 아바스타즈

· 목성(구루, Guru)

"목성은 노랗고 네 개의 팔을 가졌으며 지팡이를 들고 축복을 내리며 제를 올린다. 염주와 카만달러스(Kamandalus, 수행자들이 사용하는 물병)를 들고 있다."

"큰 사이즈의 몸을 가진 이가 목성이며 노란 털과 눈을 가졌다. 카파 성격이며 총명하고 모든 샤스트라(Shastras)에 능통하다."　　　　　　　　　　　　　－ BPHS

"목성은 지혜와 행복을 나타낸다. 목성의 지혜는 직관에서 나오는 기능이며 행복은 보다 더 큰 힘에 대한 어떤 신념에서 나오는 것이다. 그리하여 낙천적으로 만들어 준다. 목성에게는 우리의 모든 경험들이 내포하고 있는 깊은 의미를 헤아리게 하는 능력이 있다. 모든 것에는 신성이 있음을 보며 매 순간이 가진 기쁨을 느끼게 하는 지혜를 가지고 있다. 목성은 풍부한 지식과 지혜로서 각료의 임무를 수행한다. 목성은 데바(천상의 신들, divine beings)들의 스승으로 알려져 있다. 목성은 자신의 시간과 관심을 받을 만큼 덕을 지은 이들에게 스승, 점성학자, 선생 혹은 상담자의 모습으로 다가온다. 목성은 영적이고 법적인 지식으로 가득하다. 그는 또한 법무관을 관장하는데 자신의 지혜를 사용하여 공정성과 질서를 세우게 한다. 투명하게 하얀 목성은 자체적으로 항상 행복하고 즐거우며 낙천적이다. 투명하게 흰색처럼 맑은 캐릭터를 가졌다." — 『하늘의 금괴』

▧ 목성에게 나타나는 라지타디 아바스타 효과들

모든 행성 중에서 최고의 길성인 목성은 유일하게 어느 누구에게도 적이 아니다. 태양과 달, 화성과는 좋은 친구일 뿐만 아니라, 누구든 같이 있으면 자신이 가진 모든 좋은 자질을 전가해 주어 기쁘게(무디타) 해 준다. 그런데 수성과 금성은 목성에게 적이기 때문에 두 행성과 합치하면, 그들에게는 좋으나 목성은 피해를 입는다. 그리하여 목성의 라지타디 아바스타에 따라 목성의 다샤(시간) 동안 예상외의 결과들을 가져올 수도 있다.

수성과 금성은 목성과 마찬가지로 좋은 길성들 임에도 불구하고 서로 해칠 수 있다는 사실에 사람들은 많이 놀란다. 이것은 점성학자들이 예측에 가장 실패를 잘 하는 부분이기도 하다. 수성은 목성의 의붓아들이다. 목성은 양아들을 친자식과 똑같이 사랑해 주고 돌보아 주었지만, 정작 수성은 자신을 키워준 양아버지를 홀대하고 자신을 미워하는 친아버지 달에게만 오매불망 헌신을 한다. 인간 세상과 마찬가지로 신들의 세계에서도 피는 물보다 진하다라는 법칙이 작용하고 있는 것이다.

금성은 아수라들의 스승이기 때문에, 데바들의 스승인 목성에게 라이벌 의식을 가지는 것은 당연하다. 그래서 목성을 적으로 대하지만 정작 목성은 금성에게 아무런 적대감 없이 중립으로 대한다. 천문학상으로 목성은 태양 다음으로 사이즈가 가장 큰 행성으로 지구의 약 11배가 된다. 몸집이 크다 보니 움직임도 느려서 일 년에 한 개의 라시씩 옮겨 가며 전체 조디액을 한 차례 회전하는 데 12년이라는 시간이 걸린다. 성격도 안정적이고 느긋하며 한없이 관대하다. 그래서 설령 목성이 안 좋은 라지타디 아바스타에 있더라도 나타나는 효과가 다른 행성처럼 그리 심각하지는 않다. 혹은 임시적으로 안 좋을 수 있는 효과들을 줄 수 있으나 결과적으로는 차트 주인이 가진 영성과 내적 지혜를 일깨워 더 크게 진화하고 성장할 수 있는 계기가 되게 해 준다.

⬛ 목성이 라지타 아바스타에 있을 때

목성은 정의와 심판을 상징한다. 바르고 지혜롭게 심판할 수 있는 능력, 자신이 연관된 영역에서 가장 최상의 선택을 할 수 있는 능력이 있다. 이러한 **목성이 5번째 하우스에 있으면서 태양, 화성 혹은 토성과 합치하고 라후나 케투가 같이 있으면 목성은 라지타 아바스타(수치심)를 느끼는 상태가 된다.**

목성은 태양, 달, 화성과 함께, 같은 한 개의 그룹으로써 '우리가 자신을 위해 무엇을 할 수 있는가'를 나타내는 행성이다. 이들은 우리가 알아서 해야 하는 행성으로서, 우리 삶을 더 낫게 만들 수 있도록 서로가 서로를 도와준다. 반면에 **수성, 금성, 토성은 다른 한 개의 그룹으로써, '세상이 우리를 위해 무엇을 해줄 수 있는가'를 나타내는 행성이다.** 그래서 자신의 의지와는 별개로 작용하고 있는 주변 여건들의 영향들을 나타낸다. 특히 토성은 우리가 전혀 컨트롤할 수 없는 삶의 영역, 전생에서 가져온 카르마들을 나타낸다. 사랑하는 사람이나 부모님을 잃게 되는 경우처럼, 우리가 어찌할 수 없는 삶의 시련들은 단지 견디고 버티어 내는 방법밖엔 별다른 도리가 없다. 토성이 그러한 영역들을 관장한다. 그래서 토성에게 라지타가 된 목성은 더욱 어려운 상황, 가장 심각한 라지타 효과를 가지게 된다.

라지타 목성은 자신의 행동 철학이나 종교, 믿음 등에 대해 수치심을 느낀다. 전통적으로 목성이 라지타가 되면 가장 불행한 경우로 간주된다. 목성은 자녀들, 배움, 교육, 목적의식 그리고 여자의 차트에서는 남편을 나타내기 때문이다. 라지타 목성은 주어진 이상적 기준에 자신이 맞출 수가 없거나 돈을 관리하는 능력이 부족해서 수치심을 느낀다. 종교나 돈은 서로 비슷하다. 눈에 보이거나 손으로 만질 수 없는 가치를 가지고 더 큰 일을 할 수 있는 기반을 마련해 주기 때문이다. 돈이나 종교는 우리가 물질적으로 성장할 수 있게 해 준다. 금이나 부는 자체적으로는 아무런 가치가 없다. 금 같은 경우 형이상학적인 가치는 조금 가지고 있지만 더 이상은 아니다. 옛날에는 조개껍데기나 금을 가치교환 수단으로 사용하였다. 지금은 지폐를 사용하지만, 어쨌든 모두가 형태가 없는 어떤 가치를 대변하고 있으며 궁극적으로 그것들을 이용하여 우리가 좀 더 큰 성장을 할 수 있는 기반을 마련해 주는 수단에 지나지 않는다. 철학이나 종교도 마찬가지로 우리를 영적으로 성장하게 하기 때문에 가치가 있다. 이처럼 목성의 테마는 물질적으로나 영적으로 '성장'을 하게 하는 것이다. 그런데 목성이 라지타 상태에 있으면, 돈에 관련된 이슈를 잘 다루지 못하기 때문에, 그리고 기존적으로 가진 종교적 규율이나 종교에 반反하는 자세를 가지기 때문에, 그러한 자신에 대해 수치심이 있다.

· 태양이 라지타를 하는 경우

이 경우 아버지나 권위 대상이 종교나 돈에 대한 개념 등을 주입시켰다. 그런데 그러한 기준이나 기대에 맞추지 못해 수치심을 느낀다. 어릴 때 응석받이로 자라서 어른이 되어서도 모든 사람들에게 도움을 기대하고 있다. 파워풀한 권위적 대상 앞에서는 자신의 목소리를 낼 수가 없기 때문에 수치심을 느낀다. 태양은 목성에게 자신의 진짜 모습이 아닌 어떤 다른 모습을 강요하게 되는데, 그러한 기대에 부응할 수 없어서 수치심을 느낀다. 집안의 종교가 별로 내키지 않아 따르지 않으면서도, 자신이 가진 의견에 목소리를 낼 수 없다. 그러한 자신에 대해서도 수치심을 느끼고 있다.

왕인 태양은 항상 같이 있는 행성을 무시한다. 왕은 상대방의 의견을 개의치 않는다. 다른 행성이 목소리를 내는 것을 허락하지 않는다. 그래서 목성이 가진 철학이나 종교, 문화 등이 무시당하게 된다. 그런 파워풀한 왕 앞에서 자신이 아주 미미하고 작게 느껴진다. 여자는 남편에 대한 열등감이나 불안함을 느낀다. 목성은 라후와 케투로 인해 자신의 이상이나 앞날에 대한 믿음, 목적의식, 경제적 여건 등에 대해 혼란스럽다. 그래서 판단의 실수를 많이 하게 된다. 라지타 행성은 공통적으로 아주 큰 실수를 나타내는데, 그들은 그러한 실수를 감추며 돌아보고 싶어 하지 않는다. 이러한 라지타 효과들을 극복할 수 있기 위해선, 집착하지 않고 실수를 분석하고 받아들일 수 있는 과정이 필요하다. 경험을 축적함으로써 배우게 되는 것이다. 실수를 대면하지 않으면, 앞으로도 계속 실수할 가능성이 있게 된다.

· 화성이 라지타를 하는 경우

이 경우는 그래도 낫다. 화성은 목성의 좋은 친구이기 때문에 독립적인 캐릭터로 만들어 준다. 물론 타고난 종교나 믿음 성향을 따르지 않지만, 뭔가를 배우는 능력이나 영성에 집중할 수 있는 능력이 뛰어나게 된다. 문제는 라후와 케투이다. 그들은 목성의 능력을 흐리게 한다. 행복이나 기쁨을 줄 수 있는 조화롭고 균형 있는 선택을 하기가 어렵다. 불의 행성인 화성은 목성을 아주 다혈질로 만들기 때문이다. 여자의 차트에서 이러한 목성이 있으면, 남자와의 관계에서 갈등을 일으키게 된다. 여러 파트너들을 전전하거나 비이상적인 파트너들에게 빠지기도 한다. 경제적인 관리능력도 떨어지며 풍요로움이 결여되어 있다. 삶에서 높은 이상적 관점을 유지하기도 어렵다. 너무 굶주려서 도박이나 빨리 돈 버는 방법들을 시도하다가 오히려 돈 문제를 악화시킬 수도 있다. 그래서 수치심을 느끼지만 다른 사람들에게는 그러한 자신의 문제들을 알리지 않는다. 아주 형편없는 판단력을 가지고 있으며 혼자서 비밀리에 괴로움을 겪는다. 화성에게 라지타된 목성은 너무 높은 이상적 골에 맞추기 어려워 수치심을 느낀다. 어떤 실수를 할 때나 종교 혹은 돈 문제로 실수를 할 때 수치심을 느낀다. 보통 화성과 목성이 합치하면 서로 도와주는 좋은 합치이다. 그러나 라지타의 경우, 화성의 이상적 모델에 부합할 수 없어 목성은 수치심을 가지게 된다.

· 토성이 라지타를 하는 경우

목적의식이 결여되어 있어 수치심을 느끼게 한다. 다른 종교를 따르려 해 보거나 광신도처럼 실행도 해보지만, 내적으로 직관적인 진리에 도달할 수가 없다. 목성은 내면의 지혜를 찾고 있는 행성이다. 토성에 라지타가 되면 그러한 가치가 있는 종교나 믿음을 가지지 못하기 때문에 수치심을 느낀다. 잠시 광신도가 될 수도 있으나 결국엔 완전히 따를 수가 없어 돌아서게 된다. 내면에서부터 스스로 자신의 믿음에 대해 인정할 수 없기 때문이다. 혹은 겉으로는 아주 종교적인 척 행동하지만 실제로 자신이 종교적 규율을 따르지 않기 때문에, 가식적 자신에 대해 수치심을 느끼는 것이다.

목성은 자연적으로 영성을 표현할 수 있는 순수한 동기의 사트빅 종교나 믿음을 원한다. 그러나 토성은 타마식 행성이기 때문에, 어려움이나 고통에서 벗어나기 위해 종교를 택한다.

새벽 4시에 일어나서 열심히 명상하고 기도하지만 좋아서 하는 것이 아니라 고통을 피하기 위해서 하는 것이다. 그리하여 고통이 극복되거나 고비가 지나가면, 그러한 영적 수행을 계속할 수가 없다. 충분한 동기가 부족하기 때문이다. 이러한 믿음이나 종교는 진정한 영성이 아니다. 목성은 영성 자체이다. 자신이 가진 이상이나 영감 때문에 계속 종교적인 생활이나 수행을 하게 된다. 토성의 동기와는 완전히 다르다. 요가난다 같은 사람은 순수하게 어렸을 때부터 오로지 영성을 원했다. 대부분의 사람들은 고통을 벗어나기 위해 종교들을 택하게 된다. 이러한 타마식 동기는 고통이나 문제가 있는 한 계속 따를 수 있다. 그러나 고통이 지나면 계속 지속할 수가 없다. 외로운 사람들이 또한 종교를 잘 선택한다. 그러다가 나중에 파트너를 만나게 되면, 종교적 활동을 더 이상 계속하지 않는다. 목성이 토성에게 라지타가 된 사람들은 대부분 이런 식의 동기로 종교나 영성을 택하지만, 계속할 수가 없어 수치심을 느끼게 된다. 혹은 종교가 고통을 완전히 벗어나게 해주지 않는 대신에 창조성은 저하시키게 된다. 그래서 더 이상 따르지 않으면서 한편으론 수치심을 느낀다. 때로는 광신적으로 종교가 고통을 제거해 줄 거라고 열정적으로 믿거나 자신의 종교를 믿지 않는 사람은 지옥에 떨어진다는 식의 파괴적인 방식으로 믿음을 가진다. 그리하여 수치심을 느끼게 된다. 어떤 이상이나 분명한 목적의식이 결여되어 있는 아주 어려운 라지타이다.

토성에게 라지타가 되면, 목성과 연관된 모든 영역에서 상당한 실수들을 하거나 결핍의식을 가지게 된다. 그래서 역으로 너무 지나칠 정도로 잘하려고 한다. 너무 거대한 목적을 가지려고 하거나 남편을 위대하게 만들려고 하거나 등. 그래도 계속 실수를 하기 때문에 수치심을 느끼게 된다. 상당한 보상심리들이 작용하고 있는데, 라후가 있으면 그러한 수치심이 외면으로 표출되는 경향이 있으며 케투가 있으면 내적으로 감추게 된다. 토성의 라지타는 자신이 타고난 종교, 문화, 믿음 등에 대해 수치심을 가지도록 하기 때문에, 특히, 인도에서는 전통적으로 이러한 목성의 라지타를 가장 나쁘게 여긴다.

▨ 목성이 가비타 아바스타에 있을 때

목성이 고양의 품위인 게 라시에 있거나 물라트리코나의 인마 라시에 있을 때 가비타, 자부심을 가지는 상태가 된다. 가비타 상태의 목성은 자신의 지식이나 지혜, 철학, 종교, 믿음 등에 대한 자부심을 가진다. 돈이나 부를 관리할 수 있는 능력, 그리고 영적으로 성장을 할 수 있는 능력에 대해 아주 자부심을 느낀다. 관대하며 기부를 잘하며 도움을 줄 수 있는 자신의 능력에도 자부심을 느낀다. 라지타 상태에 있는 목성은 관대하거나 자선적이지 않다. 그러나 가비타의 목성은 아주 기꺼이 기부를 하며 너그럽고 행복하며 뛰어난 창조성이 있다. 높은 비전과 이상, 목적이 뚜렷하며 자신의 자녀들이나 돈, 재물, 라이프 스타일 등에 대해 자부심이 있다. 목성의 또 다른 이름은 지바(Jeeva, 사는)인데, 삶을 아주 분명하고 활기차게, 뚜렷한 목적의식을 가지고 산다는 뜻이 있다. 가비타 목성은 개입된 하우스에서 자부심을 느끼고 있다. 어느 차트에서든, 목성이 위치한 하우스는 그 사람의 인생에서 아주 큰 영역, 구심점이 된다. 목성은 아주 큰 행성이기 때문에, 우리가 가장 많이 의식을 하고 투자를 하고 있는 삶의 영역이다.

수비학에서 3, 5, 7의 숫자는 위기의 숫자들이다. 그래서 화성(3번째 행성), 목성(5번째 행성), 토성(7번째 행성)이 아주 좋은 여건에 있어야 함이 중요하다. 그렇지 않으면 생에 큰 위기를 가져오게 된다. 만약 목성이 나쁜 여건에 있으면, 삶의 어려운 상황(3)들이 일어날 때, 목성(5)의 힘으로 테스트를 하여 부족한 것이나 결핍(7)된 것을 넘어설 수 있는 그리하여 행복을 얻을 수 있는 가능성이 약하게 된다. 세상은 언제나 예상치 못한 시련들을 가져와서 우리의 믿음을 테스트한다. 그러한 시련에도 불구하고 행복할 수 있고 삶의 의미를 찾을 수 있는 능력이 있으려면 좋은 목성이 아주 중요하다. 가비타 목성의 경우는 테스트에서 A점수를 받은 것과도 같다.

▨ 목성이 스바시타 아바스타에 있을 때

목성이 오운 라시에 있는 경우에는 테스트 결과를 B점수 받은 것과도 같다. 가비타처럼 대단한 자부심은 아니지만, 안정적인 자신감을 가지고 있는 목성이다. 창조성도 자부심을 느낄 정도는 아니지만 그래도 적당한 자신감을 가질 수 있을 정도로 괜찮다.

⊠ 목성이 슈디타 아바스타에 있을 때

목성이 수성이나 금성과 합치하거나 어스펙트를 받거나 그들의 라시에 있을 때, 슈디타 아바스타, 굶주림을 느끼는 상태가 된다. 혹은 토성과 합치를 할 때도 슈디타가 된다. 목성은 수성, 금성, 토성 그룹의 자리, 즉, 세상이 나에게 하는 것의 자리에서 슈디타 상태가 된다. 이들은 목성을 제한시키며 세상의 좋은 것들을 가지게 하는 데 어려움을 준다. 수성과 금성은 세상에서 얻는 방식이 목성이 얻는 방식과 완전히 다르다. 그래서 목성은 굶주림을 느낀다. 토성은 본성적으로 카르믹 제한성을 나타내기에 누구든 같이 있으면 심한 굶주림을 느낀다. 그런데 토성의 잘못이 아니라, 다른 행성의 잘못 때문에 그렇게 된다.

목성은 한없이 관대하고 뭐든지 성장하게 하며 창조할 수 있는 능력이 있다. 목성은 자신의 저축금을 필요한 사람에게 아낌없이 내어줄 수 있다. 그런데 라자식 행성인 수성과 금성에게 슈디타 상태에 있으면, 마치 자신이 행동의 주체인 듯 착각을 하여 핵심적인 진리를 놓치게 된다. 어떤 행동을 하던지 계산적이 된다. 기업인이나 정치인들이 기부사실을 대문짝만하게 내는 경우가 그러한 좋은 예이다. 라자스의 본성은 사트빅 본성인 우리의 영혼으로부터 분리시킨다. 어떤 결정을 내릴 때, 수성은 최상의 옵션을 선택하며 금성은 가장 충족적인 것을 선택한다. 이렇게 두 행성은 모두 최상의 선택을 하려고 한다. 어떡하든 이기려 하며 최대한으로 할인을 받으려 하며 한 푼이라도 더 싸게 나은 거래를 하려고 한다. 반면에 목성은 언제나 큰 그림이 중요하다. 모든 게 이유가 있어서 일어난다는 근본적인 신념이 있다. 목성은 어떤 일이 어떻게 일어나든지 모두 신의 계획 중 일부라는 사실을 인지하고 있다. 그러나 라자식 행성은 스스로 선택을 했다고 믿는다. 목성은 우리가 아무런 선택권이 없음을 알고 있다. 운명적으로 일어나게 되어 있는 들이 일어날 뿐이다.

보통 점성학 상담을 하러 오는 사람들은 최상의 선택이나 결정을 하는 데 필요한 정보를 얻기를 원한다. 그러나 점성학은 최상의 선택이 어떤 것인가를 알려줄 수 없다. 단지 그들이 어떤 식으로 선택을 할 것이란 것만 알려줄 수 있을 뿐이다. 그러한 선택으로 인해 고통을 받든지 아닌지 하는 것은 운명이나 카르마에 달려 있다. 목성은 그러한 사실을 잘 알고 있다. 예를 들어 어떤 남자가 두 여자를 놓고 어떤 여자를 선택해야 할지 고민하는 질문을 하는 경우가 있다. 그럴 때, 남자는 자신에게 정말 좋을 여자보다는 오히려 멀리 달아나야 할 다른 여자를 선택하려고 이미 마음을 먹고 있다. 비록 점성학자가 그러한 선택으로 인해 고통

받을 것이라고 말해 주어도, 그는 이미 자신이 어떤 선택을 할 것인지 잘 알고 있으며 단지 확인을 하기 위해 물어볼 뿐인 것이다. 이처럼 그는 그 여자로 인해 고통 받을 것을 잘 알고 있으면서도 왜 어리석은 선택을 하게 되는가? 그러한 성향은 카르마적으로 형성이 되어 있기 때문이며 운명적으로 고통을 통해 지불해야 할 것이 있기 때문이다. 점성학은 선택을 해 주는 것이 아니라 어떤 운명이 기다리고 있는지를 알려줄 뿐이다. 그래서 점성학 상담을 하러 오는 이들의 차트에는 그들이 오기 전에 머릿속에 준비하고 있던 옵션들은 점성학 차트에 나타나지 않는 경우가 대부분이다. 차트는 그들이 듣기를 원하는 옵션 중 어느 것도 아닌, 완전히 다른 옵션을 그들이 내릴 것이라고 알려준다.

목성은 우리가 타고난 신념을 나타내며 수성과 금성은 그러한 목성의 신념을 잃게 한다. 라자스가 너무 강해서 신념을 가지고 행동할 수가 없다. 목성은 우리의 운명을 나타내며 토성은 우리가 삶에서 짊어져야 하는 십자가이다. 우리는 모두 각자의 십자가를 가지고 태어났다. 목성은 위대한 운명의 행성으로서, 그러한 십자가를 신념으로 불평불만 없이 기꺼이 운반한다. 그러나 수성이나 금성이 목성에게 라지타를 하면, 그러한 신념을 잃게 되며 목성은 행복할 수가 없다. 라자식 사람들은 행복할 수가 없다. 그들은 삶을 너무 바르게 만드느라 바빠서 행복을 즐길 수가 없다. 매사에 올바른 선택을 하기 위해서 분주하다. 가장 괴로운 삶의 방식으로, 삶을 있는 그대로 즐기고 행복할 수 있는 시간이 없다.

· 목성과 수성 라시

목성이 수성의 라시에 있으면, 너무 계산적이고 철저하게 준비하려 한다. 어떤 결정을 내리기 전에 최대한의 연구와 검토를 한다. 그러다가 일이 잘 안되면, 모은 정보가 부족해서라고 단정하든지 다른 사람들 탓으로 돌리며 비난을 한다. 이러한 목성은 자선을 하거나 관대함을 모르는 반면, 계획하느라 너무 바빠서 그들의 운명, 신념은 수성에게 망가지게 된다. 목성은 지혜의 기쁨을 주는 행성이다. 그러나 수성에게 슈디타된 목성은 행복할 수가 없으며 그러한 행운도 없을 운명이다. 돈 관리를 심하게 해서 가진 것의 풍요로움이나 자신의 부를 즐길 수가 없다. 동전 한 푼까지 세고 계산할 정도로 찌질하고 입맛 떨구는 사람들이다.

수성에게 슈디타가 된 목성은 세상에 가능한 것 중에서 목적을 찾아야 한다. 높은 이상과 창조지성의 행성인 목성이 원하는 것은 이미 세상에 있는 것이 아닐 수도 있다. 그런데 세상에 있는 것들만 검색해야 한다면, 목성은 타고난 창조성을 제대로 발휘할 수가 없다. 수성은 창조적이 아니라 기회주의자이다. 그래서 다른 행성에게 세상에 있는 것들 중에서 구체적인 것들을 얻을 수 있도록 도와준다. 하지만 수성은 새로운 것을 창조해야 하는 목성의 필요를 도와줄 수가 없다. 수성은 마치 유령 작가와도 같다. 유명한 사람들은 책을 쓸 능력이 안 되기에 유령작가처럼 다른 사람들이 대신 쓰게 해서 자신의 이름만 붙이게 된다.

이러한 세상은 새로운 창조성을 자극시키는 데 한계가 있다. 만약 여자의 차트에서 남편을 나타내는 목성이 수성에게 슈디타된 경우, 남편을 줄 수는 있으나 결혼 생활에서 충족감은 부족하게 된다. 목성은 좀 더 위대한 목적의식을 가진 남편을 필요로 한다. 그러나 수성 라시에 있는 목성은 여자에게 그러한 남편을 찾을 수 없게 한다. 여자 자신이 분명한 목적의식을 그려낼 수 없기 때문에, 그러한 남편감을 끌어당길 수가 없게 된다. 혹은 남편이 그러한 목적의식을 지지해 주지 못한다.

· 목성이 금성의 슈디타를 받는 경우

이 경우에는 행복을 찾으려 많은 애를 쓴다. 그들에게 행복이란 그들이 가진 특정한 욕구의 충족을 의미한다. 그래서 자신이 가진 것만으로는 행복을 즐길 수가 없다. 금성에게 슈디타가 된 목성은 이성 관계가 많다. 수성의 슈디타보다 더 힘들다. 수성은 원하는 것을 세상에서 가져다 줄 수 있지만 금성은 원하는 것을 만들어 내지 못한다. 대신에 세상에 있는 것들 중에서 쾌락과 안락함을 추구한다. 목성은 다르마의 행성이기 때문에, 그런 금성의 방식으로는 제대로 작용할 수가 없으며 충족을 얻지도 못한다. 반면에 목성은 금성을 무디타하게 된다. 그래서 목성과 같이 있는 금성은 자신이 좋아하는 것(사치, 쾌락 등)을 얻을 수 있게 된다.

이러한 금성의 필요를 충족시켜주는 대신에 목성은 슈디타가 된다. 쾌락에 빠져서 사느라 이상적인 것을 추구할 에너지나 시간이 없다. 작가가 술이나 쾌락 등에 빠져 파티 하느라 도무지 글을 쓸 시간적, 정신적, 신체적 여유가 없어 결국에는 아무 것도 쓰지 못하는 것과 같다. 금성과 같이 있는 목성은 아주 창조성이 뛰어나지만, 주의가 계속해서 산만하고 방해를 받아 창조적인 결과를 만들어 낼 수 없게 된다.

다른 예로, 만약 금성과 목성이 7번째 파트너의 하우스에서 같이 있으면, 바람둥이일 가능성이 짙으며 어떤 파트너와도 항상 흠을 찾으며 만족할 수가 없다. 목성은 원래 있는 그대로 행복하기 때문에 누구와 같이 있던지(어떤 파트너이든지) 모두 운명으로 받아들이고 행복할 수 있다. 그렇지만 금성은 항상 특정한 요구사항이 있어서 파트너의 조건도 규격화하게 된다. 자신이 정한 규격에 딱 들어맞는 파트너를 만나지 않는 이상, 그는 절대로 행복하거나 충족할 수 없다. 그래서 모든 삶의 영역에서도 행복을 느낄 수가 없다. 7번째 하우스에 있는 경우뿐만 아니라, 금성과 목성이 합치하는 어떤 하우스 영역이든지 그와 관련된 욕구를 충족시킬 수 없기에 불행을 느끼게 된다. 그래서 목성은 1번째 하우스에 있을 때 최상의 자리이다. 1번째 하우스는 라그나 '나'를 나타내기 때문에, 나 자신과 행복할 수 있는 것이 최상의 행복이기 때문이다. 금성은 그러한 목성의 단순한 행복을 방해한다.

이처럼 목성이 수성이나 금성에 의해 슈디타 되었을 때, 혹은 7번째 하우스가 관련되었을 때, 그들은 인생에서 뭘 해야 될지 모른다. 그래서 점성학 상담을 가장 많이 하는 유형이다.

· 토성과의 합치로 슈디타를 얻을 때

목성은 내면에서 부족함의 의식이 있다. 직관적으로 느끼는 목적의식이 결여되어 있으며 무엇을 하든지 의미를 찾을 수 없고 행복을 느낄 수도 없다. 세상 자체가 아무런 의미가 없는 것처럼 느껴진다. 사실상 세상의 어느 것도 진짜가 아니며 영원한 것은 없다. 삶에서 뭔가를 한다는 것이 중요하다. 하지만 토성에게 슈디타된 목성은 가치 있고 보람 있는 일을 찾기가 어렵다. 어떤 생각이 들거나 아이디어가 떠오르면, 쉽게 흥분하고 열정을 느끼지만, 뭐든지 이미 다른 사람들이 했기 때문에 그만큼 쉽게 상심하고 포기한다. 군이 자신이 해야 할 의미나 목적, 가치 등을 느끼지 못한다. 슈디타된 목성은 자신만의 독특한 것을 창조할 수가 없어서 굶주림을 느낀다. 그렇지만 우리는 삶에서 무엇이든지 함으로써 우리 자신들만의 의미나 목적을 만들어 낼 수 있다. 그런데 토성은 목성이 그렇게 못하도록 한다. 아무런 의미를 찾지 못하게 하며 무의미함이나 상실감에 시달리게 한다. 삶의 기쁨과 의미를 느낄 수 없기에 나날이 고통스럽다.

삶의 목적은 우리가 가진 내면의 가치를 계발하기 위한 것이다. 삶의 끝에 섰을 때 가장 중요한 것은 얼마나 우리가 신과 가까이 갔느냐는 사실이다. 토성에게 슈디타가 된 목성은 새로운 것을 찾아 헤매지만 여전히 찾을 수가 없고 행복하지 않다. 직관적인 느낌과 연결할 수 없기 때문에 바른 길을 찾을 수가 없다. 지바(Jeeva)인 목성은 창조성을 사용할 때 가장 살아 있는 듯한 느낌이 있다. 슈디타가 된 목성은 그러한 느낌을 가지기가 어렵다.

위대하고 훌륭한 인물은 보통 좋은 목성이 있다. 슈드타 목성은 삶을 그렇게 즐길 수가 없다. 창조적이고 열정에 넘치며 가치 있는 삶을 추구하기 보다는 게임이나 알코올, 마약, 과식 등으로 시간과 삶을 낭비한다. 그래서 강한 목성이 정말 중요하다. 목성은 자신의 삶뿐만 아니라, 관련된 모두의 삶을 성장하게 한다.

▨ 목성이 트리쉬타 아바스타에 있을 때

목성이 물의 라시에 있으면서, 적의 어스펙트를 받고 있을 때, 트리쉬타 아바스타 (갈증)를 느끼는 상태가 된다. 물의 라시는 브라만 라시로서, 게 라시에서는 고양의 품위를 얻는 라시이다. 물고기 라시에서는 오운 라시이다. 그러므로 전갈 라시에 있으면서, 적에게 어스펙트를 받는 경우가 유일한 트리쉬타 조건이 되게 된다. 목성이 트리쉬타 상태에 있을 때, 완전한 강도의 행복은 아니지만, 그래도 감당할 만하다.

▨ 목성이 무디타 아바스타에 있을 때

목성이 친구와 합치하거나 그들의 라시에 있을 때, 무디타 아바스타(기쁨)를 느끼는 상태가 된다. 목성의 친구는 태양, 달, 화성이다. 그런데 태양과 달은 각각 한 개의 라시만 다스린다. 게다가 태양과 합치하게 되면, 쇼비타 아바스타를 얻게 된다. 그래서 목성이 무디타 상태에 있을 경우는 달이나 화성과 합치하거나 그들의 라시에 있거나 혹은 사자 라시에 있는 경우에 성립이 되는 아바스타이다.

목성이 태양의 사자 라시에 있을 때, 태양의 위대한 지성이나 지속성, 안정성, 순수성, 위대한 목적의식, 아트만, 영혼의 파워 그리고 사트빅 자질은 목성을 아주 행복하게 한다. 달은 우리의 개체적 의식, 에고를 나타낸다. 목성이 가진 이상, 목적의식이 달의 에고에 기반을 두고 있을 때 목성은 행복해진다. 개체적 의식의 힘이 목성을 도와주기 때문이다.

달은 다른 행성을 쳐다보면서 자신이 필요로 하는 것을 충족시키고자 한다. 그러한 달이 목성을 쳐다볼 때, 그가 가진 목적의식, 종교, 사트빅 자질, 이상 그리고 자녀 등이 달을 행복하게 한다. 행복한 달은 목성을 도와주게 된다. 그런데 달이 적을 쳐다보고 있을 때는 필요한 것을 충족시킬 수 없기 때문에 불행해진다. 예를 들어 달이 토성을 쳐다볼 때는 우리의 몸에 집착하게 된다. 그러나 몸은 언제든 낡고 사라지게 되어 있다. 그래서 영원한 행복 추구의 대상이 될 수 없다. 그리고 수성을 쳐다보는 달은 수성의 철저하고 섬세한 자질에서 충족을 느끼려 하지만, 이러한 달의 기대가 오히려 수성을 머리 아프게 한다. 그래서 달은 목성을 쳐다볼 때 가장 큰 충족과 행복을 느끼게 된다.

화성은 목성을 자기단련 시킨다. 목성이 가장 논리적이고 빠르며 신속하게 그리고 영적으로나 물질적, 정신적으로 목표를 달성할 수 있도록 도와준다. 그래서 목성과 화성이 같이 합치하면 빠르게 부자가 될 수도 있다. 화성은 목성이 가진 목적을 달성하기 위해 도와준다. 예를 들어 운동선수의 경우, 그가 원하는 목표를 달성시켜주기 위해 훈련을 시킨다. 꿈을 꾸거나 약물 같은 쉬운 방법을 통해서가 아니라, 구체적인 연습과 연마 과정을 통해 실질적인 방식으로 단련을 시킨다. 목성을 가장 논리적이고 합리적일 수 있게 만들어 주는 것이다.

목성이 태양의 사자 라시에 있을 때 세상 밖에서 나를 기쁘게 하기 위해 무엇을 할 수 있는가를 상징하며 그러한 일을 성사시키게 해 준다. 달의 라시에 있을 때는 자신이 원하는 것이나 좋은 것들을 의식 속에 구체화시킬 수 있는 능력이 커진다. 목성은 창조력을 가진 행성이기 때문에 달의 라시에 있으면 더 많이 그리고 잘 창조해 낼 수 있다. 이러한 목성은 특히 자부심이 강하다. 싸우는 것을 좋아하지 않으며 뭐든지 조화롭고 유하게 하기를 좋아한다. 그래서 달의 라시가 가장 적성에 잘 맞는다. 달과 같이 있어도 효과가 비슷하다. 특히 여자의 차트에서 달의 라시에 있는 목성은 원하는 남편감을 구체적으로 마음에 떠올릴 수 있다. 만약 태양의 라시에 있으면 여자는 자신이 원하는 남자를 끌 수 있는 매력이 있다. 목성이 화성의 라시에 있으면, 화성처럼 강한 에너지와 의지로 자신의 이상과 목적 등을 추구하게 된다. 그래서 더 많은 성공을 할 수 있다.

▨ 목성이 쇼비타 아바스타에 있을 때

목성이 태양과 합치하거나 적이면서 흉성인 행성과 합치하게 될 때 목성은 쇼비타 아바스타(불안해서 안절부절못하는) 상태가 된다. 그런데 수성과 금성은 목성의 적이지만 둘 다 길성이기 때문에, 쇼비타 아바스타 조건이 되지 않는다. 하지만 수성은 중성이기 때문에 흉성과 합치하게 되면, 자신도 흉성으로 변한다. 그럴 경우에 목성에게 쇼비타 아바스타를 일으킬 수 있다.

쇼비타가 된 목성은 행복을 찾기 위해서 많은 노력을 필요로 한다. 쇼비타 아바스타는 마치, 아무리 몸이 아프거나 피곤해도, 날카로운 못에 찔리면 화들짝 놀라서 정신이 확 깨게 되는 경우와 비슷하다. 쇼비타 행성은 그러한 날카로운 고통을 준다. 수성에게 쇼비타가 된 목성의 효과는 그가 굶주림을 느끼는 상태인 슈디타 아바스타일 때와 비슷하게 나타난다. 다른 점은 쇼비타 상태에서는 어떤 실수의 효과가 즉각적으로 나타나기 때문에, 아주 화가 나고 좌절감 등 복잡한 감정을 느끼게 된다는 것이다. 목성 자신이 가진 이상적 규정에 맞추어 살지 못하고 창조적이지 못한 것에 대해 항상 안절부절 불안을 느낀다. 어떤 일을 하든지 항상 중도에 방해를 하는 사건들이 생기게 된다. 돈 문제도 제대로 관리할 수가 없다.

태양에게 쇼비타가 된 목성은 배우고 이해할 수 있는 능력에 대한 자신감이 없다. 우리는 이해하는 만큼 창조할 수 있는 법인데, 그러한 자신감이 부족하며 자신이 어떤 창조를 할 수 있다고 믿지도 않는다. 그래서 스트레스를 받게 된다. 쇼비타가 된 목성은 불안정적이고 자신에 대한 자신감이 부족한 상태이다. 행여 늦을까 봐, 좋은 결과를 만들어 내지 못할까 봐 혹은 꼴지 할까 봐 등의 우려로 항상 자신감이 부족하다. 태양은 분리를 시키는 행성이기 때문에 뭔가 가지는 것을 어렵게 만든다. 그래도 목성과 태양의 합치는 효과가 가장 미약한 쇼비타 상태이다. 일반적으로 목성은 완전한 자신감을 얻기가 가장 어려운 행성이다. 그런데 태양이 쇼비타를 하게 되면, 목성은 부족한 자신감을 갖게 된다. 그래서 목성이 태양으로부터 멀리 있는 만큼 배우는 데 자신감이 있다.

차트에서 목성이 나쁜 라지타디 아바스타에 있으면, 세상에서 살아야 할 의미를 찾기가 어렵다. 만약 라후나 케투가 연관되면, 삶이 그들을 속이게 된다. 그런데 쇼비타 상태는 삶이 우리를 속이는 것이 아니라, 우리들 자신이 삶에 대한 어떤 기대를 가지고 있었는데, 기대한 대로 잘 되지 않음을 나타낸다. 그러한 패러다임대로 잘 되지 않았기에, 수성과 금성이 일으키는 슈디타, 쇼비타 상태는 자신이 가진 자세의 문제로 귀추된다. 만약 태양, 달, 화성이 관련되면 자신이 가진 의식의 문제로 귀결된다. 그래서 그러한 제한성을 넘어서 삶을 볼 수 있으면, 목성은 본성대로 창조적일 수 있다. 무능한 목성이 '나는 좋은 사람이야.' 하는 식으로 자신의 에고를 쓰다듬으며 무능함을 정당화시키기보다는 이런저런 제한이나 어려운 여건에도 불구하고 뭔가 세상을 위해 창조하고 보탬이 되는 일을 한다는 데 더 깊은 삶의 의미가 있다. 강한 목성은 아무리 나쁜 차트라도 구제할 수 있다. 목성은 데바들의 스승으로서, 신이 내리는 은총을 상징하기 때문이다.

◈ 목성의 라지타디 아바스타즈 예

· 린다 트립

Planetary Aspects									⅏
Rasi- Aspected Planets									
	☉	☽	♂	♀	♃	☿	♄	Ω	☋
☉		13	8	Y	13	9	7	16	
☽		-	36		Y	Y	35	33	21
♂	40	17	-	42	17	26	Y	60	
♀	Y	12	9	-	13	8	8	18	
♃	Y	53		-	Y	55	32	35	
☿	Y	32		Y	-	30	42	17	
♄	53	20	Y	52	19	29	-	46	
+	0	12	130	0	13	8	128	124	72
-	93	51	8	94	49	64	7	122	0

린다 트립(Linda Tripp, 1949년 11월 24일생, 오전 8시)은 빌 클린턴과 모니카 르윈스키 스캔들을 폭로시킨 장본인이다. 스캔들로 인해 빌 클린턴은 대통령직을 거의 박탈당할 뻔 했으며 당시 22살의 백악관 인턴이던 모니카 르윈스키는 매장당하다시피 하는 막대한 피해를 입게 되었다. 모니카는 빌 클린턴과의 관계를 직장 동료였던 린다 트립에게 털어 놓으며 상담을 했었다. 그런데 린다는 그러한 대화를 몰래 녹음하여 담당 수사관에게 넘겼던 것이다. 이것이 시발이 되어, 1998년에 유명한 르윈스키 스캔들이 터지게 되었던 것이다.

린다의 차트를 보면, 목성이 아주 나쁜 라지타디 아바스타에 있다. 인마 라시 라그나로서, 목성이 라그나 로드인데, 두 번째 하우스인 악어 라시에서 취약의 품위를 얻는다. 그리고 적인 금성과 합치하여 슈디타(60)를 얻고 있으며 수성도 슈디타(13) 어스펙트를 하고 있다. 다행히 친구인 달과 합치(60)하며 친구의 무디타(태양13+화성17=30) 어스펙트를 받고 있다.

비록 어스펙트는(30-13=17) 플러스 무디타가 되지만, 목성 자체가 라그나 로드이면서, 두 번째 하우스에서 취약의 품위에 있기 때문에 아무런 보호할 수 있는 힘이 없다. 두 번째 하우스는 스피치와 책임감을 나타낸다. 그녀 자신은 정의를 위한 동기에서 비롯되었다고 변명했지만, 상식적으로나 인간적으로 믿고 의지하던 젊은 후배를 그런 식으로 처참하게 배신한 행위는 진정한 '정의'로 보기가 어렵다. 이처럼 나쁜 라지타디에 있는 목성은 '꼬인' 정의감으로 자주 표출된다.

4-6

금성의 라지타디 아바스타즈

• 금성(수크라, Surka)

"금성은 하얗고 네 개의 팔을 가졌으며 지팡이를 들고 축복을 내린다. 제를 올리며
염주를 들고 카만달러스(Kamandalus, 수행자들이 사용하는 물병)를 들고 있다."

"기쁘게 하고 사랑스러운 모습이며 가장 멋지고 아름다운 눈을 가진 이가 금성이다.
시적이며 카파가 넘쳐나며 바타의 성격을 가졌으며 곱슬거리는 털을 가졌다."

– BPHS

"금성은 열정을 나타낸다. 어떤 것들에 대한 결정을 내리게 만드는 가슴 속의 동기를 말한다. 우리를 행복하게 해 주고 우리가 단지 좋아서 하는 일들을 나타낸다. 이러한 열정은 이성理性을 사귀고자 하는 욕망에만 제한되지 않는다. 금성이 순수한 상태에 있으면, 세상의 기쁨을 감각적 동요 없이 건강하고 조화로운 자세로 즐길 수 있다. 그리하여 최상이며 균형적이고 정말로 원하는 결정들을 내릴 수 있게 된다. 금성은 수상으로서 세상사에 대한 지혜와 국정운영기술이 풍부하다. 금성은 다른 누구보다도 바르게 어떤 상황의 가치를 판단할 수 있고 적절한 행동을 할 수도 있다. 금성은 아수라들의 스승으로 알려져 있다. 그는 쾌락과 화려함을 즐긴다. 베딕 신화에 나오는 금성은 데바들과 싸우다가 죽은 아수라들을 계속해서 다시 살려낸다. 이것은 쾌락에 대한 욕망을 계속해서 일깨우고 세상을 즐길 수 있는 방법을 가르쳐 주는 금성의 능력을 나타내고 있다. 갈색의 금성은 타고난 배우이자 연출자 이다. 사랑, 찬미, 만족, 쾌락 등을 표현하거나 받기 위해서 애니메이션, 위로, 활성화, 응원 혹은 다른 어떤 것도 할 수 있는 행성이다." — 『하늘의 금괴』

✖ 금성에게 나타나는 라지타디 아바스타 효과들

금성은 수성과 토성이 친구이며 적은 태양과 달이다. 나머지 다른 행성과는 중립관계에 있다. 태양과 달은 각각 한 개의 라시만 있고 많은 라시들이 금성에게 친구이거나 중립이기 때문에, 그가 좋은 라지타디 상태에 있을 확률이 제일 높다. 그런데 점성학 상담을 하러 오는 사람들 중에는 금성이 손상된 사람들이 가장 많다. 특히 외롭고 독신 여자들인 경우가 많다. 그래서 점성학 차트들을 연구하다 보면, 마치 세상 사람들 대부분이 고약한 금성을 가지고 있는 듯이 보이지만, 사실은 평균적으로 금성이 좋은 아바스타에 있을 확률이 가장 높다. 다만 금성이 좋은 아바스타에 있는 사람들은 충족되고 만족스러운 삶을 살고 있기 때문에 군이 점성학 상담을 하러 다니지 않을 뿐이다. 수성은 모든 것에서 철저한 디테일까지 계획하려는 행성인 반면, 금성은 더 큰 만족과 충족을 줄 수 있는 선택을 하는 행성이다. 그러한 행성이 손상되었을 때 사람들은 미래에 대해 불안해하고 점집을 찾아다니거나 점성학 상담 등을 원하게 된다.

▨ 금성이 라지타 아바스타에 있을 때

　금성이 5번째 하우스에서 태양, 화성 혹은 토성과 합치하면서, 라후나 케투가 같이 있으면, **라지타 아바스타, 수치심을 느끼는 상태가 된다.** 그런데 태양이나 토성이 라지타를 형성하는 경우, 금성은 두 배의 손상효과가 생긴다. 태양과의 합치는 쇼비타, 토성과의 합치는 슈디타 상태를 주기 때문이다. 이러한 경우, 금성은 아주 큰 비전을 가지고 있지만 충족시킬 수가 없어 수치심을 느끼게 된다. 특히 성적인 수치심을 가지게 되는데, 금성이 손상되었을 때 어떤 식으로든 성적인 학대를 경험하였을 가능성이 높다.

· 화성이 라지타를 일으키는 경우

　이 경우 아주 열정적 성격을 가지게 되는데, 라후가 합치하면 성적인 욕구를 극대화시킨다. 과대한 성적 피해 의식은 파괴적인 성향으로 표출되게 된다. 만약 케투가 합치하는 경우에는 강한 성적 성향을 가지고 있지만 밖으로 표출하지 않고 절제가 가능하다. 이러한 금성은 자신이 더 나은 행동을 할 수 없음에 수치심을 느끼게 된다. 화성에게 라지타를 받는 금성은 성적인 폭력을 경험하였을 가능성이 있다. 그러한 수치심 때문에 자신을 학대하는 경향을 가진다. 금성은 우리가 어떤 결정을 내리는데 사용하는 행성이다. 수성은 실리적인 선택을 하지만, 금성은 가장 큰 충족을 주는 결정을 하게 된다. 그런데 화성이 라지타를 일으키면, 금성은 충동적인 경향으로 결정을 내리게 된다. 가장 가치 있는 것으로 얻는 충족보다는 행동하는 것에 대한 충족으로 나타나는 경향이 있다. 결과적으로 금성은 미흡한 충족을 경험하게 된다. 그리고 이성 관계 등에서 나쁜 선택을 하게 됨으로써 수치심을 느끼게 된다.

· 토성이 라지타를 일으키는 경우

　이 경우 자기 충족을 주는 금성의 성향을 방해하게 된다. 그래서 자기가치를 저하하여 덜 충족적인 길을 택하게 된다. 이성 관계에 있어서도 자신에게 잘 대해주는 사람보다 학대하는 파트너를 선택하는 경향이 있다. 건강한 자기 존중심이 없다 보니 스스로에 대한 자기 가치가 낮기 때문이다. 그들은 욕구의 충족이 가능하다는 사실을 믿지 않는다. 토성은 이처럼 언제나 내적으로 결핍 의식을 만들어서 외적으로 부족한 결과를 가져오게 만든다. 토성과 금성이 합치하는 경우, 내적으로 자기가치가 부족하여 언제나 자신의 수준보다 낮은 선택을 하게 된다.

· 태양이 라지타를 일으키는 경우

금성은 자신의 가치나 욕구를 추구할 수 있는 확신을 느끼지 못한다. 태양과 토성은 부자지간이기 때문에 비슷한 영향을 주게 된다. 토성은 어둡고 부정적인 자기 이미지 때문에 자신이 원하는 것을 감추려 하는 반면, 태양은 자기 가치에 대한 불확실함을 느끼게 하여, 기대하는 만큼 충족하지 못할 거라고 믿게 만든다. 토성처럼 자기 학대는 하지 않지만, 항상 충분한 충족을 얻을 수 없을 거라고 느끼게 만든다.

태양의 라지타는 로맨스를 강하게 원하게 만든다. 금성은 모든 외적인 충족의 필요성을 다스리는 행성이다. 그래서 애정 관계나 파트너십에서 외적으로 충족시켜 줄 수 있는 여건이 선택의 큰 비중을 차지하게 된다. 그런데 그러한 충족의 욕구가 어떤 권위적 대상에 의해 무시당한 경험을 가지고 있기 때문에 애정 관계나 성적 욕구를 수치심 때문에 제대로 추구하지 못한다.

정당한 욕구를 무시당한 또 다른 예로 장난감을 원하는 어린아이를 들 수 있다. 아이는 아버지에게 원하는 장난감을 사달라고 요청했다가 무자비하게 무시를 당한 경험이 있을지도 모른다. 어린아이가 가질 수 있는 당연한 욕구였는데, 그 가치를 정당하게 인정받지 못했기 때문에 깊은 수치심으로 남게 된다. 이후 자라면서 어떠한 욕구든 충족시키려 할 때 수치심을 느끼지 않고는 채우기가 힘들게 된다. 원하는 여자가 있어도 수치심 때문에 접근하는 데 어려움을 겪게 된다. 혹은 종교적인 핍박으로 인해 욕구는 나쁜 것이라고 수치심이 주입되었을 수도 있다. 이처럼 태양과 합치하는 행성은 토성보다 훨씬 더 고초를 겪게 된다. 태양은 너무 뜨거워서 주변을 모두 태우거나 무례하게 대하고 혹은 무시를 함으로써 수치심을 느끼게 만든다. 게다가 라후, 케투와의 합치가 5번째 하우스에서 일어나기 때문에 카르믹 성향으로 인해 개인적인 창조성이 억눌리게 되는 것이다.

라후가 합치하는 경우, 금성은 자신이 원하는 것이 무엇인지 분명하게 모른다. **케투인 경우**에는 자신이 원하는 것을 완전히 경험하는데 어려움을 겪게 된다. 라후는 8번째, 케투는 9번째 행성인지라, 비수학적으로도 이들은 원하는 것을 가지기 어렵게 만든다. 이에 더하여 금성이 흉성들과 합치하다 보니, 본분대로 충족하기가 더욱 어렵게 된다.

화성이 라지타를 하는 경우, 금성은 열정적으로 자신이 원하는 것을 가지려 한다. 그런데 라후가 있으면, 이러한 열정이 외적으로 표출되어, 온갖 수단과 방법을 동원하여 욕구를 충족시키려는 자기 중심적 성향을 가진다. 케투가 있으면, 이러한 열정이 더 내적으로 작용하여 아주 미묘한 방식으로 자신이 원하는 대로 하려 한다.

원래 금성은 모두의 만족을 추구하는 행성이다. 그런데 라지타가 되면 서로가 '윈윈(Win-Win)'하는 상황이 아니라, 자신이 원하는 것을 충족시키려 강요하고 애를 쓰며 불같이 덤비게 된다. 이렇게 라후와 케투는 우리가 애초에 계획했던 대로 행동하지 않도록 함정에 빠트리게 된다.

토성의 라지타인 경우에는 심각한 자기 가치가 결여되었기 때문에, 절대로 자신이 원하는 것을 가질 수 없다고 여기게 된다. 이런 경우, 금성은 두 가지 극단적인 방식으로 행동할 수 있다. 첫째, 원하는 것을 온갖 수단방법을 가리지 않고 취하려 하기 때문에 엄청나게 부정적인 여파를 남기게 된다. 두 번째로는 자신이 원하는 것을 가질 수 없는 상황을 만들어 내서, 아예 시도하는 것조차 포기를 해버린다. 뭔가에 대한 관심이 생기면 선뜻 흥분하여 불같이 뛰어들지만, 이내 다른 사람들이 이미 시도했던 것임을 알고는 기가 죽어서 지레 포기해 버린다. 특히 라후가 있으면, 자신이 무엇을 하든지 아무런 가치가 없을 거라고 여긴다. 이런 경우 그들은 세상이나 다른 사람들에 대해 전혀 관심이 없게 되거나 혹은 자신에 대해 전혀 상관을 하지 않는 식으로 된다.

▨ 금성이 가비타 아바스타에 있을 때

금성이 고양의 품위를 얻거나 물라트리코나 천칭 라시에 있는 경우, 금성은 **가비타 아바스타, 자신의 충족 능력에 대해 자부심을 느끼는 상태가 된다.** 가비타 금성은 어떤 선택이나 결정을 잘하는 자신의 능력에 대해 자부심을 느낀다. 건강한 수준의 자기 가치성을 가지고 있으며 모든 사람들을 고려하여 언제나 '윈윈' 상황을 만들어 낸다. 성적인 능력이나 이성 관계 등에서도 자부심이 있으며 더욱 충족적인 삶을 이끌어 간다. 항상 행복하고 삶의 모든 영역을 점점 더 충족시키는 식으로 이끌어 간다. 가비타 금성을 가진 사람들은 자신이 출생한 집안이나 수준보다 더 충족적인 삶을 만들어 간다. 자신의 원래 태생 배경보다 삶을 더 낫게 관리하고 결정하는 능력을 가졌기에 자부심을 느낀다. 반면에 나쁜 아바스타의 금성은 좋은 가족적 배경에서 태어났는데도 낭비하거나 관리를 제대로 못하여 나중에 더욱 나빠지는 예가 흔하다.

▧ 금성이 슈디타 아바스타에 있을 때

금성의 적은 태양과 달이다. 금성이 적敵이나 토성과 합치하거나 태양과 달의 라시에 있는 상황과 그들에게 어스펙트를 받을 때, 슈디타 아바스타(굶주림)를 느끼게 된다. 그런데 달의 라시에서는 트리쉬타(갈증이 나는) 상태가 된다. 그래서 금성이 달이나 토성과 합치하거나 사자 라시에 있으면서 태양이나 달의 어스펙트를 받을 때 슈디타 아바스타가 된다.

· 토성이 슈디타를 하는 경우

토성은 비록 금성과 친구이지만, 어떤 행성이든 같이 있으면 굶주림을 느끼게 한다. 그래서 금성이 토성과 합치하게 되면, 자기 가치를 낮게 가지기 때문에 평등한 이성 관계를 유지하지 못한다. 이러한 합치가 있는 경우, 어릴 때 어떤 트라우마를 겪은 경험이 있다. 그리하여 자기의 가치를 제대로 알거나 느끼지 못하게 되었다. 자신이 원하는 것을 가질 만큼 가치가 있는 사람이란 걸 알지 못한다. 자신이 원하는 것이 무엇인지도 모르면 매사에 '윈윈'하는 상황을 만들어 내지 못한다. 다른 사람에게 지나치게 베풀거나 지나치게 요구한다. 건강한 자기 가치관이 없기 때문에 자신을 싸게 팔며 자신의 선택 능력을 적절하게 평가할 수가 없다. 잘못된 자기가치 기준을 가지고 있기 때문이다.

우리는 훌륭한 자기 가치관을 가지고 있을수록 삶에서 더 나은 선택을 하고 좋은 결정을 내릴 수 있으며 어떤 것에 대해서든 가치평가를 적절하고 바르게 내릴 수 있다. 예를 들어 굶주린 부자는 맥도널드 햄버거를 먹기 위해 백만 달러라도 지불할 용의가 있다. 슈디타가 된 금성과 비슷하다고 할 수 있다. 만약 우리가 건강하고 배가 고프지 않으면, 더 건강하고 나은 음식을 선택할 것이며 아무리 배가 고파도 불량한 음식은 먹지 않을 것이다. 슈디타가 된 금성은 불량한 음식을 좋아하며 특히 이성 관계에서 자신을 싸게 판다.

금성이 가장 원하는 것은 사랑과 만족한 성생활이다. 그런데 그러한 것들을 갖지 못하는 지옥 같은 관계에 빠져 헤어 나오질 못한다. 수성은 최상의 이익을 위한 선택을 한다. 그래서 자신이 이득을 볼 수 있는 한, 다른 사람이 얼마나 손해를 보거나 지불을 하든지 상관하지 않는다. 반면 금성은 최상의 충족을 위한 선택을 한다. 그래서 어떡하든지 자신이 더 이득을 보려고 하거나 정당한 가격보다 싼 값으로 깎으려 하지도 않는다. 금성은 서로가 이득을 볼 수 있는 상황을 선호하기 때문에, 다른 사람들이 손해 보거나 피해 보는 것을 좋아하지 않는다.

하지만 슈디타가 된 금성은 균형적인 선택을 하지 못한다. 항상 자신이 조금 가지며 건강하지 못한 선택을 하게 된다. 쌍방으로 균형적인 선택을 잘 하지 못한다. 좋은 금성은 모두가 공평하게 이기고 행복할 수 있는 선택을 원한다. 그래서 좋은 금성을 가진 이는 다른 사람들이 좋아한다. 항상 다른 사람들을 위하는 행성이기 때문이다. 수성은 오직 자신이 이기려고만 한다. 금성은 쌍방이 이기기를 원한다. 토성에게 슈디타가 된 금성은 자신이 아니라 다른 사람들을 위한 가치 판단을 하고 선택을 한다. 이러한 슈디타 효과가 치유될 수 있기 위해서는 시간이 흐름에 따라 건강한 내적 가치관이 계발될 수 있으면, 외적으로도 더 나은 선택을 할 수 있게 된다.

· 달과 금성이 합치하는 경우

만약 이 경우가 생긴다면 서로의 충족을 추구하는 성향이 비슷하기 때문에 두 행성은 모두 적응력이 강하다. 본성적으로 달은 자신이 적응함으로써 충족을 얻으며 금성은 세상에서 충족을 얻는다. 그런데 같이 합치하면, 달은 스스로 진화하여 충족시키기보다는 금성을 통해 세상에서 자신이 원하는 것을 충족시키게 된다. 결과적으로 금성은 슈디타(굶주림)를 느끼게 된다. 다른 사람이나 세상으로부터 자신이 원하는 것을 얻지 못할 때 우울하고 불행하게 느낀다. 건강한 달은 그러한 상황에서 자신을 적응하여 다르게 충족할 수 있는 방법을 찾게 된다. 그러나 건강하지 못한 달은 상대가 원하는 것을 해 주지 않을 때 상대방 탓을 하며 자신이 원하는 것을 줄 수 있는 파트너를 찾아 바꾸어 버린다. 아주 자기중심적이 되는 아바스타이다. (예시 차트 1 참조)

이처럼 달이 금성에게 슈디타를 하는 경우, 금성에게 가장 나쁜 아바스타가 된다. 이러한 금성은 자신의 욕구나 필요한 것을 다른 사람과 다른 것을 통해 충족시키려 한다. 자기가 좋아하는 것, 가지고 싶은 것 등 모든 인간관계가 자신의 필요에만 집중하게 된다. 좋은 금성인 경우, 결혼이나 이성 관계에서, '나, 너'보다는 '관계' 자체가 더 중요한 것을 알고 있다. 달이 금성을 슈디타하게 되면, 모든 것에서 '나'만이 중요하게 된다. 내가 필요한 것, 내가 원하는 것, 내가 느끼는 감정만이 중요하며 자신에게만 집중한다. 화성인 경우에는 자기집중을 할 수 있는 능력이 중요하다. 그러나 인간관계에서는 '자기 집중'을 하는 것이 해롭다. 성공적인 관계를 만들 수 없기 때문이다. 쌍방이 이득을 볼 수 있는 윈윈 상황을 만들 수 없다. 그래서 금성과 달의 시간에 결혼이나 이성 관계가 가장 많이 끝나게 된다. 좋은 금성은 이성 관계나 다른 인간관계에서 쌍방을 위한 '윈윈' 관계를 만들게 된다.

· 태양이 금성을 어스펙트하는 경우

자신이 가진 야망이나 역할, 세상에서 해야 할 일들 등 때문에 금성은 충족시켜줄 것들을 잃게 된다. 태양은 희생하도록 하는 행성이기 때문에, 금성이 더 충족적인 일을 하지 못하게 한다. 예를 들면 워커홀릭 남편이나 아버지가 가족과 보내는 시간을 희생하는 경우를 들 수 있다. 태양은 그러한 야망이나 일에 대한 책임감 때문에, 가족적 삶과 균형을 이루는 '윈윈' 상황을 만들지 못하게 한다. 달이 금성을 슈디타할 때는 이성 관계가 나에게만 집중하며 관계자체가 중요함을 모르기 때문에 실패하게 된다. 태양이 슈디타할 때는 '나'가 아니라 자신의 야망이나 일에 집중하느라 여전히 성공적이고 충족적인 관계를 이루어 낼 수 없다.

금성은 사교적이고 사회적인 행성이지만, 태양은 희생하고 분리를 시키는 행성이다. 그래서 '관계'를 기꺼이 희생한다. 좋은 금성은 관계 자체가 중요하다는 것을 알고 있다. 그러나 태양에게 슈디타가 된 금성은 삶이 어디로 가느냐가 더 중요하게 된다. 그래서 이성 관계가 자신의 길에 조화를 이루고 있으면 계속 유지할 수 있다. 그렇지 않으면 관계를 희생하게 된다. 이러한 삶은 결코 충족적이 될 수 없다. 외적인 충족은 모두 금성이 다스린다. 태양이 슈디타를 하는 경우, 일이나 야망 때문에 그러한 충족을 추구할 수가 없다. 이러한 금성은 파트너가 자신의 길이나 의지를 따르는 한, 행복할 수 있다. 이들은 자신의 일에서 벗어나게 하는 길을 타협하지 않는다.

금성이 태양의 라시에 있는 경우, 그는 다른 사람들에게 충분한 주의를 기울이지 않는다. 자신에 대해서만 자부심을 느끼며 다른 사람들을 위한 윈윈 상황을 만들어 내지 않는다. 반면 다른 사람들에게 자신이 원하는 것을 가질 수 없을 때 상처를 받는다. 그러면서도 자신이 가진 자기중심적 태도를 깨닫지 못한다. 자신이 원하는 것을 다른 사람들이 원하지 않는다는 것을 이해하지 못한다. 그런 경우에 달가워하지 않거나 화를 낸다. 다른 사람들의 입장을 고려하지 못하기 때문이다. 이들은 관계 위주가 아니라 오직 나를 위해 당신이 뭘 해 줄 수 있는가에 중심을 두게 된다. 태양은 왕이기 때문에 자신의 욕구만 중요하게 되는 것이다.

▣ 금성이 트리쉬타 아바스타에 있을 때

금성이 물의 라시에 있으면서 태양이나 달에게 어스펙트를 받고 있을 때 트리쉬타 아바스타(목이 마른) 상태가 된다. 물의 라시는 게 라시, 전갈 라시, 물고기 라시이다. 금성이 달의 게 라시에 있는 경우 목이 마르지만 나타나는 효과는 슈디타보다 강도가 약하며 그처럼 파괴적이지도 않다. 단지 원하는 것의 부족함만 조금 느낄 뿐이다. 달은 길성이기 때문에 비록 적敵일지라도 그다지 고약하지가 않다. 금성의 상태가 많이 좋지는 않지만 불편하지는 않을 정도이다. 물고기 라시에 있을 때는 고양의 품위를 얻기 때문에 트리쉬타 아바스타와 겹쳐도 평균적으로 좋은 결과를 줄 수 있다. 전갈 라시에 있는 경우에는 중립의 라시이기 때문에 현상 유지는 할 수 있다. 조금 아프지만 그러나 파괴되지는 않는다. (예시 차트 2 참조)

▣ 금성이 무디타 아바스타에 있을 때

금성이 친구의 라시에 있거나 어스펙트를 받을 때, 그리고 목성과 합치를 할 때 무디타 아바스타(기쁨)를 느끼는 상태가 된다. 금성의 친구는 수성과 토성이다. 금성이 토성과 합치할 때는 무디타가 아니라 슈디타가 된다. 그러나 토성의 라시(악어 라시, 물병 라시)에 있거나 토성에게 어스펙트를 받을 때 무디타가 된다.

· 토성이 금성에게 무디타를 하는 경우

이 경우는 삶과 사랑에 쉽게 흡족할 수 있다. 어떤 삶의 길에서든 충족을 느낄 수 있으며 삶과 기적에 대한 기대가 없다. 필요할 때 고독을 즐길 수 있으며 아주 현실적이고 자연을 사랑하며 작은 것에서도 쉽게 행복을 느끼며 아주 현실적이며 실질적이고 단순한 성향이 있다. 반면에 달이 슈디타를 하는 금성은 온갖 작은 것으로도 불평불만이 가득하여 토성의 무디타 상태와는 정반대가 된다. 토성에게 무디타가 된 금성은 아무리 어려운 상황에 있어도 어렵다는 인식조차 못한다. 토성이 어떤 식으로든 금성에게 영향을 미치고 있으면, 그만큼 삶에서 어려움을 겪었다는 것을 나타낸다. 하지만 그러한 경험의 결과로 인해 삶의 충족에 대한 기대치가 낮다. 그래서 작은 것으로도 쉽게 행복할 수 있으며 어떤 사람이든 나를 사랑한다면 행운이고 감사하게 생각한다. 반면에 금성과 달의 조합은 자기만족이 안

되는 경우에 바로 다른 사람을 찾아 떠난다. 토성이 가진 어려운 특성들은 그러한 경험들을 통해, 금성이 쉽게 충족을 찾도록 도와준다. 토성은 언제나 진리를 보여 주는 반면, 달은 자신의 충족만 찾아 헤맨다. 그리고 못 얻으면 바로 불행해진다. 그러므로 토성의 무디타가 금성에게는 최고로 쉽게 행복할 수 있는 상태이다.

· 수성과 금성의 합치

수성과 금성의 합치가 아주 훌륭하고 이상적인 조합이다. 수성은 비슈누이며 금성은 비슈누의 파트너이자 부의 여신인 락씨미이다. 두 행성이 같이 있으면 더 친절하고 매력적이다. 또한 소통에 능하고 깊은 배려심 등이 있다. 자신이 원하는 것을 알고 어떻게 해야 충족시킬 수 있을지도 안다. 수성은 중립의 행성이기 때문에 담담하며 사적인 감정에 휩쓸리지 않는다. 다른 사람들이 자신을 이용하도록 허용하지 않으며 자신도 다른 이들을 이용하지 않는다. 수성은 사실적인 것들에 주의를 기울인다. 이처럼 금성과 수성이 함께 있으면 한편으론 가장 이상적인 무디타이지만, 다른 한편으로는 너무 바쁘고 정신을 번잡하게 만들 수도 있다. 둘 다 라자식 행성이기 때문에, 이들의 합치는 너무 라자식으로 만드는 경향이 있다. 항상 더 많이 어떤 것들을 하고 다음 재미있는 것들, 더 흥미롭고 나은 것들을 찾아 정말 바쁘다. 이들은 항상 재미가 있고 즐기려 하며 아주 활발하고 에너지가 넘치며 같이 있으면 웃음이 멈추질 않는다.

그런데 금성과 토성의 조합은 있는 그대로 소소한 행복을 느낄 수 있지만, 금성과 수성의 조합은 항상 재미있는 일들을 찾아다니느라 바쁘다. 좀 더 흥미롭게 하기 위해 온갖 구상을 다하며 창조를 하거나 새로운 취미나 흥미 등으로 늘 바쁘다. 좋은 조합이긴 하지만, 토성처럼 평화롭지는 않다. 아무리 좋고 호화로운 음식이더라도 두세 번 계속해서 먹게 되면 더 이상 즐길 수가 없다. 그래서 금성과 수성은 항상 다음 좋은 것들, 다음 충족거리를 찾아 헤맨다. 토성과 금성의 조합은 있는 그대로 충족되고 행복하다. 그래서 수성과 금성의 조합이 7번째 파트너의 하우스에 있으면, 섹스 파트너는 많이 주지만 독신으로 살게 만드는 요가이다. 금성과 토성의 무디타 경우에는 어려운 굴곡들을 견딜 수 있기에 대체로 긴 결혼생활을 유지한다. 수성과 금성의 경우에는 결혼생활이나 애정관계 기간들이 짧은 경향이 있다. (예시 차트 3 참조)

· 수성과 목성의 합치

목성과 합치하여 무디타가 되면, 금성은 자신이 원하는 것을 더 쉽게 얻을 수 있다. 굳이 '윈윈' 상황을 만들려 하지 않아도 일어나는 상황들이 저절로 그리도록 만들어 진다. 목성은 뭐든지 성장하게 하는 행성이다. 그래서 금성이 세상에서 원하는 것들의 충족을 더 크게 얻도록 도와준다. 돈, 섹스, 호화스러움, 안락함 등등 금성이 원하는 것들을 뭐든지 아주 성공적으로 크게 만들어 낸다. 그런데 이런 경우 금성에게는 좋지만, 목성에게는 좋지 않다. 세상의 것들로부터 충족을 얻고자 하는 금성이, 목성이 집중해야 하는 다르마와 이상적 삶을 방해하기 때문이다. 외적인 충족을 찾아 헤매는 금성으로부터 희생을 당하기 때문에 목성은 행복하지 않게 된다.

목성은 내적인 행복을 추구한다. 지혜와 이상으로 쉽게 행복하다. 하지만 금성은 그러한 것에 흡족할 수가 없다. 그래서 보통 금성과 목성이 같이 있는 사람들은 그다지 충족적이거나 행복한 삶을 살지 못한다. 아름답고 멋진 배우자, 돈, 사치, 성공 등 세상에서 얻을 수 있는 것들은 모두 외적인 행복을 가져다준다. 그러나 더 큰 관점에서의 행복은 얻지 못한다. 이러한 행복은 목성의 직관적인 지혜로부터 오기 때문이다. 목성과 금성의 조합을 가진 사람들은 온갖 사치나 부러워할 것들을 가지고 있지만, 정말로 행복하지는 않다. 금성과 토성의 조합이 행복한 삶을 만들 수 있는 최상의 조합이 된다.

▨ 금성이 쇼비타 아바스타에 있을 때

금성이 태양이나 지는 달과 합치를 할 때 쇼비타 아바스타(불안하게 안절부절못하는) 상태가 된다. 쇼비타가 된 금성은 좌절감을 느끼며 충족을 얻을 수가 없다. 태양은 금성을 희생하게 해 좌절시키며 필요한 충족을 찾을 수 없게 한다. 그래서 금성은 초조하고 평정을 잃게 된다. 지는 달은 금성이 필요한 관심을 얻을 수 없기 때문에 좌절하도록 만든다. 뜨는 달은 자신이 원하는 것만 가지려 하기 때문에 인간관계를 만드는 데 실패한다. 반면 지는 달은 원하는 만큼 얻지 못하기 때문에 좌절하게 된다. 마치 감옥에 갇혀 있는데 유치장 안에서 먹을 것도 제대로 안 주면서 오히려 때리고 괴롭히기까지 하는 경우와 비슷하다. 하늘에 있는 다른 행성은 우리가 쳐다볼 수 있지만, 태양은 바로 쳐다볼 수가 없다. 그래서 가장 미스터리 하면서도 파워풀한 행성이다. 그러한 태양과 같이 있는 금성은 불안하고 자신에 대한 진가를 알지 못한다. 자신이 할 수 있는 기준을 태양의 수준으로 두기 때문에 금성은 제대로 능력을 발휘할 수 없으며 충족을 얻을 수도 없다. 자신의 처지를 모른 채, 태양을 기준 척도로 두기 때문에 항상 자신이 충분하지 않게 느낀다. 그러한 금성은 개성이나 자신감이 허약해지며 어떤 상황에서건 좋은 선택을 하지 못한다.

6번째 행성인 금성은 우리가 세상에서 얻을 수 있는 작은 충족을 나타낸다. 우리가 추구하는 모든 욕구는 작은 욕구다. 그래서 삶에서 내리는 결정은 거의 모두 금성의 욕구를 충족시키고자 하는 것이다. 금성은 하늘에서 태양 다음으로 밝고 두드러지는 행성이다. 모닝 스타인 금성은 세상에서의 작은 충족을 얻을 수 있도록 안내해 주는 행성이다. 온갖 욕망들을 상징하는 아수라들의 스승으로서, 데바들의 스승인 목성과 다른 가르침의 기준이 있다. 목성은 옳고 그른 것들을 가르치지만, 금성은 경험에 기준하여 세상에서 어떤 것이 통하고 어떤 것이 통하지 않을지 등 실질적인 것을 가르친다. 애정 관계가 어떤 식으로 해야 제대로 풀릴 수 있을지 등이 금성의 레슨이다. 그냥 좋고 나쁜 것이 아니라, 나에게 좋을지 나쁠지를 알려준다. 그래서 쌍방이 이득을 얻을 수 있는 선택을 하도록 해 준다. 세상을 살면서 이러한 윈윈 상황의 선택을 하지 못하는 경우에는 카르마, 즉 토성의 짐이 무겁기 때문이다. 만약 진 빚이나 카르마가 있으면 먼저 갚아야만 금성은 행복할 수 있다. 특히 애정관계는 항상 '윈윈' 상황인 법이다. 하지만 그처럼 완벽한 파트너십이 될 수 있기까지는 시간(토성)이 걸리는 법이다.

금성은 또한 운송수단을 상징한다. 좋은 금성은 욕구가 이끄는 곳으로 데려가서 충족을 얻게 해 준다. 주변의 모든 것을 인지하고 고려하여 모두에게 윈윈하는 선택을 할 수 있게 해 준다. 그리고 항상 자신이 원하는 것을 충족하는 방법을 찾을 수 있다. 자신이 원하는 것을 가질 자격이나 가치가 있음을 잘 알고 있다. 건강한 금성은 자기를 희생하는 것이 아니라, 모두에게 윈윈하도록 만든다. 다른 사람들을 이용하지도 않는다. 다른 사람들을 모두 공평하게 존중하고 모두가 행복하고 충족되기를 원한다. 나쁜 금성은 아수라들의 스승이기에 아수라들처럼 된다. 금성은 항상 원하는 것을 향해 나아간다. 만약 가장 원하는 것이 가능하지 않으면, 두 번째로 가능한 것을 택한다. 이처럼 어떤 식으로든 자신이 충족되는 방법을 선택하며 뜻하는 대로 되지 않았다고 불평하거나 좌절하지 않는다. 아무리 나쁜 상황에서도 항상 어떤 좋은 것을 본다. 그리하여 스스로를 행복하게 만든다. 나쁜 금성처럼 자신을 학대하면서 시간이나 에너지를 낭비하거나 자신의 가치를 더 저하시키는 어리석음도 저지르지 않는다. 그러나 나쁜 금성은 지금 당장 자신이 원하는 것을 가지지 못했거나 뜻대로 되지 않을 때, 화를 내고 지옥처럼 아수라적인 상황을 만들어 낸다. 그래서 라지타디 아바스타는 우리들 삶의 가장 큰 이유, 이야기를 말해 주는 훌륭한 척도인 것이다.

⊠ 금성의 라지타디 아바스타즈 예

예시 금성의 라지타디 아바스타즈1

할리우드 배우인 톰 크루즈(Tom Cruz, 1962년 7월 3일생 오후 3시 6분)가 달에게 슈디타를 얻고 있는 금성의 좋은 예이다. 그는 전갈 라시 라그나이다. 금성은 7번째 배우자 하우스의 로드로서 사자 라시의 10번째 하우스에 있는 동시에 라후와 달과 합치하고 있다. 이중으로 슈디타가 된 상태인데 라후까지 있어 금성을 더욱 굶주리게 만들고 있다. 비단 이성 관계뿐만 아니라 모든 인간관계에서 그가 얼마만큼 철저하게 자기중심적인지 잘 설명해 주고 있다. 세 번째 부인이었던 캐티홈즈(Kathie Holmes)가 이혼을 감행한 이유는 그들의 딸인 수리(Suri)에게 이단종교인 사이언톨로지(Scientology)를 강요했기 때문이라고 한다. 또한 그는 사이언톨로지의 비공식적 교주로서 할리우드 유명인사들을 영입하는 역할을 하고 있었으며 최근에는 그들의 궁궐같은 재단으로 아예 거처를 옮긴 것으로 알려져 있다.

　　안젤리나 졸리의 금성이 트리쉬타 아바스타에 있는 좋은 예이다. 그녀는 게 라시 라그나로서 AK행성인 금성이 라그나에서 7번째 로드인 토성과 합치하고 있다. 게다가 달에게 어스펙트(37)까지 받고 있다. 그래서 브래드 피트 같은 남편이 있지만 여전히 채워질 수 없는 사랑의 갈증에 시달리게 만든다. 이들 부부에 대한 차트는 제2부에서 아주 상세하게 다루고 있으며 여기에서는 금성의 트리쉬타 아바스타만 주목하길 바란다.

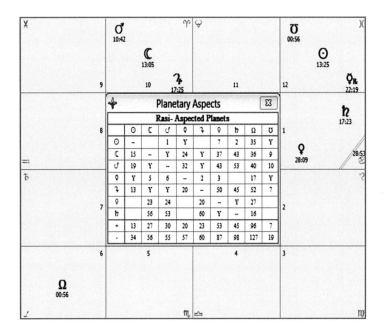

아래의 차트는 저자가 개인적으로 오랫동안 잘 알고 있는 여성이다. 천칭 라시 라그나인 그녀는 금성이 1번째, 8번째 하우스의 로드이면서 11번째 사자 라시에 있다. 태양과 같은 라시에 있지만 두 행성의 간격이 20도 이상으로 떨어져 있기 때문에 합치로 간주되지 않는다. 수성과 금성은 상당히 가까이 있다. 그러나 금성은 사자 라시에서 슈디타를 얻으며 8번째 하우스에 있는 달에게 어스펙트(40)를 받고 있다. 이 여성은 영국에서 유학한 공인회계사로서 국제철강회사에서 간부로 근무하면서 여러 투자에도 성공하여 40세가 되기 전에 이미 백만장자가 되었다. 지금은 머리가 희끗한 오십 중년을 훌쩍 넘었는데도 여전히 항상 해외 배낭여행, 맛있는 음식, 새로운 흥밋거리 등을 찾아 분주하다. 그중에서도 그녀가 가장 깊은 관심분야는 다른 사람들의 19금 성생활에 대한 내용이다. 그런데 혼자서만 즐기는 것이 아니라 주변사람들에게 끊임없이 농도 짙은 농담을 메시지로 보내기 때문에 민폐를 많이 끼치는데, 정작 본인 스스로는 깨닫지 못한 채 마치 세상에서 가장 흥미로운 일인 듯 자신의 관심분야를 다른 사람들과 나눠가지기 바쁘다.

Planetary Aspects

Rasi- Aspected Planets

	⊙	☽	♂	☿	♃	♀	♄	Ω	☋
⊙	–	6	28	Y		Y	37		17
☽	28	–	4	41	2	40			47
♂	6	56	–		26		8	30	15
☿	Y	19	8	–	3	Y	50	7	37
♃	5		56	21	–	21	21	Y	44
♀	Y	20	8	Y	3	–	50	7	37
♄	17	60	47	19	43	21	–	47	56
+	5	39	72	21	6	21	121	14	118
·	51	122	79	60	71	61	45	77	136

4-7

토성의 라지타디 아바스타즈

• 토성(샤니, Shani)

"파란 사파이어처럼 눈부시고 삼지창을 들고 축복을 내리며 벌처(vulture)를 타고 화살과 활을 쥐고 있는 이가 토성으로 알려져 있다. 오, 두 번 태어난 자여."

"마르고 긴 모습을 가진 이가 토성이며 노란색의 눈을 가졌으며 바타 성격이며 큰 이빨을 가졌다. 게으르고 절름거리며 거친 털을 가지고 있다. 오, 두 번 태어난 자여."

– BPHS

"토성은 무지의 결과로 빚어지는 괴로움과 슬픔을 대변한다. 뿐만 아니라 토성은 우리가 계속 괴로움을 만들어 내는 방식으로 행동하도록 부추긴다. 토성은 이러한 일을 심리적 콤플렉스를 자극시키는 기능을 통해 하고 있다. 예를 들면 어떤 사람이 전생에 무지로 인해 이기적인 행동들을 많이 한 경우를 들 수 있다. 이번 생에서 그는 많은 부족한 것들 때문에 심리적 열등감을 만들어내는 어려운 환경에서 자라게 된다. 이러한 열등감은 다시 그가 이기적인 방식으로 행동하게끔 부추기게 된다. 그가 가진 카르마의 결과가 모두 소멸되었을 때, 비로소, 토성은 그동안 고통의 주범이었던 무지의 베일을 심리적 각성이라는 형태를 통해 벗겨 준다. 이런 방식으로 토성은 그의 영향아래 있는 영역에서 우리가 성공적인 충족을 얻는 것을 지연시킨다. 토성은 하인으로서, 다른 이들이 거부하는 모든 일들을 하고 있다. 토성은 자기가치나 자존감 문제, 빈약한 카르마의 결과로 자신이 가진 이상보다 훨씬 낮게 행동 하도록 부추긴다. 그래서 자신이 가진 역량을 충분히 발휘하지 못한 채 힘들게 삶을 살도록 만든다. 좀 더 좋은 측면에서 보면, 토성은 결국에는 이득이 될 것을 알지만 그래도 하기 싫어하는 일들을 절제력, 초연함, 지구력을 가지고 해내도록 도와준다. 어두운 몸을 가진 토성은 무지를 통해 의식을 어둡게 한다. 이러한 토성의 영향이 두드러진 사람은 온몸에 어두운 그림자가 깔려 있을 수도 있다. 또한 어두운 색은 죽음을 상징하는데 바로 토성이 관장하고 있다."

— 『하늘의 금괴』

⊠ 토성에게 나타나는 라지타디 아바스타 효과들

토성은 우리들 각자가 어깨에 지고 날라야 하는 십자가, 즉 삶의 무게를 나타낸다. 토성은 어쩔 수 없는 삶의 영역들, 사랑하는 이들을 잃거나 불의의 사고로 불구가 되는 것, 억울하게 감옥에 가는 것, 경제가 악화되어 갑자기 직장을 잃게 되는 것 혹은 죽음 등 이렇게 우리 의지의 밖에서 일어나는 삶의 사건이나 시련을 나타낸다. 하지만 토성이 좋은 상태에 있으면, 아무리 삶의 상황들이 좋지 않더라도 여전히 행복할 수 있다. 그러한 토성은 집착하지 않으며 한 걸음 물러서서 지나치게 감정적으로 개입하지도 않고 단지 순간 순간적으로 삶을 경험하고 있을 뿐이다. 반면에 토성의 상태가 나쁘면, 어떤 일이 자신이 원하는 대로 안 되면 죽고 싶어 한다거나 어떻게든 보상 받으려고 애를 쓰게 된다. 건강한 토성은 만약 사랑하는 이가 떠나거나 죽으면, 그저 아픔을 견디는 수밖에 별다른 도리가 없다는 것을 잘 알고 있다. 좋은 토성은 삶에 의해 계속 스트레스를 받지만, 걱정하지 않고 강하게 대처해 나간다. 나쁜 토성은 항상 괴로워할 어떤 것을 찾아내서 삶을 고통스럽게 만든다.

태양과 달, 그리고 다른 행성은 모두 각자 맡은 좋은 역할들이 있다. 그런데 토성만이 하인으로 더럽다고 구박을 받는 존재이다. 토성이 더러운 이유는 다른 이들이 하기 싫어하는 일을 함으로 손발이 더러워지는 것이다. 토성은 땅과 굴을 파고 남들이 회피하는 일들을 함으로써 충족을 느낀다. 다른 행성은 하기 싫은 일들을 다른 사람을 고용해서 한다. 그러나 토성은 더럽고 어려운 일들을 할 용의가 있다. 가장 자연에 맞게 살 수 있는 아주 고귀한 자질이다. 자연에서 뒹굴며 사는 동물들은 비록 더럽지만, 아름답다. 토성도 마찬가지이다. 가장 더럽고 어려운 일들을 솔선수범함으로써 자신의 품위를 지킨다.

하지만 나쁜 토성은 그러한 일들을 좋아하지 않으며 오히려 그런 험한 일들을 하기엔 너무 거만하다. 그래서 일반적으로 토성의 다샤 동안 많은 어려운 일들이 생기는데, 토성의 잘못이 아니라 다른 행성이 문제이다. 태양과 달, 화성 등 토성을 미워하는 적들이 많아서 나쁜 라지타디 아바스타에 있을 확률이 높다. 토성이 적이 많은 것은 토성의 잘못이 아니라, 다른 행성이 토성을 구박하기 때문이다. 금성과 수성만이 유일한 친구들인지라, 토성은 자주 적들의 어스펙트를 받으며 괴롭힘을 당하게 된다. 게다가 화성은 추가 어스펙트 범위까지 가지고 있어, 태양, 달과 함께 거의 언제나 토성을 괴롭히고 있다. 우리는 온갖 궂은일을 묵묵히 다 해 주는 하인에게 감사하기보다는 오히려 타박하고 구박하기가 쉽다. 또한 우리는 너무 쉽게 자연을 남용하기도 한다. 이는 모두 토성이 상징하고 있는 것들이다. 그런데도 토성이 자주 회피의 대상이 되고 비난을 많이 받는 이유는 많은 적들이 토성을 함부로 대하기 때문이다.

금성은 토성을 인간적이고 자비롭게 대해 주는 유일한 좋은 친구이다. 수성도 토성에게 친구이지만, 토성은 수성에게 중립이다. 토성은 인내심이 뛰어나며 열심히 노력한다. 태양은 한결같이 안정적이고 지속적이다. 부자지간인 두 행성은 기본 성향이 비슷하며 양극에 있으면서 서로를 닮았다. 토성은 어떤 어려움에 처하여 별달리 아무런 방법이 없을 때, 그저 꾸준하게 계속 버틸 수 있는 힘이 있다. 누가 죽거나 떠나갈 때 계속 숨 쉬고 살면서 그저 버티는 수밖에 별 다른 방법이 없다. 좋은 토성은 시간이 지나면 모든 게 좋아지게 되어있다는 것을 잘 알고 있기에, 어떤 어려움이나 시련이든 묵묵히 버티며 지낼 수 있다. 결과적으로 토성은 마치 거북이처럼 토끼와의 경주에서 승리를 하게 된다. 우리들 삶에서 가장 마지막 심판은 토성에게 달려 있다. 좋은 토성은 우리를 삶의 승리자로 만들 것이며 나쁜 토성은 설사 왕으로 태어났더라도 결국엔 한 순간에 알거지로 만들어 길가에서 쓸쓸한 죽음을 맞이하게 만든다. 그래서 토성의 라지타디 아바스타는 다른 어느 행성보다 가장 중요하게 된다.

▨ 토성이 라지타 아바스타에 있을 때

토성이 5번째 하우스에 있으면서, 태양, 달 혹은 화성과 합치하고 라후나 케투가 같이 있을 때 토성은 라지타 아바스타(수치심을 느끼는) 상태가 된다. 라지타 상태가 된 토성은 열심히 일하려는 욕구는 있으나 그만큼 열심히 하지 못하기 때문에 스스로 수치심을 느낀다. 우리는 열심히 일을 해야 할 뿐만 아니라, 적절한 휴식도 취해야 한다. 그런데 라지타 토성은 게으름을 피우면서 열심히 일을 하지 않는 것에 대한 걱정만 하고 휴식을 취하는 것에 대해서도 수치심이 있다. 토성은 우리가 가진 동물적, 원초적 생존본능을 대변한다. 라지타가 된 토성은 기본적인 생식 욕구에서도 수치심을 느낀다.

자연의 생태계나 정글에서는 사자나 치타 등이 새끼들을 먹이고 생존을 위해서 다른 약한 동물들을 죽인다. 생존 본능으로 강한 자가 약자를 제압하게 되어 있다. 약자는 살아남기 힘들고 오직 강한 자만이 살아남게 되어있다. 근대 사회에서는 그처럼 극단적으로까지 되지는 않는다. 하지만 토성은 생존본능을 가지고 있는 행성이기 때문에, 만약, 너와 나 둘 중에 한 명만 승진기회가 있을 때 자신이 살아남기 위해, 승진하기 위해 노력한다. 강한 토성은 강한 생존본능을 작동시켜, 냉혹하고 잔인하며 단단하면서도 지독하다. 확실하게 자신이 마지막 생존자가 되기 위해 끝까지 버틴다. 물론 이처럼 더 강하고 능력 있는 자가 살아남는 것이 거시적인 관점에서도 훨씬 낫다. 강한 이가 더 많은 후손을 남길 수 있기 때문이다. 그런데 현대 모던 사회에서는 약자들이 살아남는다. 토성의 관점에서 보면 결코 바람직한 현상이 아니다. 지나친 면역과 위생을 위해 항생제를 너무 사용하면, 오히려 몸의 면역력을 약화시키게 된다. 만약 기존 항생제로서도 치유할 수 없는 어떤 새로운 전염병이라도 생기게 되면, 많은 사람들이 그냥 떼죽음을 당할 수도 있다. 2014년 한국에서의 메르스 바이러스 확대사태가 그 좋은 예이다. 비단 한국뿐만 아니라, 전체 인류적으로 선진사회에서의 면역시스템이 과거에 못살던 시대나 사회에 비해 훨씬 약해졌다. 자연사로 죽는 사람들보다 병원에서 죽는 사람들이 더 많은 이유는 위생이나 환경이 너무 깨끗해서 박테리아들이 오히려 강해졌기 때문이다. 박테리아들을 진압하려 할수록, 더욱 강한 변이를 통해 빠르게 확산한다. 이처럼 우리는 자연의 법칙을 회피하려고 온갖 연구를 다하지만, 시간은 언제든 우리를 따라 잡을 것이다.

요즘 들어서 전 세계적으로 일어나고 있는 이상적 기후는 우리가 자연을 남용하여 깨진 균형을 찾기 위해 일어나는 현상들이다. 이러한 생존경쟁에서 강한 토성을 가진 이가 살아남게 되어있다. 토성은 살아남기 위해, 마지막 승리자가 되기 위해 뭐든지 한다. 토성은 절름발이로서, 우리가 가진 약점을 대변한다. 우리는 모두 어떤 식으로든 약점이 있다. 강한 토성은 그러한 약점에도 불구하고 살아남을 수 있는 능력이 있다. 약한 토성은 조금만 잘못되어도 다른 사람들 탓을 하고 변명을 하기에 바쁘다. 1994년 대히트작 '포레스트 검프 (Forrest Gump)' 영화의 주인공이 강한 토성의 아주 훌륭한 예이다.

주인공 포레스트 검프는 온갖 신체적, 정신적, 환경적 결함들을 가지고 있었다. 그러한 약점에도 불구하고 아주 큰 성공과 승리를 거둘 수 있었다. 하지만 라지타가 된 토성은 그렇게 하지 않는다. 토성을 바로 사용하지 않기 때문에 수치감을 느끼고 있다. 자신이 가진 모든 약점에 대해 수치심을 느끼며 어떤 꾸지람을 듣거나 인정을 받지 못하거나 무능력하게 느끼면 깊은 자폐 의식에 빠지게 된다. 자신이 가진 모든 약점에게 대해 인정을 받으려 하며 무슨 일을 하든지 다른 사람의 허락이나 인정을 받으려고 한다.

· 태양과 라지타를 하는 경우

토성은 태양과 서로 라지타를 주고받게 된다. 둘은 부자지간이면서도 서로 적이다. 별로 좋아하지 않는 아버지와 한집에서 자라나는 토성은 항상 결핍 의식을 가지고 있으며 삶이 살 가치가 있다는 것을 느끼지 못한다. 토성의 가장 큰 자산은 '시간'이다. 그런데 태양은 그러한 시간의 중요성을 인정하지 못한다. 그래서 토성이 스스로 부족하게 느끼도록 만든다. 특히 케투가 같이 있을 때, 게으름을 피우다가 시간 낭비를 많이 하게 만들어 수치심을 키운다.

라후가 있는 경우, 마약이나 알코올 등으로 시간 낭비하게 하여 수치심을 키운다.

라지타 토성은 어릴 때 아버지나 어떤 권위적 대상에게 자신의 약점에 대해 꾸지람이나 무시를 당한 경험이 있다. 그래서 관심이나 인정을 제대로 받지를 못하였을 뿐만 아니라 약점 때문에 아무 것도 할 수 없을 것 같은 수치심이 생겼다. 예를 들어 폐가 약하여 다른 아이들보다 빨리 걸을 수 없으면, 약골이어서 아무 짝에도 쓸모가 없다거나 멍청이라는 식으로 비난이나 야단을 들었다. 만약 좋은 토성이면 그러한 경우, "약해도 괜찮아, 좀 더 천천히 걸으면 돼. 폐가 조금 약하다고 걸을 수 없는 건 아니잖아" 하는 식으로 격려와 부추김을 받는다. 그러나 태양에게 라지타가 된 토성은 먹고 배설하는 기본적 생식 작용이나 원초적 본능이 어떤 종교나 철학적인 규율들로 인해 강압되고 수치심을 가지도록 만들었다. 청소년기 성적인 호기심이나 음식에 대한 욕구, 먹는 매너 등에 대해 어른들로부터 심한 야단이나 지적들을 받았기 때문이다.

· 화성이 라지타를 하는 경우

이 경우 서로 라지타를 주고받는 상태가 된다. 이러한 토성은 경쟁에서 이기지 못하거나 증진하지 못하고 목표달성 등을 하지 못해 수치심을 느낀다. '너무 느리다, 절름발이다' 등의 방식으로 토성의 느린 능력에 대해 수치심을 느끼게 만든다. 항상 바쁘게, 빨리 움직이도록 재촉당하며 무엇이든 일등을 하지 못하면 (설사 일등을 한다 하더라도 세계 기록을 깨지 못하면 하는 식으로, 늘 어떤 상황에서건) 수치심이나 좌절감을 느낀다. 어떤 식으로든 남들보다 늦거나 뒤처지는 것에 수치감을 느낀다. 화성에게 라지타 되는 토성은 원래 모습대로 시간을 두고 천천히 하는 행복을 느낄 수가 없다. 화성이 항상 서두르게 하며 부족하게 느끼도록 만들기 때문이다. 이러한 라지타 토성은 큰 비극이 일어나거나 씻을 수 없는 실수를 하는 공간을 만들어 내게 된다. 과속 운전으로 차 사고를 내거나 몸 어디가 잘못되는 사례 등을 만들어내서, 신체의 제한이나 한계성 등을 받아들이지 못하게 한다. 고의적은 아니지만 어쩌다 법률을 깨트리게 만들며 인내심이 부족하고 또 집착하게 만든다. 토성은 흐름을 따라 천천히 시간을 두고 움직이는 행성이다. 그러나 화성은 토성에게 그러한 적응성이나 한계성을 받아들이지 못하게 한다. 특히 라후와 있을 때 이러한 성향이 더욱 심해지게 된다. 케투의 경우는 그러한 갈등들이 좀 더 내적으로 자제되어 있다.

· 달이 라지타를 하는 경우

이 경우 최악의 라지타 상태가 된다. 달과 토성의 합치 자체가 이미 가장 비극적인 조합인데다가, 5번째 하우스에서 라후나 케투까지 합치하기 때문에 토성의 라지타 뿐만 아니라 달의 라지타 상태 때문에 심각한 정신질환까지 초래할 수 있는 상태이다. 좀 더 자세한 효과는 달의 라지타디 장을 참고 하시기 바란다.

이처럼 토성이 라지타 아바스타가 되면, 가장 어려운 라지타 상태가 된다. 토성 자체가 수치심을 대변하는 행성인데다가, 라지타 상태까지 겹치게 되면, 열등감이나 굴욕감 때문에 다른 약점을 더욱 견디기 힘들어진다. 토성은 열심히 노력하며 아무도 원하지 않는 더러운 일들을 하는 행성이다. 예를 들어 아무리 책을 내고 싶더라도, 혼자 앉아서 글을 쓰는 것뿐만 아니라, 완성된 뒤에 출판이나 세일즈 과정 등, 한 권의 책으로 나오기까지의 과정은 아주 일상적이고 따분하며 자신과의 길고 고독한 싸움이다. 라지타 토성은 그러한 일들을 성공적으로 할 수가 없다. 자신의 능력에 대한 수치심 때문에 아예 책 쓰기를 끝내지 못한다. 더럽고 어려운 일을 하는 것을 수치스럽게 느끼기 때문에 시도하지도 않는다.

특히, 태양이 토성을 라지타 하는 경우, 더러운 일들을 하기엔 자신이 너무 고결하다고 여기는 식으로 거만한 성향이 있다. 그들은 손이 더러워지는 일을 가장 마지막으로 할 사람들이다. 이러한 라지타가 라후에 의해 일어나는 경우, 항상 기대했던 것보다 다르게 나타난다. 그래서 전체적으로 불균형적이고 누구에게나 잘 속아 넘어가는 성향이 있게 된다. 케투의 경우, 기대했던 대로 충족이 될 수도 있으나 기대한 만큼 만족스럽지는 못하다. 라후는 내적인 균형을 먼저 이룰 수 있어야 외적으로 충족될 수 있다. 라후와 토성이 함께 라지타를 일으키면, 언제나 삶에서 큰 실망을 하도록 되어있다.

▨ 토성이 가비타 아바스타에 있을 때

토성이 고양의 품위나 물라트리코나 물병 라시에 있을 때 가비타 아바스타(자부심)를 느끼는 상태가 된다. 가비타 토성은 자신이 가진 토성의 자질에 대해 아주 자부심을 느낀다. 그는 강한 생존능력이나 어려운 일을 할 수 있는 능력, 인내심 등이 있다. 그러한 자부심으로 어떤 일에서건 성공을 거둔다. 시련이 닥쳐도 포기하지 않고 계속할 수 있는 능력, 단순하고 어렵고 지겨운 일들을 계속 할 수 있는 능력 등이 있기 때문에 결국에는 성공하게 된다. 다른 사람들은 다 포기하는 상황이더라도, 강한 토성은 고통을 삼킨다. 입에 풀칠하는 한이 있더라도, 시간이 얼마나 걸리든지 자신이 하던 일을 계속할 수 있기 때문에 성공하게 된다.

뛰어난 재주가 없거나 머리가 안 좋더라도 성공한다. 삶에서 성공이란 그냥 계속할 수 있는 능력에 달려 있다. 거북이처럼, 묵묵하게 가던 길을 쉬지 않고 가면서 결국에는 완주를 하고 성공을 거둔다. 약한 토성은 원하는 분야에서 성공을 거둘 수 있을 때까지 처음 몇 년간은 가난을 견딜 용의가 없다. 성공하기 전에 요구되는 인내의 시간들을 견딜 수 있는 사람들은 그다지 많이 없다. 강한 토성은 시간 투자를 하면서, 검소하게 살면서, 천천히 자신의 이름을 키우며 성공을 위해 필요한 에너지와 시간을 비축한다. 연기자가 되기 위한 노력도 비슷하다. 뭐든지 자신이 원하는 일에 성공하기 이전에 견디어야 하는 시간이 있다. 강한 토성은 그러한 힘이 있다. 가비타 토성은 정글에서 혼자 낙루하게 되었을 때, 삼 년까지도 버티며 살아남을 수 있다. 대부분의 사람들이 생각조차 할 수 없는 일들의 이상을 해낼 수 있는 슈퍼 휴먼들이다. 이런 사람들은 산을 타다가 사고로 바위 사이에 낀 자신의 다리나 팔을 잘라 버리면서까지 살아남을 수 있다. 이처럼 가비타 토성은 건강하게 비집착 할 수 있는 정신자세를 가지고 있다. 그래서 어려운 상황에서도 별로 스트레스를 받지 않는다. 아주 강인하며 마지막까지 생존할 수 있는 강한 능력을 가지고 있음에 자부심을 느낀다. (예시 차트 1 참조)

▨ 토성이 스바시타 아바스타에 있을 때

토성이 오운 라시: 물병자리(20~30도)나 악어 라시에 있을 때 스바시타 아바스타(스스로 만족하는) 상태에 있다. 이럴 때 나타나는 효과들은 가비타 상태와 비슷하지만, 강도가 약하다. 정글에 혼자 낙루되었을 경우, 가비타 토성은 삼 년까지 버틸 수 있지만, 스바시타 토성은 삼 일까지 버틸 수 있다. 일반 사람들의 수준보다는 더 나은 일들과 한계를 극복할 수 있다.

🔲 토성이 슈디타 아바스타에 있을 때

토성이 적들과 합치하거나 적들의 라시에 있거나 적들의 어스펙트를 받을 때 슈디타 아바스타, 굶주림을 느끼는 상태가 된다. 토성의 적은 태양, 달, 화성이다. 그런데 태양과의 합치는 쇼비타가 되기 때문에, 태양의 사자 라시에 있을 때만, 슈디타 조건이 된다. 달의 라시에 있으면서 어스펙트를 받는 경우에는 트리쉬타가 된다. 그래서 달의 라시에 있으면서 적의 어스펙트를 받지 않거나 다른 라시에 있으면서 달의 어스펙트를 받거나 달과의 합치할 때 슈디타 조건이 된다.

· 태양이 슈디타를 하는 경우

사자 라시에 있는 토성은 자신의 약점을 커버하기 위해 애를 쓰게 된다. 우리는 모두 약점과 장점을 함께 가지고 있는 존재들이다. 그런데 태양이 슈디타하는 토성은 자신의 약점을 받아들일 수가 없다. 그래서 약점을 없애려 하거나 감추기 위해 오히려 거만하거나 도도하게 행동한다. 자신의 십자가를 지지 않으려 하며 수준 낮은 일이나 더러운 일들을 하면 자신의 위상이 떨어지는 것처럼 여긴다. 어떤 일에서건 바닥부터 시작하여 차근차근 올라가는 것을 하지 않으려 한다. 그러기엔 너무 자부심이 강하다. 혹은 자존감이 슈디타 아바스타(너무 굶주린) 상태에 있기 때문에, 자신이 위로 올라갈 수 있다는 것을 믿지 않는다. 그러나 공격적으로 되지는 않는다.

태양과의 합치는 쇼비타가 되지만, 토성이 사자 라시에 있을 때는 마치 아버지 집에 갇혀 있으면서 아무 것도 얻지 못하는 상태와 같다. 혹은 잘 살고 부유한 집안에 태어났지만, 아무런 충족을 느끼지도 가지고 있는 많은 것들을 유용하게 사용할 줄 모른다. 부자 아버지를 두었지만, 아버지와의 사이가 좋지 않아서 얹혀 사는 아들은 아주 가난하게 느끼는 상황과 비슷하다. 개입된 하우스에 따라 그러한 영역에서 토성은 자신이 충분하지 않게 여긴다. 만약 사자 라시의 토성이 7번째 하우스와 연관을 가지게 된다면, 파트너에 비해서 자신이 아주 모자라는 것처럼 느끼게 된다. 혹은 훌륭한 파트너를 두었지만, 자신에게 과분한 사람인 것처럼 자신의 가치를 낮게 여긴다. 다른 예로, 운동경기에서 금메달 성적을 낸 선수가 하자가 있어 자격을 박탈당하는 바람에, 은메달의 성적을 낸 선수가 자동적으로 금메달을 받게 된 경우를 들 수 있다. 그는 비록 금메달을 받았지만, 자신을 금메달 선수로 느낄 만큼 자기가치를 실감하지 못한다. 혹은 약물이라든지 다른 속임수를 써서 이긴 선수들이 내적으로는 자격지심을 느끼게 되는 경우도 들 수 있다. 이처럼 낮은 자기가치를 가진 토성은 역으로 자신을 증명할 필요성을 강하게 느껴 부정당한 방법을 시도할 수도 있게 된다. 자격지심에 대한 보상심리로 자신이 다른 사람들보다 더 낫다는 것을 증명해 보이기 위해 지나칠 정도로 열심히 하거나 혹은 강압적으로라도 밀어붙이는 행동방식으로 나타나게 되는 것이다.

· 다른 라시에서 달의 어스펙트를 받고 있는 경우

토성은 달에게 슈디타를 당하게 된다. 이러한 토성은 자신의 약점 때문에 내면에 엄청나게 큰 구멍이 있는 것처럼 느낀다. 그래서 자신의 모든 약점에 대한 온갖 인정이나 확언을 구하려 함으로써 구멍이나 필요성을 채우려 하게 된다. 이들은 자신이 가진 약점이 인생의 중심에 있게 된다. 병자들이나 약자들이 계속 질병을 무기로 다른 사람들의 관심을 구하는 예들이 그러하다. 가비타 토성은 어떤 약점이 있어도 혼자 안으로 삼키며 쿨하게 일들을 해낸다. 아무도 그가 그러한 약점을 가지고 있다는 사실을 알지 못한다. 그래서 성공하게 된다. 반면에 달이 슈디타를 하는 토성은 온갖 변명이나 약점을 자신의 무기로 삼으며 온통 시간과 에너지를 쏟는다.

우리는 어떤 사람이 약점이 있더라도 그를 사랑한다. 하지만 달에게 슈디타가 된 토성은 사람들이 자신의 약점이나 문제점 때문에 사랑해 주기를 바란다. 자신이 가진 약점이나 결핍 의식을 너무 강조하는 것이다. 사실은 사랑하기 때문에 그러한 약점이 문제가 안 되는 것인데, 그들은 약점 때문에 사랑해 주기를 바란다. 설령 약점을 받아 주고 포용해 준다 하더라도, 그들은 여전히 약점 때문에 생산적으로 되지 못한다. 사랑은 유용함에서 생겨나는 법이다. 사람이든 물건이든, 쓸모가 있거나 유용할 수 있어야 사랑할 수도 있다. 그런데 그들은 약점 때문에 관심을 요구하면서, 자신이 가진 약점이나 문제에만 온통 집중한다.

에고를 나타내는 달은 좁은 시각을 가지게 되어, 상대방이 자신의 다른 좋은 점 때문에 사랑하는 것을 볼 수가 없다. 달에게 슈디타가 된 토성은 자신의 약점만 본다. 아주 어려운 슈디타로서, 점성학 상담자들 중에 가장 흔한 아바스타이기도 하다. 이런 결함을 극복하려면, 초연할 수 있어야 한다. 건강한 초연함으로 자신으로부터 거리를 두고 볼 수 있어야 한다. '나'는 별로 중요하지 않다, 단지 세상에서 맡고 있는 하나의 역할을 완수해 나가고 있을 뿐이다, 라는 자세로 에고 의식을 영적 의식으로 전환시킬 수 있어야 한다. 태양이 슈디타를 하는 경우, 어떤 권위대상이 자신의 약점에 대해 알려주었기 때문에 잘 인식하고 있다. 그러나 지나치게 자신을 약점과 동일시하거나 달의 슈디타처럼 결핍 의식에 시달리지는 않는다. 건강한 토성은 우리가 가진 부족함에도 불구하고 앞으로 나아갈 수 있는 능력이 있다. (예시 차트 2 참조)

달이 토성과 합치하는 경우에는 토성은 두 배로 고통 받게 된다. 초연하거나 냉철할 수 있는 온갖 능력을 잃게 된다. 그냥 무슨 일이든 하면서 즐거운 시간을 갖기보다는 해야 할에 대해 너무 많은 생각과 걱정을 하고 우울증이나 신경증 증세에 시달리며 시간을 낭비한다. 이러한 토성은 너무 예민해지며 뭐든지 잘 안되면 개인적으로 부족함 때문이라고 받아들인다.

토성이 달의 라시에 있는 경우 나타나는 효과는 다른 슈디타보다 강도가 약하다. 신경증으로 시달리게 하지는 않지만, 현재에 집중하며 살거나 시간에서 충족감을 느끼기가 어렵다. 자신이 필요한 것들에 대해 감정투자를 많이 하면서 충족되어지기를 기다리고 있다. 감정적으로 아주 빈곤하고 매달리는 성향이 있다. 원래 토성은 이 세상에 필요한 것이 아무 것도 없다. 그런데 달의 라시에 있으면 세상에서 자신이 필요로 하는 것들을 충족시키려 한다. 그러나 제대로 충족이 될 수 없기에 토성은 목이 마르게 된다. 달은 한계성을 느끼는 것들에 대해, 달 자신이 진화하여 원하는 것들을 채울 방법을 찾거나 혹은 스스로 그러한 충족의 대상이 되려 하기보다는 토성이 채워 주기를 바라며 기다리고 있기 때문에 공허함을 느낀다. 시간을 현명하고 생산적으로 사용하지 않는다. 걱정만 많이 하고 실제로 행동하지도 않는다. 자신들의 삶을 생산적으로 만들고 충족을 시키려는 대신에, 오히려 배우자나 자녀, 가족 등 다른 사람들 인생에 개입하고 그들이 필요한 것들을 채워 주려 바쁘게 설치고 잔소리하고 지나치게 컨트롤하려 한다. 결국에는 여전히 충족감을 느낄 수 없어 쓰라림이나 공허함을 느끼게 된다.

· 화성이 슈디타를 하는 경우

토성은 성공하거나 자신의 능력을 증명할 수 있는 자신감이 없다. 산양 라시에 있는 경우에는 자신의 행동이 비능률적인 것 대해, 전갈 라시에 있는 경우, 자신의 감정적인 조율 능력에 대해 자신감이 없다. 화성은 아주 빠르고 토성은 항상 느린 행성이다. 그러한 느림을 의식하게 만든다. 토성이 가진 결핍이나 약점을 의식하게 만든다. 차트에서 토성이 약하면 배우는 것이 약간 느리지만, 꾸준한 끈기로 결국에는 박사학위까지도 받을 수 있다. 그런데 화성이 슈디타를 하게 되면, 그러한 느림을 확대시켜 의식하게 만든다. 화성은 오로지 빨리 하는 것이 우선이기 때문에 충분한 시간이나 여유가 있다는 것을 믿지 않는다. "지금 나이에, 지금 상태면, 여기 수준에 있어야 하는데, 아직까지 그 정도밖에 안 돼?" 하는 식으로 토성의 느림이나 약점을 무능력함으로 확대시킨다.

토성은 이러한 자신의 약점 때문에 마치 매장된 것처럼 스트레스를 느끼게 된다. 토성이 화성의 라시에 있을 때는 보통 자신이 어떻게 시간을 사용하는 지에 대해 잘 깨닫지 못한다. 시간의 가치를 잘 인식하지 못하고 있기 때문이다. 모든 것에는 시간이 걸리는 법이다. 뭔가를 얻기 까지는 그만큼 시간을 투자하고 혼자의 고독과 싸우면서 반복되는 연습과 자기단련의 시간을 거쳐야 한다. 그러나 화성 라시에 있는 토성은 기다리며 버틸 수 있는 시간, 자기 단련을 하기 위한 시간 등을 투자할 줄을 모른다. 시간을 투자하기도 원치 않거니와 어려운 일들을 하기 싫어한다. 그래서 이것저것 빨리 할 수 있는 것들을 많이 손대어 보지만, 한 가지도 제대로 해낼 수 없게 된다.

· 화성과 합치하는 경우

이 경우 시간 낭비를 하지 않도록 너무 강요하거나 해야 할 일 혹은 하지 말아야 할 일 등 따라야 하는 것이 너무 많아진다. 온갖 행사나 기념일 챙기기, 쇼핑하기 등 항상 시간에 쫓기면서 해야 할 일들이 너무 많기 때문에, 게으름 피우거나 휴식을 취할 시간이 없다. 워커홀릭이 되게 하는 조합이며 참을성이 부족하고 시간을 두고 뭔가를 잘 해낼 수 있는 인내심이 부족하며 항상 서두른다. 화를 잘 내며 늘 안절부절못하기 때문에 실수할 가능성도 높다. 한 번에 한 가지 일을 하면서 자신의 일을 즐기기 보다는 빨리 하려고 서두르면서 자신을 앞서가는 경향이 있다. 반항적이고 다른 사람들이 어떻게 하라고 지시하는 것을 좋아하지 않으며 심한 압박감에 시달리며 과로로 탈진하기도 한다. 어떤 식으로든 잡혀 있는 것을 좋아하지 않는 타고난 반항아들이다. 자신들 삶의 한계나 제한 때문에 시달리며 특히 시간의 제한에 심한 압박감을 느낀다. 그들에게 시간은 가장 파워풀한 힘이다.

화성과 토성의 합치는 제한성을 강조하는 아주 높은 스트레스의 조합이다. 그들은 마치 모래시계가 움직이고 있는 것처럼, 시간을 낭비하는 것을 가장 두려워한다. 장기적으로 수명이나 건강에 아주 해로운 영향을 미친다. 휴식을 취할 줄 모르며 언제나 폭발하기 일보

직전의 상황에 있다. 원하는 모든 것을 자신이 원하는 대로 갖기를 원한다. 한 가지 일도 감당하지 못하면서 두 가지 일을 다 하려고 덤빈다.

▧ 토성이 트리쉬타 아바스타에 있을 때

물의 라시에 있으면서 태양이나 달의 어스펙트를 받고 있을 때, 토성은 트리쉬타 아바스타, 목마른 상태에 있게 된다. 이러한 경우 쇼비타나 슈디타가 된 특성이 있지만 강도가 약하다.

▧ 토성이 쇼비타 아바스타에 있을 때

태양과 합치하거나 혹은 적이면서 흉성인, 태양이나 화성에게 어스펙트를 받고 있을 때 토성은 쇼비타 아바스타(불안하게 안절부절못하는) 상태가 된다.

· 태양과 합치하는 경우

토성은 무엇을 하든지 절대로 충분하지 않은 것처럼 심한 압박감을 느끼게 된다. 다른 사람들이 작은 실수나 조금이라도 잘못하는 것을 참을 수 없다. 자신이나 다른 사람들이 가진 약점이나 인간적인 허약함을 견딜 수가 없다. 어떤 식의 약점이든 아주 큰일인 듯이 다룬다. 우리 모두가 가진 약점에 대해 괜찮게 받아들일 수 없다. 그래서 자신은 어떤 약점도 없다는 것을 증명하기 위해 아주 애를 쓴다. 혹은 어떤 책임감도 맡지 않으려 하거나 어떤 일이라도 할 수 있을 만큼 자신감이 없어 두려워한다. 그들은 자신을 좋아하지 않으며 가진 세력을 남용하거나 혹은 에고 마니아같이 행동하면서 보상하려는 성향이 있다. 이들은 자기수용 하는 법을 배워야 한다. 그렇지 않으면 다른 사람들을 수용할 수가 없다. 이렇게 토성이 나쁜 상태에 있으면, 시간을 현명하게 사용하지 않는다. 그리고 어떤 일이 잘못되면, 그들은 자신의 책임으로 받아들이기 원치 않는다. 자신의 실수를 인정하는 것이 되기 때문이다. 자신의 허점이나 약점을 인정하는 것은 나쁜 토성이 가장 최후에 할 수 있는 일이다.

· 토성이 적敵흉성에게 어스펙트를 받는 경우

태양과 화성 이외에, 지는 달도 흉성이다. 이들에게 어스펙트를 받으면 토성은 쇼비타가 된다. 쇼비타 토성은 자신의 약점을 보상하려고 든다. 자신이 가진 약점이나 단점들을 자신의 일부로 받아들이려 하지 않는다. 남들보다 높고 부릴 수 있는 윗자리에만 있으려고 한다. 이러한 토성이 윗자리에 있으면, 겸손할 수 있는 능력을 잃게 된다. 대신에 공격적이고 안절부절못하며 거만하다. 화성이 쇼비타를 하면, 계속 불안정하며 엄청 바쁘거나 활동적이다. 뭐든지 아주 빠르고 분주하며 항상 서두른다. 숨 돌릴 시간도, 장미 꽃 냄새를 맡을 시간도 없이 너무 바쁘게 지내다가 결과적으로는 행복하지 않게 된다. 토성은 행복을 찾기가 어려운 세상에서 단순한 것들로 행복할 수 있는 법을 배우는 행성이다. 그런데 화성은 토성을 너무 서두르게 한다. 뭐든지 성취하려면 시간이 걸린다는 것을 인지해야 하는데, 화성에게 쇼비타가 된 토성은 너무 서두르는 화성 때문에 자꾸만 달아나려 한다. 그래서 성공하는 데 더욱 오랜 시간이 걸리게 된다. 행복하지 않을 때 너무 바쁘면 더욱 행복하지 않게 될 뿐이다.

쇼비타가 된 토성은 자신의 약점으로부터 자꾸만 달아나려 하기 때문에 자신을 완전히 받아들이기가 정말 힘들다. 일곱 행성은 모두 우리 몸의 일부분이기 때문에 완전한 수용을 할 수 있어야, 모든 챠크라(하늘의 금괴, 제3장 참조)도 건강할 수 있다. 토성은 심리적 전쟁을 나타낸다. 약점이나 부족한 점을 보충하려 하기보다는 수용하는 법을 배워야 한다. 그러면 영적으로 신을 향해 진정한 발전을 할 수 있다. 그런데 나쁜 라지타디에 있는 토성은 그렇게 낮은 레벨의 자아를 받아들이기가 힘들다.

지는 달이 토성을 어스펙트하게 되면, 공격적이며 약을 올리고 불안하게 만든다. **만약 뜨는 달이면** 슈디타(굶주린) 상태가 되며 자신의 약점을 다른 사람들이 수용하거나 인정해 주어도 여전히 우울하고 무능력하게 느낀다. 그러나 다른 사람들에게 피해를 주지는 않는다. 하지만 지는 달의 경우, 토성은 자신들의 약점으로 인해 깊은 상처를 받게 되었다. 주변의 가까운 이가 그러한 약점을 비난한 경험이 있다. 예를 들어 못생겼다, 뚱뚱하다, 미련하다는 식으로 약점을 꼬집혀서 상처를 받게 되었다. 그래서 그들 역시 공격적이 되면서, 다른 사람들에게 상처를 되돌려 준다. 나쁜 토성은 자신의 약점에 눈이 멀어서 다른 아무런 일들도 하지 않는다. 좋은 토성의 경우에는 비록 약점이 있어도 다른 좋은 점들이 더 많다는 걸 잘 알고 있다.

⊠ 토성이 무디타 아바스타에 있을 때

친구인 수성이나 금성과 같이 있거나 어스펙트를 받거나 그들의 라시에 있을 때 혹은 목성과 같이 있을 때, 토성은 무디타 아바스타(기쁨) 상태가 된다. 토성이 수성이나 금성, 목성과 같이 있는 경우, 자신은 그들의 도움을 받아 무디타 상태가 되지만, 다른 행성은 슈디타(굶주림)의 상태가 된다. (330쪽의 짐 캐리 차트에서, 토성은 목성과 수성이 합치를 이루고 있다. 토성에게는 좋지만, 목성과 수성은 슈디타 아바스타가 되어 피해를 입는다. 그래서 그가 더 고생을 해야 했던 이유이기도 하다.)

무디타 상태에 있는 토성은 건강한 센스의 비집착성이 있다. 자신의 시간을 유용하고 기쁘게 채울 수 있다. 항상 어떤 상황에서건 기대했던 대로 일어나지 않을 때, 쓸데없이 불평하거나 화를 내며 시간이나 에너지를 낭비하기보다는 있는 시간이나 기회를 현명하게 사용한다.

· 수성이 무디타를 하는 경우

이 경우 만약 어떤 예기치 못한 사고로 어딘가에 갇혀 꼼짝할 수 없을 때, 마냥 도움을 기다리기 보다는 뭔가 다른 것을 하며 시간을 채운다. 수성은 가능한 선택권을 연구하고 검색하여 최상의 방법을 선택하는 행성이다. 그래서 토성은 기다리는 동안 책을 읽거나 청소를 하며 항상 뭔가 건전하게 기다리는 시간을 채울 수 있는 방법을 취한다. 어떤 문제든, 단지 시간이 지나면 해결되게 되어있다는 것을 잘 알고 있다. 수성에게 무디타가 된 토성은 그러한 시간을 유용하게 채운다. 수성은 또한 친구들을 나타낸다. 수성이 무디타를 하면, 비슷한 약점을 가진 친구가 서로 인정해 주고 같이 힐링하고 도와주면서 어려움을 극복할 수 있게 된다. 마치 AA(알코올 중독 회복 모임단체)친구들이 서로를 도와 중독증을 극복하는 경우와 같다. 이러한 수성은 토성에게 약점이 너의 전부가 아니라 단지 일부분에 지나지 않는다는 것을 알려준다. 그래서 토성이 약점을 털고 다시 일어날 수 있게 도와준다. 그리고 힐링 할 수 있는 다른 방법들도 많이 있음을 알려 준다. 태양과 토성이 합치하는 경우에는 오직 한 길만이 있음을 강조하여 태양은 토성을 억압하게 된다. 그러나 수성은 토성이 할 수 있는 다른 가능성들을 찾아준다. 배우는데 장애를 가지고 있으면, 다른 대안적인 배움의 길을 찾아 봐 주면서, 한 가지 길로 안 되면 항상 다른 길들이 있다는 것을 알려준다. 수성은 토성이 약점에도 불구하고 행복할 수 있는 능력을 많이 도와준다.

· 금성이 무디타를 하는 경우

이 경우는 토성은 자신의 약점에 대해 사랑으로 받아들여졌음을 나타낸다. 금성은 토성의 약점을 적응할 수 있도록 도와준다. 얼굴이 못났거나 성하지 못한 몸을 가졌더라도, 금성은 미워하거나 싫어하지 않고 사랑으로 극복할 수 있도록 도와준다. 우리는 원래 잘나고 똑똑한 사람이 성공하는 것보다, 포레스트 검프처럼 온갖 어려운 장애를 극복하고 성공하는 사람들에게 더 영감을 받고 사랑하게 된다. 금성의 역할은 모든 약점에도 불구하고 성공할 수 있도록 여전히 사랑하고 지지해 준다. 그러한 약점에도 불구하고 성공할 수 있었기에 토성은 자신을 더 사랑할 수 있게 된다. 그래서 삶은 더 아름다울 수 있다. 완벽한 사람들이 성공하는 것은 너무 당연하고 흥미롭지가 않다. 그러나 포레스트 검프처럼 많은 시련과 약점, 고통에도 불구하고 성공한 삶은 정말 아름답고 대단한 인간승리의 이야기이다. 토성은 십자가, 우리 삶의 짐을 상징한다. 금성의 무디타는 토성이 그러한 짐을 운반하거나 어려움을 거치는 동안, 작은 충족이나 기쁨을 주어 어느 정도 편안함을 느낄 수 있게 해준다. 토성이 고되고 지쳤을 때, 회복할 수 있고 기분전환을 하게 해 준다. 토성에 견딜 수 있는 힘을 부추겨 준다. 그래서 견디고 기다려야 하는 시간을 힘들기보다는 뭔가 좀 더 기쁠 수 있는 것을 줌으로써, 견디고 기다리는 시간이 그래도 기쁠 수 있게 해 준다.

· 목성이 무디타를 하는 경우

토성은 어려운 시간을 견디기가 좀 더 쉬워진다. 항상 행운이 따르고 뭔가 좋은 기회가 따라온다. 예를 들어 외진 곳에서 차가 고장 난 경우, 별로 기다리지 않고도 도움 줄 사람들이 나타나게 된다. 감옥에 갇혔을 때도, 뭔가 운 좋은 기회가 와서 금방 사면이 된다거나 형량이 줄어든다. 이처럼 목성은 토성이 겪어야 하는 고통의 시간을 줄이거나 더 나은 여건으로 만들어 준다. 그리고 고통 앞에서 긍정적인 자세와 행복을 찾을 수 있게 한다. 기다리는 시간이 낭비나 고욕으로 느껴지지 않는다. 책을 읽거나 뭔가 다른 즐거운 일을 찾아 기다리는 즐거움을 느끼게 해 준다. 목성의 행복은 직관적인 이해에서 오는 것이다. 목성이 무디타할 때, 토성은 자신의 고통이나 시련에는 보다 더 큰 어떤 이유나 더 큰 힘의 작용이 있다는 것을 직관적으로 알고 있다. 그래서 어려움이 닥치면 화를 내거나 짜증을 내기보다는 뭔가 다른 이유가 있을 거라는 식으로 긍정적인 대처를 한다.

※ 토성의 라지타디 아바스타즈 예

할리우드 코미디 배우 짐 캐리(Jim Carrey, 1962년 1월 17일)의 토성은 가비타 토성의 전형적인 예이다. 대표작인 '마스크(The Mask, 1994)', '덤앤더머(Dumb and Dumber)'로 성공하기 이전에, 거지처럼 빈털터리가 되어 고물차 안에서 숙식을 해결하면서 혼자 피눈물 나는 연기수업을 하는 등 오랜 세월 동안의 무명 생활을 견디어 냈다. 고등학교도 제대로 마치지 못한 그가 오늘날의 배우, 감독, 화가, 작가, 자선 사업가 등으로 크게 성공하기까지의 무용담은 1997년 오프라 윈프리 토크쇼에서 소개되어 큰 화제를 모았다. 전갈 라시 라그나인 짐 캐리의 토성은 4번째 하우스의 물병 라시에서 가비타 아바스타에 있다. 목성과 수성의 합치로 인해 훌륭한 무디타까지 얻고 있다. 그러나 9번째 행운의 로드인 달이 8번째 하우스에서 홀로 있을 뿐 아니라 토성에게 어스펙트(38)를 하고 있다. 이러한 달은 차트 주인의 인생에서 행운을 방해하며 우울증을 가져다 준다. 게다가 행복의 하우스인 4번째 하우스에 토성이 있을 때, 부모님의 결핍이나 어려운 가정환경을 주는 경향이 있다. 모두 짐 캐리가 성공할 수 있기 전에 극복해야 했던 어려움들이다.

Planetary Aspects
Rasi- Aspected Planets

	☉	☾	♂	♀	♃	☿	♄	☊	☋
☉	–	10	Y			Y		49	
☾	40	~	45	31	32	41	38	16	30
♂	Y	1	~			Y		60	
♀		28		~	Y		Y	58	Y
♃		54		Y	~		Y	58	Y
☿	Y	7	Y			~		48	
♄		14	Y	Y			~	52	Y
+	40	89	45	31	32	41	38	180	30
-	0	25	0	0	0	0	0	161	0

　　아래의 차트는 저자의 인척 중에 한 사람이다. 그녀는 물병 라시 라그나로서 로드인 토성이 3번째 하우스에서 취약의 품위에 있다. 게다가 8번째 하우스에 있는 달에게 강한 어스펙트(53)를 받고 있다. 어린 시절부터 심한 약골이었던 그녀는 부모의 과잉보호 아래 매사에 끊임없는 불평불만으로 일관하며 자랐다. 20대 초반에 일찍 결혼한 그녀는 결혼 후에도 자청해서 만들어 내는 비극의 여주인공 노릇을 계속 했다. 사실은 온갖 집안일이나 빨래, 아내와 아이들의 속옷 개기까지 다해 주는 자상한 남편이었지만, 거의 날마다 친정으로 달려가 친정어머니에게 남편 험담을 늘어놓기 바빴다. 그러다가 인터넷상으로 사귄 남자에게 속아서 충동적으로 이혼을 한 후, 위자료나 양육비도 제대로 받지 못한 채, 두 딸과 어렵게 살아야 했다. 나중에 후회하며 재결합을 시도했지만 아무런 소용이 없었다. 저자 역시도 그녀를 한동안 도와주다가 물에 빠진 사람을 구해 주었더니 오히려 보따리 내놓으라는 식으로 홀대를 받고 관계가 단절되었다.

Planetary Aspects

Rasi- Aspected Planets

	☉	☾	♂	☿	♃	♀	♄	☊	☋
☉	–	44	33		5	8	6		18
☾	16	–		4			53	40	5
♂	27		–	15	7	4	47	60	
☿		24	45				18	6	36
♃		11	28		–	Y	49	14	46
♀		9	23		Y	–	29	17	42
♄	54	30	57	42	34	31	–		48
+	16	43	96	4	0	0	149	77	129
–	80	74	90	57	45	43	54	60	65

Chart positions:

♄ 11:10 (2)　☊ 05:59 (3)　☉ 23:50 (5)
☿ 17:47 (6)　♃ 04:07 (7)　♀ 09:06
☋ 05:59 (9)　♂ 17:26 (8)　☾ 26:17

27:49 (1 / 12)

베딕 점성학 입문서 I

Vault of the Heavens

5

시간의
수레바퀴
다샤

"현대 말로 표현하자면, 혹은 경영학적 표현을 빌어서 말하자면, 어떤 일이나 프로젝트를 이행하는 데 있어 다섯 가지 요소가 필요하다. 첫째, 행동 계획서이다. 둘째, 행동계획을 주관할 매니저이다. 셋째, 행동 수단의 도구이다. 넷째, 계획을 행동으로 옮기는 것이다. 그러나 이러한 행동의 결과가 성공할지 실패할지는 마지막 요소인 '운명'에 달려 있다. 어떻게 운명이 작용하는지 그리고 운명의 실타래가 시간의 수레바퀴를 따라 어떻게 풀리는지 신이 알고 있는 정도에 비해 지극히 미약하지만, 그래도 희미하나마 그러한 사실을 점성학자만이 알고 있다."

— Mr. K. N. Rao(근대 인도점성학의 대가, 바라티야 비드야 바반(Bharatiya Vidya Bhavan, 뉴델리의 점성학 학교 설립자)

베딕 점성학이 가진 가장 독특한 점은 삶에서 발생하는 사건들의 시기를 다샤(Dasas)시스템들을 이용해 예측할 수 있다는 것이다. 다샤(Dasas)는 행성이 차트에 잠재해 있는 결과들을 자신이 주관하는 기간 동안 밖으로 표출시키는 것을 나타낸다.

이러한 다샤 시스템에는 종류가 다양하게 많은데 각 시스템 나름대로의 용도나 목적을 모두 가지고 있다. 그러나 그중에서도 가장 잘 알려진 다샤 시스템은 '빔쇼타리 다샤(Vimshottari Dasa)'이다. '빔쇼타리'는 다샤 시스템이 가지고 있는 120년이라는 기간을 의미한다. 많은 점성학 고서들이 빔쇼타리 다샤를 극찬하고 있다.

"다샤에는 많은 종류가 있다. 그중에서도 고서들이 일반 사람들에게 가장 적합하다."

"그들이 실패하지 않을 거라는 사실을 확신하게 되었기에, 나는 파라샤라의 유명한 말씀을 담고 있는 신성한 점성학 고서에서 본질만을 빼내어 유명한 빔쇼타리 마하다샤로 출격시킨다."

빔쇼타리 다샤는 출생 시에 달이 있는 위치를 기본으로 계산한다. 세상의 모든 것은 의식에서부터 먼저 나오게 된다. 달은 바로 그러한 의식을 나타내고 있다. 우리는 삶을 우리의 의식 안에서, 마나스(Manas, '감각적 마음')라는 매체를 통해 경험하게 된다. 달은 그러한 의식과 마음을 대변하고 있다.

빔쇼타리 다샤가 특히 중요한 이유는 다샤의 순서가 낙샤트라 로드들에 기준을 하고 있기 때문이다. 출생 시 달이 위치하는 낙샤트라의 로드가 첫 번째 마하 다샤의 로드가 된다. 이어지는 다샤는 낙샤트라 로드들의 순서대로 계속 전개된다. 빔쇼타리 다샤는 낙샤트라들의 원래

순서들대로 펼쳐지기 때문에 가장 중요하면서도 널리 적용될 수 있다.'

- 『하늘의 금괴』 20장. 빔쇼타리 다샤 중에서

▨ 시간의 수레바퀴: 다샤의 중요성

1권을 통해 살펴 본 행성의 라지타디 아바스타는 차트 주인이 가지고 태어난 기본적 성격, 성향들을 나타낸다. 다른 장들에서 설명한 행성의 특질이나 자질, 그리고 출생 차트에서 형성하고 있는 요가들(하늘의 금괴, 제15장 참조)은 차트 주인의 인생을 통해 전반적으로 누리게 될 좋고 나쁜 효과들을 나타낸다. 그런데 이러한 성향이나 효과가 언제, 어떤 방식으로 가장 두드러지게 나타나느냐 하는 것은 모두 '다샤'에 달려 있다. 아무리 좋고 훌륭한 잠재성을 가진 차트를 가지고 태어났더라도, 뛰어난 특성을 가진 행성이 주관하는 다샤의 순서가 차트 주인의 생에서 오지 않는다면, 이는 마치 바다 밑바닥에 널려 있는 보석더미들과 다름없다. 그 사람의 행운에 아무런 보탬이 되지 않기 때문이다.

반면 흉성이 출생 차트에서 아주 나쁜 요가들을 형성하고 있더라도, 그러한 행성의 다샤 순서가 차트 주인이 살이 있는 동안에 오지 않는다면, 바다 건너 이웃 나라 일본에서 일어나고 있는 쓰나미 현상과도 비슷하다. 차트 주인에게 직접적인 피해를 주지는 않기 때문이다. 다른 예를 들어 만약 토성이 아주 나쁜 라지타디 상태에 있으면, 차트 주인은 전반적으로 나쁜 토성의 자질을 가지고 있게 되지만, 다른 행성의 훌륭한 조합으로 인해 그러한 나쁜 효과가 표면상으로 나타나지 않고 잠재적으로 남아 있을 수도 있다. 그래서 외적으로 무난한 삶을 살고 있을 수도 있다. 하지만 차트 주인이 토성의 다샤 기간에 들어가게 된다고 하면, 아무리 다른 좋은 조합들이 있어도 토성의 나쁜 라지타디 혹은 나쁜 요가의 효과들을 피할 수가 없다. 비슷한 날에 태어나서 비슷한 토성의 라지타디를 가지고 있는 다른 사람의 경우에, 요행히 토성의 다샤를 거치지 않는다고 하면, 두 사람의 삶은 확연히 다른 토성의 효과를 보게 될 것이다.

또 다른 예로, 차트에서 화성이 사고나 질병의 위험성을 예시하고 있지만, 실제로 그러한 일들이 일어날지 아닐지는 화성의 다샤를 거치느냐 아니냐 하는 사실에 달려 있다. 반대로 좋은 라지타디에 있는 행성이 훌륭한 요가들을 형성하면서 온갖 성공과 부, 행복을 약속하고 있더라도 그러한 행성의 다샤가 차트 주인의 생에서 오지 않는다면, 실제로 효과를 완전히 누리기에는 역부족이다. 그래서 성공적이고 행복한 삶을 누릴 수 있기 위해서는 출생 차트에서 모든 행성이 적절한 조화와 균형을 이루고 있어야 한다는 사실도 중요하지만, 그보다 삶의 변화와 굴곡을 나타내는 다샤의 순서들을 잘 가지고 있는 차트가 정말로 훌륭한 행운이라고 할 수 있다.

다샤는 '운명'의 마차를 굴러가게 하는 시간의 수레바퀴와도 같으며 아홉 행성은 수레바퀴의 살과도 같다. 이러한 다샤 시스템에 대해 BPHS에서 언급하고 있는 종류는 수없이 많지만, 그중에서 빔쇼타리 다샤 시스템이 가장 보편적이고 효율적인 다샤로 널리 사용되고 있다. 빔쇼타리 다샤 시스템에서는 아홉 행성이 서로 돌아가면서 한 번씩 큰 회전을 마치는데 총 120년이 걸린다. 그래서 아무리 긴 수명을 가지고 태어난 사람이더라도 두세 개 정도의 마하 다샤 순서는 겪지 않을 가능성이 높다. 각각의 마하다샤는 다시, 최대한 5레벨의 부속 다샤까지 산출하기 때문에 우리는 모두 아홉 행성의 좋고 나쁜 효과들을 단기적으로나마 겪게 된다. 그러나 마하 다샤가 제일 큰 주류를 형성하는지라 삶의 전반적인 흐름을 파악하는 데 가장 중요한 고려사항이다. 이러한 다샤를 계산하는 기준은 출생 차트에서 '달'의 위치(잔마 낙샤트라, 『하늘의 금괴』 제10장 참조)에 달려 있다. (이러한 다샤에 대한 좀 더 상세한 설명은 『하늘의 금괴』 20장, 빔쇼타리 다샤를 참고 하길 바란다.)

행성이 빔쇼타리 다샤를 통해 나타내는 효과들에 대해서, 브리핱 파라샤라 호라 샤스트라(BPHS)의 책 2부에서 거의 전부를 할당하고 있다. BPHS는 이천여 년 전에 쓰여진 고서인지라, 이러한 내용을 오늘날처럼 복잡하고 다양한 시대·문화적 삶에 문자 그대로 적용하기에는 부적절한 점들이 많다. 또한, 출생 차트에서의 행성 영향뿐만 아니라, 현재 운행(Tansit) 중인 행성의 영향도 같이 고려해야 하기 때문에 정확한 다샤 효과들을 알기 위해서는 개인의 차트에 대한 보다 정밀한 분석이 필요하다. 하지만 다샤 효과들에 대한 대체적인 흐름을 파악할 수 있도록 근본적인 골격을 형성하기 때문에 수시로 많은 참조를 할 수 있다. 이 책의 2부에서 예시 차트들을 분석할 때, 다샤들의 효과에 대한 실질적인 응용 법을 다시 함께 살펴보기로 한다. **이하는 BPHS에서 기술한 다샤 효과들의 장을 그대로 번역한 내용이다. 표기된 숫자들은 원본에 기재된 대로의 일련번호들인데 가끔씩 빠진 번호들이 있는 것은 아마도 BPHS가 오랜 세월을 통해 전해져 내려오는 과정에서 상실된 부분들인 것으로 추측된다.**

⊠ 빔쇼타라 다샤 효과들: 브리핱 파라샤라 호라 샤스트라(BPHS)

1. 마이트레야가 말했다. 오 마하리쉬 파라샤라시여! 지금까지 당신은 각종 다른 다샤들에 대해 말씀해 주셨습니다. 이제 다샤들의 효과들에 대해 친절히 설명해 주심으로써 저의 무지를 밝혀 주십시오.

2. 마하리쉬 파라사라께서 대답하셨다. 오 브라민이여! 다샤 효과들에는 두 종류, 일반적 것과 특정한 것들이 있다. 그라하들이 가진 자연적 특성들은 일반적인 효과들을 낳으며 그들의 위치 등으로 인해 특정한 효과들을 낳게 된다.

3-4. 그라하들의 다샤가 가진 효과들은 이들의 저력에 달려 있다. 첫 번째 드레카나에 있는 그라하의 효과들은 다샤의 초반에 경험된다. 두 번째 드레카나에 있는 그라하의 효과들은 다샤의 중반에 경험된다. 세 번째 드레카나에 있는 그라하의 효과들은 다샤의 후반에 경험된다. 만약 그라하가 역행을 하고 있으면 효과들은 반대 순서로 경험된다. 세 번째 드레카나에 있는 그라하의 효과들은 다샤의 초반에, 첫 번째 드레카나에 있는 그라하의 효과들은 다샤의 초반에 경험할 것이다. 언제나 역행을 하고 있는 라후와 케투의 다샤 효과들은 항상 위에서 설명한 순서의 반대로 경험할 것이다.

5-6. 다샤 로드가 라그나에 있거나 고양의 품위, 오운 라시 혹은 친구의 라시에 있으면, 다샤의 초반에 길조적인 효과들을 경험하게 될 것이다. 다샤 로드가 6번째, 8번째, 혹은 12번째, 취약의 품위에 혹은 적의 라시에 있으면, 효과들은 길조적이지 않을 것이다.

> **역자주** 다샤가 시작될 때 현재 운행 중인 다샤 로드가 합치하는 바바에 그러한 다샤가 집중하게 된다는 사실이 중요하다. 관련된 바바와 연관된 중요한 사건들은 다샤가 시작될 때 현재 운행중인 다샤 로드가 위치한 라시의 로드가 주관하는 안타르 다샤 동안 일어나게 될 것이다. 이러한 원리는 다른 바기들에도 역시 적용된다.

⊠ 마하 다샤(1번째 레벨)들이 가져오는 일반적인 효과들

• 태양의 다샤(6년)

7-11. 출생 시에 만약 태양이 오운 라시에 있거나 고양의 품위에 있거나 앵글이나 11번째 바바에 있거나 9번째나 10번째 바바의 로드들과 연관되었거나 태양의 바가들에서 강하다면, 태양의 다샤에 부를 얻게 획득하게 될 것이며 정부로부터 대단한 지복과 명예를 얻게 될 것이다. 태양이 5번째 바바의 로드와 합치하고 있으면 차트 주인은 아들의 복이 있을 것이다. 태양이 2번째 바바의 로드와 연관되었으면 코끼리들이나 다른 종류의 부들을 획득하게 될 것이다. 태양이 4번째

바바의 로드와 연관되었으면 운송수단의 편안함을 누리게 될 것이다. 왕의 은혜를 받아 총지휘관 같은 높은 지위를 얻게 될 것이며 온갖 종류의 행복을 누리게 될 것이다. 그러므로 강한 태양의 다샤에는 좋은 옷, 농산물, 부, 명예, 운송수단 등을 획득하게 될 것이다.

12-15. 만약 태양이 취약의 품위에 있거나 6번째, 8번째 혹은 12번째 바바에서 약하거나 혹은 흉성이나 6번째, 8번째 혹은 12번째 바바의 로드들과 엮었다면, 태양의 다샤에 근심걱정, 부의 상실, 정부의 징벌, 불명예, 친척들의 적대, 아버지의 편찮음, 집안에 불미스러운 일들이 일어남. 친삼촌들과 외삼촌들의 편찮음 그리고 아무런 이유도 없이 다른 사람들과 긴장되고 적의에 찬 관계를 가지게 될 것이다. 만약 위의 상황에 있는 태양이 길성들의 어스펙트를 받고 있다면 어느 정도 길조적인 효과들을 경험하게 될 것이다. 만약 흉성들이 태양을 어스펙트하고 있으면 효과가 언제나 길조적이지 못할 것이다.

• 달의 다샤(10년)

16-22. 달이 고양의 품위나 오운 라시에 있거나 앵글, 11번째, 9번째, 혹은 5번째 바바에 있거나 길성들과 연관되었거나 어스펙트를 받거나 10번째, 9번째 혹은 4번째 바바의 로드들과 연관되었으며 아주 파워풀하다면, 달의 다샤가 시작되는 때부터 끝날 때까지 풍만함과 영광, 행운, 부의 획득, 집안에 경사가 있으며 행운이 깃들고 정부의 높은 직위에 오를 것이며 운송수단의 획득, 자녀들의 출생 그리고 소를 얻게 될 것이다. 만약 그러한 달이 2번째 바바에 있으면, 엄청난 재력을 획득하게 될 것이다.

23-26. 만약 지는 달이거나 취약의 품위에 있으면, 달의 다샤에 부를 잃게 될 것이다. 달이 3번째 바바에 있으면 행복이 왔다 갔다 하게 될 것이다. 달이 흉성들과 연관되었으면, 백치적 성향, 정신적 긴장, 고용인들이나 어머니에게 고충을 겪으며 부의 상실이 있을 것이다. 만약 지는 달이 6번째, 8번째, 12번째 바바에 혹은 흉성들과 연관이 되었다면, 정부와 적의에 찬 관계들을 가지게 될 것이며 부의 상실, 어머니에게 고충, 그리고 비슷한 성질의 나쁜 효과가 있을 것이다. 만약 강한 달이 6번째, 8번째 혹은 12번째 바바에 있다면, 어렵거나 좋은 시간들이 교차하게 될 것이다.

• 화성의 다샤(7년)

27-32. 화성이 고양의 품위에 있거나 물라 트리코나 오운 라시에 있거나 앵글에, 11번째 혹은 2번째 바바에 있으면서 저력을 갖추었거나 길성의 나밤사에 있거나 길성과 연관이 되었다면, 화성의 다샤에 왕국의 획득, 외국나라들로부터 부의 획득, 운송수단이나 귀중품들의 획득이 있을 것이다. 그리고 형제들과 행복하고 좋은 관계를 나누게 될 것이다. 만약 저력을 가진 화성이 앵글이나 3번째 바바에 있으면, 용맹스러움, 적으로부터의 승리 그리고 배우자와 아이들로부터 행복을 얻을 것이다. 그렇지만 어느 정도 좋지 못한 효과가 다샤 후반에 일어날 가능성이 있다.

33.   화성이 취약의 품위에 있거나 약하거나 좋지 못한 바바에 있거나 흉성들과 연관되었거나 어스펙트를 받고 있다면, 화성의 다샤에 부의 상실, 고충 그리고 비슷하게 좋지 못한 효과가 있을 것이다.

• 라후의 다샤(18년)

34-39 ½.   라후의 다샤가 가져오는 효과를 설명하기 전에, 먼저 라후와 케투의 고양의 품위, 취약의 품위 라시들을 언급하겠다. 라후는 황소 라시에서 고양의 품위를 얻는다. 케투는 전갈 라시에서 고양의 품위를 얻는다. 라후와 케투의 물라트리코나 라시는 각각 쌍둥이 라시와 인마 라시이다. 라후와 케투의 오운 라시는 물병 라시와 전갈 라시이다. 어떤 성자들은 처녀 라시가 라후의 오운 라시이며 물고기 라시가 케투의 오운 라시라고 한다. 만약 라후가 고양의 품위 등에 있으면, 라후의 다샤 동안 부의 획득으로 큰 행복을 누리게 될 것이며 농산물품 등등 친구들이나 정부의 도움으로 운송수단을 얻게 될 것이며 새 집을 지으며 아들의 탄생, 종교적인 성향 다른 나라의 정부로부터 인정을 받게 될 것이며 부의 획득, 좋은 옷 등을 얻게 될 것이다. 만약 라후가 길성들과 연관이 되었거나 어스펙트를 받거나 길성의 라시에 있거나 1번째, 4번째, 7번째, 10번째, 11번째 혹은 3번째 바바에 있으면, 라후의 다샤에 정부로부터 받는 이득으로 인해 온갖 편안함을 누리게 될 것이며 외국 정부나 왕으로부터 부를 획득하게 될 것이며 집안에는 지복이 있을 것이다.

역자주 라후와 케투의 품위에 대해선 의견이 분분하다. Mr. 윌헴에 의하면 이 수트라는 파라샤라 본인이 아니라, 후세에 다른 사람들에 의해 첨가된 부분일거라는 의혹이 있다. 라후와 케투의 품위에 대해선 이 책의 2부에서 라후 - 케투 상을 참고하시기 바란다.

40-43.   만약 라후가 8번째 혹은 12번째 바바에 있다면, 라후 다샤에 온갖 어려움들이나 고충을 경험하게 될 것이다. 라후가 흉성이나 마라카(2번째, 7번째 바바 로드)행성과 연관되었거나 취약의 품위에 있다면, 지위를 잃게 되며 살고 있는 저택이 파괴될 것이며 정신적 괴로움, 배우자와 아이들에게 고충이 있을 것이며 나쁜 음식을 얻는 불행을 겪게 될 것이다. 다샤가 시작되는 초반에 부의 상실이 있을 것이며 자국에서 어느 정도 위안과 부를 얻을 것이며 그리고 다샤 후반부에 불안함 등을 경험하게 될 것이다.

• 목성의 다샤(16년)

45-48.   목성이 고양의 품위에 있거나 오운 라시, 물라 트리코나 10번째, 5번째, 혹은 9번째 바바에 있거나 오운 나밤샤에, 혹은 나밤샤에서 고양의 품위에 있으면, 목성의 다샤에 왕국의 획득, 훌륭한 지복, 정부의 인정, 운송수단과 좋은 옷의 취득, 신들과 브라민들에게 헌신, 그리고 배우자와 자녀들로 인한 행복을 얻으며 종교적 희생의식들을 성공적으로 치르게 된다.

49-51. 목성이 취약의 품위에 있거나 컴바스트 했거나 흉성들과 연관되었거나 6번째 혹은 8번째 바바에 있으면, 목성의 다샤에 저택을 잃게 되며 불안정하고 자녀들에게 고충이 생기며 손들을 잃고 성지순례를 갈 수가 없다. 목성의 다샤 초반에만 어느 정도 길조적이지 못한 효과들을 경험하게 될 것이다. 후반에 가서는 부를 얻거나 정부로부터 상을 받거나 인정을 받는 등의 좋은 효과가 있을 것이다.

• 토성의 다샤(19년)

52. 이제, 토성의 다샤가 가져오는 효과들에 대해 설명하겠다. 모든 그라하들 중에서도 토성은 가장 사악하면서도 열악한 행성으로 여겨지고 있다.

53-56. 토성이 고양의 품위에 있거나 오운 라시, 물라트리코나 혹은 친구의 라시에 있거나 나밤샤에서 오운 라시나 고양의 품위에 있거나 그리고 3번째 혹은 11번째 바바에 있을 때, 토성의 다샤에 정부로부터 인정을 얻고 풍만함과 영광, 이름과 명성, 교육 분야에서의 성공, 운송수단과 귀중품들의 획득, 등등, 부의 획득, 정부의 지원, 군대의 지휘관 같은 높은 직위를 얻으며 왕국의 획득, 락시미 여신의 은총을 받으며 고정자산을 얻으며 그리고 자녀들의 출생이 있게 된다.

57-60. 토성이 6번째, 8번째 혹은 12번째 바바에 있거나 취약의 품위에 있거나 컴바스트를 한 경우, 토성의 다샤에 독을 먹은듯한 나쁜 효과가 있으며 무기들로 인해 다치며 아버지와 이별하며 배우자와 자녀들에게 고충이 있을 것이며 정부의 비호감때문에 재앙이 있으며 감옥살이 등을 하게 된다. 만약 토성이 길성에게 어스펙트를 받거나 연관이 되었거나 앵글이나 트라인에 있거나 인마 라시나 물고기 라시에 있으면, 왕국의 획득, 운송수단이나 훌륭한 옷들을 얻게 될 것이다.

• 수성의 다샤(17년)

61. 이제, 수성의 다샤가 가져오는 효과들에 대해 설명하겠다. 모든 그라하들 중에서 수성은 쿠마라(젊은이)라고 불려진다.

62-65. 만약 수성이 고양의 품위에 있거나 오운 라시, 친구의 라시 혹은 11번째, 5번째 혹은 9번째 바바에 있으면, 수성의 다샤에 부의 획득과 명성을 얻으며 지식의 증진, 정부로부터의 이득, 길조적인 경사들, 배우자와 자녀들로 인한 행복, 좋은 건강, 달콤한 먹거리나 일들이 생기며 사업에서 이득을 보는 등, 좋은 효과가 있다. 만약 수성이 길성의 어스펙트를 받거나 9번째 바바에 있거나 10번째 바바의 로드이면, 앞에 언급한 좋은 효과들을 완전히 경험하게 될 것이며 훌륭한 지복이 주변에 온통 가득하게 될 것이다.

66-70. 수성이 흉성과 연관되었으면, 수성의 다샤에 정부로부터 징벌, 인척들과의 관계가 나빠지며 외국에 여행을 하며 다른 사람들에게 의지하며 요로감염이 생길 가능성이 있다. 만약

수성이 6번째, 8번째 혹은 12번째 바바에 있으면, 음탕한 행위들에 빠져 부를 잃게 될 것이며 류머티즘이나 황달로 인한 고통을 겪을 수 있으며 도둑맞을 위험, 정부의 악의, 땅과 소들 등을 잃을 수 있다. 수성의 다샤 초반에는 부의 획득, 교육분야에서 진보, 자녀들의 출생, 그리고 행복할 것이다. 다샤 중반에는 정부로부터 인정을 받게 될 것이다. 다샤 후반에는 고충을 겪게 될 것이다.

• 케투의 다샤(7년)

71. 이제 케투의 다샤에 대해 설명하겠다. 모든 그라하들 중에서 케투는 머리가 없는 몸통이다.

72-77. 만약 케투가 앵글에 있거나 트라인 혹은 11번째 바바에 있거나 길조적인 라시, 고양의 라시, 오운 라시에 있는 경우, 케투의 다샤동안 왕과 친밀한 관계를 가지게 될 것이며 나라 혹은 마을에서 원하는 우두머리의 자리를 얻게 될 것이며 운송수단의 편안함, 자녀들로 인한 행복, 외국들로부터 이득을 보며 배우자와 행복하며 소들을 얻게 될 것이다. 만약 케투가 3번째, 6번째 혹은 11번째 바바에 있으면, 케투의 다샤에 왕국을 얻으며 친구들과 좋은 관계를 가질 것이며 코끼리들을 획득할 기회들이 있다. 다샤의 초반에는 라자요가가 있을 것이다. 다샤의 중반에는 두려움에 차게 될 가능성이 있으며 후반에는 병으로 인한 고통이 있을 것이며 먼 곳으로 여행을 하게 될 것이다. 만약 케투가 2번째, 8번째 혹은 12번째 바바에 있거나 흉성에게 어스펙트를 받으면, 감옥살이를 하게 될 것이며 인척들과 저택의 파괴가 있을 것이며 불안정하며 하인들과 어울리게 되며 질병에 걸리게 될 것이다.

• 금성의 다샤(20년)

78. 이제 금성의 다샤가 가져오는 효과들에 대해 설명하겠다. 금성은 취함의 화신, 기쁨의 절정, 그리고 모든 그라하들 중에서 가장 자부심이 있다.

79-82. 금성이 고양의 품위에 있거나 오운 라시 혹은 앵글이나 트라인에 있으면, 금성의 다샤에 환상적인 옷들, 장식품, 운송수단, 소들과 땅 등을 얻게 될 것이며 날마다 달콤한 먹거리를 즐기며 왕으로부터 인정을 받고 노래와 춤으로 채워진 호화로운 무도회 등을 즐길 것이며 락시미 여신의 은총을 얻게 될 것이다. 만약 금성이 물라트리코나에 있으면, 금성의 다샤에 분명히 왕국을 획득하게 될 것이며 집을 얻고 자녀들과 손자손녀들을 얻게 될 것이며 가족 중에 혼례를 경축하게 될 것이며 군대의 지휘관 같은 높은 지위를 얻게 될 것이며 친구들의 방문, 잃었던 부의 회복, 재산 혹은 왕국을 되찾게 될 것이다.

83-84. 금성이 6번째, 8번째 혹은 12번째 바바에 있으면, 금성의 다샤에 인척들과 관계가 나빠지며 배우자에게 고충이 있으며 사업에서 손실을 보고 소의 파괴, 그리고 친척들과 이별하게 될 것이다.

85-87. 금성이 9번째 혹은 10번째 바바의 로드로서 4번째에 있으면, 금성의 다샤에 나라나 마을의 지도자 지위를 획득하며 저수지나 절들을 짓거나 자선으로 쌀을 나눠 주는 등의 훌륭한 일들을 하게 될 것이며 날마다 달콤한 먹거리들을 준비할 수 있으며 하는 일에 활력이 넘치며 이름과 명성, 그리고 배우자와 아이들로부터 행복을 얻을 것이다.

88-89. 비슷한 효과가 금성의 부차적 시간들에도 있게 된다. 만약 금성이 2번째 혹은 7번째 바바의 로드이면, 그의 다샤에 신체적 고통이나 고충들이 있을 것이다. 그러한 고충들을 벗어나기 위해서는 차트 주인은 샤타루드리야(Shatarudriya) 혹은 므리툰자야(Mrityunjaya) 진언을 지시 받은 대로 행하며 소나 암물소를 기부해야 한다.

▨ 다샤들이 가져오는 특정한 효과들

1. 만약 10번째 바바의 로드가 길조적 바바에서 고양의 품위 등에 있는 경우, 그의 다샤가 가져오는 효과들은 이로울 것이다. 10번째 바바의 로드가 취약의 품위에 있거나 길조적이지 못한 바바에 있으면, 효과들은 반대가 될 것이다. 이러한 사실은 만약 고양의 품위 등을 얻은 흉성이 길조적 바바에 위치하고 있으면 나쁜 효과들을 가져오지 않을 것이며 취약의 품위에 있는 길성이 길조적이지 못한 바바에 있으면 반대의 효과들을 가져온다는 것을 보여준다.

2-4. 라그나의 로드 다샤에 신체적으로 안녕할 것이며 2번째 바바 로드의 다샤에 죽음의 가능성이 있으며 3번째 바바 로드의 다샤에는 좋지 못한 효과가 있을 것이며 4번째 바바 로드의 다샤에는 집과 토지의 획득하게 될 것이며 5번째 바바 로드의 다샤에는 자녀들로 인해 행복할 것이며 6번째 바바 로드의 다샤에는 적으로부터 위험이 있고 건강이 좋지 못할 것이다.

5-8. 7번째 바바 로드의 다샤에는 배우자가 고충을 겪으며 차트 주인이 죽을 가능성이 있다. 8번째 바바 로드의 다샤에는 죽음과 경제적 손실의 가능성이 있으며 9번째 바바 로드의 다샤에는 교육 분야에서의 증진, 종교적인 경향, 그리고 기대치 못한 부의 획득이 있을 것이며 10번째 바바 로드의 다샤에는 정부의 인정과 상을 받을 것이며 11번째 바바 로드의 다샤에는 부의 획득에 장애들을 겪으며 질병에 걸릴 가능성이 있으며 12번째 바바 로드의 다샤에는 고충과 질병의 위험이 있다.

🌸**역자주** 다샤가 시작될 때 현재 운행중인 그라하가 길조적 바바(앵글이나 트라인)에 위치하였으면, 그러한 다샤에는 좋은 결과가 있게 된다. 운행중인 그라하가 6번째, 8번째 혹은 12번째 바바에 위치하였으면, 그러한 다샤에는 단지 좋지 못한 결과들만 있을 것이다. 그러므로 그라하의 다샤가 시작될 때 출생시의 위치와 운행중의 위치를 같이 고려하는 것이 다샤 효과들을 바르게 판단하는 데 아주 결정적이다.

14-17.   6번째, 8번째 혹은 12번째 바바 로드들이 트라인 로드와 연관되었으면, 이들의 다샤 또한 길조롭게 된다. 만약 앵글의 로드가 트라인에 있거나 트라인의 로드가 앵글에 있으면, 이들 중 어느 한 로드와도 합치를 한 그라하의 다샤는 길조롭게 된다. 앵글이나 트라인 로드의 어스펙트를 받고 있는 그라하의 다샤도 또한 길조롭게 된다. 만약 9번째 로드가 라그나에 있고 라그나의 로드가 9번째 바바에 있으면, 두 그라하의 다샤들은 최대한으로 길조적인 결과들을 낳게 된다. 만약 10번째 로드가 라그나에 있고 라그나 로드가 10번째 바바에 있으면, 두 그라하의 다샤들에는 왕국을 획득하게 될 것이다.

18-20.   3번째, 6번째, 11번째 로드들, 슈바 그라하들(앵글과 트라인 로드들)이 3번째, 6번째, 11번째에 있거나: 3번째, 6번째, 11번째 로드들과 합치를 한 그라하들의 다샤들은 길조적이지 못할 것이다. 마라카 바바들(2번째와 7번째 바바)의 로드들과 연관된되었거나 2번째 혹은 7번째 바바에 있는 그라하들의 다샤, 그리고 8번째 바바에 있는 그라하들의 다샤에는 좋지 못한 효과들을 낳게 될 것이다.

▧ 안타르 다샤(2번째 레벨)의 효과들

• 태양/태양(3개월 18일)

1-3.   태양이 고양의 품위에 있거나 오운 바바, 11번째 바바, 앵글이나 트라인에 있으면, 태양의 안타르 다샤에 부나 곡식들 등의 획득과 같은 좋은 효과가 있을 것이다. 만약 태양이 취약의 품위에 있거나 길조적이지 못한 바바나 라시에 있으면, 반대의 결과들을 경험하게 될 것이다. 태양이 2번째 혹은 7번째 바바의 로드이면 조기 죽음의 위험이나 죽음과 같은 고통을 겪게 될 것이다. 이러한 재앙을 피하기 위해서는 므리툰자야 진언을 하거나 태양의 경배를 행하면 된다.

• 태양/달(6개월)

4-6.   달이 앵글이나 트라인에 있으면, 달의 안타르 다샤에 결혼과 같은 경사, 부와 재물을 얻음, 집이나 토지 소들, 운송수단 등의 획득이 있을 것이다. 달이 고양의 품위에 있거나 오운 라시에 있으면, 차트 주인의 결혼, 자녀들의 출생, 왕들로부터 이득과 호의들, 모든 야망의 충족 등이 있을 것이다.

7-10.   만약 지는 달이거나 흉성들과 연관되었으면, 배우자나 자녀들의 고충, 벤처들의 실패, 다른 사람들과 언쟁, 하인을 잃음, 왕과의 충돌, 부와 곡식들의 파괴와 같은 효과가 있을 것이다. 만약 달이 6번째, 8번째 혹은 12번째에 위치하였으면, 물로부터의 위험, 정신적 괴로움, 감옥살이,

질병의 위험, 지위의 상실, 어려운 장소들에 여행을 함, 공동상속인들과 불화, 나쁜 음식, 도둑들로 인한 어려움 등, 왕의 비호감, 요로감염과 같은 어려움, 신체적 고통 등의 효과가 경험할 것이다.

11-12 ½. 만약 1번째, 9번째에 길성들이 있거나 다샤 로드로부터 앵글에 있으면, 호화로움, 안락함, 쾌락들을 누리고 큰 복이 깃들며 배우자와 자녀들과 기쁨이 늘어나며 왕국을 획득하며 혼례와 종교적 행사를 치르며 훌륭한 옷들, 토지 운송수단을 얻으며 자녀들과 손주들이 태어나는 등의 길조적인 효과가 있을 것이다.

13-14. 만약 달이 다샤 로드로부터 6번째, 8번째, 12번째에 있거나 달이 약하면, 맛이 없거나 고약한 음식을 먹으며 외지로 쫓겨나는 등의 효과가 안타르 다샤에 있을 것이다. 만약 달이 마라카 바바(2번째 혹은 7번째 바바)의 로드이면 조기 죽음이 있을 것이다. 평화와 안정을 얻기 위해서는 흰 소나 암물소를 기부하는 예방책을 쓸 수 있다.

• 태양/화성(4개월 6일)

15-18. 화성이 고양의 라시, 오운 라시, 앵글 혹은 트라인에 있으면, 토지의 획득, 부와 곡식의 취득, 주택의 취득 등과 같은 길조적 효과가 태양의 다샤, 화성의 안타르 다샤에 있을 것이다. 만약 화성이 라그나의 로드와 합치를 한 경우 온갖 이득들, 군대의 지휘관 같은 직위의 획득, 적들의 파괴, 마음의 평화, 가족의 안녕, 형제들 수가 늘어나는 등의 효과가 있을 것이다.

19-20. 화성이 다샤 로드로부터 8번째 혹은 12번째에 있거나 흉성과 연관되었거나 화성이 취약하고 힘이 없으면 잔인한 일들, 정신적 질병, 감옥살이, 인척들의 상실, 형제들과 다툼, 벤처의 실패 등의 효과가 나타날 것이다.

21-22. 화성이 취약의 라시에 있거나 약하면 왕의 비호감을 얻어 부를 잃게 될 것이다. 만약 화성이 2번째 혹은 7번째 바바의 로드이면 마음과 몸의 질병이 있을 것이다. 건강을 회복하거나 수명이 늘어나거나 벤처의 성공을 기하기 위해서는 베다을 낭송하거나 진언을 외거나 브라쇼트사가를 지시 받은 대로 행하는 예방책을 쓸 수 있다.

• 태양/라후(10개월 24일)

23-26. 만약 라후가 라그나로부터 앵글이나 트라인에 있으면, 태양의 다샤, 라후의 안타르 다샤에 처음 2개월은 부의 상실, 도둑이나 뱀들의 위험이 있으며 상처를 입게 되고 배우자나 자녀들에게 고충이 있을 것이다. 만약 라후가 길성과 합치하거나 길성의 나밤샤에 있으면, 2개월 후에는 흉조적인 효과가 사라지며 즐거움과 편안함, 좋은 건강, 만족함, 왕과 정부로부터 호의를 얻는 등의 길조적인 효과가 있을 것이다. 만약 라후가 라그나로부터 우파차야 하우스(3번째, 6번째, 10번째, 11번째)에 있거나 요가 카라카와 연관되었거나 다샤 로드로부터 길조적인 장소에

위치하면, 왕으로부터 인정을 받으며 좋은 행운, 이름과 명성을 얻고 배우자와 자녀들에게 어느 정도 고충이 있을 것이며 아들의 출생, 집안의 행복, 등의 효과가 있을 것이다.

27-29. 만약 라후가 약하거나 다샤 로드로부터 8번째 혹은 12번째에 있으면 감옥살이, 지위의 상실, 도둑과 뱀들로부터 위험, 상처의 감염, 배우자와 자녀들의 행복, 소들과 집 그리고 농지들의 파괴, 질병, 쇠진증(Gulma), 이질痢疾 등의 효과가 있을 것이다.

30-31. 만약 라후가 2번째 혹은 7번째 바바에 있거나 라후가 이러한 로드들과 관련되었으면, 조기 죽음이나 뱀들의 위험 등과 같은 열악한 효과가 있을 것이다. 위에 언급한 흉악한 효과를 방지하거나 완전히 피하기 위해서는 두르가(Durga) 여신의 숭배, 검은 소나 암물소를 기부하는 방책을 쓸 수 있다.

• 태양/목성(9개월 18일)

32-33. 목성이 라그나로부터 앵글이나 트라인에 있거나 고양의 라시, 오운 라시, 오운 바가들에 있으면, 태양의 다샤, 목성의 안타르 다샤에 차트 주인의 결혼, 왕의 호의로 부와 곡식들을 취득하거나 아들의 출생, 왕의 은총으로 야망을 충족하거나 좋은 옷들을 얻는 등의 길조적인 효과가 있을 것이다.

34-36. 목성이 9번째 혹은 10번째 바바의 로드인 경우에 왕국의 획득, 왕의 가마와 같은 운송수단의 편안함, 높은 직위의 취득 등의 결과과 있을 것이다. 만약 목성이 다샤 로드(태양)로부터 좋은 위치에 있으면, 더 좋은 행운, 기부, 종교적 성향, 신들에 대한 경배, 조상들에 헌신, 야망들의 충족 등과 같은 길조적 효과가 있을 것이다.

37-39. 목성이 다샤 로드로부터 6번째 혹은 8번째에 있거나 흉성들과 연관되었으면, 목성의 안타르 다샤에 배우자와 아이들의 고충, 몸이 아픔, 왕의 비호감, 원하는 목적을 성취 못함, 범죄적 행위들로 인한 부의 상실, 정신적 우려 등의 효과가 있을 것이다. 이러한 흉악한 결과를 피하거나 좋은 건강과 행복을 얻기 위해서는 금을 기부하거나 이쉬타데바(Ishta Deva)의 황갈색의 소(Kapila Gaya)를 경배하는 방책을 쓸 수 있다.

• 태양/토성(11개월 12일)

40-42. 토성이 라그나로부터 앵글이나 트라인에 있으면, 태양의 다샤, 토성의 안타르 다샤에 적들의 파괴, 완전한 즐거움, 곡식의 취득, 결혼 등과 같은 경사들 등이 있을 것이다. 토성이 고양의 라시, 오운 라시, 친구의 라시에 있거나 친구 행성과 합치를 한 경우에는 신체적으로 안녕하며 더 많은 재산을 획득하고 왕으로부터 인정받으며 자국에서 유명함을 성취하며 많은 자원들로부터 부를 취득하는 등의 효과가 나타날 것이다.

43-44. 토성이 다샤로드로부터 8번째 혹은 12번째에 있거나 흉성들과 연관된 경우에는 토성의 안타르 다샤에 류머티즘, 아픔, 열, 이질과 같은 질병, 감옥살이, 벤처의 손실, 부의 상실, 싸움, 공동상속인들이 청구인들과 충돌 등의 효과가 있을 것이다.

45-47. 다샤가 시작될 때 친구들을 잃게 될 것이며 다샤의 중간에는 좋은 효과가, 다샤의 후반에는 어려움이 있을 것이다. 이러한 흉악한 효과들 외에도, 만약 토성이 취약의 라시에 있으면, 부모들과 이별하며 방황하게 될 것이다. 토성이 2번째 혹은 7번째 바바의 로드이면, 조기 죽음의 위험이 있을 것이다. 안타르 다샤의 흉악한 효과를 피하기 위해서는 검은 소나 물소, 염소를 기부하거나 므리툰자야 진언을 외는 등의 방책을 쓸 수 있다. 이러한 방책들은 행복을 얻고 부와 재물을 얻도록 도와준다.

• 태양/수성(10개월6일)

48-49 ½. 만약 수성이 라그나로부터 앵글이나 트라인에 있으면, 태양의 다샤, 수성의 안타르 다샤에 왕국의 획득, 열정과 활기, 배우자와 자녀들과 행복함, 왕의 은총으로 운송수단의 획득, 좋은 옷들, 장식품, 신성한 장소들로 성지순례를 하며 소를 얻게 되는 등의 좋은 효과가 있을 것이다.

50-51 ½. 만약 9번째 바바의 로드와 연관되었으면 수성은 아주 이롭다. 만약 수성이 9번째, 5번째 혹은 10번째 바바에 있으면, 사람들로부터 존경과 인기를 얻게 될 것이며 경건한 행위들과 종교적 의식을 행하며 조상들과 신들에게 헌신하며 부와 곡식이 늘어나고 아들의 출생과 같은 길조적 효과가 있을 것이다.

52-53 ½. 만약 수성이 다샤 로드(태양)로부터 트라인 등과 같은 길조적 바바에 있으면, 결혼, 제물을 봉헌함, 기부, 종교적 의식을 행함, 이름과 명성을 얻으며 다른 이름을 취함으로써 유명해지며 좋은 음식, 부를 획득함으로써 인드라처럼 행복해지며 관복이나 장식품 등을 얻게 되는 효과가 있을 것이다.

54-57. 만약 수성이 6번째, 8번째 혹은 12번째에 있으면, 수성의 안타르 다샤에 신체의 고충, 마음의 평화에 대한 방해, 배우자와 자녀들의 고충 같은 흉악한 효과가 있을 것이다. 안타르 다샤 초반에 흉악한 효과가 있을 것이며 안타르 다샤의 중반에는 어느 정도 좋은 효과가 있을 것이며 안타르 다샤의 후반에는 왕의 비호감을 얻거나 외국으로 쫓겨날 가능성이 있다. 만약 수성이 2번째 혹은 7번째 바바의 로드이면, 몸이 아프게 되며 고열에 시달리게 될 것이다. 흉악한 결과를 피하고 좋은 건강을 회복하고 행복을 얻기 위해서는 비슈누 사하쉬라남을 낭송하거나 곡식들을 나눠주거나 은으로 만든 신상을 기부하는 예방책을 쓸 수 있다.

- **태양/케투(4개월 6일)**

  58-59. 태양의 다샤, 케투의 안타르 다샤에 몸의 아픔, 정신적 괴로움, 부의 상실, 왕으로부터의 위험, 인척들과 다투는 등의 효과가 있을 것이다. 만약 케투가 라그나 로드와 연관되었으면, 안타르 다샤 초반에 어느 정도 행복하고 중반에 고충이 있으며 안타르 다샤 후반에 죽음의 소식을 받게 될 것이다.

  60-61. 케투가 다샤로드(태양)로부터 8번째나 12번째에 있으면, 이나 빰의 질병, 요로감염, 지위 상실, 친구와 부의 상실, 아버지의 죽음, 외국 여행 그리고 적들로부터 어려움들을 겪는 결과가 있을 것이다.

  62-64. 케투가 3번째, 6번째, 10번째 혹은 11번째 바바에 있으면, 배우자와 자녀들로 인한 행복, 만족함, 친구들이 늘어남, 좋은 옷을 얻음, 유명해짐 등의 이로운 효과가 있을 것이다. 만약 케투가 2번째 혹은 7번째 바바의 로드(혹은 이러한 바바에 있거나)이면, 조기 죽음의 위험이 있을 것이다. 이러한 흉악한 결과를 피하기 위해서는 두르가 여신(Shat Chandi Path)의 만트라를 외거나 염소를 기부하는 방책을 쓸 수 있다.

- **태양/금성(1년)**

  65-68. 만약 금성이 앵글이나 트라인에 있거나 고양의 라시, 오운 라시, 오운 바가 혹은 친구의 라시에 있으면, 태양의 다샤, 금성의 안타르 다샤에 결혼과 배우자로부터 원하는 행복을 얻음, 재산의 취득, 다른 장소들로 여행, 브라민들과 왕을 만나며 왕국의 취득, 부유함, 관대함과 위엄, 길조로움, 집안의 경사, 달콤한 먹거리들이 있으며 진주와 다른 보석들의 취득, 소, 부, 곡식과 운송수단, 열정, 좋은 평판 등의 길조적 효과가 있을 것이다.

  69-73. 만약 금성이 다샤 로드(태양)로부터 6번째, 8번째, 12번째에 있으면, 금성의 안타르 다샤에 왕의 비호감, 정신적 괴로움, 배우자와 아이들에게 고충 등의 효과가 있을 것이다. 안타르 다샤의 효과는 초반에는 보통이고 중반에는 좋으며 후반에는 충돌이나 지위의 상실, 인척들과 나쁜 관계, 편안함의 상실 등과 같은 흉악한 효과가 있을 것이다. 금성이 7번째 바바의 로드이면, 몸이 아프고 질병으로 고통 받을 가능성이 있다. 만약 금성이 6번째 혹은 8번째 로드와 연관되었으면, 조기 죽음이 있을 것이다. 이런 흉악한 결과를 피하기 위해서는 므리툰자야 진언, 루드라 진언을 외고 황갈색의 소나 임물소를 기부하는 예방책을 쓸 수 있다.

- **달/달(10개월)**

  1-2 ½. 만약 달이 고양의 라시, 오운 라시, 앵글이나 트라인에 있거나 9번째 혹은 10번째 바바와 연관되었으면, 달의 다샤, 달의 안타르 다샤에 말들과 코끼리들, 좋은 옷의 획득, 신들과 스승들에

헌신, 신을 찬양하는 종교적 음악들을 부르며 왕국의 획득, 최상의 행복과 즐거움, 이름과 명성 등의 길조적인 결과가 있을 것이다.

3-6. 만약 달이 취약의 라시에 있거나 흉성들과 연관되었거나 달이 6번째, 8번째 혹은 12번째 바바에 있으면, 부의 상실, 지위의 상실, 게으름, 괴로움, 왕과 의원들에 대한 반항, 어머니에게 고충, 감옥살이, 인척들의 상실, 등의 흉악한 효과가 있을 것이다. 만약 달이 2번째 혹은 7번째 바바의 로드이거나 8번째 로드, 혹은 12번째 로드와 연관되었으면, 몸이 아프고 조기 죽음의 위험이 있다. 예방책은 황갈색의 소나 암물소를 기부하는 것이다.

• 달/화성(7개월)

7-8. 화성이 앵글이나 트라인에 있으면, 달의 다샤, 화성의 안타르 다샤에 행운이 늘어나며 정부의 인정, 좋은 옷들과 장식품의 취득, 모든 노력의 성공, 농산물과 집안의 부가 늘어남, 사업의 이득 등의 길조적인 효과가 있을 것이다. 만약 화성이 고양의 라시, 오운 라시에 있으면, 아주 큰 행복과 편안함을 즐기는 효과가 있을 것이다.

9-12. 만약 화성이 라그나로부터 6번째, 8번째 혹은 12번째에 있거나 혹은 다샤 로드(달)로부터 6번째, 8번째 혹은 12번째에 있는 흉성들과 연관이 되었거나 어스펙트를 받고 있으면, 화성의 안타르 다샤에 몸에 고충, 집안과 농산물의 손실, 사업관계에서 손실, 하인들(고용인들)과 왕으로부터 반대에 부딪치거나 나쁜 관계가 되며 인척들과 떨어지며 급한 성질 등의 흉악한 효과가 있을 것이다.

• 달/라후(1년 6개월)

13-14. 만약 라후가 앵글이나 트라인에 있으면, 달의 다샤, 라후의 안타르 다샤가 시작될 때 어느 정도 길조로운 효과가 있을 것이다. 그러나 후반에는 왕이나 도둑들, 뱀들로부터 위험에 빠지며 소들에게 고충, 인척들과 친구들을 잃음, 명성의 상실, 정신적 괴로움 등이 있을 것이다.

15-16. 라후가 길성의 어스펙트를 받거나 라후가 3번째, 6번째, 10번째 혹은 11번째 바바에 있거나 라후가 요가 카라카와 합치하고 있는 경우, 라후의 안타르 다샤에 모든 벤처들이 성공하며 운송수단이나 좋은 옷의 취득, 왕으로부터 호의, 남서방향에서 좋은 일 등이 있을 것이다.

17-18. 만약 라후가 악하거나 다샤 로드(달)로부터 8번째 혹은 12번째에 있으면, 지위의 상실, 정신적 괴로움, 배우자와 자녀들에게 고충, 질병의 위험, 왕이나 전갈, 뱀들 등의 위험이 있을 것이다.

19-21. 만약 라후가 앵글이나 트라인에 있거나 다샤로드(달)로부터 3번째 혹은 11번째에 있으면,

신성한 장소로 성지순례, 성스러운 신사神社를 방문, 이득을 베풀며 자선적 행위의 성향 등이 있을 것이다. 만약 라후가 2번째 혹은 7번째 바바에 있으면 몸에 어려움이 있을 것이다. 라후의 안타르 다샤가 가져오는 흉악한 효과들에 대한 예방책으로 라후의 진언을 외고 염소를 기부하는 방도를 쓸 수 있다.

• 달/목성(1년 4개월)

22-24.   목성이 라그나로부터 앵글이나 트라인에 있거나 목성이 오운 라시, 고양의 라시에 있으면, 달의 다샤, 목성의 안타르 다샤에 왕국의 획득, 집안의 경사, 좋은 옷들과 장식품의 취득, 왕의 인정, 이쉬타 데바타(모시는 신)의 은총을 입으며 부의 취득, 토지 운송수단을 얻으며 왕의 호의를 입어 모든 벤처들이 성공하는 길조적 효과가 있을 것이다.

25-28 ½.   만약 목성이 6번째, 8번째 혹은 12번째 바바에 있거나 컴바스트를 했거나 취약의 라시에 있거나 흉성과 연관되었으면, 목성의 안타르 다샤에 스승(아버지 등)과 자녀의 파괴, 지위의 상실, 정신적 괴로움, 다툼, 주택이나 운송수단, 농지 파괴 등의 흉악한 효과가 있을 것이다. 만약 목성이 다샤로드(달)로부터 3번째 혹은 11번째에 있으면 소, 곡식, 좋은 옷들을 취하며 형제들과 행복하고 재산의 취득, 활력, 인내심, 제물, 결혼과 같은 경사, 왕국의 취득 등 길조적인 효과가 있을 것이다.

29-31.   만약 목성이 약하거나 달로부터 6번째, 8번째, 12번째에 있으면 맛없는 음식을 먹거나 고향으로부터 먼 장소로 여행하는 효과가 있을 것이다. 안타르 다샤 초반에는 좋은 효과가 있으며 후반에는 어려움들이 있을 것이다. 만약 목성이 2번째 혹은 7번째 바바의 로드이면, 조기 죽음이 있을 것이다. 위에 언급한 흉악한 결과를 피하기 위해서는 쉬바 사하스라남 진언을 외고 금을 기부하는 예방책을 쓸 수 있다.

• 달/토성(1년 7개월)

32-34.   토성이 라그나로부터 앵글이나 트라인에 있거나 토성이 오운 라시, 오운 나밤샤, 고양의 라시에 있거나 길성의 어스펙트를 받거나 연관되거나 혹은 토성이 11번째 바바에서 강하면, 달의 다샤, 토성의 안타르 다샤에 아들의 출생, 친구들, 부와 재산의 취득, 수드라(Sudra)들의 도움으로 사업의 이득을 보며 농산물이 늘어나고 아들로 인한 이득, 왕의 호의를 입는 영광 등이 있을 것이다.

35-35 ½.   토성이 6번째, 8번째, 12번째 혹은 2번째 바바에 있거나 취약의 라시에 있으면, 토성의 안타르 다샤에 신성한 장소들을 방문하거나 신성한 강에서 목욕하는 등 많은 사람들이 어려움을 주거나 적들로 인한 고충을 겪는 효과가 있을 것이다.

36-38. 토성이 다샤로드(달)로부터 앵글이나 트라인에 있거나 저력이 있으면, 어떤 때는 향락이나 부를 취득할 것이며 또 어떤 때는 배우자와 자녀들의 반대나 다툼이 있을 것이다. 만약 토성이 2번째, 7번째 혹은 8번째 바바에 있으면, 신체적인 고충이 있을 것이다. 흉악한 결과를 피하기 위해서는 므리툰자야 진언을 하고 검은 소나 임물소를 기부하는 방도를 쓸 수 있다.

· 달/수성(1년 5개월)

39-41. 수성이 앵글이나 트라인에 있거나 오운 라시, 오운 나밤샤 혹은 고양의 라시에서 저력이 있으면, 달의 다샤, 수성의 안타르 다샤에 부의 취득, 왕으로부터 인정받음, 좋은 옷 취득, 샤스트라(고전)를 논의, 사회적으로 지식 있고 신성한 사람들에게 배움을 얻고 향락을 즐기며 자녀들의 출생, 만족함, 사업의 이득, 운송수단이나 장식품의 취득 등이 있을 것이다.

42-43 ½. 만약 수성이 앵글이나 트라인에 있거나 다샤로드(달)로부터 11번째 혹은 2번째에 있으면, 수성의 안타르 다샤에 결혼, 제물을 바침, 자선행위, 종교적 의식을 치름, 왕과 친밀한 관계, 배운 사람들과 사회적 관계를 맺으며 진주, 코랄, 보석, 운송수단, 좋은 옷, 장식품의 취득, 건강, 다정한 보살핌, 향락을 즐김, 소마 주스나 다른 맛있는 주스들을 마시는 등의 효과가 있을 것이다.

44-46. 수성이 다샤로드(달)로부터 6번째, 8번째, 12번째에 있거나 수성이 취약의 라시에 있으면, 몸의 아픔, 농산물 벤처의 손실, 감옥살이, 배우자와 자녀들에 고충과 같은 흉조적인 효과가 있을 것이다. 만약 수성이 2번째 혹은 7번째 바바의 로드이면, 고열의 두려움이 있을 것이다. 이러한 흉악한 결과를 피하기 위해서는 비슈누 사하스라남을 낭송하고 염소를 기부하는 방도를 쓸 수 있다.

· 달/케투(7개월)

47-48. 케투가 앵글이나 트라인 혹은 3번째 바바에 있으면서 저력을 가졌을 때, 달의 다샤, 케투의 안타르 다샤에 부의 취득, 향락을 즐김, 배우자와 자녀들이 행복하며 종교적 성향 등이 생길 것이다. 안타르 다샤가 시작될 때 어느 정도 부의 손실이 있을 것이다. 후반에는 모든 것이 괜찮을 것이다.

49-49 ½. 케투가 다샤로드(달)로부터 앵글, 9번째, 5번째 혹은 11번째에 있으면서 저력을 가졌을 때, 부의 취득이나 소들 등을 얻는 효과가 있을 것이다. 안타르 다샤의 후반에는 부의 손실이 있을 것이다.

50-52. 케투가 다샤로드(달)로부터 8번째, 혹은 12번째에 있거나 흉성들에게 어스펙트를 받거나 연관되었으면, 적들의 방해와 다툼으로 인해 벤처들에 장애가 있을 것이다. 만약 케투가 2번째

혹은 7번째 바바에 있으면, 질병으로 몸이 상할 위험이 있을 것이다. 므리툰자야 진언을 외는 것이 모든 흉악한 결과를 막아주며 로드 쉬바의 은총으로 부와 재산을 분명히 얻게 될 것이다.

· 달/금성(1년 8개월)

53-55. 만약 금성이 앵글이나 트라인, 11번째, 4번째 혹은 9번째 바바에 혹은 고양의 라시, 오운 라시에 있으면, 달의 다샤, 금성의 안타르 다샤에 왕국의 취득, 좋은 옷들, 장식품, 소들, 운송수단 등을 얻게 될 것이며 배우자와 자녀들이 행복하며 새 집의 건축, 날마다 달콤한 먹거리들이 넘치며 향수를 쓰며 아름다운 여인들과 사랑을 하며 좋은 건강 등을 누리게 될 것이다.

56. 금성이 다샤의 로드와 합치하였으면, 신체적 안녕, 좋은 평판, 더 많은 토지와 집들의 취득하는 등의 효과가 있을 것이다.

57-57 ½. 금성이 취약의 라시에 있거나 컴바스트 했거나 흉성들에게 어스펙트를 받거나 연관이 되었으면, 땅에 있는 재산, 자녀들, 배우자 그리고 소를 잃게 되며 정부로부터 반대가 있을 것이다.

58-60. 금성이 2번째 바바, 고양의 라시, 오운 라시에 있거나 11번째 바바의 로드와 연관이 되었으면, 땅 밑에 감춰진 보물들을 얻게 될 것이며 토지의 취득, 향락의 즐거움, 아들의 출생 등의 효과가 있을 것이다. 만약 금성이 9번째 로드, 혹은 11번째 로드와 합치하였으면, 좋은 행운이 늘어나며 왕의 은총으로 야망이 충족되며 신들과 브라민들에게 헌신하며 진주와 같은 보석들을 취득하게 될 것이다.

61. 금성이 다샤로드(달)로부터 앵글이나 트라인에 있으면, 더 많은 집들과 농지의 취득, 부의 획득과 향락의 즐거움을 누리는 좋은 효과가 있을 것이다.

62. 금성이 다샤로드(달)로부터 6번째, 8번째 혹은 12번째에 있을 때, 외국 땅으로 내처지거나 슬픔, 죽음 그리고 도둑이나 뱀들로부터의 위험이 있을 것이다.

63-64. 금성이 2번째, 혹은 7번째 로드이면 조기 죽음의 위험이 있을 것이다. 이런 흉악한 결과를 피하기 위해서는 루드라 진언을 외고 흰 소나 은을 기부하는 방책을 쓸 수 있다.

· 달/태양(6개월)

65-67. 태양이 고양의 라시, 오운 라시, 앵글, 5번째, 9번째, 11번째, 2번째 혹은 3번째 바바에 있을 때, 달의 다샤, 태양의 안타르 다샤에 잃었던 왕국과 부의 회복, 가족의 행복, 마을과 토지를 취득하며 친구들이나 왕에게 친절한 도움을 받으며 아들의 출생, 락시미 여신의 은총 등의 길조적인 결과가 있을 것이다. 안타르 다샤의 후반에 고열이나 게으름 때문에 큰 고충을 치를 수도 있다.

68-70. 태양이 다샤로드(달)로부터 8번째, 혹은 12번째에 있으면, 정부나 도둑, 뱀들로부터의 위험, 고열에 시달리거나 외국 여행 중에 어려움을 겪게 될 수 있다. 만약 태양이 2번째, 혹은 7번째 바바의 로드이면, 태양의 안타르 다샤에 고열로 인한 어려움을 겪게 될 것이다. 이런 흉악한 결과를 피하기 위해서는 로드 쉬바를 경배하는 방책을 쓸 수 있다.

• 화성/화성(4개월 27일)

1-2 ½. 화성이 앵글에 있거나 5번째, 9번째, 11번째, 3번째 혹은 2번째 바바에 있거나 라그나 로드와 연관이 되었으면, 왕의 은총으로 인한 부의 획득이 있으며 락시미 여신의 은총, 잃었던 왕국과 부의 회복, 아들의 출생 등의 효과가 화성의 다샤와 안타르 다샤에 있을 것이다.

3-4. 만약 화성이 고양의 라시, 오운 라시, 오운 나밤샤에 있으며 저력을 가졌을 때, 왕의 은총으로 야망이 충족되며 집, 토지 소, 물소 등을 취득하는 효과가 있을 것이다.

5-5 ½. 화성이 8번째, 혹은 12번째 바바에 있거나 흉성들에게 어스펙트를 받거나 연관되었으면, 요로감염, 상처, 뱀이나 왕으로부터의 위험 등이 있을 것이다.

6-8. 화성이 2번째, 혹은 7번째 바바의 로드이면, 정신적 괴로움이나 몸이 아플 것이다. 만약 차트 주인이 루드라 진언을 외고 빨간 색의 황소를 기부하면, 로드 쉬바가 건강을 회복시켜주며 부의 획득과 행복을 주게 될 것이다.

• 화성/라후(1년 18일)

9-10 ½. 라후가 물라트리코나 고양의 라시, 앵글, 11번째, 5번째 혹은 9번째 바바에 있으면서 길성들과 연관되었으면, 화성의 다샤, 라후의 안타르 다샤에 정부로부터 인정, 집과 토지의 취득, 아들로 인한 행복, 사업에서 큰 수익을 거두며 갠지스 강과 같은 신성한 강에서 목욕을 하며 외국 여행을 하는 등의 길조적 효과가 있을 것이다.

11-14. 라후가 8번째, 혹은 12번째 바바에 있거나 흉성들에게 어스펙트를 받거나 연관이 되었으면, 뱀들로부터 위험, 상처, 소의 파괴, 동물들로부터 위험, 담과 풍의 불균형에서 오는 질병, 감옥살이 등의 결과가 있을 것이다. 만약 라후가 2번째 바바에 있으면, 부의 상실이 있을 것이며 7번째 바바에 있으면, 조기 죽음의 큰 위험이 있을 것이다. 이런 흉악한 효과를 피하기 위해서는 나가 푸자(Naga Puja)를 하거나 브라민들에게 음식을 바치며 므리툰자야 진언을 외는 방책을 쓸 수 있다. 그러면 수명을 연장하는데 도움이 될 것이다.

• 화성/목성(11개월 6일)

15-16. 목성이 9번째, 5번째 바바, 앵글, 11번째에 있거나 2번째 바바나 고양의 라시, 오운 나밤사에 있을 때, 화성의 다샤, 목성의 안타르 다샤에 좋은 평판과 명성. 정부에게 명예를 얻음. 부와 곡식의 증가, 집안에서의 행복, 재산의 취득, 배우자와 자녀들로 인한 행복 등을 얻게 될 것이다.

17-19 ½. 목성이 다샤로드(화성)로부터 앵글, 트라인 혹은 11번째에 있거나 혹은 9번째, 10번째, 4번째 바바의 로드나 라그나와 연관되었거나 목성이 길성의 나밤샤 등에 있는 경우, 집, 토지를 획득하며 전체적으로 안녕하며 자산의 취득, 좋은 건강, 좋은 평판, 소의 취득, 사업의 성공, 배우자와 자녀들에게 행복, 정부로부터 인정, 부의 취득, 등의 길조적 효과가 있을 것이다.

20-22. 목성이 6번째, 8번째, 12번째 바바에 있거나 목성 취약의 라시에 있거나 흉성들에게 어스펙트를 받거나 연관이 되었거나 목성의 저력이 약한 경우에, 도둑과 뱀들로부터 위험, 왕의 분노, 담즙과 관련된 질병, 도깨비들의 압박, 하인들과 형제들의 상실 등과 같은 흉악한 효과가 있을 것이다. 만약 목성이 2번째 바바의 로드이면, 고열로 고통받거나 조기 죽음의 위험이 있을 것이다. 이런 흉악한 결과를 피하기 위해서는 쉬바 사하스라남을 낭송하는 방책을 쓸 수 있다.

• 화성/토성(1년 1개월 9일)

23-25. 토성이 앵글, 트라인, 물라트리코나, 고양이나 오운 나밤샤에 혹은 라그나 로드와 연관되었거나 길성들과 연관이 된 경우, 화성의 다샤, 토성의 안타르 다샤에 왕의 인정을 받거나 명성이 향상되며 부와 곡식들의 취득, 자녀들과 손주들로 인한 행복, 소의 수가 늘어나는 등의 효과가 있을 것이다. 이러한 결과들은 토성의 날, 토요일에 보통 나타나게 될 것이다.

26-26 ½. 토성이 취약의 라시나 적의 라시에 있거나 8번째, 12번째 바바에 있으면, 야바나(Yavana) 왕들에게 위협을 당하거나 부의 상실, 감옥살이, 질병에 걸릴 가능성, 농산물의 상실 등의 효과가 있을 것이다.

27-29. 토성이 2번째, 혹은 7번째 로드이며 흉성들과 연관된 경우, 아주 큰 위험, 생명을 잃음, 왕의 분노, 정신적 괴로움, 도둑들과 화재의 위험성, 왕에게 징벌 받음, 형제들의 상실, 가족 간의 불화, 소를 잃음, 죽음의 두려움, 배우자와 자녀들에게 고충, 감옥살이 등의 효과가 나타날 것이다.

30-32. 토성이 다샤로드(화성)로부터 앵글에, 11번째 혹은 5번째에 있는 경우, 외국 땅으로 여행, 명성을 잃음, 난폭한 행위, 농지의 판매로 인한 손실, 직위의 상실, 괴로움, 싸움에서 패배, 요로감염 등의 효과가 있을 것이다.

33-35. 토성이 다샤로드(화성)으로부터 8번째 혹은 12번째에 있으며 흉성들과 연관이 된 경우, 죽음, 왕과 도둑들로 인한 위험, 류머티즘, 고통, 적과 가족의 위협 등을 경험할 것이다. 이런 흉악한 결과를 피하기 위해서는 므리툰자야 진언을 지시 받은 대로 행하여 로드 쉬바의 은총을 구하는 방도를 쓸 수 있다.

• 화성/수성(11개월 27일)

36-37 ½. 수성이 라그나로부터 앵글이나 트라인에 있으면, 화성의 다샤, 수성의 안타르 다샤에 정의롭고 신성한 위인들과의 인연, 아자야(Ajaya) 진언을 욈, 자선을 베풂, 종교적 의식을 행함, 명성을 얻음, 신사적이 됨, 달콤한 먹거리들이 많음, 운송수단, 좋은 옷, 소 등의 취득, 왕의 수행원이 됨, 농산물 프로젝트의 성공 등을 경험할 것이다.

38-39. 수성이 취약의 라시에 있거나 컴바스트를 했거나 6번째, 8번째, 12번째 바바에 있는 경우, 심장의 질병, 감옥살이, 인척의 상실, 배우자와 자녀들의 고충, 부와 소의 파괴 등의 결과가 있을 것이다.

40-40 ½. 수성이 다샤로드(화성)와 연관이 된 경우, 외국 땅으로 여행, 적들의 수가 증가, 다양한 종류의 질병에 걸림, 왕에 대한 반대, 인척들과 다툼 등이 있을 것이다.

41-43 ½. 수성이 다샤로드(화성)로부터 앵글이나 트라인에 있거나 수성이 고양의 라시에 있으면, 모든 야망이 충족되며 부와 곡식을 취득하며 왕의 인정을 받고 왕국을 획득하며 좋은 옷들과 장식품을 얻으며 많은 종류의 악기를 다루며 군대의 지휘관과 같은 지위를 얻으며 샤스트라와 푸라나(베딕 고서)를 논의하며 배우자와 자녀들의 부가 늘어나며 락시미 여신의 은총을 받는 등의 아주 길조적인 결과가 있을 것이다.

44-45 ½. 수성이 다샤로드(화성)으로부터 6번째, 8번째, 12번째에 있거나 흉성들과 연관이 된 경우, 명예의 훼손, 사악한 생각, 거친 언행, 도둑, 화재, 왕으로부터의 위험, 이유도 없이 다툼, 여행을 하는 동안 도둑이나 무장 강도들에게 당할 두려움 등이 있을 것이다.

46-47. 수성이 2번째 혹은 7번째 로드이면, 수성의 안타르 다샤에 심각한 병마에 걸릴 가능성이 있을 것이다. 이런 흉악한 효과를 피하기 위해서는 비슈누 사하스라남을 낭송하고 말을 기부하는 방책을 쓸 수 있다.

• 화성/케투(4개월 27일)

48-49. 케투가 앵글, 트라인, 3번째 혹은 11번째 바바에 있거나 케투가 길성들과 연관되었거나 어스펙트를 받고 있으면, 화성의 다샤, 케투의 안타르 다샤에 왕의 은총, 부의 취득, 다샤 초반에

약간의 토지를 얻고 후반에는 상당한 토지를 얻으며 아들의 출생, 정부 관리직의 임명, 소의 취득 등의 결과가 있을 것이다.

50-51 ½.　케투가 요가 카라카이며 저력을 갖추었을 때, 아들의 출생, 좋은 평판이 늘어남, 락시미 여신의 은총, 고용인들로 인한 부의 취득, 군대 지휘관과 같은 직위를 얻음, 왕과 친밀한 관계, 종교적 봉납을 행함, 좋은 옷들과 장식품의 취득 등의 길조적 효과가 있을 것이다.

52-54.　케투가 다샤로드(화성)으로부터 6번째, 8번째, 12번째에 있으면, 다툼, 치통, 도둑과 호랑이, 고열, 쇠진병, 나병 등으로 인한 어려움들을 겪으며 배우자와 자녀들에게 고충이 있을 것이다. 만약 케투가 2번째 혹은 7번째 바바에 있으면, 질병, 명예추락, 괴로움 그리고 부의 상실이 있을 것이다.

• 화성/금성(1년 2개월)

55-56.　금성이 라그나로부터 앵글, 고양의 라시, 오운 라시에 있거나 혹은 금성이 라그라의 로드, 5번째의 로드, 9번째의 로드이면, 화성의 다샤, 금성의 안타르 다샤에 왕국의 취득, 큰 즐거움과 호화스러운 것들이 주는 안락함, 코끼리, 말, 좋은 옷 등을 얻는 효과가 있을 것이다. 만약 금성이 라그나 로드에게 연관되어 있으면, 배우자와 자녀들이 행복하며 풍만함과 영광, 좋은 행운이 증가하게 될 것이다.

57-60.　금성이 다샤로드(화성)로부터 5번째, 9번째, 11번째 혹은 2번째에 있으면, 자신의 취득, 아들의 탄생을 축하함, 고용주로부터 부를 획득하며 왕의 은총을 입어 집, 토지, 마을을 취득하는 결과가 있을 것이다. 안타르 다샤 후반에는 노래와 춤, 그리고 신성한 강에서 목욕하는 행사가 있을 것이다. 만약 금성이 10번째 바바의 로드와 어떤 식으로든 연관되어 있다면, 우물이나 저수지 등을 짓거나 종교적 의식을 행하며 자비롭고 정의로운 행위들을 하게 될 것이다.

61-62.　금성이 다샤로드(화성)로부터 6번째, 8번째, 12번째에 있거나 흉성들과 연관되어 있으면, 슬픔, 신체적 고충, 부의 상실, 도둑들이나 왕으로 인한 위험, 가족의 불화, 배우자와 아이들의 고충, 소의 파괴 등이 있을 것이다.

63.　금성이 2번째 혹은 7번째 로드이면, 금성의 안타르 다샤에 몸의 고통이 있을 것이다. 좋은 건강을 회복하기 위해서는 소나 암물소를 기부하는 방책을 쓸 수 있다.

• 화성/태양(4개월 6일)

64-66.　태양이 고양의 라시, 오운 라시 혹은 태양이 앵글이나 트라인, 11번째 바바에 있거나 10번째 바바의 로드나 11번째 바바의 로드와 함께 있다면, 화성의 다샤, 태양의 안타르 다샤에

운송수단의 획득, 좋은 평판을 얻음, 아들의 출생, 부의 성장, 가족의 화목, 좋은 건강, 저력, 왕의 인정, 사업에서 큰 이득을 봄, 왕의 경청 등의 효과가 있을 것이다.

67-67 ½.　태양이 다샤로드(화성)로부터 6번째, 8번째 혹은 12번째에 있거나 태양이 흉성과 연관되었을 때, 몸의 고충, 괴로움, 벤처의 실패, 이마에 문제가 있거나 고열, 쇠진증 등으로 인한 고통을 받을 가능성 등의 효과가 있을 것이다.

68-69.　태양이 2번째, 혹은 7번째 바바의 로드이면, 고열에 걸림, 뱀이나 독으로 인한 위험, 아들에게 고충 등이 있을 것이다. 좋은 건강과 부를 회복하기 위해서는 태양에 대한 경배를 지시받은 대로 행하는 방책을 쓸 수 있다.

· 화성/달(7개월)

70-73.　달이 고양의 라시, 오운 라시, 앵글, 9번째, 4번째, 10번째 바바에 있거나 이러한 바바들의 로드와 함께 라그나에 있으면, 화성의 다샤, 달의 안타르 다샤에 더 많은 왕국의 획득, 향수, 좋은 옷의 취득, 저수지들이나 소들을 위한 마구간 등을 지으며 결혼 등과 같은 경사스러운 일들을 경축하며 배우자와 자녀들의 행복, 부모님과 좋은 관계, 왕의 은총으로 인한 자신의 취득, 원하는 프로젝트의 성공 등의 효과가 있을 것이다. 만약 달이 뜨는 달이면 좋은 효과가 나타날 것이다. 만약 지는 달이면 이러한 효과가 어느 정도 줄어들 것이다.

74-76.　달이 취약의 라시, 적의 라시에 있거나 달이 라그나 혹은 다샤로드(화성)로부터 6번째, 8번째, 12번째에 있을 때, 죽음, 배우자와 자녀들의 고충, 토지 부, 소의 상실, 전쟁의 위험 등의 효과가 경험할 것이다. 만약 달이 2번째 바바의 로드, 혹은 7번째 바바의 로드일 경우에는 조기 죽음, 몸의 고충, 정신적 괴로움 등이 있을 것이다. 이런 흉악한 결과를 피하기 위해서는 두르가 여신이나 락시미 여신의 만트라들을 낭송하는 방책을 쓸 수 있다.

· 라후/라후(2년 8개월 12일)

1-4.　라후가 게, 전갈, 처녀, 인마 라시, 3번째, 6번째, 10번째 혹은 11번째 바바에 있거나 고양의 라시에 있는 요가 카라카와 합치하고 있다면, 라후의 다샤, 라후의 안타르 다샤에 왕국의 획득, 열정, 왕과 우호적 관계, 배우자와 자녀들로 인한 행복, 자신의 증가 등의 효과가 있을 것이다.

5-6.　라후가 8번째, 혹은 12번째 바바에 있거나 흉성들과 연관되었으면, 도둑들로 인한 위험, 상처들로 인한 고충, 정부 관리들과의 반대, 인척들의 파괴, 배우자나 자녀들에게 고충 등의 효과가 있을 것이다.

7.　만약 라후가 2번째의 로드, 7번째의 로드이거나 혹은 2번째, 7번째 바바에 있으면, 고충과

질병들이 있을 것이다. 이런 흉악한 결과를 피하기 위해서는 라후를 경배해야 하며 그리고 라후와 관련된 것들을 기부하는 방책을 쓸 수 있다.

• 라후/목성(2년 4개월 24일)

8-12 ½. 목성이 고양의 라시, 오운 라시, 오운 나밤샤, 혹은 고양의 나밤샤에 있거나 목성이 라그나로부터 앵글이나 트라인에 있으면, 라후의 다샤, 목성의 안타르 다샤에 직위의 취득, 인내심, 적들의 파괴, 향락의 즐거움, 왕과 우호적 관계, 한 달의 절반은 자라는 달처럼 부와 자산이 정기적으로 증가하며 운송수단과 소의 취득, 서쪽이나 동남쪽으로 여행함으로써 왕의 경청을 얻으며 원하는 벤처의 성공, 고향으로 되돌아 감, 브라민들을 위한 좋은 일을 하고 성스러운 장소들로 여행을 하며 마을의 획득, 신과 브라민들에게 헌신, 배우자, 자녀들, 손주들에게 행복, 날마다 달콤한 먹거리 들이 풍부한 등의 효과가 있을 것이다.

13-14 ½. 목성이 취약의 라시에 있거나 컴바스트를 했고 6번째, 8번째, 12번째 바바에 있거나 적의 라시에 있으며 흉성들과 연관이 되었을 때, 부의 상실, 직장에서 장애, 명예훼손, 배우자와 자녀들의 고충, 심장병, 정부 관리직의 위탁 등이 있을 것이다.

15-17. 목성이 다샤로드(라후)로부터 앵글, 트라인, 11번째, 2번째 혹은 3번째에 있거나 저력을 가졌을 때, 토지의 취득, 좋은 음식, 소 등의 취득, 자비롭고 종교적인 일을 하는 등의 경향이 있을 것이다.

18-20. 목성이 다샤로드(라후)로부터 6번째, 8번째, 12번째에 있거나 목성이 흉성과 연관이 되었을 경우에, 부의 상실, 몸에 고충이 있는 결과가 있을 것이다. 목성이 2번째, 혹은 7번째의 로드이면 조기 죽음의 위험이 있을 것이다. 차트 주인이 이런 흉악한 결과를 피하기 위해 금으로 된 로드쉬바의 상을 경배하면 은총을 입어 좋은 건강을 누리게 될 것이다.

• 라후/토성(2년 10개월 6일)

21-24. 토성이 앵글, 트라인, 고양의 라시, 오운 라시, 물라트리코나 3번째 혹은 11번째 바바에 있으면, 라후의 다샤, 토성의 안타르 다샤에 헌신적인 서비스로 인한 왕의 총애, 집안에 결혼 같은 길조적인 행사 및 성원, 댐 등의 건축, 수드라 계층에 속하는 사람들을 통해 부와 소의 취득, 서쪽으로 여행하는 중에 왕으로 인해 부의 상실, 게으름으로 인한 수입의 감소, 고향으로 돌아가는 등의 효과가 있을 것이다.

25-26. 토성이 취약의 라시, 적의 라시 혹은 8번째, 12번째 바바에 있으면, 신분이 낮은 이들, 왕, 적들로 인한 위험, 배우자나 자녀들의 고충, 인척들의 고충, 공동상속인들과 충돌, 다른 사람들과의 관계에서 마찰, 기대치 않았던 장식품을 얻게 되는 등의 결과가 있을 것이다.

27-29. 토성이 다샤로드(라후)로부터 6번째, 8번째, 12번째에 있으면, 심장병, 명예훼손, 다툼, 적으로 인한 위험, 외국 여행들, 굴마(Gulma, 복부염), 맛없는 음식, 슬픔 등이 있을 것이다. 만약 토성이 2번째 로드, 혹은 7번째 로드이면, 조기 죽음을 당할 수 있다. 이런 흉악한 결과를 피하고 좋은 건강을 회복하기 위해서는 검은 소나 임물소를 기부하는 방책을 쓸 수 있다.

• 라후/수성(2년 6개월 18일)

30-33. 수성이 고양의 라시, 앵글 혹은 5번째 바바에 있으며 저력을 갖추고 있으면, 라후의 다샤, 수성의 안타르 다샤에 라자 요가, 가족의 안녕, 사업으로 인한 이득과 부의 증가, 운송수단의 편안함, 결혼이나 다른 경사스러운 행사들, 소의 수 증가, 향수의 취득, 정사와 여자로 인한 편안함 등의 길조적인 효과가 있을 것이다. 특히 수성의 달, 수요일에 라자 요가, 왕의 은총, 부와 명성의 취득 등이 이루어질 것이다.

34-35. 수성이 다샤로드(라후)로부터 앵글, 11번째, 3번째, 9번째 혹은 10번째에 있을 때, 좋은 건강, 이쉬타 시디(Ishta Siddhi, 원하는 신을 만남), 푸라나와 고대 역사에 대한 강의를 들으며 결혼, 제물을 바치고 자선을 베풀며 종교적 성향, 다른 사람들을 자애적으로 대하는 등의 효과가 있을 것이다.

36-38. 수성이 6번째, 8번째, 12번째 바바에 있거나 토성의 어스펙트를 받고 있으면, 차트 주인이 신들과 브라민들에게 오명을 입히며 행운의 상실, 거짓을 말함, 현명치 못한 행위, 뱀, 도둑, 정부로 인한 두려움, 다툼, 배우자와 자녀들의 고충 등이 있을 것이다.

39. 토성이 2번째 로드, 혹은 7번째 로드이면, 조기 죽음의 두려움이 있을 것이다. 이런 흉악한 결과를 피하기 위해선 비슈누 사하스라남을 낭송하는 방책을 쓸 수 있다.

• 라후/케투(1년 18일)

40-41. 라후의 다샤, 케투의 안타르 다샤에 외국 여행, 왕과 류머티즘으로 인한 고열의 위험 그리고 소를 잃게 될 것이다. 만약 케투가 8번째 로드와 합치하고 있으면, 몸에 고충과 정신적 긴장이 생길 것이다. 만약 케투가 길성들과 연관되었거나 어스펙트를 받으면, 향락의 즐거움, 부의 취득, 왕의 인정, 금 등의 취득과 같은 결과가 있을 것이다.

42-42 ½. 만약 케투가 라그나 로드와 연관이 되었으며 이쉬타 시디(siddhi, 접견)하게 될 것이다. 만약 케투가 라그라 로드와 연관되었으면, 부의 획득이 분명히 있을 것이다. 만약 케투가 라그나로부터 앵글 혹은 트라인에 있으면, 소의 수가 확실하게 늘어날 것이다.

43-45. 케투가 저력 없이 8번째 혹은 12번째 바바에 있으면, 도둑들과 뱀들로 인한 위험, 상처로

인한 고충, 부모님과 이별, 인척들과 적대적 관계, 정신적 괴로움 등의 일이 있을 것이다. 만약 케투가 2번째 로드, 혹은 7번째 로드이면, 몸에 고충이 있을 것이며 이런 흉악한 결과를 피하기 위해서는 염소를 기부하는 방책을 쓸 수 있다.

• 라후/금성(3년)

46-47 ½. 금성이 저력을 갖추고 앵글이나 트라인, 혹은 11번째 바바에 있으면, 라후의 다샤, 금성의 안타르 다샤에 브라민들로 인한 부의 취득, 소의 수 증가, 아들의 출생을 축하함, 정부의 인정, 왕국의 취득, 정부의 높은 지위를 얻음, 향락의 큰 즐거움과 편안함 등의 효과를 경험할 것이다.

48-50 ½. 금성이 고양의 라시, 오운 라시, 고양의 나밤샤, 오운 나밤샤에 있으면, 새 집의 건축, 달콤한 먹거리, 배우자와 자녀들로 인한 행복, 친구들과의 좋은 관계, 곡식 등을 기부함, 왕의 은총, 운송수단과 좋은 옷의 취득, 사업에서 뛰어난 수익을 얻음, 신선한 옷을 입는 우파사얀(Upasayan) 의식들의 경축, 등과 같은 길조적인 효과가 있을 것이다.

51-53 ½. 금성이 6번째, 8번째 혹은 12번째 바바에 있거나 금성이 취약의 라시 혹은 적의 라시에 있으며 토성, 화성, 혹은 라후와 연관이 되었으면, 질병, 다툼, 아들이나 아버지와의 이별, 인척들의 고충, 공동상속인들과 마찰, 본인이나 고용주의 죽음의 위험, 배우자와 자녀들의 불행, 배가 아픔 등이 발생할 것이다.

54-55 ½. 금성이 다샤로드(라후)로부터 앵글, 트라인, 11번째 혹은 10번째에 있으면, 향수, 침대, 음악 등으로 향락의 즐거움, 원하는 물건의 취득, 욕망의 충족 등이 있을 것이다.

56-59. 금성이 흉성들과 연관되어 다샤로드(라후)로부터 6번째, 8번째 혹은 12번째에 있으면, 브라민들의 분노, 뱀 그리고 왕으로 인한 위험, 소변이 멈추는 질병에 걸릴 가능성, 당뇨병, 피의 오염, 빈혈, 거친 음식들만 먹을 가능성, 신경증, 감옥살이, 정부에게 받은 징벌이나 벌금으로 인한 부의 상실 등의 효과가 있을 것이다. 만약 금성이 2번째 로드, 혹은 7번째 로드이면 배우자나 자녀들의 고충, 본인의 조기 죽음 위험이 있을 것이다. 이런 흉악한 효과를 피하기 위해서는 두르가 여신이나 락시미 여신을 경배하는 방책을 쓸 수 있다.

• 라후/태양(10개월 24일)

60-61 ½. 태양이 고양의 라시, 오운 라시에 있거나 라그나로부터 11번째 바바, 앵글, 트라인에 있거나 고양의 나밤샤, 오운 나밤샤에 있으면, 라후의 다샤, 태양의 안타르 다샤에 왕과 우호적 관계, 부와 곡식의 증가, 인기/존경을 어느 정도 얻게 됨, 마을의 우두머리가 될 가능성이 어느 정도 있는 등의 효과를 경험할 것이다.

62-63 ½.　태양이 라그나 로드, 9번째 로드, 혹은 10번째 로드와 연관되었거나 어스펙트를 받으면, 정부의 도움으로 좋은 평판과 격려를 받으며 외국으로 여행, 자국에서 왕권의 취득, 코끼리, 말, 좋은 옷들, 장식품의 취득, 야망의 충족, 자녀들의 행복, 등의 효과가 있을 것이다.

64-65.　태양이 취약의 라시, 혹은 다샤로드(라후)로부터 6번째, 8번째 혹은 12번째에 있으면, 고열, 쇠진증, 다른 질병들, 다툼, 왕과 충돌, 여행이나 적들, 도둑들, 화재 등으로 인한 위험 등이 나타날 것이다.

66.　태양이 다샤로드(라후)로부터 앵글, 트라인, 3번째 혹은 11번째에 있으면, 두루두루 안녕하며 외국 나라들의 왕들(고위층)으로부터 인정받는 등의 효과가 있을 것이다.

67.　태양이 2번째 로드, 혹은 7번째 로드이면 심각한 질병의 위험이 있다. 이런 흉악한 결과를 피하기 위해서는 태양의 경배를 올리는 방책을 쓸 수 있다.

• 라후/달(1년 6개월)

68-70.　달이 고양의 라시, 오운 라시, 앵글, 트라인 혹은 11번째 바바에 있거나 달이 친구의 라시에서 길성의 어스펙트를 받고 있으면, 라후의 다샤, 달의 안타르 다샤에 왕국의 취득, 왕으로부터 존중, 부의 취득, 좋은 건강, 훌륭한 옷들과 장식품의 취득, 자녀들로 인한 행복, 운송수단의 편안함, 집과 땅이 달린 재산의 증가 등의 효과가 나타날 것이다.

71-72.　달이 다샤로드(라후)로부터 5번째, 9번째, 앵글, 혹은 11번째에 있으면, 락시미 여신의 은총, 두루두루 성공함, 부와 곡식의 증가, 좋은 평판 그리고 신들을 경배하는 효과가 있을 것이다.

73-75.　달이 저력이 없는 채, 다샤로드(라후)로부터 6번째, 8번째 혹은 12번째에 있으면, 집안에 불화가 일어나며 악귀들이나 표범 그리고 다른 야생동물들에 의한 농산물 경작을 방해받으며 여행 중에 도둑의 위험, 복부가 아픈 일이 일어날 것이다. 만약 달이 2번째 혹은 7번째 로드이면, 조기 죽음의 가능성이 있다. 이런 흉악한 결과를 피하기 위해서는 흰 소나 암물소를 기부하는 방책을 쓸 수 있다.

• 라후/화성(1년 18일)

76-77 ½.　화성이 11번째, 5번째 혹은 9번째 바바에 있거나 라그나로부터 앵글에 있거나 만약 화성이 길성들에게 어스펙트를 받거나 화성이 고양의 라시나 오운 라시에 있으면, 라후의 다샤, 화성의 안타르 다샤에 잃었던 왕국의 회복, 잃었던 부나 집의 재산의 회복, 농산물 생산의 증가, 부의 취득, 집안에 모시는 신의 축복, 자녀들로 인한 행복, 좋은 음식을 즐김, 등의 효과가 있을 것이다.

78-79 ½. 화성이 다샤로드(라후)로부터 앵글, 5번째, 9번째, 3번째, 11번째에 있을 때, 빨간색 옷의 취득, 여행, 왕과의 경청, 자녀들과 고용주의 안녕, 군대 지휘관과 같은 지위의 취득, 열정, 그리로 인척들을 통해 부의 취득 등의 효과가 있을 것이다.

80-82. 화성이 다샤로드(라후)로부터 6번째, 8번째 혹은 12번째 있으면서 흉성들의 어스펙트를 받으면, 배우자와 자녀들, 그리고 형제들에게 고충, 지위의 상실, 자녀들이나 배우자 그리고 가까운 친척들과 적대적 관계, 도둑들의 위험, 몸의 상처와 고통 등이 있을 것이다.

83. 화성이 2번째 로드, 혹은 7번째 로드이면 게으름이나 죽음의 위험이 있을 것이다. 이런 흉악한 결과를 피하기 위해서는 소나 황소를 기부하는 방책을 쓸 수 있다.

• 목성/목성(2년 1개월 18일)

1-3 ½. 목성이 고양의 라시, 오운 라시, 라그나로부터 앵글 혹은 트라인에 있을 때, 목성의 다샤, 목성의 안타르 다샤에 많은 왕들을 군림하며 아주 부유하다. 왕의 존중을 받으며 소, 좋은 옷, 장식품, 운송수단의 획득, 새 집과 좋은 맨션을 지으며 풍요로움과 영광, 행운의 도달, 벤처의 성공, 브라민들과 왕과의 미팅, 고용주로 인한 아주 큰 이득, 배우자와 자녀들의 행복 등을 경험할 것이다.

4-5 ½. 목성이 취약의 라시나 나밤사 혹은 6번째, 8번째, 12번째 바바에 있으면, 궂은일을 하는 이들과 어울림, 상당한 고충, 공동 상속인들의 능멸, 고용주의 분노, 조기 죽음의 위험, 배우자와 자녀들과의 이별, 부와 곡식들의 상실 등의 결과가 있을 것이다.

6-7. 목성이 7번째 바바의 로드이면, 몸이 아플 것이다. 이런 흉악한 효과를 피하고 야망을 충족시키기 위해서는 루드라 진언과 쉬바 사하스라남을 낭송하는 방책을 쓸 수 있다.

• 목성/토성(2년 6개월 12일)

8-11 ½. 토성이 고양의 라시, 오운 라시, 혹은 앵글이나 트라인에 있으면서 저력을 갖추었으면, 목성의 다샤, 토성의 안타르 다샤에 왕국의 취득, 좋은 옷, 장식품, 부, 곡식들, 운송수단, 소 그리고 지위의 취득, 아들과 친구들로 인한 행복, 특히 푸른 색 말로 인한 이득, 서쪽으로 여행, 왕과의 경청, 왕으로부터 부를 부여 받음 등의 효과가 있을 것이다.

12-14. 토성이 6번째, 8번째, 혹은 12번째 바바에 있거나 혹은 토성이 컴바스트했거나 적의 라시에 있으면, 부의 상실, 고열에 걸림, 정신적 괴로움, 배우자와 자녀들에게 상처가 남, 집안에 상스럽지 못한 일, 소들과 직장의 상실, 인척들과 충돌, 등의 결과가 있을 것이다.

15-15 ½.   토성이 다샤로드(목성)로부터 앵글, 트라인, 11번째 혹은 2번째에 있으면, 토지 집, 아들, 소의 취득, 적을 통해 부와 자산의 획득, 등의 결과가 있을 것이다.

16-17.   토성이 다샤로드(목성)으로부터 6번째, 8번째 혹은 12번째에 있거나 토성이 흉성들과 연관된 경우, 부의 상실, 인척들과 상충하는 관계, 산업 벤처에 장애들, 몸의 고통, 가족의 일원으로 인한 위험, 등의 효과가 나타날 것이다.

18-19.   토성이 2번째 로드, 혹은 7번째 로드이면, 조기 죽음의 두려움이 있을 것이다. 이런 흉악한 결과를 피하고 좋은 건강을 누리기 위해서는 비슈누 사하스라남을 낭송하고 검은 소나 암물소를 기부하는 방책을 쓸 수 있다.

· 목성/수성(2년 3개월 6일)

20-21.   수성이 고양의 라시, 오운 라시, 앵글, 트라인에 있거나 혹은 다샤 로드(목성)와 연관되었을 때, 목성의 다샤, 수성의 안타르 다샤에 부의 획득, 신체적 지복, 왕국의 획득, 운송수단, 좋은 옷, 소의 획득 등의 효과가 있을 것이다.

22-22 ½.   수성이 화성에게 어스펙트를 받고 있으면, 적의 수가 증가하며 향락과 편안함을 잃음, 사업의 손실, 고열과 쇠진증 등에 걸리게 될 것이다.

23-24.   수성이 다샤로드(목성)로부터 앵글, 5번째, 9번째에 있거나 혹은 수성의 고양의 라시에 있으면, 자국에서 부의 획득, 부모님으로 인한 행복, 왕의 은총으로 인해 운송수단의 취득, 등의 결과가 있을 것이다.

25-26.   수성이 다샤로드(목성)로부터 6번째, 8번째, 12번째에 있거나 혹은 수성이 흉성과 연관된 채 길성의 어스펙트가 없다면, 부의 상실, 외국으로의 여행, 여행하는 중에 도둑의 위험, 상처, 타는 듯한 감각, 눈이 문제를 일으키며 외국에서 방황하는 등의 결과가 있을 것이다.

27-28.   수성이 흉성과 연관되었거나 혹은 흉성과 함께 6번째, 8번째, 12번째 바바에 있다면, 이유도 없이 고충을 겪거나 분노, 소의 상실, 사업의 손실, 조기 죽음의 위험 등의 결과가 있을 것이다.

29-29 ½.   수성이 흉성과 연관되었지만 길성에게 어스펙트를 받고 있다면, 안타르 다샤의 초기에 향락의 즐거움, 부의 취득, 운송수단, 좋은 옷 등을 얻게 될 것이다. 그렇지만 다샤 후반에는 부의 상실과 몸에 고충이 있을 것이다.

30-31.   수성이 2번째 로드, 혹은 7번째 로드이면 조기 죽음을 기대할 수도 있다. 이런 흉악한 결과를 피하는데 가장 효과적이고 이로운 방법은 비슈누 사하스라남을 낭송하는 것이다.

· 목성/케투(11개월 6일)

32-32 ½.　케투가 길성과 연관되었거나 길성에게 어스펙트를 받고 있으면, 목성의 다샤, 케투의 안타르 다샤에 적당한 향락의 즐거움, 적당한 부의 취득, 거친 음식이나 다른 사람들이 주는 음식을 먹거나 상갓집의 음식을 먹거나 바람직하지 못한 방법으로 부를 취득하는 등의 결과가 있을 것이다.

33-34.　케투가 다샤로드(목성)로부터 6번째, 8번째 혹은 12번째에 있거나 케투가 흉성들과 연관된 경우에는 왕의 분노로 인한 부의 상실, 감옥살이, 질병, 신체적 힘의 상실, 아버지와 형제와의 상충관계, 정신적 괴로움, 등을 경험할 것이다.

35-36.　케투가 다샤로드(목성)로부터 5번째, 9번째, 4번째, 혹은 10번째에 있을 때, 가마(자동차), 코끼리 등의 취득, 왕의 은총, 원하는 영역에서 성공, 사업의 이득, 소의 수 증가, 야바나(Yavana, 이국) 왕으로부터 부와 좋은 옷의 취득 등의 길조적 효과가 있을 것이다.

37-38.　케투가 2번째 로드, 혹은 7번째 로드(혹은 2번째, 7번째 바바에 있거나), 신체적 고충이 있을 것이다. 이런 흉악한 결과를 피하기 위해서는 므리툰자야 진언을 지시 받은 대로 외는 방책을 쓸 수 있다.

· 목성/금성(2년 8개월)

39-43.　금성이 앵글, 트라인, 11번째 바바에 있거나 오운 라시에 있으면서 길성에게 어스펙트 받고 있으면, 금성의 안타르 다샤에 가마, 코끼리 같은 운송수단의 획득, 왕의 은총으로 인한 부의 획득, 향락의 즐거움, 푸르고 빨간 물건의 취득, 동쪽의 여행으로 인한 엄청난 수입, 가족의 안녕함, 부모님으로 인한 행복, 신들에 대한 헌신, 저수지들의 건설, 자선적 행위 등의 효과가 있을 것이다.

44-44 ½.　금성이 다샤로드(목성), 혹은 라그나로부터 6번째, 8번째, 12번째에 있거나 혹은 금성이 취약의 라시에 있는 경우, 언쟁, 인척들과 상충, 배우자나 자녀들의 고충 등의 흉악한 일이 있을 것이다. 만약 금성이 토성이나 라후 혹은 양쪽 모두와 연관되었으면, 언쟁, 왕으로 인한 위험, 아내와 상충, 장인(시아버지)과 형제들과 논쟁, 부의 상실 등이 있을 것이다.

45-47 ½.　금성이 다샤로드(목성)로부터 앵글, 트라인 혹은 2번째에 있을 때, 부의 획득, 배우자로 인한 행복, 왕과의 만남, 자녀들이나 운송수단, 소의 수 증가, 음악의 즐거움, 지식인들과 인연 맺음, 달콤한 먹거리들이 널려 있으며 인척들을 도와주고 동행하는 등의 일들이 있을 것이다.

48-50.　금성이 2번째, 혹은 7번째 로드이면, 부의 상실, 조기 죽음의 두려움, 배우자와 상충 등을 경험하게 될 것이다. 이러한 흉악한 결과를 피하기 위해서는 황갈색의 소나 임물소를 기부하는 방책을 쓸 수 있다.

• 목성/태양(9개월 18일)

51-53. 태양이 고양의 라시, 오운 라시, 앵글, 트라인, 3번째, 11번째 혹은 2번째 바바에 있으면서 저력을 갖추었다면, 목성의 다샤, 태양의 안타르 다샤에 부의 획득, 존경, 행복, 운송수단, 좋은 옷, 장식품 등의 획득, 자녀들의 출생, 왕과 우호적 관계, 벤처들의 성공 등 길조적 효과가 나타날 것이다.

54-55. 태양이 6번째, 8번째, 12번째 바바의 로드이거나 혹은 다샤로드(목성)로부터 6번째, 8번째, 12번째에 있으면, 신경 쇠약증, 고열, 좋은 일들을 하는 데 게으르거나 주저함, 사악한 일들에 빠짐, 모든 사람들을 향한 반항적 태도, 인척들과 이별, 이유도 모르는 고충을 겪는 등의 일을 경험할 것이다.

56-57. 태양이 2번째 혹은 7번째 로드이면, 신체적 고충이 있을 것이다. 이러한 흉악한 결과를 피하고 좋은 건강을 누리기 위해서는 아디티야 흐리다야 파드(Adhitya Hridaya Path, 태양의 경배)를 낭송하는 방책을 쓸 수 있다.

• 목성/달(1년 4개월)

58-60 ½. 달이 앵글, 트라인, 11번째 바바에 있거나 고양의 라시, 오운 라시에 있으며 보름달이고 강하며 다샤로드(목성)로부터 길조적 바바에 있으면, 목성의 다샤, 달의 안타르 다샤에 왕으로부터 존경, 풍요로움과 영광, 배우자 외 자녀들로 인한 행복, 좋은 음식, 선행을 함으로 좋은 평판을 얻음, 자녀와 손주들 수의 증가, 왕의 은총으로 편안함을 누림, 종교적이고 자선적인 성향 등의 효과가 나타날 것이다.

61-63. 달이 약하거나 흉성들과 연관이 되었거나 달이 다샤로드(목성)로부터 6번째, 8번째, 12번째에 있으면, 부와 인척의 상실, 외국 땅에서 방황, 왕이나 도둑들로 인한 위험, 파트너들과 다툼, 외삼촌과 이별, 어머니에게 고충 등이 있을 것이다.

64. 달이 2번째 로드, 혹은 7번째 로드이면, 신체적인 고충이 있을 것이다. 이러한 흉악한 결과를 피하기 위해서는 두르마 삽타샤티 파트(Durga Saptashati Path, 두르가 여신 경배)를 낭송하는 방책을 쓸 수 있다.

• 목성/화성(11개월 6일)

65-66. 화성이 고양의 라시, 오운 라시, 고양의 나밤샤 혹은 오운 나밤샤에 있으면, 목성의 다샤, 화성의 안타르 다샤에 결혼 등과 같은 축하행사, 토지나 마을의 취득, 힘과 용기가 자라며 모든 벤처들이 성공하는 효과가 나타날 것이다.

67-68. 화성이 앵글, 트라인, 11번째, 혹은 2번째 바바에 있거나 길성들과 연관되었거나 길성들에게 어스펙트를 받으면, 부와 곡식들의 획득, 훌륭하고 달콤한 먹거리들이 널려 있으며 왕의 총애, 배우자와 자녀들로 인한 행복과 길조적 효과가 있을 것이다.

69-71. 화성이 다샤로드(목성)로부터 8번째 혹은 12번째에 있거나 화성이 취약 라시에서 흉성들과 연관이 되었거나 어스펙트를 받으면, 부와 집의 상실, 눈에 문제가 있음. 그리고 다른 길조적이지 못한 결과가 있을 것이다. 이러한 효과들은 특히 안타르 다샤 초반에 안 좋을 것이나 후에 어느 정도 나아질 것이다. 만약 화성이 2번째, 혹은 7번째 바바의 로드이면, 신체적 고충과 정신적 괴로움이 있을 것이다. 이러한 흉악한 결과를 피하고 부와 자산들을 얻기 위해서는 황소를 기부하는 방책을 쓸 수 있다.

• 목성/라후(2년 4개월 24일)

72-75. 라후가 고양의 라시, 오운 라시, 물라트리코나에 있거나 라그나로부터 앵글이나 트라인에 혹은 앵글의 로드에게 어스펙트를 받거나 라후가 길성과 연관되었거나 어스펙트를 받으면, 목성의 다샤, 라후의 안타르 다샤에 요가(Yoga, 특별한 조합)를 얻거나 처음 5개월 동안 부와 곡식의 획득, 마을이나 나라를 군림하며 외국의 왕과 미팅, 가족의 안녕, 먼 땅으로 여행, 성지에서 목욕 하는 등의 효과가 나타날 것이다.

76-78. 라후가 흉성과 연관되었거나 다샤로드(목성)로부터 8번째, 혹은 12번째에 있을 때, 도둑이나 뱀, 왕으로 인한 위험, 상처, 집안일에 문제가 있음. 형제들이나 공동 상속인들과 상충, 나쁜 꿈들, 이유도 없이 다툼, 질병의 위험 등의 결과가 나타날 것이다.

79-80. 라후가 2번째 혹은 7번째 바바에 있으면, 신체적 고충이 있을 것이다. 이러한 흉악한 결과를 피하기 위해서는 므리툰자야 진언을 외며 염소를 기부하는 방책을 쓸 수 있다.

• 토성/토성(3년 3일)

1-3. 토성이 오운 라시, 고양의 라시 혹은 깊숙한 고양의 자리에 있거나 혹은 토성이 라그나로부터 앵글이나 트라인에 있거나 토성이 요가 카라카이면, 토성의 다샤, 안타르 다샤에 왕국의 획득, 배우자와 자녀들로 인한 행복, 코끼리와 같은 운송수단의 획득, 좋은 옷의 취득, 왕의 은총으로 군대의 지휘관 같은 지위의 취득, 소, 마을, 토지 등의 취득과 같은 효과가 나타날 것이다.

4-5 ½. 토성이 8번째, 혹은 12번째 바바에 있거나 혹은 토성이 취약의 라시에서 흉성과 연관되었으면, 왕으로 인한 위험, 어떤 무기들에 의해 상처를 입게 됨. 잇몸의 출혈, 쇠진증 등과 같은 흉악한 효과가 다샤의 초반에 있을 것이다. 다샤의 중반에는 도둑들 등에 의한 위험, 고향에서 떠남, 정신적 괴로움 등의 효과가 있을 것이다. 다샤의 후반에는 길조적 결과가 나타날 것이다.

6-7. 토성이 2번째 로드, 혹은 7번째 로드이면, 조기 죽음의 위험이 있을 것이다. 만약 므리툰자야 진언을 지시 받은 대로 외우면 로드 쉬바의 보호로 흉악한 결과를 피할 수 있을 것이다.

• 토성/수성(2년 8개월 9일)

8-11. 수성이 앵글이나 트라인에 있으면, 토성의 다샤, 수성의 안타르 다샤에 사람들로부터 존중, 좋은 평판, 부의 취득과 운송수단 등의 편안함, 종교적 희생 의식(야기야)을 이행하는 경향, 라샤 요가, 신체의 지복, 열정, 가족의 안녕, 신성한 장소로 성지 순례, 종교적 의식 이행, 푸라나(베딕 고서)를 경청, 자선적 행위, 달콤한 먹거리들이 널려 있는 효과가 나타날 것이다.

12-13 ½. 수성이 라그나 혹은 다샤로드(토성)로부터 6번째, 8번째, 12번째 바바에 있거나 혹은 수성이 태양, 화성, 라후와 연관되었으면, 다샤의 초반에 왕국의 획득, 부의 취득, 마을의 지도자 같은 효과가 있을 것이다. 다샤의 중반과 후반에는 질병에 걸림, 모든 벤처들의 실패, 초조함과 위험스러운 느낌 등에 시달리게 될 것이다.

14-15. 수성이 2번째 혹은 7번째 바바의 로드이면, 신체적 고충이 있을 것이다. 이런 흉악한 결과를 피하고 삶의 즐거움을 되찾기 위해서는 비슈누 사하스라남을 낭송하고 곡식들을 기부하는 방책을 쓸 수 있다.

• 토성/케투(1년 1개월 9일)

16-18. 케투가 고양의 라시, 오운 라시, 길조적 라시 혹은 앵글이나 트라인에 있거나 길성들과 연관되거나 어스펙트를 받으면, 토성의 다샤, 케투의 안타르 다샤에 지위의 상실, 위험에 처함, 가난, 고충, 흉악한 외국 여행을 경험할 것이다. 만약 케투가 라그나 로드와 연관이 되었으면, 안타르 다샤의 초반에 부의 취득, 향락의 즐거움, 신성한 장소에서 목욕, 신성한 신전을 방문하게 될 것이다.

19-19 ½. 케투가 다샤로드(토성)로부터 앵글, 트라인, 3번째 혹은 11번째에 있으면, 신체적 저력과 용기, 종교적인 생각, 왕(정부의 고위관리들: 대통령, 수상, 시장, 의원 등)과의 경청, 온갖 종류의 즐거움 등을 경험할 것이다.

20-21 ½. 토성이 라그나 혹은 다샤로드(토성)로부터 8번째 혹은 12번째에 있으면, 조기 죽음의 두려움, 거친 음식, 한기에서 오는 열, 쇠진증, 상처, 도둑의 위험, 배우자와 자녀들과의 이별, 등의 결과가 있을 것이다.

22-23. 케투가 2번째 혹은 7번째 바바의 로드이면, 신체적 고충이 있을 것이다. 이런 흉악한

효과를 피하고 삶의 즐거움을 되찾기 위해서는 염소를 기부함으로써 케투의 은총을 얻어야 한다.

• 토성/금성(3년 2개월)

24-27. 토성이 앵글이나 트라인 혹은 11번째 바바에 있으면서 길성들과 연관되었거나 어스펙트를 받고 있으면, 토성의 다샤, 금성의 안타르 다샤에 결혼, 아들의 출생, 부의 획득, 가족의 안녕, 왕국의 취득, 왕의 은총으로 향락의 즐거움, 명예, 좋은 옷과 장식품, 운송수단과 다른 원하는 물건의 취득, 등의 효과가 나타날 것이다. 만약 금성의 안타르 다샤에 운행 중인 목성이 길조적이면, 행운의 도달과 자신의 성장이 있을 것이다. 만약 운행 중인 토성이 길조적이면 라자 요가의 효과가 있으며 요가 의식을 완성시키게 될 것이다.

28-29. 금성이 취약의 라시에 있거나 컴바스트를 했고 혹은 금성이 6번째, 8번째, 12번째 바바에 있으면, 배우자의 고충, 지위의 상실, 정신적 괴로움, 가까운 인척들과 다투는 등의 결과가 있을 것이다.

30-31 ½. 금성이 다샤로드(토성)로부터 9번째, 11번째 혹은 앵글에 있으면, 왕의 은총을 입어 야망의 충족, 자선 행위들, 종교적 의식 이행, 샤스트라(고전들) 공부에 대한 관심이 생김, 시 창작, 베단타(Vedanta, 고전)에 대한 관심, 푸라나의 경청, 배우자와 자녀들의 행복 등의 효과가 있을 것이다.

32-34. 금성이 다샤로드(토성)로부터 6번째, 8번째, 12번째에 있으면, 눈 문제, 고열, 좋은 행동거지의 상실, 치아 문제, 심장병, 팔 통증, 물에 빠지거나 나무에서 떨어질 위험, 친척, 정부 관리, 형제들에 대한 반감 등이 생길 것이다.

35-36. 금성이 2번째, 혹은 7번째 로드이면, 신체적 고충이 있을 것이다. 이러한 흉악한 효과를 피하고 좋은 건강을 회복하기 위해서는 두르가 여신의 은총이 필요하다. 두르가 샵타샤티 파트를 낭송하고 소나 임물소를 기부하는 방책을 쓸 수 있다.

• 토성/태양(11개월 12일)

37-38. 태양이 고양의 라시, 오운 라시에 있거나 9번째 로드와 연관되거나 라그나로부터 앵글이나 트라인에 있으면서 길성들과 연관되었거나 어스펙트를 받고 있으면, 토성의 다샤, 태양의 안타르 다샤에 고용주와 좋은 관계, 자녀들로 인한 행복, 운송수단이나 소들 등의 취득, 등의 효과가 나타날 것이다.

39-41. 태양이 8번째, 12번째 바바에 있거나 혹은 다샤로드(토성)로부터 8번째, 12번째에 있으면, 심장병, 명예훼손, 지위의 상실, 정신적 괴로움, 가까운 친척들과의 이별, 산업적 벤처들에 대한 장애, 고열, 두려움, 인척의 상실, 소중한 물건을 잃는 등의 결과가 있을 것이다.

42. 태양이 2번째 혹은 7번째의 로드이면 신체적 고충이 있을 것이다. 이러한 흉악한 결과를 피하기 위해서는 태양을 경배하는 방책을 쓸 수 있다.

· 토성/달(1년 7개월)

43-45. 달이 보름달이거나 고양의 라시, 오운 라시에 있거나 다샤로드(토성)로부터 앵글, 트라인 혹은 11번째 바바에 있거나 길성들로부터 어스펙트를 받고 있으면, 토성의 다샤, 달의 안타르 다샤에 운송수단, 좋은 옷, 장식품, 행운과 향락의 즐거움이 증가하며 형제들을 돌보고 친가와 외가의 가족들이 행복하며 소와 부가 증가하는 효과가 있을 것이다.

46-48 ½. 달이 지는 달이거나 흉성들과 연관되었거나 어스펙트를 받고 있으며 취약의 라시, 흉성의 나밤샤 혹은 흉성의 라시에 있을 때, 상당한 스트레스, 분노, 부모님과 이별, 자녀의 건강이 나빠짐, 사업에서의 손실, 비정기적인 식사, 약을 복용하는 결과가 있을 것이다. 그러나 안타르 다샤 초반에는 어느 정도 좋은 효과들과 약간의 부도 획득할 수 있을 것이다.

49-50 ½. 달이 다샤로드(토성)로부터 앵글, 트라인 혹은 11번째 바바에 있으면, 운송수단과 좋은 옷을 즐기게 되며 인척들로 인한 행복, 부모님, 배우자, 고용주로 인한 행복 등의 결과가 있을 것이다.

51-52. 달이 약하거나 다샤로드(토성)로부터 6번째, 8번째 혹은 12번째에 있으면, 졸음, 게으름, 지위의 상실, 향락의 즐거움 상실, 적의 수가 증가, 인척들과의 상충을 경험할 것이다.

53-54. 만약 달이 2번째 혹은 7번째 바바의 로드이면, 게으름과 신체적 고충이 있을 것이다. 이러한 흉악한 효과를 피하고 수명을 연장하기 위해서는 하반(Havan, 제의식)을 올리면서 야자즙 조당, 기, 요구르트를 섞은 밥, 소 혹은 임물소를 기부하는 방책을 쓸 수 있다.

· 토성/화성(1년 1개월 9일)

55-57. 화성이 고양의 라시, 오운 라시에 있거나 라그나 로드와 연관되었거나 다샤로드(토성)와 연관되었으면, 토성의 다샤, 화성의 안타르 다샤의 초반에, 향락의 즐거움, 부의 취득, 왕으로부터 존중, 운송수단, 좋은 옷들, 장식품의 취득, 군대 지휘관과 같은 지위의 취득, 농산물과 소의 부富 증가, 새 집의 건축, 인척들의 행복, 등의 효과가 있을 것이다.

58-60. 화성이 취약의 라시에 있거나 컴바스트를 했거나 8번째 혹은 12번째 바바에 있으면서 흉성들과 연관되었거나 어스펙트를 받으면, 부의 상실, 상처 입을 위험, 도둑, 뱀, 무기, 통풍이나 다른 비슷한 질병의 위험, 아버지와 형제들의 고충, 파트너들과 다툼, 인척의 상실, 거친 음식, 외국 땅으로 떠남, 불필요한 비용 등이 있을 것이다.

61-62. 화성이 2번째, 7번째 혹은 8번째 바바의 로드이면, 상당한 스트레스, 다른 사람들에게 의존, 그리고 조기 죽음의 두려움 등이 있을 수 있다. 이러한 흉악한 결과를 피하기 위해서는 하반(Havan)을 올리고 황소를 기부하는 방책을 쓸 수 있다.

• 토성/라후(2년 10개월 6일)

63-64. 만약 라후가 고양의 라시나 다른 길조적 위치에 없으면, 토성의 다샤, 라후의 안타르 다샤에 다툼, 정신적 괴로움, 신체적 고충, 괴로움, 아들과의 상충, 질병의 위험, 불필요한 비용, 가까운 친척들과 불화, 정부로 인한 위험, 외국 여행, 집이나 농지의 상실 등의 일이 일어날 것이다.

65-67. 라후가 라그나 로드나 요가 카라카 행성과 연관되었거나 고양의 라시, 오운 라시에 있거나 라그나 혹은 다샤로드(토성)로부터 앵글이나 11번째에 있을 때, 안타르 다샤의 초반에 향락의 즐거움, 부의 취득, 농산물 증가, 신들과 브라민들에 헌신, 신성한 장소로 성지순례, 소의 부 증가, 가족 안녕 등의 결과가 나타날 것이다. 안타르 다샤의 중반에는 왕과 우호적 관계, 친구들로 인한 행복 등이 있을 것이다.

68-68 ½. 라후가 신양, 처녀, 게, 황소, 물고기 혹은 인마 라시에 있을 때, 코끼리의 획득, 풍요로움, 영광, 왕과 우호적 관계, 귀한 옷의 취득 등이 있을 것이다.

69-70. 라후가 2번째 로드 혹은 7번째 로드와 연관되었으면, 신체적 고충이 있을 것이다. 이러한 흉악한 효과를 피하기 위해서는 므리툰자야 진언을 외고 염소를 기부하는 방책을 쓸 수 있다.

• 토성/목성(2년 6개월 12일)

71-73 ½. 목성이 앵글이나 트라인에 있거나 라그나 로드와 연관되었거나 오운 라시 혹은 고양의 라시에 있을 때, 토성의 다샤, 목성의 안타르 다샤에 전반적인 성공, 가족의 안녕, 왕의 은총으로 인한 운송수단, 장식품, 좋은 옷의 취득, 존중 받음, 신들과 스승들에 헌신, 배움이 많은 사람들과 인연, 배우자와 자녀들의 행복 등의 효과가 나타날 것이다.

74-75 ½. 목성이 취약의 라시에 있거나 목성이 흉성들과 연관되었거나 목성이 6번째, 3번째, 12번째 바바에 있을 때, 가까운 친척의 죽음, 부의 상실, 정부 관리와의 상충, 프로젝트 실패, 외국으로 여행, 나병과 같은 질병에 걸리는 등의 일이 생길 것이다.

76-78. 목성이 다샤로드(토성)로부터 5번째, 9번째, 11번째, 2번째 혹은 앵글에 있을 때, 풍요로움과 영광, 배우자의 행복, 왕으로 인한 이득, 좋은 음식과 옷의 안락함, 종교적인 마음의 자세, 나라에서 이름과 명성을 얻음, 베다와 베단타(고전)에 대한 관심, 종교적 의식을 이행, 곡식 등을 기부하게 될 것이다.

79-80. 목성이 약하거나 다샤로드(토성)로부터 6번째, 8번째 혹은 12번째에 있을 때, 인척들과 상충, 정신적 괴로움, 다툼, 지위의 상실, 벤처들에서 손실, 정부에서 부여한 형벌이나 벌금으로 인해 부의 상실, 감옥살이, 배우자와 아들의 고충 등의 결과가 있을 것이다.

81-82. 목성이 2번째, 혹은 7번째의 로드이면, 신체적 고충, 괴로움, 본인이나 가족 일원의 죽음 등이 발생할 수 있을 것이다. 이러한 흉악한 결과를 피하기 위해서는 쉬바 사하스라남을 낭송하고 금을 기부하는 방책을 쓸 수 있다.

· 수성/수성(2년 4개월 27일)

1-3 ½. 수성이 고양의 라시에 있거나 혹은 다른 라시에서 좋게 위치하고 있다면, 수성의 다샤, 수성의 안타르 다샤에 진주 등과 같은 보석의 취득, 배움, 행복의 증가, 정의로운 행위들을 이행, 교육영역에서 성공, 이름과 명성의 취득, 새로운 왕(높은 관료들)와 미팅, 부의 획득, 아내와 자녀들, 부모님으로 인한 행복, 등의 효과가 있을 것이다. 만약 수성이 취약의 라시에 있거나 6번째, 8번째, 12번째 바바에 있거나 혹은 흉성들과 연관되었을 때, 부와 소의 상실, 인척들과 상충, 복통과 같은 질병, 그리고 정부관리로서 임무를 성실히 수행하게 될 것이다.

4-5. 수성이 2번째 혹은 7번째 로드이면, 아내의 고충, 가족 일원의 죽음, 류머티즘이나 복통과 같은 질병에 걸릴 수도 있다. 이러한 흉악한 효과를 피하기 위해서는 비슈누 사하스라남을 낭송하는 방책을 쓸 수 있다.

· 수성/케투(11개월 27일)

6-8 ½. 케투가 길성들과 연관되었으며 라그나로부터 앵글이나 트라인에 있거나 혹은 케투가 라그나와 합치하였거나 요가 카라카와 합치하였으면, 신체적 피트니스, 작은 부의 취득, 인척들과 친밀한 관계, 소와 부의 증가, 산업의 수익, 교육 영역에서 성공, 이름과 명성의 취득, 명예, 왕과 경청, 왕과 만찬을 함께 함, 좋은 옷의 편안함 등의 효과를 경험할 것이다. 만약 케투가 다샤로드(수성)로부터 앵글이나 11번째에 있을 때도 같은 효과가 있을 것이다.

9-11. 케투가 흉성들과 합치하며 다샤로드(수성)로부터 8번째 혹은 12번째에 있을 때, 운송수단에서 떨어짐, 아들에게 고충, 왕으로 인한 위험, 사악한 행위들에 빠짐, 전갈 등으로 인한 위험, 낮은 일을 하는 사람들과 다툼, 슬픔, 질병 그리고 낮은 일을 하는 사람들과 어울리는 등의 경험을 할 것이다.

12. 케투가 2번째, 혹은 7번째의 로드이면, 신체적 고충이 있을 것이다. 이러한 흉악한 효과를 피하기 위해서는 염소를 기부하는 방책을 쓸 수 있다.

• 수성/금성(2년 10개월)

13-15. 금성이 앵글 11번째, 5번째 혹은 9번째 바바에 있으면, 수성의 다샤, 금성의 안타르 다샤에 종교적 의식을 치르는 경향. 왕과 친구들의 도움으로 인해 모든 야망의 충족. 농지의 취득 행복함 등의 효과가 나타날 것이다. 만약 금성이 다샤로드(수성)로부터 앵글 5번째, 9번째, 11번째에 있으면, 왕국의 취득, 부와 자산의 취득, 저수지 건설, 자선 행위들이나 종교적 의식들을 기꺼이 이행하며 상당한 부의 취득, 사업에서 이득을 보는 효과가 있을 것이다.

16-17 ½. 금성이 약하면서 다샤로드(수성)로부터 6번째, 8번째 혹은 12번째에 있으면, 심장병, 명예훼손, 고열, 쇠진증, 인척들과 이별, 신체적 고충과 괴로움 등의 결과가 있을 것이다.

18-19. 금성이 2번째 혹은 7번째 로드이면 조기 죽음의 두려움이 있을 것이다. 이러한 흉악한 결과를 피하기 위해서는 두르가 여신의 진언을 외는 방책을 쓸 수 있다.

• 수성/태양(10개월 6일)

20-22. 태양이 오운 라시, 고양의 라시에 있거나 앵글, 트라인, 2번째, 11번째 바바 혹은 고양의 나밤샤, 오운 나밤샤에 있으면, 왕의 은총으로 인한 행운의 도달, 친구들로 인한 행복 등의 효과가 나타날 것이다. 만약 태양이 화성의 어스펙트를 받고 있으면 토지의 취득이 있을 것이다. 그러한 태양이 라그나 로드의 어스펙트를 받고 있으면, 좋은 음식과 옷의 편안함을 누릴 것이다.

23-24. 태양이 라그나 혹은 다샤로드(수성)로부터 6번째, 8번째 혹은 12번째에 있으며 태양이 약하고 토성이나 화성, 라후와 연관이 되었으면, 도둑이나 화재, 무기들로 인한 두려움이나 위험, 담膽의 문제, 두통, 정신적 괴로움, 친구들과 이별 등의 결과가 있을 것이다. 만약 태양이 2번째, 혹은 7번째 로드이면 조기 죽음의 두려움이 있을 것이다. 이러한 흉악한 결과를 피하기 위해서는 태양의 경배를 올리는 방책을 쓸 수 있다.

• 수성/달(1년 5개월)

26-27. 달이 라그나로부터 앵글이나 트라인에 있거나 고양의 라시에 있거나 오운 라시에서 목성과 연관되었거나 어스펙트를 받고 있거나 달 자신이 요가 카라카인 경우에는 수성의 다샤, 달의 안타르 다샤에 길조적 효과들을 가져다 주는 요가가 아주 강해진다. 그래서 결혼이나 아들의 출생, 좋은 옷들이나 장식품 등을 얻게 될 것이다.

28-29 ½. 위에 언급한 여건들에서는 새 집의 건축, 달콤한 먹거리들이 널려 있음. 음악을 즐김. 사스트라(고전)의 공부, 남쪽으로 여행, 바다를 건너서 온 좋은 옷의 취득, 진주와 같은 보석의 취득 등의 결과들도 있을 것이다.

30-31 ½. 달이 취약의 라시, 혹은 적의 라시에 있으면 신체적 고충이 있을 것이다. 만약 달이 다샤로드(수성)로부터 앵글, 트라인, 3번째 혹은 11번째에 있으면, 안타르 다샤의 초반에 신성한 신전의 방문, 열정, 외국나라들로 인한 부의 획득 등이 있을 것이다.

32-33. 달이 약하면서, 다샤로드(수성)로부터 6번째, 8번째 혹은 12번째에 있을 때, 왕이나 화재, 도둑들로 인한 위험, 명예훼손이나 명예추락, 배우자로 인한 부의 상실, 농지나 소 파괴의 결과가 있을 것이다.

34-35. 달이 2번째, 혹은 7번째의 로드이면, 신체적 고충이 있을 것이다. 이러한 흉악한 결과를 피하고 수명을 연장하고 편안함을 되찾기 위해서는 두르가 여신의 은총을 받아야 한다. 여신의 진언을 지시 받은 대로 외우고 좋은 옷들을 기부하는 방책을 쓸 수 있다.

• 수성/화성(11개월 27일)

36-38 ½. 화성이 고양의 라시, 오운 라시에 있거나 라그나로부터 앵글이나 트라인에 있거나 로드와 연관되었으면, 수성의 다샤, 화성의 안타르 다샤에 왕의 은총으로 인해 가족들에게 전반적인 안녕과 즐거움, 자산의 증가, 잃었던 왕국의 회복, 아들의 출생, 만족함, 소나 운송수단, 농지의 획득, 배우자의 행복 등의 효과가 나타날 것이다.

39-40 ½. 화성이 8번째 혹은 12번째 바바에 있으면서 흉성들과 연관되었거나 어스펙트를 받고 있으면, 신체적 고충, 정신적 괴로움, 산업 벤처들에 장애, 부의 상실, 통풍, 상처로 인한 고충, 무기나 고열의 위험 등의 결과가 있을 것이다.

41-42. 화성이 다샤로드(수성)로부터 앵글, 트라인, 11번째에 있으면서 길성들의 어스펙트를 받고 있으면, 부의 취득, 신체적 지복, 아들의 출생, 좋은 평판, 친척들과 친밀한 관계 등의 효과가 있을 것이다.

43-44. 화성이 다샤로드(수성)로부터 8번째, 혹은 12번째에 있으면서 흉성들과 연관되었으면 안타르 다샤 초반에는 고충, 인척들로 인한 위험, 왕의 분노, 화재, 아들과 상충, 지위의 상실이 있을 것이다. 안타르 다샤의 중반에는 향락의 즐거움과 부의 취득이 있을 것이며 후반에 왕으로 인한 위험, 지위의 상실이 있을 것이다.

45-46. 화성이 2번째, 혹은 7번째의 로드이면 조기 죽음의 두려움이 있을 것이다. 이러한 흉악한 결과를 피하기 위해서는 므리툰자야 진언을 외고 소를 기부하는 방책을 쓸 수 있다.

• 수성/라후(2년 6개월 18일)

47-49. 라후가 라그나로부터 앵글이나 트라인에 있거나 산양, 물병, 처녀 혹은 황소 라시에

있으면, 수성의 다샤, 라후의 안타르 다샤에 왕으로부터 존중, 좋은 평판, 부의 취득, 신성한 신전으로 방문, 종교적 희생 의식이나 헌납의 이행, 인정, 좋은 옷의 취득 등의 효과가 나타날 것이다.

50. 안타르 다샤의 초반에는 약간의 흉악한 효과가 있을 것이나 나중에는 모든 것이 괜찮을 것이다.

51. 라후가 3번째, 8번째, 10번째 혹은 11번째 바바에 있으면, 왕과 대화나 미팅을 할 기회가 있을 것이다. 이러한 위치에서, 라후가 길성과 연관되었으면, 새로운 왕을 방문하게 될 것이다.

52-53. 라후가 흉성들과 연관되었으며 다샤로드(수성)로부터 8번째, 혹은 12번째에 있으면, 정부관리로서 과로의 압박에 시달리며 지위의 상실, 두려움, 감옥살이, 질병, 본인이나 인척들에게 괴로움, 심장병, 좋은 평판과 부의 상실의 결과가 있을 것이다.

54-55. 라후가 2번째 혹은 6번째 바바에 있으면, 조기 죽음의 두려움이 있을 것이다. 이러한 흉악한 결과를 피하기 위해서는 두르가 여신과 락시미 여신의 진언들을 지시 받은 대로 외며 황갈색의 소나 암물소를 기부하는 방책을 쓸 수 있다.

• 수성/목성(2년 3개월 6일)

56-58. 목성이 앵글, 트라인 혹은 11번째 바바에 있거나 고양의 라시, 오운 라시에 있으면, 수성의 다샤, 목성의 안타르 다샤에 신체적 지복, 부의 취득, 왕의 은총, 결혼 등과 같은 길조적인 일, 달콤한 먹거리들이 널려 있음, 소의 부 증대, 푸라나(종교적 고서) 강의를 경청, 신들이나 스승들에 헌신, 종교에 자선 행위 등에 대한 관심, 로드 쉬바 등에 경배를 올리는 효과가 있을 것이다.

59-61. 목성이 취약의 라시에 있거나 컴바스트를 했거나 6번째, 8번째 혹은 12번째 바바에 있거나 토성이나 화성과 연관이 되었거나 어스펙트를 받는 경우, 왕과 인척들과의 불화, 도둑 등으로 인한 위험, 부모님의 죽음, 정부로부터 징벌, 부의 상실, 뱀이나 독으로 인한 위험, 농산물, 토지 등의 상실과 같은 결과가 있을 것이다.

62-63 ½. 목성이 다샤로드(수성)로부터 앵글, 트라인, 11번째에 있고 저력을 갖추었으면, 인척들과 본인의 아들로 인한 행복, 열정, 부의 증가, 이름과 명성, 곡식 등을 기부하게 될 것이다.

64-64 ½. 목성이 약하고 목성이 다샤로드(수성)로부터 6번째, 8번째, 혹은 12번째에 있으면, 괴로움, 불안정함, 질병의 위험, 배우자와 인척들과의 상충, 왕의 분노, 다툼, 부의 상실, 브라민들로 인한 위험 등의 결과가 있을 것이다.

65-66. 목성이 2번째, 7번째 로드이거나 목성이 2번째 혹은 7번째 바바에 있을 때, 신체적 고충이 있을 것이다. 이러한 흉악한 결과를 피하기 위해서는 쉬바 사하스라남을 낭송하고 소와 금을 기부하는 방책을 쓸 수 있다.

· 수성/토성(2년 8개월 9일)

67-68 ½. 토성이 고양의 라시, 오운 라시에 있거나 앵글, 트라인 혹은 11번째 바바에 있으면, 수성의 다샤, 토성의 안타르 다샤에 가족의 안녕, 왕국의 취득, 열정, 소의 부가 증가, 지위의 취득, 신성한 신전들을 방문하는 등의 효과가 나타날 것이다.

69-70 ½. 토성이 다샤로드(수성)으로부터 8번째, 혹은 12번째에 있으면, 적들로 인한 위험, 배우자와 자녀들의 고충, 정신적 능력의 상실, 인척들의 상실, 벤처들의 손실, 정신적 괴로움, 외국 땅을 여행, 나쁜 꿈 등의 결과가 있을 것이다.

71-72. 토성이 2번째 로드, 혹은 7번째 로드이면 조기 죽음의 두려움이 있을 것이다. 이러한 흉악한 결과를 피하고 좋은 건강을 회복하기 위해서는 므리툰자야 진언을 외고 검은 소나 암물소를 기부하는 방책을 쓸 수 있다.

· 케투/케투(4개월 27일)

1-2 ½. 케투가 라그나로부터 앵글이나 트라인에 있거나 혹은 케투가 9번째 로드, 10번째 로드, 혹은 4번째 로드와 연관되었으면, 케투의 다샤, 케투의 안타르 다샤에 배우자와 자녀들로 인한 행복, 왕으로부터 인정, 그러나 정신적 괴로움, 토지와 마을 등의 획득 등의 효과가 나타날 것이다.

3-4. 케투가 취약의 라시에 있거나 컴바스트를 한 그라하와 8번째 혹은 12번째 바바에 있으면, 심장병, 명예훼손, 부와 소의 파괴, 배우자와 자녀들에 고충, 마음의 불안정함 등의 결과가 있을 것이다.

5-6. 케투가 2번째 로드, 혹은 7번째 로드와 연관되었거나 혹은 케투가 2번째, 7번째 바바에 있으면, 질병의 위험, 상당한 고충, 그리고 인척들과 이별 등이 있을 것이다. 이러한 흉악한 결과를 피하기 위해서는 두르카 삽타샤티 진언과 므리툰자야 진언을 외는 방책을 쓸 수 있다.

· 케투/금성(1년 2개월)

7-9 ½. 금성이 고양의 라시, 오운 라시에 있거나 앵글이나 트라인에 있으면서 10번째 로드와 연관되었으면, 이러한 여건들이 9번째 로드와 연관된 경우에도, 케투의 다샤, 금성의 안타르 다샤에 왕의 은총, 좋은 행운, 좋은 옷들 등의 취득, 잃었던 왕국의 회복, 운송수단 등의 편안함,

신성한 신전 방문, 왕의 은총으로 토지나 마을들을 취득하는 효과가 있을 것이다.

10-11. 금성이 다샤로드(케투)로부터 앵글, 트라인, 3번째 혹은 11번째에 있을 때, 좋은 건강, 가족의 안녕, 좋은 음식과 운송수단의 취득 등의 결과가 있을 것이다.

12-14. 금성이 다샤로드(케투)로부터 6번째, 8번째 혹은 12번째에 있으면, 아무런 이유도 없이 다툼, 소나 부의 상실, 고충 등이 있을 것이다. 만약 금성이 취약의 라시에 있거나 금성이 취약한 행성과 연관되었거나 혹은 금성이 6번째, 8번째 바바에 있는 경우 인척들과 다툼, 두통, 눈에 문제들, 심장병, 명예훼손, 부의 상실, 소들과 배우자의 고충 등이 있을 것이다.

15. 금성이 2번째 로드, 혹은 7번째 로드이면, 신체적 괴로움과 정신적 괴로움이 있을 것이다. 이러한 흉악한 결과를 피하기 위해서는 두르가(Durga) 파트를 이행하고 황갈색 소나 암물소를 기부하는 방책을 쓸 수 있다.

• 케투/태양(4개월 6일)

16-17. 태양이 고양의 라시, 오운 라시에 있거나 태양이 앵글이나 트라인, 11번째 바바에 있으면서 길성과 연관이 되었거나 어스펙트를 받고 있으면, 케투의 다샤, 태양의 안타르 다샤에 부의 획득, 왕의 은총, 정의로운 행위들의 이행, 모든 야망들의 충족 등의 효과가 있을 것이다.

18-19 ½. 태양이 흉성이나 흉성들과 8번째, 혹은 12번째 바바에서 연관이 되었으면, 왕으로 인한 위험, 부모님과의 이별, 외국 여행, 도둑, 뱀 그리고 독으로 인한 고충, 정부의 징벌, 친구들과 상충, 슬픔, 고열로 인한 위험 등의 결과가 있을 것이다.

20-21. 태양이 다샤로드(케투)로부터 앵글, 트라인, 2번째 혹은 11번째에 있으면, 건강한 신체, 부의 획득이나 아들의 출생, 정의로운 행위들을 이행하는 데 성공하며 작은 마을의 지도자가 되는 등의 효과가 있을 것이다.

22-24. 태양이 다샤로드(케투)로부터 8번째 혹은 12번째에서 흉성들과 연관이 되었으면, 먹을 음식을 얻는 데 장애가 있으며 두려움, 부와 소 상실 등의 결과가 있을 것이다. 안타르 다샤의 초반에는 고충이 있지만 후반에는 어느 정도 조정이 될 것이다. 만약 태양이 2번째, 혹은 7번째 로드이면 조기 죽음의 두려움이 있을 것이다. 이러한 흉악한 결과를 피하고 편안함을 회복하기 위해서는 태양의 은총을 받아야 하며 소와 금을 기부하는 방책을 쓸 수 있다.

• 케투/달(7개월)

25-28. 달이 고양의 라시, 오운 라시, 앵글이나 트라인, 11번째 바바 혹은 2번째 바바에 있으면, 케투의 다샤, 달의 안타르 다샤에 왕으로부터 인정받음, 열정, 안녕함, 향락의 즐거움, 비정상적일

정도로 상당한 집이나 토지, 음식이나 좋은 옷, 운송수단, 소 등을 획득한다. 사업의 성공, 댐 건축, 배우자나 자녀들의 행복 등의 효과가 나타날 것이다. 만약 달이 보름달이면 이처럼 길조적인 결과가 완전하게 실현될 것이다.

29-30. 달이 취약의 라시에 있거나 6번째, 8번째, 혹은 12번째 바바에 있으면, 불행, 정신적 괴로움, 벤처에 장애가 옴, 부모님과 이별, 사업의 손실, 소 등의 파괴와 같은 일들이 있을 것이다.

31-33. 달이 다샤로드(케투)로부터 앵글, 트라인 혹은 11번째에 있으며 달이 저력을 갖추었을 때, 소나 소들, 토지 농지들의 획득, 인척들과 미팅, 그리고 그들을 통해 성공을 성취, 우유와 요구르트의 증가 등의 효과가 있을 것이다. 안타르 다샤 초반에는 길조적 효과가 있을 것이며 중반에는 왕과 우호적 관계를 맺을 것이며 후반에는 왕으로 인한 위험, 외국 여행 혹은 먼 땅으로 여행들을 하게 될 것이다.

34-36. 달이 다샤로드(케투)로부터 6번째, 8번째, 12번째에 있으면, 부의 상실, 불안정함, 인척들과 적의 관계, 형제에게 고충 등을 경험하게 될 것이다. 만약 달이 2번째 로드, 혹은 7번째 로드이면 조기 죽음의 두려움이 있을 것이다. 이러한 흉악한 결과를 피하기 위해서는 달의 만트라를 외면하거나 달과 연관된 것들을 기부하는 방책을 쓸 수 있다. (다른 행성의 다샤에 달의 안타르 다샤 효과들을 참조.)

• 케투/화성(4개월 27일)

37-39. 화성이 고양의 라시, 오운 라시에 있거나 길성들과 연관되었거나 화성이 길성들의 어스펙트를 받고 있으면, 케투의 다샤, 화성의 안타르 다샤에 토지 마을 등의 획득, 부와 소의 증가, 새로운 정원을 꾸밈, 왕의 은총으로 인해 부를 얻는 효과가 나타날 것이다. 만약 화성이 9번째 로드나 10번째 로드와 연관되었으면, 토지의 획득과 향락의 즐거움이 확실하게 있을 것이다.

40. 화성이 다샤로드(케투)로부터 앵글, 트라인, 3번째 혹은 11번째에 있으면, 왕으로부터 인정, 상당한 인기와 평판, 자녀들과 친구들로 인한 행복 등이 있을 것이다.

41-42. 화성이 다샤로드(케투)로부터 8번째, 12번째, 혹은 2번째에 있으면, 죽음의 두려움, 외국여행 중에 재난 당할 두려움, 당뇨병, 불필요한 어려움, 도둑과 왕으로 인한 위험, 다툼 등이 있을 것이다. 이러한 흉악한 여건 중에서도 어느 정도 길조적인 효과들도 있을 것이다.

43-44. 화성이 2번째 로드, 혹은 7번째 로드이면, 고열, 독으로 인한 위험, 배우자의 고충, 정신적 괴로움, 조기 죽음의 두려움 등의 결과가 있을 것이다. 이러한 흉악한 결과를 피하기 위해서는 소를 기부하여 화성의 은총을 얻는 방책을 쓸 수 있다.

- 케투/라후(1년 18일)

45-47. 라후가 고양의 라시, 오운 라시, 친구의 라시, 앵글, 트라인, 11번째, 3번째, 2번째에 있으면, 케투의 다샤, 라후의 안타르 다샤에 부의 증가, 부와 곡식들의 증가, 야바나(Yavana)왕으로 인해 소들, 토지들, 마을들을 얻는 효과가 나타날 것이다. 안타르 다샤의 초반에는 어느 정도 어려움이 있으나 나중에는 모든 것이 괜찮아 질 것이다.

48-50. 라후가 흉성들과 연관되어 8번째, 혹은 12번째 바바에 있으면, 잦은 소변, 신체적 쇠약, 냉열, 도둑으로 인한 위험, 간헐적인 열, 오명, 다툼, 당뇨병, 복통 등을 겪게 될 것이다. 만약 라후가 2번째 혹은 7번째 바바에 있으면, 고충과 위험이 있을 것이다. 이러한 흉악한 결과를 피하기 위해서는 두르가 샵타샤티 파트를 낭송하는 방책을 쓸 수 있다.

- 케투/목성(11개월 6일)

51-54. 목성이 고양의 라시, 오운 라시에 있거나 라그나 로드, 9번째 로드 혹은 10번째 로드와 연관되어 라그나로부터 앵글이나 트라인에 있으면, 케투의 다샤, 목성의 안타르 다샤에 부와 곡식의 획득, 왕의 은총, 열정, 운송수단 등의 취득, 집안에 아들의 출생 등과 같은 경사, 정의로운 행동의 이행, 야기야(제의식)를 치름, 적들을 정복하며 향락의 즐거움을 느낄 수 있을 것이다.

55-56. 목성이 취약의 라시, 6번째, 8번째 혹은 12번째 바바에 있으면, 도둑, 뱀, 상처들로 인한 위험, 아내와 자녀들과 이별, 신체적 고충 등의 결과가 있을 것이다. 안타르 다샤 초반에는 어느 정도 좋은 효과가 있을 것이나 후반에는 나쁜 결과들만 있을 것이다.

57-58 ½. 목성이 길성과 연관되어 다샤로드(케투)로부터 앵글, 트라인, 3번째 혹은 11번째에 있으면, 다양한 종류의 훌륭한 옷들, 왕의 은총으로 장식품을 얻음, 외국 여행, 인척들을 돌봐 줌, 좋은 음식들이 널려 있는 효과가 있을 것이다.

59-60. 목성이 2번째 로드, 혹은 7번째 로드이면 조기 죽음의 두려움이 있을 것이다. 이러한 흉악한 결과를 피하기 위해서는 므리툰자야 진언, 쉬바 사하스라남을 낭송하는 방책을 쓸 수 있다.

- 케투/토성(1년 1개월 9일)

61-62. 토성이 저력이나 품위가 없으면, 케투의 다샤, 토성의 안타르 다샤에 본인과 인척들에게 고충, 소의 부 증가, 정부에서 받은 벌금형으로 인해 부의 상실, 현 지위에서 사직, 외국 땅으로 여행, 그리고 여행 중에 도둑의 위험 등을 경험하게 될 것이다. 만약 토성이 8번째, 혹은 12번째 바바에 있으면, 부의 상실과 게으름을 겪게 될 것이다.

63-65. 토성이 물고기 라시에서 트라인에 있거나 천칭 라시에 있거나 오운 라시에 있거나 혹은 토성이 길조적 나밤샤에 있거나 혹은 길성과 연관되어 앵글, 트라인, 혹은 3번째 바바에 있으면, 모든 벤처들이 성공하며 고용주로 인한 행복, 여행 중에 편안함, 행복의 증진, 그리고 본인의 마을에서 자신이 늘어나며 왕과의 경청 등의 결과가 있을 것이다.

67-68. 토성이 흉성과 연관되어, 다샤로드(케투)로부터 6번째, 8번째 혹은 12번째에 있으면, 신체적 고충, 괴로움, 벤처들에 장애물들, 게으름, 명예훼손, 부모님의 죽음 등이 있을 것이다. 만약 토성이 2번째 로드, 혹은 7번째 로드이면, 조기 죽음의 두려움이 있을 것이다. 이러한 흉악한 결과를 피하기 위해서는 깨 씨앗으로 하반(제의식)을 치르며 검은 소나 암물소를 기부하는 방책을 쓸 수 있다.

• 케투/수성(11개월 27일)

69-71. 수성이 라그나로부터 앵글이나 트라인에 있거나 고양의 라시 혹은 오운 라시에 있으며 케투의 다샤, 수성의 안타르 다샤에 왕국의 획득, 향락의 즐거움, 자선 행위들, 부와 토지의 취득, 아들의 출생, 종교적 행사를 치름, 갑작스러운 결혼 파티, 가족의 안녕, 좋은 옷이나 장식품 취득의 효과가 있을 것이다.

72. 수성이 9번째 로드나 10번째 로드와 연관되었으면, 배움이 많은 이들과 인연, 행운의 도달, 종교적 강의를 경청하는 등의 효과가 있을 것이다.

73-74 ½. 수성이 토성이나 화성 혹은 라후와 연관되어 6번째, 8번째, 혹은 12번째 바바에 있으면, 정부 관리들과 상충, 다른 사람들 집에서 지냄, 부와 좋은 옷들, 운송수단, 소의 파괴와 같은 효과가 있을 것이다. 안타르 다샤의 초반에는 어느 정도 길조적 효과가 있을 것이며 중반에는 좀 더 나은 효과가 있을 것이나 후반에는 흉조적 결과가 있을 것이다.

75-76. 수성이 다샤로드(케투)로부터 앵글, 트라인, 혹은 11번째에 있으면, 좋은 건강, 아들로 인한 행복, 풍요로움과 영광, 좋은 음식과 옷이 널려 있음, 사업에서 비성상적일 정도로 이득을 보는 등의 효과가 있을 것이다.

77-79. 수성이 약하면서 다샤로드(케투)로부터 6번째, 8번째, 혹은 12번째에 있으면, 아내와 자녀들로 인한 고충, 불행, 어려움이 있으며 왕으로 인한 위험이 안타르 다샤 초반에 있을 수 있다. 그러나 중반에는 신성한 장소들로 방문하게 될 것이다. 만약 수성이 2번째 로드, 혹은 7번째 로드이면, 조기 죽음의 두려움이 있을 것이다. 이러한 흉악한 결과를 피하기 위해서는 비슈누 사하스라남을 낭송하는 방책을 쓸 수 있다.

· 금성/금성(3년 4개월)

1-2 ½. 금성이 앵글, 트라인 혹은 11번째 바바에 있으면서 저력을 갖추었으면, 금성의 다샤, 금성의 안타르 다샤에 부와 소들 등의 획득, 아들의 출생과 연관된 축하파티, 왕으로부터 인정받음, 왕국의 획득 등의 효과가 있을 것이다.

3-6. 금성이 고양의 라시, 오운 라시에 있거나 금성이 고양의 나밤샤, 오운 나밤샤에 있으면, 새 집의 건축, 달콤한 먹거리들이 널려 있음, 배우자와 자녀들에게 행복, 친구와 좋은 관계, 곡식 등을 기부함, 왕의 은총, 좋은 옷들, 운송수단, 장식품 등의 획득, 사업의 성공, 소의 수 증가, 서쪽 방향으로 여행하여 좋은 옷을 획득하는 등의 결과가 있을 것이다.

7-8. 금성이 길성과 연관되었거나 어스펙트를 받으면서, 친구의 나밤사, 3번째, 6번째, 혹은 11번째 바바에 있으면, 왕국의 획득, 열정, 왕의 은총, 가족의 안녕, 배우자와 자녀들의 수, 그리고 부가 증가하게 될 것이다.

9-10. 금성이 흉성과 연관되었거나 어스펙트를 받으면서 6번째, 8번째, 혹은 12번째 바바에 있으면, 도둑으로 인한 위험, 정부 관리들과 상충, 친구들과 인척들의 파괴, 배우자와 자녀들의 고충 등이 있을 수 있다.

11. 금성이 2번째 로드, 혹은 7번째 로드이면, 죽음의 두려움이 있을 것이다. 이러한 흉악한 결과를 피하기 위해서는 두르가 파트를 행하고 소를 기부하는 방책을 쓸 수 있다.

· 금성/태양(1년)

12. 태양이 고양의 라시, 혹은 취약의 라시에 있지 않는 한, 금성의 다샤, 태양의 안타르 다샤에 괴로움의 기간, 왕의 분노, 공동 상속인과 다툼 등이 있을 것이다.

13-15. 태양이 고양의 라시, 오운 라시에 있거나 라그나로부터 앵글이나 트라인, 2번째 혹은 11번째 바바에 있거나 다샤로드(금성)로부터 앵글이나 트라인, 2번째, 혹은 11번째 바바에 있으면, 왕국의 취득, 부, 배우자와 자녀들로 인한 행복, 고용주로 인한 행복, 친구들과 미팅, 부모님으로 인한 행복, 결혼, 이름과 명성, 행운의 증가, 아들의 출생 등의 효과가 있을 것이다.

16-18. 태양이 6번째, 8번째 혹은 12번째 바바에 있거나 취약의 라시 혹은 적의 라시에 있으면 고충(가족 일원들의 고충 및 집이 위험), 괴로움, 거친 말투, 인척의 상실, 왕의 분노, 많은 질병, 농수산물 파괴 등의 결과가 있을 것이다.

19-20. 태양이 2번째 로드, 혹은 7번째 로드이면, 사악한 영향들이 있을 것이다. 이러한 흉악한 결과를 피하기 위해서는 태양의 경배를 올리는 방책을 쓸 수 있다.

· 금성/달(1년 8개월)

21-22. 달이 고양의 라시, 오운 라시에 있거나 9번째 로드, 길성 혹은 10번째 로드와 연관되었거나 앵글이나 트라인, 혹은 11번째 바바에 있으면, 금성의 다샤, 달의 안타르 다샤에 왕의 은총으로 인한 부, 운송수단, 좋은 옷 등의 획득, 상당한 풍요로움과 영광, 신들과 브라민들에게 헌신 등의 효과가 있을 것이다.

23-23 ½. 위의 여건에서, 뮤지션들이나 배움이 깊은 이들과 인연, 장식을 받음, 소들과 물소들, 그리고 다른 가축들의 획득, 사업에서 비정상적일 정도로 이득을 봄, 형제들과의 만찬 등의 효과가 있을 것이다.

24-26 ½. 달이 취약의 라시에 있거나 컴바스트를 했거나 6번째, 8번째, 혹은 12번째 바바에 있거나, 달이 다샤로드(금성)로부터 6번째, 8번째, 12번째에 있는 경우 부의 상실, 두려움, 신체적 고충, 괴로움, 왕의 분노, 외국 땅으로 여행을 하거나 성지순례, 배우자와 자녀들에게 고충, 인척들과 이별, 등의 결과가 있을 것이다.

27-29. 달이 다샤로드(금성)로부터 앵글이나 트라인, 3번째 혹은 11번째에 있으면, 왕의 은총으로 인해 면이나 마을의 장이 되며 좋은 옷, 댐 건축, 부의 증가 등의 효과가 있을 것이다. 안타르 다샤의 초반에는 신체적 건강이 있으나 후반에는 신체적 고충이 있을 것이다.

· 금성/화성(1년 2개월)

30-31. 화성이 앵글이나 트라인, 혹은 11번째 바바에 있거나 고양의 라시에 있거나 오운 라시에 있거나 화성이 라그나 로드, 9번째 로드 혹은 10번째 로드와 연관된 경우, 왕국의 획득, 자산, 좋은 옷, 토지, 원하는 물건 등을 취득하는 효과가 있을 것이다.

32-34. 화성이 6번째, 8번째 혹은 12번째 바바에 있거나 다샤로드(금성)로부터 6번째, 8번째 혹은 12번째에 있는 경우, 감기로 인한 고열, 부모님에게 열병과 같은 질병, 지위의 상실, 다툼, 왕과 정부 관리들과 상충, 과잉 비용 등이 있을 것이다.

35. 화성이 2번째 로드, 혹은 7번째 로드이면, 신체적 고충, 직업의 상실, 마을이나 토지 등의 상실과 같은 결과가 있을 것이다.

· 금성/라후(3년)

36-37. 라후가 앵글, 트라인, 11번째 바바에 있거나 고양의 라시, 오운 라시에 혹은 길성과 연관되었거나 어스펙트를 받고 있으면, 금성의 다샤, 라후의 안타르 다샤에 상당한 향락의 즐거움, 부의 획득, 친구들의 방문, 성공적인 여행, 소와 토지 등의 획득 같은 효과가 있을 것이다.

38-39. 라후가 3번째, 6번째, 10번째 혹은 11번째 바바에 있으면, 향락의 즐거움, 적들의 파괴, 왕의 은총과 같은 결과가 있을 것이다. 안타르 다샤 초반의 5개월은 좋은 효과를 경험할 것이다. 그러나 다샤의 후반에는 고열과 소화불량으로 인한 위험이 있을 것이다.

40-41 ½. 위의 여건들에서, 벤처들이나 여행에서의 장애나 걱정을 제외하곤, 마치 왕처럼 온갖 향락의 즐거움을 느낄 것이다. 외국 여행은 성공을 가져올 것이며 본인은 고향으로 안전하게 돌아올 것이다. 또한 브라민들의 은총으로 신성한 장소들을 방문하게 되며 길조적인 효과들을 가져올 것이다.

42-44. 라후가 흉성과 연관되어 다샤로드(금성)로부터 8번째, 혹은 12번째에 있으면, 본인과 부모님에게 흉조적인 효과들, 그리고 사람들과 상충하게 될 것이다. 만약 라후가 2번째, 혹은 7번째 로드이면, 신체적 고충이 있을 것이다. 이러한 흉악한 결과를 피하기 위해서는 므리툰자야 진언을 외는 방책을 쓸 수 있다.

· 금성/목성(2년 8개월)

45-48. 목성이 고양의 라시, 오운 라시에 있거나 라그나 혹은 다샤로드(금성)로부터 앵글이나 트라인에 있으면, 금성의 다샤. 목성의 안타르 다샤에 잃었던 왕국의 회복, 원하는 곡식이나 좋은 옷들, 자산 등의 획득, 본인의 친구와 왕에게 존중 받음, 부의 취득, 왕으로부터 인정, 좋은 평판, 운송수단 취득, 고용주와 배움이 깊은 사람들과 인연, 샤스트라(고전들)의 공부를 부지런히 함, 아들의 출생, 만족, 가까운 친구들 방문, 부모님과 아들의 행복 등의 효과가 나타날 것이다.

49-50. 목성이 다샤로드(금성)로부터 6번째, 8번째, 12번째에 있으면, 왕으로 인한 위험, 도둑으로 인한 위험, 본인과 인척들에게 고충, 다툼, 정신적 괴로움, 지위의 상실, 외국 땅으로 떠남, 많은 종류의 질병에 걸릴 위험, 등의 결과가 있을 것이다.

51. 목성이 2번째 로드, 혹은 7번째 로드이면 신체적 고충이 있을 것이다. 이러한 흉악한 결과를 피하기 위해서는 므리툰자야 진언을 외는 방책을 쓸 수 있다.

· 금성/토성(3년 2개월)

52-54. 토성이 고양의 라시, 오운 라시에 있거나 앵글, 트라인 혹은 오운 나밤사에 있으면, 금성의 다샤. 토성의 안타르 다샤에 상당한 향락의 즐거움, 친구들과 인척의 방문, 왕으로부터 인정받음, 딸의 출생, 신성한 장소들과 신성한 신전을 방문함, 왕에게 권위적 지위를 받는 효과 등이 있을 것이다.

55-57. 토성이 취약의 라시에 있으면, 게으름 그리고 수입보다 지출이 더 많을 것이다. 토성이 8번째, 11번째, 혹은 12번째 바바에 있거나 다샤로드(금성)로부터 8번째, 11번째, 혹은 12번째에 있으면, 안타르 다샤의 초반에 부모님이나 배우자, 자녀들에게 스트레스, 외국 땅으로 떠남, 지위의 상실, 소의 파괴 등과 같은 많은 고충과 어려움이 있을 것이다. 만약 토성이 2번째 로드, 혹은 7번째 로드이면, 신체적 고충이 있을 것이다.

58-59. 이러한 흉악한 결과를 피하기 위해서는 깨 씨앗으로 하반(제의식)을 치르며 므리툰자야 진언, 두르가 삽타샤티 파트를 외우는 방책을 쓸 수 있다.

· 금성/수성(2년 19개월)

60-62. 수성이 앵글, 트라인 혹은 11번째 바바에 있거나 고양의 라시, 오운 라시에 있으면, 금성의 다샤, 수성의 안타르 다샤에 행운의 도달, 아들의 출생, 법원의 판결로 인한 부의 획득, 푸라나(고전) 이야기를 경청, 시를 잘 짓는 사람들 등과 인연, 가까운 친구들의 방문, 고용주로 인한 행복, 달콤한 먹거리들이 널려 있음, 등의 효과가 있을 것이다.

63-65. 수성이 다샤로드(금성)로부터 6번째, 8번째, 12번째에 있거나 수성이 약하거나 흉성과 연관되었으면, 괴로움, 소의 상실, 다른 사람들 집에서 거주, 사업의 손실 등이 있을 것이다. 안타르 다샤의 초반에는 어느 정도 좋은 효과가 있을 것이다. 중반에는 평균적이며 안타르 다샤 후반에는 열로 인한 고충 등이 있을 것이다.

66. 수성이 2번째 로드 혹은 7번째 로드이면, 신체적 고충이 있을 것이다. 이러한 흉악한 결과를 피하기 위해서는 비슈누 사하스라남을 낭송하는 방책을 쓸 수 있다.

· 금성/케투(1년 2개월)

67-68. 케투가 고양의 라시, 오운 라시에 있거나 요가 카라카 행성과 연관되었거나 디그발라(Dig Bala, 위치적 힘)를 가졌으면, 금성의 다샤, 케투의 안타르 다샤에 달콤한 먹거리들이 널려 있으며 직업에서 비정상적일 정도로 이득을 보며 소의 부가 증가하는 등의 길조적 효과가 있을 것이다.

69-69 ½. 위의 여건들에서 안타르 다샤의 후반에는 전쟁에서 분명히 승리를 거두게 될 것이다. 안타르 다샤 중반에는 평균적 결과를 경험할 것이며 가끔씩 스트레스를 받을 것이다.

70-72. 케투가 다샤로드(금성)로부터 8번째, 혹은 12번째에 있거나 흉성과 연관되었으면, 뱀, 도둑, 상처로 인한 위험, 사고력의 상실, 두통, 괴로움, 아무런 원인도 이유도 없이 다툼, 지나친 비용, 배우자와 자녀들과의 상충, 외국으로 떠남, 벤처의 손실 등이 있을 것이다.

73-74. 케투가 2번째, 혹은 7번째의 로드이면, 신체적 고충이 있을 것이다. 이러한 흉악한 결과를 피하기 위해서는 므리툰쟈야 진언을 외고 염소를 기부하는 방책을 쓸 수 있다. 금성을 경배하는 방책도 역시 이로울 것이다.

▨ 프라얀타르 다샤(3번째 레벨)들의 효과들

• 태양의 안타르 다샤에서 프라얀타르 다샤

2. 태양 – 태양 : 다른 사람들과 언쟁, 부의 상실, 배우자에게 고충, 두통 등은 보편적인 것들이다.

> **역자주** 태양이 트라인에 있거나 길조적인 바바의 로드이거나 혹은 길조적 바가(Varga)에서 길조적 바바에 위치하고 있는 경우에는 위와 같은 길조적이지 못한 효과가 나타나지 않을 것이다. 모든 다른 프라얀타르 다샤들의 효과들도 이런 방식으로 판단해야 한다.

3. 태양 – 달 : 흥분, 다툼, 부의 상실, 정신적 괴로움 등.
4. 태양 – 화성 : 왕과 무기들로 인한 위험, 감옥살이, 적들과 화재로 인한 고충.
5. 태양 – 라후 : 담, 가래의 불균형, 무기로 인한 위험, 부의 상실, 왕국의 파괴 그리고 정신적 괴로움.
6. 태양 – 목성 : 승리, 부의 증가, 금, 좋은 옷들, 운송수단 등의 취득.
7. 태양 – 토성 : 부의 상실, 소의 고충, 흥분, 질병, 등.
8. 태양 – 수성 : 인척들과 친밀한 관계, 좋은 음식들이 널려 있음, 부의 취득, 종교적인 마음자세, 왕으로부터 존중.
9. 태양 – 케투 : 생명의 위험, 부의 상실, 왕으로 인한 위험, 적들과 어려움.
10. 태양 – 금성 : 중간 정도의 효과 혹은 어느 정도 부의 취득이 있을 수도 있음

• 달의 안타르 다샤에서 프라얀타르 다샤 효과

11. 달 – 달 : 토지와 부, 재산의 획득, 왕으로부터 존중, 달콤한 먹거리들이 널려 있음.
12. 달 – 화성 : 지혜와 신중함, 사람들로부터 존중 받음, 부의 증가, 인척들과 향락의 즐거움 그러나 적으로부터 위험이 있을 것임.
13. 달 – 라후 : 안녕함, 왕으로 인한 부의 증가, 라후가 흉성과 합치하였으면 죽음의 위험이 있음.
14. 달 – 목성 : 향락의 즐거움, 품위와 영광의 증가, 스승을 통해 지식 획득, 왕국(정부의 높은 직위)의 획득, 보석 등의 취득.
15. 달 – 토성 : 통풍으로 인한 어려움, 부와 이름, 명성의 상실.

16. 달 – 수성 : 아들의 출생, 말과 다른 운송수단 획득, 교육에서의 성공, 진보, 하얗고 좋은 옷들과 곡식의 취득.

17. 달 – 케투 : 브라민들과 다툼, 조기 죽음의 두려움, 행복을 잃음, 전반적인 고충.

18. 달 – 금성 : 부의 획득, 향락의 즐거움, 딸의 출생, 달콤한 먹거리들이 널려 있음, 모든 사람들과 우호적인 관계.

19. 달 – 태양 : 행복, 곡식과 좋은 옷 취득, 모든 곳에서 승리를 거둠.

• 화성의 안타르 다샤에서 프라얀타르 다샤 효과

20. 화성 – 화성 : 적들로부터 위험, 다툼, 피의 질병으로 인한 조기 죽음의 위험.

21. 화성 – 라후 : 부와 왕국의 파괴, 맛이 없는 음식, 적들과 다툼.

22. 화성 – 목성 : 이지의 상실, 고충, 자녀들에게 슬픔, 조기 죽음의 두려움, 태만함, 다툼, 어떤 야망도 충족되지 않음.

23. 화성 – 토성 : 고용주의 파괴, 고충, 부의 상실, 적들로부터 위험, 불안정성, 다툼 그리고 슬픔.

24. 화성 – 수성 : 이지의 상실, 부의 상실, 고열, 곡식, 좋은 옷 그리고 친구의 상실.

25. 화성 – 케투 : 질병으로 인한 고충, 게으름, 조기 죽음, 왕과 무기들로 인한 죽음.

26. 화성 – 금성 : 찬달(Chandal, 낮은 계층)로 인한 고충, 슬픔, 왕과 무기들로 인한 위험, 쇠진증과 구토증.

27. 화성 – 태양 : 토지가 딸린 자산과 부의 증가, 만족함, 친구들의 방문, 두루두루 행복함.

28. 화성 – 달 : 서쪽 방향에서 하얗고 좋은 옷 등을 취득, 모든 벤처의 성공.

• 라후의 안타르 다샤에서 프라얀타르 다샤 효과

29. 라후 – 라후 : 감옥살이, 질병, 무기에 입은 상처의 위험.

30. 라후 – 목성 : 모든 곳에서 존중 받음, 코끼리와 같은 운송수단의 취득, 부의 취득.

31. 라후 – 토성 : 지독한 감옥살이, 향락의 즐거움을 잃음, 적들로부터 위험, 류머티즘에 걸림.

32. 라후 – 수성 : 모든 벤처들에서 비정상적일 정도의 이득을 봄, 배우자로 인한 이득.

33. 라후 – 케투 : 이지의 상실, 적들로 인한 위험, 장애물, 부의 상실, 다툼, 흥분.

34. 라후 – 금성 : 마녀로부터 위험, 왕으로부터 위험, 운송수단의 상실, 맛없는 음식들이 널려 있음, 배우자를 잃음, 집안에 슬픔.

35. 라후 – 태양 : 적들로 인한 위험, 고열들, 자녀들에 고충, 조기 죽음의 두려움, 태만함.

36. 라후 – 달 : 흥분, 다툼, 걱정, 좋은 평판의 상실, 두려움, 아버지의 고충.

37. 라후 – 화성 : 치질과 같은 항문 질병, 물리거나 혈독으로 인한 고충, 부의 상실, 흥분.

• 목성의 안타르 다샤에 프라얀타르 다샤 효과

38. 목성 – 목성 : 금의 취득, 부의 증가 등.

39. 목성 – 토성 : 토지, 운송수단 그리고 곡식의 증가.

40. 목성 – 수성 : 교육 영역에서 성공, 좋은 옷, 진주 등과 같은 보석의 취득, 친구들의 방문.

41. 목성 – 케투 : 물과 도둑들로 인한 위험.

42. 목성 – 금성 : 여러 종류들의 수입, 금, 좋은 옷, 장식품의 취득, 안녕함과 만족함.

43. 목성 – 태양 : 왕과 친구들, 부모님으로 인한 이득, 모든 곳에서 존중을 받음.

44. 목성 – 달 : 고충이 없음, 부와 운송수단의 취득, 벤처의 성공.

45. 목성 – 화성 : 무기들로 인한 고충, 항문의 고통, 복통, 소화불량, 적들로 인한 고충.

46. 목성 – 라후 : 낮은 계층의 사람들과 상충, 부의 상실과 그로 인한 고충.

• 토성의 안타르 다샤에 프라얀타르 다샤 효과

47. 토성 – 토성 : 신체적 고충, 다툼, 낮은 계층의 사람들로 인한 고충.

48. 토성 – 수성 : 이지의 상실, 다툼, 위험, 먹을 음식이 불안정한 것에 대한 걱정, 부의 상실, 적들로부터 위험.

49. 토성 – 케투 : 적의 군대에서 감옥살이, 생기를 잃음, 굶주림, 불안정성과 괴로움.

50. 토성 – 금성 : 야망의 충족, 가족의 안녕, 모든 벤처들의 성공과 이득을 봄.

51. 토성 – 태양 : 왕으로부터 권위적 지위를 부여 받음, 가족 간의 다툼, 고열.

52. 토성 – 달 : 지성의 개발, 큰 벤처들의 개시, 생기를 잃음, 과도한 비용, 많은 여자들과 어울림.

53. 토성 – 화성 : 용기의 상실, 아들의 고충, 화재와 적으로 인한 고충, 통풍과 풍으로 인한 고충.

54. 토성 – 라후 : 부와 좋은 옷들, 토지의 상실, 외국 땅으로 떠남, 죽음의 두려움.

55. 토성 – 목성 : 여자들 때문에 생긴 손실을 막을 수 없음, 다툼, 흥분.

• 수성의 안타르 다샤에 프라얀타르 다샤 효과

56. 수성 – 수성 : 지성, 교육, 부, 좋은 옷 등을 얻음.

57. 수성 – 케투 : 거친 음식, 복통, 눈에 문제가 있음, 통풍과 혈액 문제로 인한 고충.

58. 수성 – 금성 : 북쪽에서 이득을 봄, 소의 상실, 정부의 권위적 지위 획득.

59. 수성 – 태양 : 광채의 상실, 질병으로 인한 고충, 가슴의 고충.

60. 수성 – 달 : 결혼, 부와 자산의 획득, 딸의 출생, 두루두루 향락의 즐거움.

61. 수성 – 화성 : 종교적 정신 자세, 부의 증가, 화재와 적들로 인한 위험, 빨간 옷을 얻음, 무기로 인한 상처.

62. 수성 – 라후 : 다툼, 배우자와 다른 여자들로 인한 고충, 왕의 위협.

63. 수성 – 목성 : 왕국의 획득, 왕에게 권위적 지위를 부여 받거나 존중 받음, 교육, 지성.

64. 수성 – 토성 : 통풍과 풍으로 인한 고충, 몸에 상처들을 입음, 부의 상실.

• 케투의 안타르 다샤에 프라얀타르 다샤 효과

65. 케투 – 케투 : 갑작스러운 재난, 외국으로 떠남, 부의 상실

66. 케투 – 금성 : 외국 왕으로 인한 부의 상실, 눈에 문제가 있음, 두통, 소 상실.

67. 케투 – 태양 : 친구들과 상충, 조기 죽음, 패배, 언쟁을 주고받음.

68. 케투 – 달 : 곡식들의 상실, 신체적 고충, 오해, 쇠진증.

69. 케투 – 화성 : 무기로 인한 상처, 화재로 인한 고충, 낮은 계층의 사람들과 적들로 인한 위험.

70. 케투 – 라후 : 여자들과 적들로 인한 위험, 낮은 계층의 사람들로 인한 고충.

71. 케투 – 목성 : 친구들, 부, 좋은 옷의 상실, 집안의 불명예, 온갖 트러블.

72. 케투 – 토성 : 소들과 친구들의 죽음, 신체적 고충, 아주 소량의 부를 얻음.

73. 케투 – 수성 : 이해의 상실, 흥분, 교육의 실패, 위험, 모든 벤처의 실패.

• 금성의 안타르 다샤에 프라얀타르 다샤 효과

74. 금성 – 금성 : 흰 옷, 운송수단, 진주 같은 보석 등의 획득, 아름다운 여인들과 인연.

75. 금성 – 태양 : 류머티즘으로 인한 고열, 두통, 왕과 적들로 인한 위험, 소량의 부를 얻음.

76. 금성 – 달 : 딸의 출생, 왕으로부터 좋은 옷 등의 획득, 권위적 지위의 획득.

77. 금성 – 화성 : 혈액과 통풍에 관련된 트러블, 다툼, 많은 종류의 고충들.

78. 금성 – 라후 : 배우자와 다툼, 위험, 왕과 적들로 인한 고충.

79. 금성 – 목성 : 왕국, 부, 좋은 옷, 보석, 장식품, 그리고 코끼리 같은 운송수단 등의 획득.

80. 금성 – 토성 : 당나귀, 낙타, 염소, 쇠, 곡식들, 깨, 소금 등의 획득, 신체적 고통.

81. 금성 – 수성 : 부와 지식의 획득, 왕으로부터 권위적 지위를 부여 받음, 다른 사람들이 나누어 주는 돈을 얻음.

82. 금성 – 케투 : 조기 죽음, 고향에서 떠남, 간혹 부를 얻기도 함.

⊠ 숙시마 다샤(4번째 레벨)들의 효과들

• 태양의 프라얀타르 다샤에 숙시마 다샤

2. 태양 – 태양 : 고향에서 떠남, 죽음의 위험, 직위의 상실, 온갖 것들을 잃게 됨.

3. 태양 – 달 : 신과 브라민들에 대한 헌신, 정의로운 일에 대한 관심, 인척들과 친구들에게 다정다감함.

4. 태양 – 화성 : 나쁜 일들을 행하는 데 빠짐, 잔인한 적들로 인한 고충, 출혈.

5. 태양 – 라후 : 도둑들, 화재, 독으로 인한 위험, 전쟁에서 패배 당함, 종교적인 경향.

6. 태양 – 목성 : 정부의 인정, 정부 관료들에게 존중 받음, 왕의 총애를 받음.

7. 태양 – 토성 : 사회적으로 존중 받는 사람들과 브라민들에게 도둑질이나 다른 무례한 행위를 함으로써 트러블을 일으킴, 본인의 장소에서 떠나감, 정신적 괴로움.

8. 태양 – 수성 : 아름다운 여인들과의 인연으로 환상적인 좋은 옷들을 획득, 벤처들에서 갑작스러운 성공.

9. 태양 – 케투 : 배우자와 고용인들로 인해 영광을 성취함, 부의 상실, 하인들의 편안함.

10. 태양 – 금성 : 아들, 친구들, 배우자로 인한 행복, 많은 종류의 자산들을 얻음.

• 달의 프라얀타르 다샤에 숙시마 다샤

11. 달 – 달 : 장식품과 토지의 획득, 존중 받음, 왕의 인정, 성질냄, 영광.

12. 달 – 화성 : 적들로 인한 고충과 상충, 복통, 아버지의 죽음, 풍과 통풍의 불균형으로 인한 트러블.

13. 달 – 라후 : 친구들과 인척들과의 부조화, 고향에서 떠나감, 부의 상실, 감옥살이.

14. 달 – 목성 : 왕족과 함께 풍요로움과 영광을 얻음, 아들의 출생, 자산의 획득, 두루두루 향락의 즐거움.

15. 달 – 토성 : 왕의 분노, 사업거래로 인한 부의 상실, 도둑이나 브라민들로 인한 위험.

16. 달 – 수성 : 왕으로부터 존중 받음, 부의 획득, 외국 땅에서 운송수단의 획득, 자녀 수가늘어남.

17. 달 – 케투 : 곡식, 약, 소의 판매 등으로 번 돈들을 잃음, 화재와 태양 빛으로 인한 위험.

18. 달 – 금성 : 결혼, 왕국, 토지 좋은 옷, 장식품, 좋은 평판 등의 획득.

19. 달 – 태양 : 트러블, 벤처들의 손실, 곡식이나 소의 파괴, 신체적 고충.

• 화성의 안타르 다샤에 숙시마 다샤

20. 화성 – 화성 : 토지 상실로 인한 슬픔, 발작증, 감옥살이, 불행.
21. 화성 – 라후 : 신체적 고충, 사람들로 인한 위험, 배우자와 자녀 상실, 화재로부터 위험.
22. 화성 – 목성 : 신들을 향한 헌신, 만트라 시디(Mantra Siddhi, 진언의 힘을 얻음), 사람들로부터 존중 받음, 향락의 즐거움.
23. 화성 – 토성 : 감옥에서 풀려남, 부가 생겨나 행복함, 좋은 옷과 하인을 얻음.
24. 화성 – 수성 : 챠트라, 챠마라 등의 편안함(왕처럼 존경을 받는다는 의미), 호흡 곤란.
25. 화성 – 케투 : 다른 사람들과 바람직하지 못한 행위들에 빠짐, 항상 지저분하게 지냄.
26. 화성 – 금성 : 원하는 여자와 향락의 즐거움, 부와 음식들 등을 얻음.
27. 화성 – 태양 : 왕의 분노, 브라민들로 인한 고충, 벤처들의 실패, 대중 앞에서 비난당함.
28. 화성 – 달 : 정의로움, 부의 획득, 신들과 브라민들에 대한 헌신, 질병으로 인한 위험.

• 라후의 안타르 다샤에 숙시마 다샤

29. 라후 – 라후 : 사람들이 소란을 일으키도록 계략을 꾸밈, 의무들을 이행하는 데 지혜가 부족함, 마음이 혼란함.
30. 라후 – 목성 : 고질병에 걸림, 가난하지만 사람들에게 존중 받음, 종교적인 정신 자세.
31. 라후 – 토성 : 불공평한 방법으로 부의 획득, 고약하거나 치사한 성질, 다른 사람들의 의무를 대신 해줌, 바람직하지 못한 사람들과 어울림.
32. 라후 – 수성 : 이성들과 성적 행위에 대한 욕망이 늘어남, 언변이 능함, 배고픔, 신체적 고충.
33. 라후 – 케투 : 공손함, 좋은 평판을 잃음, 감옥살이, 냉정함, 대중의 돈을 잃음.
34. 라후 – 금성 : 감옥에서 풀려남, 직위와 부의 획득.
35. 라후 – 태양 : 외국 땅에 안착함, 굴마(복부 종양)에 걸림, 원만한 성격, 운송수단의 편안함.
36. 라후 – 달 : 보석의 획득, 부, 교육을 받음, 기도를 올림, 훌륭한 행위, 신을 향한 헌신.
37. 라후 – 화성 : 패배감, 분노, 감옥살이, 도둑질과 훔치는 일에 빠짐.

• 목성의 프라얀타르 다샤에 숙시마 다샤

38. 목성 – 목성 : 슬픔이 사라짐, 부의 증가, 하반(제의식)을 행함, 로드 쉬바에 헌신, 왕족의 상징이 박힌 운송수단의 획득.
39. 목성 – 토성 : 단식을 하는 데 장애가 있음, 외국 여행, 부의 상실, 인척들과 상충.
40. 목성 – 수성 : 교육의 성공, 지성의 증가, 사람들로부터 존경 받음, 부의 획득, 온갖 종류의 즐거움, 집안의 편안함.
41. 목성 – 케투 : 지식, 영광, 배움, 사스트라(고신) 공부, 로드 쉬바를 경배, 하반, 스승에 대한 헌신.

42. 목성 – 금성 : 질병으로부터 회복, 향락의 즐거움, 부의 획득, 배우자와 자녀들로 인한 행복.

43. 목성 – 태양 : 풍과 통풍으로 인한 트러블, 담과 감정적 불균형으로 인한 복부 고통.

44. 목성 – 달 : 왕족의 상징이 박힌 파라솔을 얻는 영광, 아들의 출생을 경축, 눈과 복부에 고충을 겪음.

45. 목성 – 화성 : 배우자에게 독을 먹게 됨, 감옥살이, 질병의 위험, 외국 땅으로 떠남, 혼란과 오해들.

46. 목성 – 라후 : 도둑, 뱀, 전갈들로 인한 위험, 질병, 스트레스.

• **토성의 프라얀타르 다샤에 숙시마 다샤**

47. 토성 – 토성 : 부의 상실, 류머티즘과 같은 질병, 가족의 파괴, 가족들과 따로 음식을 먹음, 슬픔이 가득함.

48. 토성 – 수성 : 사업의 이득, 교육의 향상, 부의 토지가 증가.

49. 토성 – 케투 : 도둑으로 인한 소란, 나병, 생존 수단의 상실, 신체적 고통.

50. 토성 – 금성 : 풍요로움과 영광, 무기 사용 법을 배움, 아들의 출생, 즉위, 건강, 모든 야망의 충족.

51. 토성 – 태양 : 왕의 분노, 집안의 다툼, 신체적 고충.

52. 토성 – 달 : 지성의 개발, 큰 프로젝트의 개시, 생기를 잃음, 사치, 아내와 자녀들로 인한 행복.

53. 토성 – 화성 : 생기를 잃음, 흥분, 복부의 고통, 오해, 다툼, 풍과 통풍의 불균형.

54. 토성 – 라후 : 부모님의 죽음, 괴로움, 사치, 벤처의 실패.

55. 토성 – 목성 : 금 동전의 획득, 대중으로부터 존경 받음, 부와 곡식들의 증가, 왕족의 상징이 박힌 파라솔의 획득.

• **수성의 프라얀타르 다샤에 숙시마 다샤**

56. 수성 – 수성 : 행운의 도달, 왕으로부터 존중, 부와 자산의 증가, 모든 사람들과 친밀한 관계.

57. 수성 – 케투 : 화재의 위험, 괴로움, 아내의 고충, 거친 음식, 비도덕적인 경향.

58. 수성 – 금성 : 운송수단의 획득, 부, 수경 재배한 곡식, 좋은 평판과 향락의 즐거움.

59. 수성 – 태양 : 상처, 왕의 분노, 마음의 혼란, 질병, 부의 상실, 대중 앞에서 모멸 당함.

60. 수성 – 달 : 좋은 행운, 마음의 안정, 왕으로부터 존중, 자산의 획득, 친구들과 스승들의 방문.

61. 수성 – 화성 : 화재와 독으로 인한 위험, 멍청함, 가난, 마음의 혼란, 흥분.

62. 수성 – 라후 : 화재와 뱀들로 인한 위험, 적들에게 승리, 악귀들로 인한 불명예.

63. 수성 – 목성 : 집의 건축, 자선 행위에 대한 관심, 편안함, 향락의 즐거움, 풍요로움의 증가, 왕으로부터 부의 증가.

64. 수성 – 토성 : 사업의 이득, 교육의 향상, 부의 증가, 결혼, 포괄적이거나 두루뭉실해짐.

• 케투의 프라얀타르 다샤에 숙시마 다샤

65. 케투 – 케투 : 배우자와 자녀들로 인한 행복, 신체적 트러블, 가난, 구걸.

66. 케투 – 금성 : 질병에서 회복, 부의 획득, 브라민들과 스승들에게 헌신, 가족 일원들과 화합.

67. 케투 – 태양 : 다툼, 토지의 상실, 외국에서 거주, 친구들에게 재난이 닥침.

68. 케투 – 달 : 서비스의 향상, 전쟁에서의 승리, 대중에게 좋은 평판.

69. 케투 – 화성 : 말에서 떨어질 위험, 도둑과 고약한 사람들로부터 위험, 굴마(Gulma, 복부 종양)와 두통으로 인한 고통.

70. 케투 – 라후 : 배우자, 아버지 등 상실, 고약한 여자와 연관되어 불명예를 얻음, 구토, 피에 독이 있음, 통풍과 연관된 질병.

71. 케투 – 목성 : 적들과 상충, 자산과 풍요로움의 증가, 소나 부, 농산물의 상실로 인한 고충.

72. 케투 – 토성 : 상상으로 인한 고충, 아주 적은 안락함, 단식, 배우자와 상충, 거짓에 빠짐.

73. 케투 – 수성 : 많은 종류의 사람들과 화합하거나 이별, 적들로 인한 고충, 부와 자산의 증가.

• 금성의 프라얀타르 다샤에 숙시마 다샤

74. 금성 – 금성 : 적의 파괴, 향락의 즐거움, 로드 쉬바의 절이나 저수지를 건축.

75. 금성 – 태양 : 마음이 괴롭고 혼란스러움, 방황함, 이득이나 손실을 번갈아 함.

76. 금성 – 달 : 좋은 건강, 부의 증가, 사업적 거래에서 벤처의 성공, 교육의 진보, 지성의 증가.

77. 금성 – 화성 : 멍청함, 적들로 인한 위험, 고향을 떠남, 질병들의 위험.

78. 금성 – 라후 : 화재와 뱀들의 위험, 인척들의 파괴, 직위에서 사직.

79. 금성 – 목성 : 벤처들의 성공, 부와 농산물들의 증가, 사고파는 사업에서 비정상적일 정도의 이득을 봄.

80. 금성 – 토성 : 적으로 인한 고충, 슬픔, 소의 파괴, 같은 가문에 속하는 사람들이나 어른들을 잃음.

81. 금성 – 수성 : 인척들의 도움으로 부의 증가, 사업을 통해 부의 증가, 배우자와 자녀들로 인한 행복.

82. 금성 – 케투 : 화재로 인한 위험, 질병으로 인한 고충, 입, 눈, 이마에 고충, 모아두었던 부의 상실, 정신적 괴로움.

▨ 프라나 다샤(5번째 레벨)들의 효과들

• 태양의 숙시마 다샤에 프라나들

2. 태양 – 태양 : 자연스럽지 못한 성행위에 관심, 도둑이나 화재, 왕의 위협, 신체적 고충.

3. 태양 – 달 : 향락의 즐거움, 좋은 음식들이 널려 있음, 지성의 개발, 풍요로움, 관대한 사람들의 은총으로 왕과 같은 영광을 얻음.

4. 태양 – 화성 : 다른 사람들의 과실에 대한 묵언으로 왕과의 상충, 위험, 상당한 손실.

5. 태양 – 라후 : 굶주림, 독으로 인한 위험, 왕의 징벌로 인한 부의 상실.

6. 태양 – 목성 : 많은 교육 영역에서 성공, 부의 획득, 왕과 브라민들과의 교환방문을 통해 벤처의 성공.

7. 태양 – 토성 : 감옥살이, 죽음, 흥분, 장애물, 벤처 손실.

8. 태양 – 수성 : 왕의 주방에서 음식을 먹게 됨, 왕족 상징이 박힌 파라솔의 획득, 정부에서 고위관직의 지위를 얻음.

9. 태양 – 케투 : 스승이나 배우자, 인척들과 다툼으로 인해 부의 상실.

10. 태양 – 금성 : 왕으로부터 인정이나 존중을 받음, 부의 증가, 배우자와 자녀들로 인한 행복, 먹고 마시는 향락의 즐거움.

• 달의 숙시마 다샤에 프라나

11. 달 – 달 : 배우자와 자녀로 인한 행복, 좋은 옷 획득, 요가 시디(Yoga Siddhi, 초능력을 얻음).

12. 달 – 화성 : 쇠진증, 나병, 인척들의 파괴, 출혈, 친구들과 악귀들로 인해 소란이 일어남.

13. 달 – 라후 : 뱀의 위협, 악귀들에 의해 소란이 일어남, 시력이 악해짐, 마음의 혼란.

14. 달 – 목성 : 종교적 정신자세의 증가, 용서, 신들과 브라민들에 대한 헌신, 좋은 행운, 가깝고 소중한 이들과 미팅.

15. 달 – 토성 : 예기치 못했던 갑작스러운 신체적 고충, 적들로 인한 트러블들이 생김, 시력의 악화, 부의 획득.

16. 달 – 수성 : 왕으로부터 파라솔을 선물 받음, 왕국의 획득, 사람들에게 평정한 마음으로 대함.

17. 달 – 케투 : 무기나 화재, 적, 독으로 인한 위험, 복통 문제들, 배우자와 자녀들과의 이별.

18. 달 – 금성 : 친구들과 아내를 얻음, 외국 땅에서 부의 획득, 온갖 종류의 즐거움들.

19. 달 – 태양 : 잔인함, 화가 올라 감, 죽음의 두려움, 괴로움, 고향에서 떠나감, 위험.

• 화성의 숙시마 다샤에 프라나

20. 화성 – 화성 : 적들과 다툼, 감옥살이, 통풍과 혈독으로 인한 트러블.

21. 화성 – 라후 : 배우자와 자녀들과의 이별, 인척들의 억압에 의한 고충, 죽음의 두려움, 독.

22. 화성 – 목성 : 신들에 대한 헌신, 부의 획득, 만트라 의식을 치르는 자신감.

23. 화성 – 토성 : 화재로 인한 위험, 죽음, 부의 상실, 지위의 상실 그러나 인척들과 좋은 관계.

24. 화성 – 수성 : 눈부시게 훌륭한 옷의 획득, 장식품, 결혼.

25. 화성 – 케투 : 높은 장소에서 떨어질 두려움, 눈 트러블, 뱀들로 인한 위험, 좋은 평판의 상실.

26. 화성 – 금성 : 부의 획득, 사람들에게 존중 받음, 많은 종류의 호화스러움을 즐김.

27. 화성 – 태양 : 고열, 광기, 부의 상실, 왕의 분노, 가난.

28. 화성 – 달 : 좋은 음식과 옷의 편안함, 더위와 추위로 인한 고충.

• **라후의 숙시마 다샤에 프라나**

29. 라후 – 라후 : 입맛을 잃음, 독으로 인한 위험, 성급함으로 인한 부의 상실.

30. 라후 – 목성 : 신체적 안녕함, 두려움이 없음, 운송수단의 획득, 낮은 계층의 사람들과 다툼.

31. 라후 – 토성 : 화재로 인한 위험, 질병, 낮은 계층의 사람들로 인한 부의 상실, 감옥살이.

32. 라후 – 수성 : 스승을 향한 헌신과, 스승의 은총으로 인한 부의 증가, 좋은 자질, 좋은 매너.

33. 라후 – 케투 : 배우자와 자녀들과의 상충, 집에서 떠나감, 성급함으로 인한 부의 상실.

34. 라후 – 금성 : 왕의 파라솔이나 운송수단 등의 획득, 모든 벤처들에서 성공, 로드 쉬바의 경배, 집 건축.

35. 라후 – 태양 : 치질에 걸림, 왕의 분노, 소 상실.

36. 라후 – 달 : 정신력과 지성의 개발, 인기가 있음, 스승님들이나 어른들의 방문, 죄를 저지를 위험.

37. 라후 – 화성 : 낮은 계층의 사람들과 화재로 인한 위험, 지위의 상실, 재난, 더러움과 치졸함.

• **목성의 숙시마 다샤에 프라나**

38. 목성 – 목성 : 행복, 부의 증가, 하반(제의식)의 이행, 로드 쉬바에 대한 경배, 왕의 파라솔과 운송수단의 획득.

39. 목성 – 토성 : 단식의 실패, 불행함, 외국으로 떠남, 부의 상실, 인척들과 상충.

40. 목성 – 수성 : 교육의 진보, 지성의 증가, 배우자와 자녀들로 인한 행복, 인기가 있음, 부의 취득.

41. 목성 – 케투 : 풍요로움과 영광, 많이 배움, 샤스트라(고전들)에 있는 지식을 얻음, 로드 쉬바에 대한 경배, 하반을 이행, 스승들에 대한 헌신.

42. 목성 – 금성 : 질병들로부터 회복, 향락의 즐거움, 부의 증가, 배우자와 자녀들로 인한 행복.

43. 목성 – 태양 : 풍, 통풍, 담의 불균형으로 인한 질병, 몸에 수분이 부족하여 생기는 고통.

44. 목성 – 달 : 왕의 상징이 박힌 파라솔 획득, 풍요로움과 영광, 자녀의 증가, 눈과 복통의 트러블.

45. 목성 – 화성 : 배우자에게 독을 먹임, 감옥살이, 외국 여행들, 마음의 혼란.

46. 목성 – 라후 : 질병으로 인한 고충, 도둑으로 인한 트러블, 뱀이나 전갈 등으로 인한 위험.

• **토성의 숙시마 다샤에 프라나**

47. 토성 – 토성 : 고열로 인한 생기의 상실, 나병, 복통 트러블들, 화재로 인한 죽음의 위험.

48. 토성 – 수성 : 부의 곡식 획득, 사업의 이득, 존중, 신과 브라민을 향한 헌신.

49. 토성 – 케투 : 죽을 것 같은 고충, 악귀들로 인한 소란, 아내가 아닌 여자에게 모욕을 당함.

50. 토성 – 금성 : 부와 아들로 인한 즐거움, 왕의 은총, 하반이나 결혼의 이행.

51. 토성 – 태양 : 눈과 이마에 트러블, 뱀과 적들로 인한 위험, 부의 상실, 고충.

52. 토성 – 달 : 좋은 건강, 아들의 출생, 안심, 저력이 좋음, 신과 브라민에 대한 헌신.

53. 토성 – 화성 : 굴마(복부 종양)에 걸림, 적으로 인한 위험, 사냥을 하는 동안 죽음의 위험, 뱀들과 화재, 독으로 인한 위험.

54. 토성 – 라후 : 고향을 떠남, 왕으로 인한 위험, 나쁜 여자에 빠질 위험, 독을 먹음, 풍이나 통풍으로 인한 트러블들.

55. 토성 – 목성 : 군대의 지휘관 같은 지위를 얻음, 토지의 획득, 수행자들과 인연, 왕으로부터 존중받음.

• 수성의 숙시마 다샤에 프라나

56. 수성 – 수성 : 향락의 즐거움이나 부가 늘어남, 종교적인 정신자세, 모든 생명들에 대해 평정심을 유지.

57. 수성 – 케투 : 도둑, 화재, 독으로 인한 위험, 죽을 것 같은 고통.

58. 수성 – 금성 : 다른 사람들을 군림, 부의 증진, 좋은 평판, 종교적 정신자세, 로드 쉬바에 대한 헌신, 아들로 인한 행복.

59. 수성 – 태양 : 괴로움, 고열들, 광기, 배우자와 인척들과 친밀한 관계, 훔친 재산을 받음.

60. 수성 – 달 : 배우자로 인한 행복, 딸의 출생, 부의 획득, 온갖 향락의 즐거움을 누림.

61. 수성 – 화성 : 극악한 행위들에 빠지는 경향, 눈과 이 그리고 배가 아픔, 치질, 죽음의 위험.

62. 수성 – 라후 : 좋은 옷, 장식품, 부의 획득, 사람들과의 이별, 브라민들과 상충, 망상에 빠짐.

63. 수성 – 목성 : 아주 고상함, 교육의 진보, 부와 좋은 자질이 증가, 사업의 이득.

64. 수성 – 토성 : 도둑들에게 죽을 위험, 가난, 구걸.

• 케투의 숙시마 다샤 프라나

65. 케투 – 케투 : 운송수단에서 떨어질 위험, 적들과 싸움, 원하지 않는 살생을 저지름.

66. 케투 – 금성 : 토지와 운송수단의 획득, 행복, 적들의 파괴, 소와 부의 증가.

67. 케투 – 태양 : 화재와 적들로 인한 위험, 부의 상실, 정신적 괴로움, 죽음과 같은 고통.

68. 케투 – 달 : 신들과 브라민들에 대한 헌신, 먼 장소로 여행, 부의 획득과 행복, 눈과 귀가 아픔.

69. 케투 – 화성 : 통풍에 연관된 트러블, 혈관이 늘어남, 망상에 빠짐, 인척들과 상충.

70. 케투 – 라후 : 아들와 배우자와 상충, 집을 떠남, 성급함으로 인해 벤처들에서 손실.

71. 케투 – 목성 : 무기들에게 부상을 입음, 상처들, 심장병, 배우자와 자녀들과의 이별.

72. 케투 – 토성 : 마음의 혼란, 극악한 행위를 하는 경향, 중독과 우울증으로 인한 감옥살이.

73. 케투 – 수성 : 성생활의 즐거움, 향수, 장식품, 향, 좋은 음식과 온갖 안락함이 널려 있음.

· 금성의 숙시마 다샤 프라나

74. 금성 – 금성 : 배움. 신에 대한 헌신. 만족함. 부의 획득. 자녀의 증가.

75. 금성 – 태양 : 대중들에게 좋은 평판을 얻음. 자녀로 인한 행복의 상실. 심장병.

76. 금성 – 달 : 신들에게 헌신. 자신감. 만트라를 사용해 흉악한 결과를 피함. 부와 행운의 증가.

77. 금성 – 화성 : 고열. 상처. 피부 버짐. 가려움증. 신과 브라민에게 헌신.

78. 금성 – 라후 : 적들로 인한 고충. 눈과 배에 트러블. 친구들과 상충.

79. 금성 – 목성 : 장수. 좋은 건강. 부와 배우자. 자녀들로 인한 행복. 왕의 파라솔이나 운송수단의 획득.

80. 금성 – 토성 : 왕으로 인한 위험. 행복을 잃음. 심각한 질병. 낮은 계층의 사람들과 논쟁에 말림.

81. 금성 – 수성 : 만족. 왕으로부터 존중. 토지의 획득. 여러 방향에서 부의 증가. 열성이 늘어남.

82. 금성 – 케투 : 생명과 부, 평판을 잃고 단지 약간의 기부를 하거나 겨우 연명할 정도의 부만 남아 있음.